Preisbuch über Cotillon-Ball- u.
Scherzartikel
J. C. Schmidt, Erfurt

Preisbuch über Cotillon-Ball- u. Scherzartikel, Saaldekorationen, Sommerfestartikel usw.

Saison 1911/12

J. C. Schmidt, Erfurt

Mit einem Vorwort von
Wilhelm Widenmann

1999
Olms Presse
Hildesheim • Zürich • New York

Dem Nachdruck liegt ein Exemplar
aus Privatbesitz zugrunde.

Die Deutsche Bibliothek – CIP-Einheitsaufnahme:

Preisbuch über Cotillon- Ball- u. Scherzartikel, Saaldekorationen, Sommerfestartikel usw./
J. C. Schmidt, Erfurt. - Nachdr. –
Hildesheim; Zürich; New York: Olms-Presse
Saison 1911/1912.-
Nachdr. [der Ausg.] Erfurt, 1911. – 1999
ISBN 3-487-08409-0

∞ ISO 9706

Printed in Hungary
Gedruckt auf säurefreiem und alterungsbeständigem Papier
Umschlagentwurf: Prof. Paul König, Hildesheim
ISBN 3-487-08409-0

Preisbuch über Cotillon-Ball- u. Scherzartikel

J. C. Schmidt, Erfurt

Vorwort

„Die Cotillongegenstände sind wieder ganz prachtvoll ausgefallen."
Frau Kommerzienrat –l, Leipzig

„Die Sendung von 500 Cotillonorden habe ich erhalten und bin mit denselben sehr zufrieden."
Karl von –m, Wien VII

Der „Cotillon", auf den sich der vorliegende seltene Katalog in wesentlichen Teilen bezieht, war das beliebteste Tanzspiel zwischen 1870 und 1920. Eine einschlägige Publikation aus jener Zeit beschreibt ihn so: „Der Höhepunkt eines Ballfestes tritt ein mit Beginn des Cotillon, jenes kleinen Festes für sich! Hier bietet sich Gelegenheit, sich durch kleine Geschenke zu erfreuen! Das Empfangen kleiner Sträusschen, Orden und Bänder, die hunderterlei anderen bunten Geschenke, die der Gabentempel inmitten des Saales hervorzaubert, sie steigern die Freude am Feste bei Tänzerin und Tänzer; Jubel und Fröhlichkeit ist auf Aller Antlitz zu lesen!"

Wer als Glanzpunkt eines Ballabends einige „Cotillon-Touren" arrangieren wollte, hatte da große Auswahl an speziellem Zubehör. In Sachsen und im Spielzeugland Thüringen befand sich damals vor allem die Branche für Festartikel aller Art. In Dresden warben die Firmen Gelbke & Benedictus, E. Neumann, E. Petzold, C. R. Springfeld und C. Wetzel, in Erfurt N. L. Chrestensen um die Käufergunst der gehobenen Kreise.

Die Firma mit dem umfangreichsten Lieferprogramm an Fest-Utensilien war wohl die ebenfalls in Erfurt ansässige Firma von J. C. Schmidt. Als „Blumenschmidt" mit langjähriger Tradition war sie im kaiserlichen Deutschland zudem ein Hauptlieferant für „alle modernen Blumenartikel für Leid und Freud".

Die großformatigen Anzeigen von J. C. Schmidt findet man in den Humor- und Kunstzeitschriften jener Tage; sie fallen ihrer hübschen graphischen Gestaltung wegen auch heute noch ins Auge. So zeigt zum Beispiel eine Anzeige vom Dezember 1909 einen großen Zeppelin mit der Aufschrift „Cotillon“, an dem ein kleiner Amor mit Narrenkappe neckisch in der Luft schaukelt. – Ein kleines ‚Wunder‘ ist es schon, daß das Schmidtsche „Preisbuch“ über „Cotillon-Ball- u. Scherzartikel“ für die Saison 1911/12 so gut erhalten und vollständig überlebt hat und nun – als Reprint – zum Spiegel einer leicht selbstironischen Fest- und Scherzkultur wird, die heutzutage nur noch unvollständig an Silvester und zur Faschingszeit sichtbar ist.

Ein besonderes Lesevergnügen vermitteln die illustrierten Beschreibungen der „Cotillon-Touren“, die, je nach ‚Dramaturgie‘ und Verkleidung, einen witzigen, skurrilen oder märchenhaften Effekt versprachen. So boten etwa am Schluß der „Vergißmeinnicht-Tour“ „die mit den duftigen Blütensternen übersäten Damen einen feenhaften Anblick dar, namentlich dann im Tanze, wenn sich die zarten Blütchen loslösen und im Wirbel um die Paare herumschweben“.

Überhaupt: Preziöser Papierzauber aus Luftschlangen („die sich beim Werfen entrollen und unzählige Scherzräthsel davonflattern lassen“), Stern-Konfetti und rosa Papierblüten erfreuten sich, wenn man die Fülle des Angebotenen zum Maßstab nimmt, damals besonders großer Beliebtheit.

Und dann das Arsenal an Knallbonbon-Munition, das der „Hoflieferant“ bereithielt! Fein sortiert und zu allerlei Figuren gebunden warteten die modischen Stimmungsmacher darauf, stilvoll zu zerplatzen, um „lachreizende, dezente Witze“ freizugeben, dazu bestimmt, „die Gäste in eine brillant-heitere Stimmung zu versetzen“.

Eine „brillant-heitere Stimmung“ erzeugten sicherlich auch jene „Jux- und Scherzartikel“, die gegen Ende des Kataloges aufgeführt werden. Die 17 Seiten lange Ulk-Parade ist es wert, genauer studiert zu werden!

J. C. Schmidts Katalog ist nicht nur ein kulturhistorisches, sondern auch ein produktionstechnisches Dokument: Wieviel Geschicklichkeit, wieviel Handarbeit waren – trotz maschineller Grundausstattung – nötig, um die unzähligen Artikel herzustellen, zu verpakken und „prompt“ sogar bis nach Amerika zu versenden!

Man kann die knallbunte Prachtentfaltung des „Cotillon“, seinen Ordensregen aus gestanzter Pappe und das Spiel der Damen mit dem „Vexierfächer“ als theatralisches Amüsement vor allem der Gründerzeit belächeln, man kann darin aber auch einen Zeitgeschmack sehen, der in offenbar naiver Freude sich über Jahrzehnte an solcherlei harmlosem Spiel ergötzen konnte.

Stuttgart, im Mai 1999 Wilhelm Widenmann

Inhalts-Verzeichnis.

Einige Anerkennungen — aus der großen Menge herausgenommen —, die mir zu meiner Freude in der verflossenen Saison wieder unaufgefordert erteilt wurden:

Ihre Sendung ist zu unserer vollen Zufriedenheit ausgefallen. Nochmals unseren besten Dank für die gute und rechtzeitige Lieferung.
Wiesloch, 2. 11. 10.
Heinr. —r, Vorstand.

Für die letzte großartige Lieferung meinen besten Dank. Alle Sachen sind ohne Ausnahme zur größten Zufriedenheit ausgefallen.
Hildesheim, 29. 1. 11.
Wilh. —l, Ingenieur.

Die Sendung ist zu allgemeiner Zufriedenheit ausgefallen.
Naunhof b. Lzg., 11. 12. 10.
Frhr. v. —n, Major a. D.

Wir waren mit der letzten Sendung sehr zufrieden.
Neuwied a. Rh., 28. 11. 10.
Landgerichtspräsident —r.

Da ich stets mit den von Ihnen bezogenen Cotillonartikeln, Orden usw. sehr gut bedient war, bestelle ich aufs Neue . . . .
Baden-Baden, 10. 12. 10.
Heinr. —n, prakt. Tanzl.

Mit der letzten Sendung war ich wieder sehr zufrieden und war die Hochzeitsgesellschaft des Lobes voll über die schönen Sachen.
Duisburg, 6. 11. 10.
H. J. —n, Lehrer.

Soeben empfing ich Ihre Sendung, welche meinen Beifall durchaus gefunden hat.
Ellrich, 28. 2. 11. Fr. Dr. V—n.

War mit der letzten Sendung sehr gut zufrieden.
Marienbad, 2. 2. 11.
J. —z, Hotel Neptun.

Die zum 18. Januar gesandten Sachen waren sehr hübsch.
Hamm i. Westf., 5. 2. 11.
Frau Landgerichtsrat —s.

Im Dezember 1910 bezog ich für den Weihnachtsball unserer Gesellschaft den Cotillon, welcher mich und die Mitglieder in jeder Beziehung befriedigt hat.
A . . ., 20. 2. 11.
Prof. Dr. Max —h,

Die Sachen sind zu meiner Zufriedenheit ausgefallen.
Kiel, 9. 1. 11.
Frau Korvetten-Kapitän Otto —h.

Mit der letzten Sendung war ich wiederum sehr zufrieden.
St. Andreasberg, 20. 12. 10.
H. —r, Inspektor a. D.

Ohlenroth'sche Buchdruckerei Georg Richters in Erfurt. 182601.

Saison 1911/12.

*P. P. Alle Bestellungen, mit Ausnahme solcher auf frische Blumen, die später Verwendung finden sollen, werden umgehend ausgeführt, doch bitte ich, stets genau die Zeit anzugeben, wann das Gewünschte **spätestens** am Bestimmungsorte sein muß.*

Die Angabe eines früheren Termins verursacht oft nur überflüssige Spesen; auch wird dadurch die Ausführung des Auftrages manchmal unmöglich gemacht.

Im Interesse der geehrten Besteller und mit Rücksicht auf eine sorgfältige Ausführung, bitte ich, mir Aufträge nicht allzuknapp vor dem Zeitpunkte, an dem die Gegenstände gebraucht werden, zu übersenden.

Bei sehr eiligen Aufträgen wähle ich den Versand mittelst Schnell- und Kurierzug.

Zahlungen.

1. Nicht aus Mißtrauen, sondern um bei der großen Anzahl der eingehenden Bestellungen die Buchführung zu vereinfachen, wird gebeten, Nachnahme zu gestatten. Bei geehrten Kunden, die Konto haben, oder wenn es besonders gewünscht wird, fällt diese Bedingung unter Umständen fort.

☞ **Nachnahme** ist der einfachste, bequemste und billigste Weg zur Regulierung und deshalb jetzt allgemein üblich. Die Gebühren betragen bis Mk. 100.— nur 25 Pfg. usw., sind also ganz minimal.

2. **Die billigen Preise sind rein Netto ab hier gestellt, nicht franko und auch nicht franko Verpackung, da das Hineinrechnen dieser Spesen in den Verkaufspreis bei der ganz verschiedenen Beschaffenheit der Waren unmöglich ist.**

3. Bei Sendungen, die über die Grenze gehen und das Zollamt passieren müssen, kann ich für rechtzeitiges Eintreffen eine Garantie **nicht** übernehmen und fehlende Gegenstände **nicht ersetzen.**

4. Alle Briefe, Postkarten und Geldsendungen etc. bitte zu adressieren:

Hoflieferant J. C. Schmidt, Erfurt.

Adresse für Telegramme: Blumenschmidt, Erfurt.

Mit dem Erscheinen dieses Kataloges treten die seitherigen außer Gültigkeit.

Alljährlich, gegen Ende Oktober versende ich an meine geehrte Kundschaft umsonst und portofrei einen vollständig umgearbeiteten **Cotillon-, Ball- und Scherz-Katalog** mit den besten **Original- und Saison-Neuheiten**, die erschienen sind. Sollte dieser Katalog bis Mitte November nicht in Ihren Besitz gelangt sein, so bitte ich Sie höflichst, an die Zusendung desselben zu erinnern.

Zur Vermeidung allen Aufenthaltes bei der Ausführung von Aufträgen kann ich meinen geehrten Bestellern nicht dringend genug empfehlen:

☞ **Deutlich geschriebene und genaue Angabe des Namens und**
☞ **:: Wohnortes auch bei jeder wiederholten Bestellung. ::**

Neueste Cotillon-Touren.

Anweisungen liegen sämtlichen Touren bei.

Abbildungen und Beschreibungen sind gesetzlich geschützt, jeder Nachdruck wird strafrechtlich verfolgt.

Geteilte Touren können nicht abgegeben werden; ist eine Tour für 6 Paare eingerichtet, so können z. B. 4 Paare nicht geliefert werden.

Neu! Nr. 01325. **Tour: Auch ich war ein Jüngling mit lockigem Haar.**

Zwei Herren setzen die zur Tour gehörigen **Perücken** auf u. der Arrangeur legt die zusammengerollten Schlangenlocken auf die Erde; nun fassen die Herren sich unter und chassieren nach vorn, wodurch sich die Schlangen aufringeln und die Locken immer länger und immer länger werden.

Ein urkomischer Anblick!

Haben sich die Schlangen entrollt, so treten 6 Damen zu dem Herrn mit roten Locken und 6 Herren zu dem andern mit blondem Haar und reißen je eine Locke ab; dieselben sind numeriert und finden sich dadurch die Paare zum Tanz.

Mit den entrollten Luftschlangen kann noch viel Kurzweil getrieben werden. **Tour für 6 Paare Mk. 1.—.**

Geschenk-Touren sind immer sehr beliebt, denn jedermann ist erfreut, wenn er von dem Balle ein nettes Andenken mit nach Hause bringen kann.

Geschenk-Tour Nr. I.

Geschenk-Tour Nr. II.

Neu! Nr. 01326. Neu!

Geschenk-Tour Nr. I.

Die Damen erhalten praktische **Federwischer** (ca. 10 cm groß), **aus Leder** mit Metallverzierungen; die Herren stecken die **Glückskäfernadeln** aus Metall an; beide Gegenstände sind mit Nummern versehen und finden sich durch diese die Paare, die zusammen tanzen.

Tour für 6 Paare Mk. 2.85.

Neu! Nr. 01327. Neu!

Geschenk-Tour Nr. II.

In dieser neuen Tour erhalten 6 Damen reizende, kleine **Notizbüchlein** in feinem **Ledereinband** mit Goldschnitt und Goldpressung und mit Bleistift

Diese kleinen Notes können im Portemonnaie oder in der Handtasche stets mitgeführt werden und bilden so einen Helfer dafür: „Daß ich nichts vergesse."

An 6 Herren werden kleine lederne **Miniaturtäschchen** mit Druckknopf verteilt, in welchen sich ein Stückchen Radiergummi befindet, praktisch und unentbehrlich für jeden, durch das kleine Ledertäschchen immer gut geschützt.

Gleiche Nummern bestimmen die Paare, die zusammen tanzen.

Tour für 6 Paare Mk. 3.50.

Neu! Nr. 01328. Neu!

Geschenk-Tour Nr. III.

Die 6 **praktischen** Gegenstände, die in dieser Tour geliefert werden, müssen bei den Damen unbedingt **große Freude** hervorrufen, denn sie sind reizend; sie bestehen aus niedlichen kleinen **Notizbüchlein** in hochfeinem **Ledereinband** mit Bleistift, geschliffenem **Taschenspiegel** und **Notizblock** mit Bleistift, elegantem **Markenkästchen** und kleinem **Lederetui** für **Marken**; die Herren bekommen **Glückskleeblätter** aus Metall, die sie anstecken; durch gleiche Buchstaben finden sich die Paare zum Tanz.

Geschenk-Tour Nr. III.

Tour für 6 Paare Mk. 3.85.

Abbildung in Farbendruck auf der Vorderseite des Umschlages.

Neu!

Nr. 01329.

Tour: Die echten Rosenkavaliere.

6 Herren schmücken sich im Nebenzimmer mit den **hocheleganten,** weißen **Rokokohüten,** die mit imitiertem **Pelz** besetzt sind und eine weiße **Feder** tragen. Jeder Kavalier erhält außerdem noch einen **silbernen Rosenstengel** mit goldenem Laub. Auf ein Zeichen des Tanzleiters öffnen sich die Türen und die schneidigen Rosenkavaliere kommen in den Saal herein. Sie suchen nun ihre Damen auf, jeder nach Belieben und überreichen mit Grazie und Eleganz die Rosen. Ist dies geschehen, bittet der Arrangeur die Damen, das kleine farbige Abzeichen auf der Rückseite des einen Rosenblattes zu beachten und **danach ihren Kavalier zu wählen;** der leztere muß eine gleichfarbige Rosette am Hut tragen; die **durch diese Farben** zusammengeführten Paare treten nun zum Tanze an. **Tour für 6 Paare Mk. 4.20.**

Neu! Nr. 01330. Tour:

Die falschen Rosenkavaliere.

Wenn die nebenstehende Tour Nr. 01329 im Gange ist, kommen plötzlich die **falschen Rosenkavaliere** in den Ballsaal herein und ahmen alles den echten nach, nur daß sie nicht mit **steifer** Haltung die Rosen darbieten, sondern lustig vor ihrer Auserwählten niederknien oder mit einem komischen Knix od. mit einem Handkuß die **Rosen** überreichen, diese letzteren sind aus Seidenpapier hergestellt in grellen Farben, ebenso sind die **eingedrückten** schwarzen **Cylinderhüte** aus Seidenpapier; in diese Hüte hinein sind auch bunte **Papierrosen** gesteckt und der Arrangeur ordnet nun auch hier an, daß die Paare sich nach den Farben der Rosen finden.

Diese Tour kann natürlich auch für sich getanzt werden **ohne** Zusammenhang mit der anderen; sie wird immer einen **Heiterkeitserfolg** haben.

Tour für 6 Paare Mk. 2.—.

Neu! Nr. 01331.

Tour: Quastenhut und Schärpe.

Die Herren erhalten hellbraune **Hüte** mit farbigen Papierbändern mit Quasten und imit. Federbusch verziert und die Damen legen die reichgeschmückten farbig. Krepppapier-**Schärpen** um; dann suchen sich gleiche Farben und tanzen zusammen.

Tour für 6 Paare Mk. 3.—.

Neu! Nr. 01332. Neu!

Tour: Die Radauteufel.

Der Tanzvorstand verteilt an 6 Damen 6 verschiedene originelle **Radau-Musikinstrumente,** dann bittet er 6 Herren in ein Nebenzimmer und übergibt diesen dieselben Radausachen und außerdem noch **6 ulkige Perücken mit Nasen.** Plötzlich öffnen sich die Türen und die **6 perückten Radauteufel** kommen mit einem Höllenspektakel in den Ballsaal hereingestürmt. Die 6 Damen folgen mit ihren Radauinstrumenten und haben sich die Teufel ausgetobt, so finden sich die Paare durch die gleichen Radausachen zum Rundtanze. **Tour für 6 Paare Mk 3.25.**

Abbilduug in Farbendruck auf der Rückseite des Umschlages.

Neu! Nr. 01333.

Tour: Hupf mein Mädel.

Zwei bunt verzierte Stäbe sind mit einer Schnur verbunden, und an dieser hängen 6 verschiedengroße **rote Herzen,** die durch einen leichten Ruck sich von der Schnur ablösen. Zwei Herren stellen sich mit diesen Stäben auf zwei Stühle inmitten des Ballsaales und halten mit den Stäben die Herzenschnur gespannt. Nun treten die vom Tanzordner bestimmten 6 Damen heran und suchen die Herzen abzureißen, was die 2 Herren auf ihren Stühlen leicht und schwer gestalten können. Von den anwesenden Herrschaften wird zu diesem „Herzenkampf" das Lied angestimmt: **„Hupf mein Mädel und tanz' mit mir",** was unbedingt sehr stimmungsvoll wirken muß zu den hüpfenden Damen und an den Bändern schnellenden Herzen.

Während dieser komischen und drolligen Aufführung haben 6 auserwählte Herren **6 Herzen** erhalten mit Bändern zum umhängen und treten nun mit diesen vor. Hat eine Dame endlich ein Herz ersprungen resp. errungen, so zeigt sie die Aufschrift desselben den 6 Herren und tritt mit ihrem Partner, der das gleiche Wort auf dem Herzen trägt, zum Tanze an und so fort, bis sich alle 6 Paare gefunden haben.

Tour für 6 Paare Mk. 1.75.

Neu! Nr. 01334.

Die Riesen-Maikäfer.

6 Herren werfen im Nebenzimmer die farbigen **Maikäfer-Kostüme** über und kommen als Maikäfer in den Saal geschwirrt; sie fliegen hierhin und dorthin und suchen die 6 Damen, die **Maikäfer** in Naturgröße angesteckt tragen. Haben sie diese gefunden, so treten die 6 Paare an und zwar tanzen gleiche Nummern zusammen.

Tour für 6 Paare Mk. 3.75.

Neu! Nr. 01335.

Tour: Also doch der Hosenrock.

6 Herren erscheinen durch Überwerfen der zur Tour gehörigen farbigen Seidenpapierkostüme als **Hosenrock-Modelldamen** mit Miniaturhütchen, wie die Abbildung zeigt, plötzlich im Ballsaal, **ungeheure Heiterkeit** hervorrufend. 6 Damen werden vom Arrangeur aufgefordert, die Roben zu kritisieren; beim Herantreten merken sie sofort, daß unter denselben 6 Tänzer stecken; schnell bestellen sie bei der Musik einen Walzer und führen die schneidigen Hosenröckler zum Tanz.

Tour für 6 Paare Mk. 3.15.

Neu! Nr. 01336. Tour: Der Parademarsch.

Im Nebenzimmer werden an 6 Herren **Querpfeifen** und an 6 Damen **Tambourstäbe** verteilt, beide Gegenstände sind zum Hineinsingen **à la Bigotphon** eingerichtet. Die Saaltüren werden geöffnet und die Pfeiferkolonne kommt, einen Marsch blasend resp. in die Pfeifen hineinsingend, in den Ballsaal marschiert. Knapp hinterher erscheinen die Damen mit den Tambourstäben und marschieren schneidig an den Pfeifern, die Frontstellung eingenommen haben, vorbei; dann folgt ein gemeinsamer Parademarsch, wie die Abbildung zeigt, und zum Schluß wird ein Rundtanz arrangiert und zwar finden sich die Paare durch die verschiedenen Nationalfarben.

Die 12 Musikinstrumente à la Bigotphon werden an dem Ballabend noch viel Stimmung machen.

Tour für 6 Paare Mk. 2.30.

Neu! Nr. 01337. Tour: Quietschvergnügte Herzen.

Zu dieser Tour liefere ich **12 rote Herzen** mit Seidenschnur zum umhängen für die Damen und anhängen für die Herren; die Herzen sind mit einem **Quietscher** versehen, der bei der geringsten Berührung einen piepsenden Ton von sich gibt. Wenn sich die Paare genugsam von der Fidelitas ihrer Herzen überzeugt haben, suchen sich gleiche Reliefbilder und tanzen zusammen.

Tour für 6 Paare Mk. 1.75.

Neu! Nr. 01338. Tour: Holland.

Diese Tour bringt einen **außerordentlich originellen Kopfschmuck** in Form einer **Windmühle** aus farbigem Kreppapier mit großen Schleifen und weißem, drehbarem Flügelrad für die Damen. Die Herren erhalten diese weißen drehbaren **Windmühlenflügel** an einem, mit farbiger Schleife geschmücktem Stabe. Die Farben bestimmen die Paare, die zusammen tanzen.

Tour für 6 Paare Mk. 4.50.

Neu! Nr. 01339. Tour: Durch die Blumen.

12 Damen nehmen auf 12 Stühlen, die in einem Halbkreis aufgestellt sind, seitwärts Platz wie abgebildet, und erhalten vom Arrangeur **12 Schilder** mit Blumennamen, die sie an ihre Stuhllehnen binden. Nun stellt sich der Tanzleiter mit dem **Blumen-Roulette** vor den Halbkreis und bittet einen Herrn dasselbe in rotierende Bewegung zu setzen; steht dann das Rad wieder still, so nennt der Arrangeur den Blumennamen, auf welchen die Zeigerspitze hindeutet, und die Dame, deren Stuhl den gleichen Namen trägt, erhebt sich, der Herr geht auf sie zu und bittet sie mit einem tiefen Kompliment um den nächsten Tanz; den leergewordenen Stuhl nimmt eine andere Dame ein und ein zweiter Herr dreht das Blumenrad u. s. fort; die Tour kann also ausgedehnt werden, so weit es dem Vorstand behagt; auch können die Herren Platz nehmen und die Damen drehen.

1 Blumen-Roulette und 12 Blumenschilder Mk. 1.50.

Neu! Nr. 01340. Tour: Früh um fünfe.

6 Herren erhalten im Nebenzimmer vom Saal je eine **Schnarchcigarro** und kommen dann einzeln, diese angerauchten Cigarren teils im Mund, teils in der Hand haltend, etwas schwankenden Ganges in den Ballsaal herein; die 6 Herren irren nun hierhin und dorthin, nehmen dann beliebig Platz, schlafen scheinbar ein und fangen erst leise und dann immer mächtiger zu **schnarchen** an. Nun verteilt der Tanzvorstand **Häubchen** mit Nummern an 6 junge Damen und bittet sie, die Herren zu wecken, damit das störende **Schnarchkonzert** endlich aufhört. Sind die Herren ermuntert, so werden sie von den 6 Damen zum Tanze geführt und zwar bestimmen gleiche Nummern an Häubchen und Cigarren die Zusammengehörigkeit der Paare.

Tour für 6 Paare Mk. 3.20.

Neu! Nr. 01341. **Bi-Ba-Bo-Tour.**

12 sogenannte **Bi-Ba-Bo-Figuren** aus dehnbarem Kreppapier **genäht,** mit Buntdruckköpfen gehören zu dieser Tour u. zwar 2×6 verschiedene Karikaturen; die Herren benutzen die Figuren als ulkigen Kopfschmuck u. die Damen treiben mit denselben als Püppchen Kurzweil, dann suchen sich die gleichen Figuren und tanzen zusammen.

Tour für 6 Paare Mk. 1.25.

Neu! Neu!

Nr. 01342. **Tour: Es kommt das Glück.**

Der Arrangeur bestimmt 6 Herren und 6 Damen und bittet sie, wenn jetzt das Glück mit seinen Symbolen erscheint, diesem nachzujagen, um eines der letzteren zu erhaschen. Dann öffnen sich plötzlich die Türen des Ballsaales und ein Herr und eine Dame kommen herein, je einen feinen Stab mit Zephirkugel in der Hand haltend.

Aus der Kugel hängen an breiten Seidenpapierbändern **6 Glückssymbole.** Es folgen nun dem Herrn die 6 Damen und der Dame die 6 Herren und suchen je ein Symbol abzureißen; ist dies erreicht, treten die gleichen zum Tanze an. **Tour für 6 Paare Mk. 2.—.**

Neu! Neu!

Nr. 01343. **Tour: Turban und Schleier.**

Diese Tour bringt für Herren und Damen einen **ganz pompösen Schmuck** und zwar **Turbane** in prächtiger Ausstattung aus Kreppapier in 2 Farben für 6 Herren und für 6 Damen **Goldspangen** mit langen weißen **Schleiern** aus durchbrochenem, zartem Seidenpapier, (ganz **Neu** in der Herstellung) die à la Orient um den Kopf geschlungen werden. Durch gleiche Farben der Verzierungen finden sich die Paare zum Tanz.

Tour für 6 Paare Mk. 5.25.

Höchst originell!

Neu! Nr. 01344. **Tour: Russisch.** Neu!

6 Damen schmücken sich mit den zur Tour gehörigen bunten **Seidenpapierschleifen** und 6 Herren erhalten die reich dekorierten russischen **Troikareifen,** die sie, wie obenstehende Abbildung zeigt, über den Kopf halten; nun ergreifen die 6 Damen die Zügel und unter Schellengeläut traben die Gespanne durch den Saal. Wenn die Musik nun noch eine passende Weise ertönen läßt und die Gespanne recht interessant durcheinander gelenkt werden, so muß die Tour **höchst originell** wirken.

Die Paare finden sich zum Tanze durch die gleichfarbigen Seidenpapierschleifen.

Tour für 6 Paare Mk. 3.—.

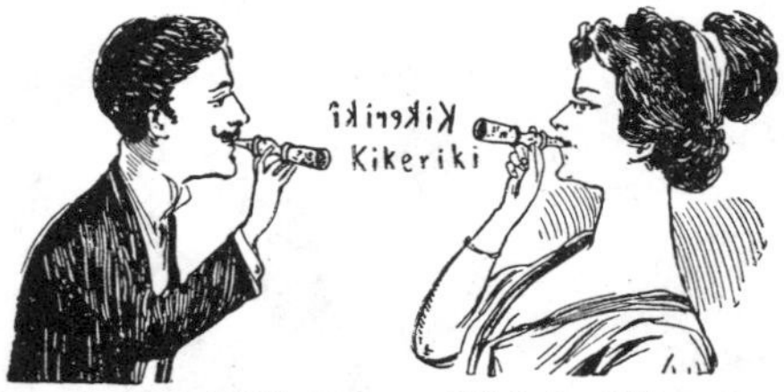

Neu! Nr. 01345. **Tour: Gleiche Stimmen.**

Der **Kuckuckruf,** ein **alter Hahn,** ein **junges Hähnchen,** die **Nachtigallstimme etc.,** zusammen 6 verschiedene, werden in kleinen Instrumenten geliefert; die Töne erscheinen teils durch Druck, teils durch schwingen, teils durch blasen usw. Der Arrangeur verteilt nun diese kleinen Instrumente an ganz verschiedenen Stellen im Ballsaal an 6 Damen; die gleichen 6 Stimmen erhalten auch 6 Herren im Nebenzimmer. Nun tritt der erste Herr herein und läßt seine Stimme ertönen, die Damen antworten, bis sich die gleichen Stimmen gefunden haben; es kommt der zweite Herr dran und so fort. Dieses rufen und antworten, dieses suchen und finden wird den Teilnehmern an der Tour, sowie dem Publikum **großen Spaß** machen.

Tour für 6 Paare Mk. 2.20.

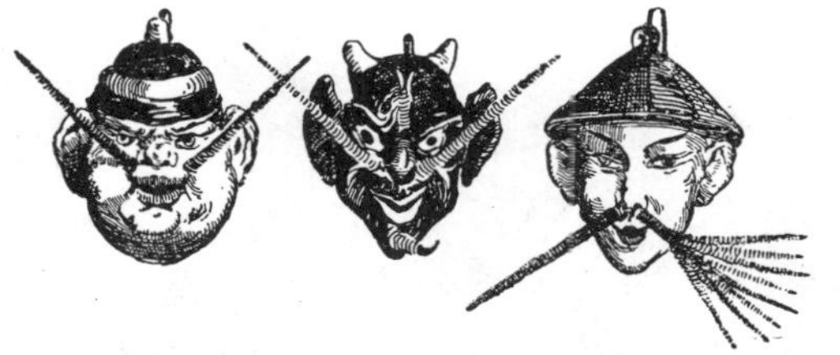

Neu! Nr. 01346. **Tour: Die Wackelbärte.**

Je 6 verschiedene Karikaturenköpfe, plastisch aus Papiermaché geformt, ca. 4—4 ½ cm groß mit **hocheffektvollen Wackelbärten** aus Drahtspiralen erhalten 6 Herren und 6 Damen. Die Köpfe werden angesteckt und gleiche tanzen zusammen.

Tour für 6 Paare Mk. 1.30.

Neu! Nr. 01347. **Tour: Vornehme Russen.**

Mit imitiertem grauen Pelz besetzte, vornehme **Russenmützen** aus Kreppapier in herrlichen Farben mit Goldverzierungen werden an 6 Damen und 6 Herren verteilt. Wenn sich die Paare gegenseitig geschmückt haben, suchen sich die gleichen Farben und treten zum Tanze an.

Tour für 6 Paare Mk. 4.20.

Neu! Nr. 01349.

Tour: Im Schwarzwald.

Wie sie die Schwarzwälder tragen, genau in der charakteristischen Form, sind die **6 Cylinderhüte** für die Herren und die **6 Schleifenhauben** für die Damen hergestellt. Wenn sich die Paare geschmückt haben, treten die gleichen Farben an und der Tanz beginnt.

Tour für 6 Paare Mk. 3.50.

Neu! Nr. 01348.

Tour: Soldatenspielen.

Im Nebenzimmer setzen 6 Herren die zur Tour gehörigen dreieckigen **Helme** auf, die mit Reliefs von Säbeln und Trompeten etc. und mit einem imitierten **Federbusch** verziert sind und kommen in langer Reihe in den Ballsaal marschiert das Lied singend: „Wer will unter die Soldaten". 6 Damen erhalten aus Goldkarton geprägte **Trompeten** etc zum anstecken mit Bändern, die in den Farben mit den Federbüschen harmonieren; hierdurch finden sich die Paare, die zusammen tanzen.

Tour für 6 Paare Mk. 2.—.

Nr. 01350.

Aïda-Tour.

Neu!

6 Damen schmücken sich mit den zur Tour gehörigen **Golddiademen** mit farbigem **Naturfedergrasbüschel** (ganz modern) und 6 Herren erhalten die **Naturpalmblattfächer** an langem **Bambusstab** mit farbiger **Schleife** aus Kreppapier; gleiche Nummern tanzen zusammen.

Tour für 6 Paare Mk. 3.—.

Neu! Nr. 01351. Originell!

Tour: Gefangene Herzen.

Die 6 höchstoriginellen Kopfbedeckungen für die Damen stellen **Spinnennetze** aus weißem Karton dar, in welchem sich ein rotes **Herz** gefangen hat; die Herren erhalten **kleine Spinnenwebe** auch mit roten Herzen als Orden; die Farben der angebrachten Abzeichen führen die Paare zusammen.

Tour für 6 Paare Mk. 2.—.

Neu! Nr. 01352.

Tour: Polnische Wirtschaft.

Aus Kreppapier in ausgesucht schönen Farben mit Pelzimitation und Rosettenverzierungen mit Schnuren und Quasten sind die 12 zur Tour gehörigen **Polenmützen** hergestellt, **ein ganz reizender Schmuck.** Wenn 6 Paare die Mützen aufgesetzt haben, suchen sich die gleichen Farben und tanzen zusammen.

Tour für 6 Paare Mk. 4.20.

Neu! Nr. 01353. Tour: Die Hofsänger.

6 Herren und 6 Damen wählen sich je einen **Hofsänger** aus — personifizierte Vogelfiguren aus Karton in Farbendruck mit **Quietscher** — durch dessen Druck sich gleichzeitig Kopf und Schnabel bewegen; die Figuren sind ca. 15 cm groß. Wenn sich die Vögel genügend lange angepiepst haben, suchen sich die gleichen Figuren und tanzen zusammen. **Tour für 6 Paare Mk. 1.40.**

Neu!
Nr. 01354.

Tour: Der Blumentag.

Zwei Damen erhalten im Vorzimmer je ein kleines **Körbchen mit 6 künstl. Margeritenblumen, 6 Kornblumen und 6 Heckenröschen;** die eine Dame schmückt mit den Blumen 18 Herren, die andere 18 Damen. Die Blumen sind numeriert, wodurch sich die Paare zum Tanze finden. Die beiden Damen erhalten die netten Körbchen zum Andenken und werden von 2 Vorstandsmitgliedern zum Tanze geführt. **Tour für 18 Paare Mk. 1.75.**

Neu! Nr. 01355. Tour: „In spe u. a. D."

Die Frauen in spe in Amt und Würden, als **Frau Reichskanzler, Frau Staatsanwalt, Frau stud. med.** usw. und die Herren **a. D.** z. B. **Herrenreiter a. D., Polizeipräsident a. D.** usw. Das alles zeigt diese Tour in humoristischer Weise, wie es einst kommen wird. Die Kopfbedeckungen für die Damen entsprechen den Originalen, die der Herren sind **Zipfelmützen** aus weißem Kreppapier mit den betreffenden Aufschriften.

Tour für 6 Paare 3.25.

Neu! Nr. 01356.

Tour: Blumen-Nadeln

aus Metall geprägt, farbig mit Gold, ganz reizend in der Ausführung, (die abgebildete Rose ist z. B. ca. 3 cm groß) in 6 verschiedenen Dessins. Wenn 6 Paare gewählt und den Schmuck angesteckt haben, wird zum Tanze angetreten. Die Nadeln bilden niedliche Andenken.

Tour für 6 Paare Mk. 1.30.

Neu! Nr. 01357. Fächer und Blumen.

6 niedliche **Fächer** (entfaltet ca. 37 cm groß) aus weißem Kreppapier mit Aufdruck farbiger Blumentuffs — Rosen, Veilchen, Vergißmeinnicht, Margeriten, Kornblumen, Heckenröschen — werden 6 Damen gespendet und 6 Herren erhalten reizende künstl. **Ansteck-Sträußchen** aus denselben Blumen. Gleiche Blumenarten führen die Paare im Tanze zusammen.

Tour für 6 Paare Mk. 3.—.

Neu! Nr. 01358. Tour: Gesprengte Herzen.

12 feuerrote **Herzen** mit **Knallpetarden** verteilt der Arrangeur an 6 Damen und 6 Herren, und bittet sie, die Herzen zu öffnen, um den Inhalt kennen zu lernen. Jede der 12 Personen erfaßt nun die Knallpetarde, sprengt das Herz **mit lautem Knall** und findet darin **ein zweites Herz** mit einem **Emblem** mit Nadel zum Anstecken. Nach den gleichen Emblemen wird zum Rundtanze angetreten. **Tour f. 6 Paare Mk. 1.40.**

Neu!

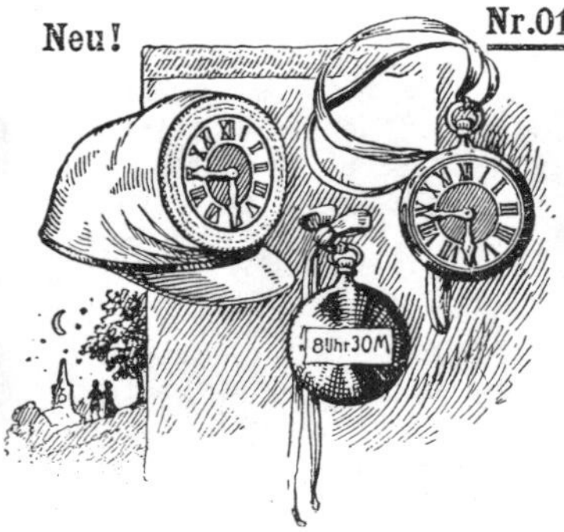

Nr. 01359. Tour: Um dieselbe Stunde.

6 Damen hängen die zur Tour gehörigen großen goldenen **Uhren** um, nachdem sie die Zeiger nach der Zeit gestellt haben, wie solche auf der Rückseite der Uhr angegeben ist; inzwischen haben 6 Herren im Nebenzimmer ihre **Mützenuhren** auch nach Vorschrift reguliert und kommen nun in den Saal herein. Die Damen erkennen schon von weitem die Uhrenzeiten und rufen nun auf: Hierher ½9, hierher um 12 usw.

Wenn sich die Paare nach gleichen Stunden gefunden haben, wird rundgetanzt. **Tour für 6 Paare Mk. 3.50.**

Neu! Nr 01360. Neu!

Tour: Die Verlobung bei der Laterne.

Ein Herr setzt die **erleuchtete Laterne,** die zur Tour gehört, auf den Kopf und tritt in die Mitte des Saales, wo ihm 6 Paare zugeführt werden; es erhalten nun erst die Damen **6 Ringe** und dann die Herren, die sie an die Finger stecken; die Ringe tragen 6 verschiedenfarbige Steine und werden hierdurch die Paare zusammengeführt.

Tour für 6 Paare Mk. 1.25.

Neu! Nr. 01361. Tour: Bunte Eier.

Der Tanzvorstand läßt 6 Herren in eine Reihe aufstellen und 6 Damen vis-à-vis; dann kommandiert er: **„Ganze Abteilung kehrt, Hände auf den Rücken und nicht umschauen"**; nun bedeckt er sich mit der zur Tour gehörigen Hasenmütze mit beweglichen Ohren resp. Löffeln, steckt sich die **12 bunten Eier** in die Taschen und hüpft durch die Reihe hindurch, an die Herren und Damen die Eier verteilend. Diese letzteren sind zum öffnen eingerichtet und enthalten je ein niedliches gelbes **Wollküken** zum anstecken. Nun suchen sich die gleichfarbigen Eier und dann treten die Paare zum Tanze an. **Tour für 6 Paare Mk. 2.75.**

Neu! Nr. 01362. Tour: Personifizierte Früchte.

Der Tanzvorstand verteilt an 6 Damen kleine Anstecker, **personifizierte Früchte** darstellend, in humoristischer Ausführung; wenn die Damen diese netten Früchtchen angesteckt haben, öffnen sich plötzlich die Saaltüren und 6 personifizierte Früchte in Menschengröße kommen hereinmarschiert. (Die 6 Herren haben die zur Tour gehörigen farbigen Seidenpapierkostüme angelegt.) Das Publikum wird erstaunt sein über diese eigenartigen Geschöpfe, die sich nun hierhin und dorthin wenden und die 6 Damen suchen, welche die Anstecker tragen; gleiche Früchte tanzen zusammen.

Tour für 6 Paare Mk. 3.25.

Neu! Nr. 01363. Tour: Eissport.

6 Paare erhalten in dieser Tour **phantastische Hüte,** mit denen sie sich gegenseitig schmücken; die Hüte sind reizend aus Seiden- und Kreppseidenpapier ganz in weiß ausgeführt und mit kleinen goldenen Schlittschuhen en relief verziert. Nach gleichen Abzeichen finden sich die Paare und treten zum Tanze an.

Tour für 6 Paare Mk. 3.50.

Neue Cotillon-Touren.

Anweisungen liegen sämtlichen Touren bei.

Abbildungen und Beschreibungen sind gesetzlich geschützt, jeder Nachdruck wird strafrechtlich verfolgt.

Geteilte Touren können nicht abgegeben werden; ist eine Tour für 6 Paare eingerichtet, so können z. B. 4 Paare nicht geliefert werden.

Neu! Nr. 01284. Tour: Schwankende Herzen. Sehr originell und einfach!

Spaßhaft!

Die schwankenden Herzen ergötzen alle.

Auf einer ca. 70 cm langen Holzleiste sind ca. 28 cm große **Herz-Damen** befestigt (mit farbigen Kreppapier-Kostümen) auf **Drahtspiralen,** worauf sie, leicht angestoßen, verschiedenlange **hin- und herschwanken.** Zu dieser Gruppe treten nun 6 Damen und berühren je ein Herz, so daß alle 6 zu gleicher Zeit ins Schwanken geraten.

Inzwischen haben 6 Herren **Karten** mit Nummer 1—6 erhalten und schauen mit großem Interesse den **„schwankenden Herzen"** zu; das Herz, (resp. die Dame, die es ins Schwanken gebracht hat) welches zuerst wieder feststeht, tanzt mit Herr Nr. 1, das zweite feststehende mit Herr Nr. 2 usw. **Die Tour kann immer wiederholt werden.**

Tour für 6 Paare Mk. 2.50.

Neu! Nr. 01285. Tour: Mit dem Kopfe durch die Wand.

2 Herren halten die lange Papierwand oben mit der Hand fest und unten mit dem Fuße durch Auftreten auf das Band. In der farbigen Wand befind. sich 6 Einschnitte (+), vor welche 6 Damen treten; hinter die Einschnitte, von den Damen ungesehen, treten 6 Herren und versuchen auf einen Zuruf des Tanzleiters **mit den Köpfen durch die Wand** resp. durch die Einschnitte in derselben zu kommen. Gelingt dies dem einen oder anderen nicht, so helfen die Damen nach und tanzen dann mit ihren vis-à-vis.

Tour für 6 Paare Mk. 1.60.

Neu! Nr. 01286. Tour: Der Graf von Luxemburg.

6 Herren erhalten 12 goldene **Fingerringe** und zwar 6 weitere, die sie anstecken und 6 für Damen. Nun treten hinter die zur Tour gehörige Papierwand, die von 2 Herren gehalten wird, heimlich und ungesehen 6 Damen; auf die Bitte des Tanzleiters hin stecken diese 6 Damen ihre linken Händchen durch die Wandeinschnitte (+), die 6 beringten Herren treten heran und schieben sanft und vorsichtig die **6 Damenringe** an die Ringfinger dieser Hände; dann ziehen sich letztere geschmückt zurück, die Herren treten hinter die Wand, begrüßen die überraschten Damen und suchen nach dem Ringe, der **denselben Stein** gefaßt hält, wie ihr Herrenring; die so durch Zufall zusammengeführten Paare treten nun zum Rundtanze an.

Tour für 6 Paare Mk. 2.60.

Neu! **Nr. 01287.**
Tour: Die Blumenelfen.

Mit den zur Tour gehörigen 6 verschiedenen reizenden **Riesenblüten** verwandeln sich 6 Damen in **Blumenelfen.** 6 Herren erhalten **Blütenorden** in denselben 6 verschiedenen Blumenarten wie der Kopfschmuck; es suchen sich nun die gleichen Blumensorten und tanzen zusammen. **Tour für 6 Paare Mk. 3.—.**

Neu! **Nr. 01288.**
Chantecler-Tour.

6 Herren legen im Nebenzimmer die zur Tour gehörigen farbigen **Papierkostüme** und **Köpfe** an, wie nebenstehend abgebildet (entnommen aus dem französischen Schauspiel **„Chantecler"**) und kommen dann in den Ballsaal herein, wo sie sich gruppieren, ähnlich wie auf dem Bilde. Auf ein lautes **„Kikeriki"** des Hahnes kommen die 6 Damen heran, die vom Tanzleiter **Karten** mit den Tiernamen erhalten haben und wählen sich danach die betreffenden Herren zum Tanz.
Tour für 6 Paare Mk. 4.—.

Neu! **Nr. 01289.**
Tour: Ich schnitt es gern in alle Rinden ein.

Die Papierwand wird mit leichter Mühe auseinandergefaltet und von 2 Herren gehalten; auf der Wand sieht man **6 farbige Bäume** mit in die Rinde eingeschnittenen Herzen mit verschiedenen Inschriften: z. B. ‚Du, du liegst mir im Herzen' oder ‚Dein ist mein Herz' usw.

6 Herren treten an die Bäume heran und schneiden die Herzen aus dem Stamme heraus (dies geschieht sehr leicht, da die Herzen perforiert sind). — 6 Damen haben inzwischen kleine **rote Herzen** vom Tanzvorstand erhalten mit gleichen Inschriften, wodurch sich die Paare finden und zum Rundtanze antreten. **Tour für 6 Paare Mk. 3.—.**

Neu! **Nr. 01290.**
Tour: Er liebt mich glühend.

Um den Grad der gegenseitigen Liebe festzustellen, erhalten 6 Paare niedliche **Thermometer,** aus Goldkarton geprägt mit roten Herzen und mit weißen Scalen. Die Paare vergleichen nun ihre Thermometer und gleiche **Liebesgrade** tanzen zusammen. heiß, kalt, lau etc.
Tour für 6 Paare Mk. 1.20.

Die Cotillonsachen gefallen uns sehr gut und wir sind sehr zufrieden damit.
Wildbad, Württbg., 24. 8. 10.
A. — Oberkellner.

Neu!

Nr. 01291. Tour: Der Wunderhut.

Die Türen zum Ballsaal werden geöffnet und eine Dame mit dem **Riesen-Wunderhut** (ca. 70 cm groß, mit reicher Garnierung) tritt herein; der Tanzvorstand begrüßt die Dame mit einer tiefen Verbeugung, dann winkt er 2 Herren heran und ersucht sie, den Hut an den Seiten anzufassen und mit tragen zu helfen. Dieses Trio bietet einen komischen Anblick dar, wenn es so durch den Saal schreitet; ist es in der Mitte angekommen, dann steigt der Vorstand auf einen Stuhl hinter die Dame und verzaubert durch hokus-pokus den Hut; dann entnimmt er der einen Seite unter der Bandgarnierung hervor **6 verschiedenfarbige Schärpen** für die Damen und der anderen Seite **6 Pagenbaretts** für die Herren; gleiche Farben bestimmen die Paare, die zusammen tanzen. Die Wunderhutdame tanzt mit dem Tanzvorstand.

Tour für 7 Paare Mk. 3.—.

Neu! Nr. 01292. Tour: Ach, diese Steuern!

6 Herren kommen nacheinander in den Saal herein (geknickt, hin- und herschwankend) und zwar durch ihre **Mützen** folgende Artikel darstellend:

Cigarren, Cigaretten, Zündhölzer, Glühstrümpfe, Bier und **Sekt.**

6 Damen mit **Steuermützen** folgen den Herren nach, belegen sie mit Beschlag, weil noch nicht versteuert und fordern dafür einen Rundtanz. Die Paare finden sich durch Nummern.

Tour für 6 Paare Mk. 2.75.

Neu! Nr. 01294. Kikeriki-Tour.

6 Herren ziehen in einem Nebenraum die zur Tour gehörigen farbigen **Papierkostüme** über und kommen als **Hähne** in den Saal herein; inzwischen hat der Tanzvorstand 6 Stühle aufstellen lassen, wie nebenstehend skizziert; die Herren steigen auf dieselben, und auf ein Zeichen des Hahndirigenten schreit alles:

„Kikeriki".

Namentlich 6 Damen (vorher vom Tanzvorstand bestimmt) sind von diesem Kikeriki-Gesang begeistert; sie treten an die Stühle heran und jede holt sich einen beliebigen Hahn herunter und der Rundtanz beginnt.

Tour für 6 Paare Mk. 3.50.

Die Sachen sind gut angekommen und sehr zu meiner Zufriedenheit ausgefallen. Alles fand großen Beifall und wurde sehr gelobt.
Le Havre, 18. 11. 10. *Ww. P.—l.*

Neu! **Nr. 01298.** **Hochvornehm!**

Tour: Herzkönigin und Page.

In einem Nebenzimmer vom Ballsaale legen **6** Herren 6 Damen die **Umhänge** an und stecken ihnen die **Herzschleifen** ins Haar; dann kommen die Damen in feierlichem Zuge in den Saal herein und auf dem Fuße folgend in ehrerbietiger Haltung die 6 Herren.

Die Damen stellen sich nun auf einer Seite auf, die Herren lassen sich vor denselben auf ein Knie nieder, um ihre Huldigung darzubringen und erhalten dafür von den **Herzköniginnen** die **Pagenbaretts** aufs Haupt gesetzt; dann erheben sich die Herren wieder und bitten die Dame, die ein gleiches Abzeichen wie am Barett befestigt trägt, um einen Rundtanz. **Die Herzpagen tanzen mit ihren Herzköniginnen.**

Die mattgrünen Umhänge mit den roten Herzen, hochfeinen zarten weißen Rüschenkragen und die langen, weißen Seidenpapierfransen machen einen ganz pompösen Eindruck, ebenso die Baretts mit der kühngeschwungenen Feder und den reizenden Herzgehängen. Diese Tour muß stets **von größtem Effekt** begleitet sein und Damen und Herren werden sich mit großem Vergnügen mit den reizenden Requisiten schmücken. **Tour für 6 Paare Mk. 4.75.**

Neu! **Nr. 01299.**

Tour: Wein vom Rhein.

6 Herren legen im Nebenzimmer die farbigen **Weinflaschenkostüme** aus Seidenpapier an und kommen im Gänsemarsch in den Ballsaal herein; hier werden sie von 6 Damen erwartet, die ca. 12 cm große niedliche **Weinflaschen-Attrappen** erhalten haben. Die Damen folgen dem Weinflaschenzug und schließen sich dann an die gleiche Weinsorte an; zum Schluß folgt der Rundtanz.

Tour für 6 Paare Mk. 4.20.

Neu!

Nr. 01300.

Tour: Die Blütenhüte.

Aus zweifarbigem Seidenpapier in schönen Farben zusammengefaltet und gepreßt, die Ränder zart ausgefranst, bieten diese zur Tour gehörigen **hochoriginellen Kopfbedeckungen** einen **duftig leichten** und **doch festsitzenden Schmuck.**

Die gleichen Farben bestimmen die Paare, die zum Tanze antreten.

Tour für 6 Paare Mk. 1.75.

Neu! **Nr. 01301.**

Singende Blumen-Tour.

6 Herren erhalten 6 verschiedene à la Bigotphon eingerichtete **Blumen,** (durch Hineinsingen in den Stiel werden klangvolle Töne erzielt) und kommen, irgend eine bekannte Melodie blasend, in den Saal marschiert. 6 Damen, denen der Arrangeur **Blumen** in den gleichen Sorten wie die singenden für das Haar überreicht hat, sitzen mit diesen Blumen geschmückt auf 6 Stühlen inmitten des Saales und erwarten die Herren. Haben letztere ihr Ständchen beendet, so lassen sie sich vor der Dame, welche ihnen die Blumenart bestimmt, auf ein Knie nieder und bitten um einen Tanz. **Tour für 6 Paare Mk. 2.—.**

Neu! Nr. 01302. Tour: Auf Regen folgt Sonnenschein.

Die Herren erhalten im Nebenzimmer graue **Regencylinder mit silbernen Regentropfen,** die an dünnen Fäden rings um den Hut herunterfallen. Wenn dann die 6 Damen sich die **Sonnenstrahlen-Diademe** (federleicht aus gelbem Kreppapier) aufgesetzt haben, werden die Türen zum Ballsaal geöffnet und die Herren kommen hereingetrabt mit hochgezogenen Schultern und Kragen, scheinbar vor dem Regen flüchtend. In einer entgegengesetzten Ecke treten die Herren unter und warten auf den **Sonnenschein,** der alsbald den Saal erleuchtet, wenn die 6 reizenden Damen strahlend hereinkommen; die Herren nehmen ihre Hüte vom Kopfe, schütteln die Regentropfen ab und gehen freudig ihrer Sonne entgegen, die ihnen der Zufall durch das entsprechende Abzeichen bestimmt hat. **Tour für 6 Paare Mk. 3.50.**

Neu! Nr. 01303. Tour: Von oben herab.

Die Herren haben die schneidigen **Monocles** (aus Glas, fein, ohne Rand, mit langen Bändern) eingeklemmt und sich mit der großen farbigen **Ansteckblume** geschmückt, während die Damen sich mit den hocheleganten **Knickschirmen** beschatten. So kommen die Damen und Herren hintereinander in den Ballsaal herein und beäugen so recht von oben herab das Publikum; nach einigen Rundgängen treten die Paare nach den Farben zum Tanze an.

Tour für 6 Paare Mk. 3.50.

Neu! Nr. 01305. Tour: Klettereifer.

Humoristische Andenken.

Originell! Spaßhaft! Unterhaltend für alle!

Zu dieser Tour gehören **12 Kletterfiguren** aus starker Pappe in nettem Buntdruck (ausgestreckt ca. 23 cm groß) Neger und andere Knaben, Affen etc. (6 Dessins). Die Figuren werden an 6 Damen und 6 Herren verteilt und auf einen Zuruf des Arrangeurs nach der Anweisung losgelassen; 1 Herr beobachtet die Damen-, ein zweiter die Herrenreihe und beide rufen laut die Namen auf, deren Kletterer oben am Ende der Schnur der Reihe nach ankommen. Auf diese eigene Art finden sich die Paare zum Tanz zusammen. **Tour für 6 Paare Mk. 2.—.**

Neu! Nr. 01315. Tour: Wintersonne.

Die Damen schmücken sich mit den glitzernden **Strahlenreifen** und erhalten ferner noch große moderne, fein ausgeführte **Muffe.** Die Herren setzen die sehr kleidsamen stoffähnlichen weißen **Sportmützen** auf, dann suchen sich gleiche Abzeichen und der **Eiswalzer** beginnt.

Tour für 6 Paare Mk. 5.—.

Die Cotillon-Touren sind angekommen und zur allgemeinen Befriedigung ausgefallen.

Kaarst, 10. 1. 11. *P. —n.*

Neu!

Nr. 01306. Tour: Rote Ulanen.

Die immer flott zu Gesicht stehenden **Ulanen-Czapkas** sind mit dem beliebten Kreppapier überzogen in prachtvoll leuchtend roter Farbe, Schuppenkette und Stern aus Gold, die Kokarde schwarz-weiß-rot und der Helmbusch aus weißem Kreppapier. Herren und Damen setzen diese reizenden Czapkas auf und gleiche Nummern tanzen zusammen.

= Ein schneidiger Anblick. =

Tour für 6 Paare Mk. 3.50.

Eine der allerbeliebtesten Touren.

Neu! Nr. 01307. **Tour: Angeln erlaubt.**

Der Kasten mit Ausschnitten, in welchem immer **6 Herzen** Platz finden, wird inmitten des Saales aufgestellt; nun treten 6 Herren, die **Angelruten** erhalten haben, heran und suchen den Drahtangelhaken in den großen Hornring eines Herzens zu bringen; die roten geprägten Herzen sind plastisch und tragen irgend eine Eigenschaft, wie: **schüchtern, beständig, flatterhaft, liebevoll, nervös** etc. etc. (es werden 48 verschiedene Eigenschaften geliefert, die Tour kann mithin von $8 \times 6 = 48$ Paaren getanzt werden). Hat ein Herr ein Herz geangelt, so schaut er nach dessen Leidenschaft und ruft dieselbe laut aus. Während der Angelei haben je nachdem 6 bis 48 Damen duftende Karten mit Text: **Mein Herz ist kalt, Mein Herz ist edel** etc. erhalten und nun tritt auf den Zuruf des Anglers die Dame mit gleicher Eigenschaft hervor. Hierdurch finden sich die Paare zum Tanz.

1 Kasten und 6 Angelruten Mk. —.50

je	6	12	18	24	30	36	42	48	Herzen und Karten
Mk.	—.80	1.55	2.30	3.—	3.70	4.40	5.10	5.80	

Neu! Nr. 01308.

Tour: Ländliche Hochzeitsgäste.

Bunte **Cylinder** mit farbigen Schleifen für die Herren, bunte **Kränze** mit farbigen Schleifen für die Damen Wenn sich die Paare geschmückt haben, suchen sich gleichfarbige Schleifen und treten zum Hochzeitszuge an, dem dann ein lustiger Tanz folgt.

Tour für 6 Paare Mk. 2.50.

Neu! Nr. 01313. **Tour: Die Post kommt.**

6 Herren erhalten große weiße **Kuverts** mit 5 Herzsiegeln und mit Aufschrift: **„Drucksache, Muster ohne Wert, Unter Nachnahme usw.“** und innen: **„Heiße Küsse etc.“**, die als Kopfbedeckungen eingerichtet sind und von den Herren aufgesetzt werden. 6 Damen empfangen nett geformte **Mützen** mit bunten Bändern aus Seidenpapier mit goldenen **Postillonhörnern;** auf den Mützen liegen 2 noch ungeklebte und ungefalzte Kuverts aus weißem Seidenpapier mit bunten Siegelmarken. An der Bänderseite hängt neben dem Postillonhorn auch noch ein kleines Kuvert mit demselben Aufdruck, wie die Herren-Kuverts und außerdem mit Innentext: 1000 herzliche Grüße, Ewig Dein usw., wodurch sich die Paare zusammenfinden. **Tour für 6 Paare Mk. 2.50.**

Neu!

Die Fächer bilden nette Andenken.

Nr. 01296. **Fächertour: „Chantecler“.**

6 reizende **Kreppapierfächer**, entfaltet ca. 38 cm, bemalt mit 6 verschiedenen Szenen aus dem französischen Schauspiel „Chantecler“, z. B Chantecler und die Fasanenhenne, Chantecler auf der Mauer, Chantecler und die Kröten usw., werden 6 Damen überreicht und 6 kleine **Cigarrenradfächer** mit Nummern 6 Herren. Gleiche Nummern treten zum Tanze an. **Tour für 6 Paare Mk. 4.75.**

Habe die Pakete alle unversehrt erhalten. Die Sachen sind zur höchsten Befriedigung der Schülerinnen und Schüler ausgefallen.
Grefrath, 24. Januar 1911. *Willy —r. jr.*

Neu! Nr. 01316. Tour: Durch das Tamtam.

Zwei Herren halten die zur Tour gehörige Papierwand auseinander und ein dritter Herr hält das **Tamtam;** hinter der Wand sind 6 Stühle aufgestellt mit angebundenen **Nummern.** Nun überreicht der Vorstand einer Dame den **Schlägel** und bittet sie, sich durch das Tamtam einen Tänzer zu rufen. Die Dame schlägt nun jenachdem 1 bis 6 mal an das Tamtam; hat sie z. B. **3 mal** geschlagen, so erscheint der Herr, an dessen Stuhle Nr. 3 ist usw., es nimmt nun sofort auf dem leer gewordenen Stuhle ein anderer Herr Platz (ungesehen von den Damen) und eine zweite Dame tritt vor und so fort.

Tour für eine beliebige Anzahl Paare Mk. 1.60.

Neu! Nr. 01317. Tour: Einst.

Einst trugen die Herren kleidsame **Baretts** mit kühngeschwungenen Federn an Stelle der steifen langweiligen Hüte, der Mode von jetzt. Solche Baretts in ganz verschiedenen Farben gehören zu dieser Tour und außerdem noch für Damen altmodische **Fichus,** auch aus farbigem Seidenpapier in sehr hübscher Ausstattung.

Die gleichen Farben führen die Paare zusammen.

Tour für 6 Paare Mk. 3.—.

Neu! Nr. 01314. Tour: Aus Serbien.

Hierzu gehören **Spitzhüte** und **Schürzen,** welche imitierte Stickereien tragen, die den echt serbischen nahe kommen. Der Untergrund ist weiß, die Auflagen sind blau und rot und wirklich ganz reizend ausgeführt, so daß die Paare, welche den Schmuck tragen, einen **imponierenden Eindruck** machen. Wenn die Paare verschiedene Male im Saale herumspaziert sind, suchen sich gleiche Abzeichen und treten zum Rundtanze an. **Tour für 6 Paare Mk. 3.—.**

Nr. 01275. Tour: Im Zeichen des Sports.

Reitsport, Rudersport, Radlersport, Autosport, Skisport, Luftschiffersport.

6 Damen erhalten entsprechende **Abzeichen** an Atlasband und 6 Herren die korrespondierenden **Kopfbedeckungen,** dann suchen sich gleiche Sports und tanzen zusammen.

Tour für 6 Paare Mk. 2.—.

Im Besitze Ihrer Sendung, welche zur vollsten Zufriedenheit ausgefallen ist, und hoffentlich auch im Ballsaal den erhofften Erfolg haben wird, bitte ich Sie, mir noch sofort zu senden:
Lauban, 3. 3. 11. *Curt —t.*

Fein! Nr. 01199.

Jabots-Tour.

6 vornehme **Jabots** aus Krepp- und Spitzenpapier für die Herren und 6 **Halskrausen** aus Seidenpapier für die Damen. Nachdem sich 6 Paare geschmückt haben, suchen sich gleiche Bänderfarben und tanzen.

Tour für 6 Paare Mk. 2.25.

Es gereicht mir zum wirklichen Vergnügen, Ihnen mitteilen zu können, daß Ihre Cotillonsendung sich des allergrößten Beifalls zu erfreuen hatte. Die zahlreichen Touren erwiesen sich als hochoriginell und äußerst elegant, so daß sie allgemein auffielen, und daß der von mir arrangierte Cotillon von allen Anwesenden als das Schönste gefeiert wurde, das in dieser Richtung hier je gesehen worden ist. Das bedeutet nicht wenig in einem Lande, wo man auf Eleganz und Äußerlichkeiten einen solchen Wert legt wie hier.
M. —n, New-York.

Die Cotillontouren haben nicht nur unseren, sondern auch unserer Gäste Beifall gefunden.
S.—, stud. pharm., Freiburg i. B.

Nr. 01242. Tour: Verschiedene Briefe.

Der Cotillon-Arrangeur verteilt an 6 Damen versiegelte **Briefe,** die an einer Schleife hängen und angesteckt werden; dann läßt er 6 Herren von den kleinen goldenen **Briefkasten** wählen, aus denen oben je ein offener Brief herausguckt. Die Herren bitten nun die Damen, ihre Briefe zu öffnen und den Inhalt vorzulesen. Dame 1 beginnt: Verlobungsanzeige; Dame 2: Liebesbrief; Dame 3: Rendezvous usw. Der betreffende Herr mit gleichem Brief tritt herzu, und nachdem sich die Paare auf diese Weise gefunden haben, beginnt der Tanz.

Tour für 6 Paare Mk. 1.50.

Wir waren wieder außerordentlich zufrieden mit Ihrer Sendung. Die Sachen waren sehr geschmackvoll und auch preiswert.
Frau Dr. —t, Liegnitz.

Nr. 01244.

Tour: Wein ist Sonnenschein.

Zu dieser Tour gehören 6 **goldene Diademe** mit fein geprägten, in Farbendruck ausgeführten **Weinflaschen** mit 6 verschiedenen Etikettenaufschriften für die Herren; 6 Damen erhalten die Etiketten mit Haarnadeln. Gleiche Weinsorten tanzen zusammen.

Tour für 6 Paare Mk. 2.25.

Nr. 01265. Nippes-Tour.

Hierzu gehören 6 verschiedene niedliche **Nippes** aus farbigem Porzellan, wie die Abbildung zeigt; das Säckchen rechts ist z. B. ca. 6½ cm hoch ohne das Flordeckchen gemessen (die anderen Nippes im Verhältnis); in diesen Seidenpapier-Flordeckchen befinden sich feine Schokoladenplätzchen. Der Tanzvorstand wählt 6 Damen aus und überreicht diesen die reizenden **Bonbonieren,** dann verteilt er an 6 Herren kleine Karten mit den Bezeichnungen der Gegenstände, wonach die Herren zu den betreffenden Damen herantreten; letztere lassen die Herren von dem Inhalt der Nippes naschen und sich dann zum Tanze führen.

Tour für 6 Paare Mk. 2.75.

Nr. 01273. Tour: Das Ordensfest.

Die Herren dekorieren die Damen, und die letzteren die Herren mit den Kopien **„Echter Orden“** aus Karton; dann suchen sich gleiche Orden und treten zum Tanze an; es werden 24 Stück verschiedene Orden geliefert, die Tour kann also von 24 Paaren zu gleicher Zeit getanzt werden.

Tour für 12 Paare Mk. —.65, 24 Paare Mk. 1.25.

Neu! **Nr. 01320.**

Tour: Gaudeamus igitur.

Diese Tour ist hochfein ausgestattet. Die Herren erhalten elegante **Stürmer** aus Kreppapier und **Couleurbänder,** die Damen feine **Standarten.** Wenn die Paare mit diesen Requisiten in den Ballsaal hereintreten, so wird alles entzückt sein von dem **imponierend schönem Bild.** Nach verschiedenen Rundgängen bestimmt der Tanzleiter die Paare durch die Farben und der Rundtanz nimmt seinen Anfang.

Tour für 6 Paare Mk. 4.20.

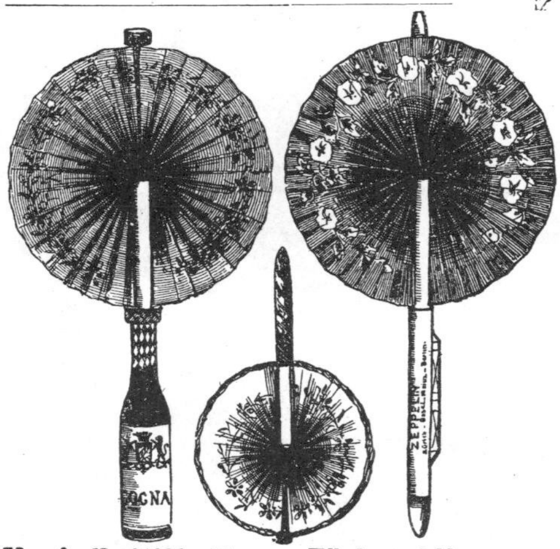

Neu! **Nr. 01321.**

Tour: Fächer-Attrappen.

Die Damen erhalten **6 Fächer-Attrappen** und zwar: Zeppelin-Luftschiff, Leuchtturm, Federhalter, Licht usw. und die Herren **6 Cigarren,** sämtliche 12 Gegenstände mit **Radfächern** aus Stoff zum Zusammenziehen. Durch die Nummern werden die Paare bestimmt, die zusammen tanzen.

Tour für 6 Paare Mk. 4.—.

Neu! **Nr. 01323.**

Tour: Katzenmusik.

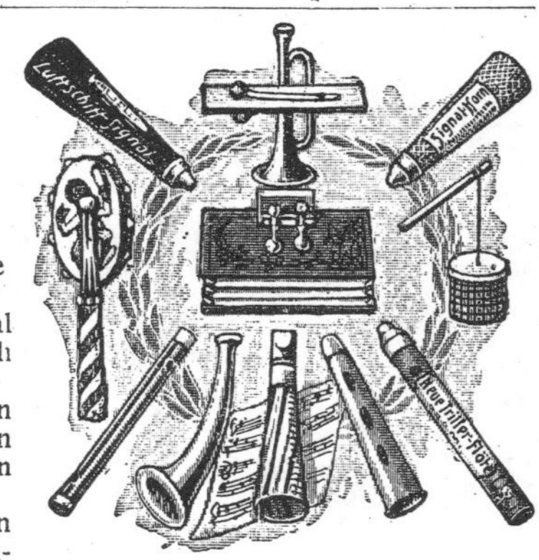

An 6 Paare werden Lose verteilt, 2 mal 1 bis 6; nach diesen Nummern erhalten die Paare dann die betreffenden **Musikinstrumente** u. bilden eine Zusammenstellung, wie sie **unharmonischer** nicht gedacht werden kann. Die Paare stellen sich nun in einen Kreis um den Arrangeur und letzterer gibt die Melodie zur Katzenmusik an. Die Ouvertüre beginnt und die Musik wird so lange fortgesetzt, bis das Publikum die Mitglieder auseinandertreibt. Es suchen sich dann die gleichen Nummern und treten zum Tanze an.

Tour für 6 Paare Mk. 3.—.

Neu! **Nr. 01322.**

Tour: Am Nordpol.

Die Paare schmücken sich mit den **12 Pelzmützen** aus Seidenpapier fein imitiert; an den Damenmützen befinden sich noch lange **Pelzboas,** die, um den Hals geschlungen, reizend und originell kleiden. Beide Sorten Mützen tragen noch bezügliche, humoristisch gehaltene Aufschriften, wie: Für **Heißblütige, Gut Eis** usw., wodurch sich die Paare finden. **Tour für 6 Paare Mk. 4.—.**

Die Kopfbedeckungen allein:

Nr. 3157 für Damen	**Stück Mk.**	—.40,	**Dtz. Mk.**	4.25,
„ 3158 für Herren	„ „	—.30,	„ „	3.25.

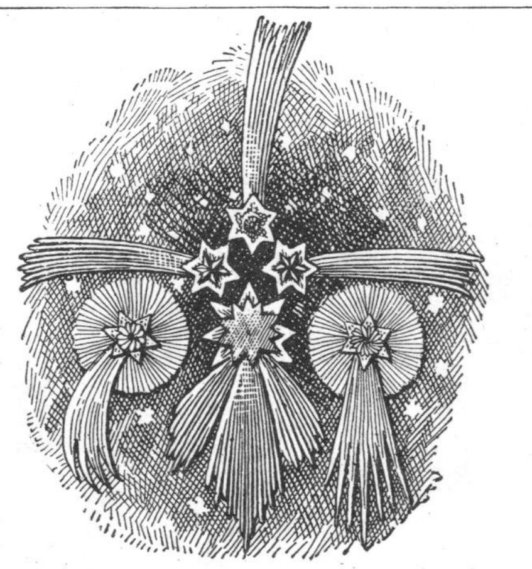

Neu! **Nr. 01324.**

Kometen-Tour.

In dieser Tour erscheinen 2 mal 6 verschiedene **Kometen** mit goldenen Schweifen aus Kartonprägung mit Gelatine und Lametta etc., mit Atlasband zum Anstecken; gleich geformte Kometen treten zum Tanze an.

Tour für 6 Paare Mk. 1.20.

Ihre Cotillon-Artikel hatten kolossalen Beifall.

St. Petersburg, 24. 11. 10. *W. —s.*

Nr. 01227. Tour: „Frühlingsluft".

Stimmungsvoll!

6 Damen erhalten im Nebenzimmer vom Ballsaal 6 künstliche **Blütenzweige** und 6 Herren imitierte **Miniatur-Strohhütchen.** Die Musik spielt das Pfeiflied aus der Operette „Frühlingsluft" oder irgend eine andere lustige Melodie, die Saaltüren öffnen sich, und die Paare kommen, fidel tanzend und pfeifend, wie nebenstehendes Bild zeigt, hereingesprungen; dann suchen sich gleiche Nummern und treten zum Tanze an

Tour für 6 Paare Mk. 2.50.

Nr. 01228 a.

Tour: „Blütenduftende Herzen".

Beliebte Andenken.

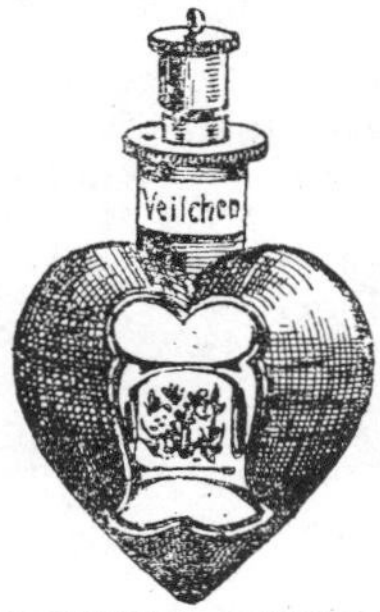

Der Arrangeur läßt 6 Damen u. 6 Herren je ein **Duft-Herz** wählen; diese Herzen sind aus Glas **mit haltbarem Schraubverschluß,** ca. 5 cm groß, und enthalten 6 verschiedene **Bütendüfte, nur Prima Qualität.** Es suchen sich nun die gleichen Blumendüfte und tanzen zusammen.

Tour für 6 Paare mit 12 Duft-Flakons Mk. 3.—.

Nr. 01229. Tour: Laufende Fische. Sehr amüsant und originell.

Die Sendung Cotillon-Touren ist zu meiner größten Zufriedenheit ausgefallen.
Hohenwestedt i. Holst., Hans —e.

6 Herren haben sich im Nebenzimmer die farbigen Fischkostüme aus Seidenpapier übergeworfen und kommen nun in den Tanzsaal hereingeschwommen, indem sie, wie auf der Abbildung ersichtlich, mit den eingestemmten Armen flossenähnliche Bewegungen machen. 6 Damen, die vorher vom Arrangeur bestimmt sind, schwimmen den Fischen nach und suchen sie zu fangen, ☛ **ein amüsantes, eigenartiges Bild!** ☚ Wenn dies gelungen ist, beginnt der Rundtanz.

Tour für 6 Paare Mk. 4.75.

Für die mir gesandten Sachen sage, sehr erfreut, besten Dank. Es ist alles sehr nett.
Dessau, 25. 2. 11. T—r

Besten Dank für die prompte und gute Bedienung; sämtliche Artikel fanden ungeteilten Beifall; ich werde nicht versäumen, Ihre geschätzte Firma weiter zu empfehlen.
Dtsch.-Matrei, Tirol, 15. 2. 11. Robert —l.

Den Empfang Ihrer Lieferung dankend bestätigend, gestatte ich mir im Auftrage des Komitees unsere größte Zufriedenheit für gesandte Waren Ihnen zu übermitteln. Die Cotillon-Gegenstände sind großartig und fanden großen Beifall.
Wilhelmshaven, 26. 2. 11. E. —f.

Nr. 01230. Tour: Die Dollarprinzessin.

6 Damen schmücken sich mit den **reizenden Hüten,** die ganz entzückend zu Gesicht stehen und 6 Herren erhalten große **Gänseblumen.** Der erste Herr tritt nun vor die Dollarprinzessinnen und beginnt die Blätter seiner Blume abzuzupfen, indem der Tanzvorstand ansagt: Sie liebt mich, von Herzen, mit Schmerzen, usw.; sobald beim Abreißen eines Blättchens **ein Knall ertönt,** tritt der Herr an die Damenreihe heran und fragt, in welchem Hute die gleichen Worte stehen, z. B. ein klein wenig, oder gar nicht etc., und dieses Paar tritt zum Tanze an; es folgt der zweite Herr usw., bis sich die 6 Paare gefunden haben.

Tour für 6 Paare Mk. 4.75.

Mit Ihrer Sendung war ich sehr zufrieden und hoffe, daß auch dieses Mal die Sachen gut ausfallen und rechtzeitig eintreffen usw.
K. —y, cand. med., Erlangen.

Nr. 01231 Theater-Tour.

Diese Naturpalmenblätter bilden daheim einen netten Vasen- oder Wandschmuck.

Szenen aus berühmten Opern und Schauspielen sind in Farbendruck auf Kartonkarten sehr hübsch dargestellt. Diese Karten sind auf grün präparierten **Naturpalmenwedeln** für die Damen **u.** auf **Fezkopfbedeckungen** für die Herren befestigt; es suchen sich die gleichen Bilder u. tanzen zusammen.

Tour für	**6**	**12**	**18**	**24 Paare**
Mk.	**2.—**	**3.90**	**5.75**	**7.50**

Nr. 01232. Tour: Höllenmusik.

6 Herren u. 6 Damen erhalten **Radauhörner** aus Karton mit bunten Bildern und mit Blechmundstück; die Hörner sind verschieden lang und zwar das längste ca. 62 cm und das kleinste ca. 19 cm. Mit diesen Hörnern am Munde kommen plötzlich von zwei Seiten 6 Herren und 6 Damen in den Ballsaal herein, blasen sich gegenseitig an und führen dann vereint eine Höllenmusik auf; sind die Zuhörer zufriedengestellt, so engagieren die Herren die Damen und treten zum Rundtanz an und zwar bestimmen die gleichen Hörnergrößen die Zusammengehörigkeit der Paare. **Tour für 6 Paare** (= **12 Hörner**) **Mk. 1.—.**

Nr. 01233. Tour: Aus der Zauberflöte.

Der Arrangeur sucht sich ein recht lustiges Paar aus, schmückt dasselbe mit dem imitierten Federhut und Federkragen und läßt es plötzlich als Papageno und Papagena im Saale erscheinen. Ersterer läßt sich von 24 Damen, letztere von 24 Herren des Federschmucks berauben, dann suchen sich gleiche Nummern und treten zum Tanze an. Papageno führt mit seiner Papagena den Tanz an.

Tour für 25 Paare Mk. —.65.

Ihre Firma hat wieder einmal ihren ausgezeichneten Ruf trefflich bewährt. Ich bin erstaunt, erfreut und dankbar über die prompte, großartige Erledigung meines Auftrages. —*y, Pfarrer, Brdf.*

Nr. 01234. Chinesen-Tour.

6 Herren setzen die **Chinesenmützen** mit den **verschieden langen** schwarzen **Seidenpapierzöpfen** auf und kommen hintereinander, sich an den Zöpfen fassend, (wie die Abbild. zeigt) in den Ballsaal herein. **Ein sehr komisches Bild!** 6 Damen erhielten **6 verschieden lange Bandmaße,** mit welchen sie der Chinesenreihe nachfolgen, um zu suchen, welcher Zopf ihrem Band in der Länge entspricht. Sind die gleichen Längen festgestellt, wird zum Rundtanz angetreten. **Tour für 6 Paare Mk. 1.50.**

Etwas geräuschvoll!

Nr. 01235. Treibreifen-Tour.

Die zu dieser Tour gehörigen **Treibreifen** sind aus gefärbtem Holze hergestellt und bewegen in der Mitte ein Rädchen, wodurch schnarrende Töne entstehen. Es kommen nun plötzlich 6 Herren hintereinander in den Tanzsaal hereingelaufen, ein jeder solch einen Treibreifen vor sich herschiebend.

Das wird große Aufregung und großes Amüsement hervorrufen!

6 Damen haben inzwischen vom Arrangeur **6 Erbsentrommeln** erhalten und laufen nun, diese Trommeln schüttelnd, den 6 Herren nach. Dann suchen sich die gleichen Nummern und treten zum Tanze an. **Tour für 6 Paare Mk. 3.60.**

Nr. 01236. Tour: Indischer Schleiertanz.

Fein!

Der Arrangeur sucht 6 schneidige Paare heraus und bittet sie, mit in ein Nebenzimmer zu kommen. Dort überreicht er den Herren 6 eigenartig-schöne, **phantastische Kopfbedeckungen** mit imitiertem Federstutz und Metallfoliensternen, die herrlich schillern und glänzen. Die Damen erhalten **Schleier** aus farbigem Seidenpapier, mit denen sie sich graziös umschlingen, nun werden die Saaltüren geöffnet, es ertönt eine lustige Tanzweise und die Paare kommen in den Ballsaal hereingeschwebt. Gleiche Farben hab. die Paare zusammengebracht. **Tour für 6 Paare Mk. 3.—.**

Indischer Schleiertanz ist sehr schön. Bad Kissingen. *Frau K. —d.*

Nr. 01237. Tour: Im Winterschmuck.

6 Damen erhalten fein imitierte weiße **Pelzbaretts** und weiße **Muffe** mit Schleifen, Quasten und lila Veilchensträußchen, während an 6 Herren weiße **Pelzmützen** und weiße **Fausthandschuhe** verteilt werden. Die Musik spielt einen Eisgalopp oder dergl. und die Damen kommen in den Ballsaal hereingetrippelt, scheinbar frierend und die Muffe an die Wangen haltend; die Herren kommen hinterhergelaufen, die Ohren mit den Handschuhen wärmend. An den verschiedenen Wintersachen befinden sich große farbige Punkte, wodurch sich die Paare zum Eisgalopp oder Walzer zusammenfinden. **Tour für 6 Paare Mk. 3.75.**

Nr. 01238. **Tour: Blumen- und Falter-Tanz.** **Originell und interessant!**

6 Damen erhalten große, ganz leichte Papier-Hüte und stellen sich damit im Saale auf; inzwischen haben in einem Nebenraum 6 Herren die **wunderschönen, buntfarbigen Schmetterlingsflügel** angehängt und kommen nun lustig in den Saal hereingeflattert; die 6 Damen schauen erst eine Weile dem bunten Falterspiel zu, um dann plötzlich auf die Schmetterlingsjagd zu gehen und sich einen solch netten Falter einzufangen, u. zwar, indem sie ihm den großen Hut über den Kopf stülpen; nachdem dies gelungen ist, wird rundgetanzt.

Tour für 6 Paare Mk. 4.50.

Hoffentlich fallen die Sachen so gut aus wie voriges Jahr, wo namentlich die Tour Nr. 01238 sehr gut gefiel.
Hannover. Frau v. d. —n.

Nr. 01239. **Märchen-Tour.** **Märchenhaft!**

Die Saaltüren öffnen sich, der Arrangeur ruft mit lauter Stimme **„Es war einmal"** und **Rotkäppchen** tritt herein, ihm folgt der **Wolf,** eifrig auf dasselbe einredend. Dann kommt der **Löwe** in den Saal und mit ihm **Reineke Fuchs,** beide bleiben in der Mitte stehen und der Löwe schmückt den Fuchs mit einem Orden; es erscheinen ferner: **Dornröschen** mit dem **Prinzen, Aschenbrödel** mit dem **Königssohn, Schneewittchen** mit dem **Prinzen** und der **Froschkönig** mit der **Königstochter;** zuletzt bilden die verschiedenen Märchengestalten ein Gruppenbild, das sich dann, wenn ein Walzer ertönt, im Tanze auflöst.

Folgende Utensilien werden geliefert: ein reizendes Rotkäppchen mit Seidenpapierzöpfen mit Schleifen, eine Wolfsmaske, eine Löwenmaske, eine Fuchsmaske (für eine Dame), ein Orden, eine Dornröschenkrone mit Blumenschleier, ein Prinzenbarett mit Feder, eine Täubchenhaube für Aschenbrödel, ein Federhut für den Königssohn und ein Pantoffel, ein goldenes Krönchen für Schneewittchen und ein Barett für den Prinzen, eine Froschmaske und ein goldenes Krönchen für die Königstochter.

Tour für 6 Paare Mk. 4.—.

Nr. 01240. **Tiermasken-Tour.**

Masken-Touren sind immer effektvoll und namentlich solche mit den neuen hochfeinen **Buntdruck-Masken,** die in dem Entwurf sowohl als auch in der Druckausführung künstlerisch vollendet gegeben sind. 6 Herren haben im Nebenzimmer die Masken leicht vor das Gesicht geknüpft und kommen in langer Reihe, Arm in Arm, in den Ballsaal herein; hier werden sie von 6 vom Arrangeur bestimmten Damen in Empfang genommen, die sich ihnen auch in langer Reihe, Arm in Arm, entgegenstellen; auf ein Kommando des Arrangeurs lassen sich beide Reihen los, die Herren ergreifen ihre vis-a-vis und der Rundtanz beginnt.

Tour für 6 Paare mit 6 Masken Mk. 1.—.

Nr. 01246. **Tour: „Donnerwetter–tadellos!"**

Ihre Sachen finden unsern allgemeinen Beifall.
Frau Reg.-Rat —n, Cöln a. Rh.

Diese Tour ist nach der gleichnamigen Operette zusammengestellt; es erhalten 6 Herren **elegante weiße Cylinderhüte** mit schneidigen Damenbildern in Leutnantsuniform; 6 Damen empfangen **weiße Kürassiermützen** und je einen **Degen;** es suchen nun die Herren die Damen nach den farbigen Punkten, die an den Requisiten angebracht sind und führen sie nach verschiedenen schneidigen Rundgängen zum Tanz.

Tour für 6 Paare Mk. 3.75.

Nr. 01248. Eisenbahn-Tour.

Der Arrangeur stellt die Lokomotive dar, die Paare bilden den Zug, sie haben sich angefaßt und halten die zur Tour gehörigen Fahrkarten in der Hand, während der Arrangeur die Feueresse aufgesetzt hat und die Signalscheibe schwingt. Bevor der Zug sich in Bewegung setzt, tritt der Schaffner (mit einer Eisenbahnmütze bedeckt) heran und kontrolliert, ob die Paare auch durch die gleichen Fahrkarten zusammengehören, dann gibt er mit der Pfeife das Zeichen und der Zug fährt los, erst langsam und dann immer schneller; die Paare ahmen das Fauchen, Zischen und Stapfen der Maschine und das Rollen der Räder nach; dann löst sich der Zug in einem flotten Galopp auf. Es sind 100 verschiedene Fahrkarten vorrätig, die Tour kann also von 100 Paaren gleichzeitig getanzt werden.

Tour für	**10**	**20**	**30**	**50**	**100 Paare**
Mk.	**1.25**	**1.60**	**1.95**	**2.65**	**4.40**

Nr. 01249. Tour: In seliger Frühlingszeit.

Ich liefere zu dieser Tour **6 reizende Körbe** aus weißem Karton und weißem Krepppapier mit Henkel, die über und über mit künstlichen **lila Veilchen** gefüllt und geschmückt sind und gleichzeitig **hochoriginelle Kopfbedeckungen** bilden. 6 Herren überreichen diese Körbe 6 Damen und erhalten dafür **Veilchenschleifen** angesteckt; nachdem die Herren den Damen behilflich gewesen, die Körbe als Kopfschmuck zu plazieren — ☛ **dieser eigenartige Korbhut steht ganz entzückend zu Gesicht** ☚ — suchen sich die gleichen Veilchennamen, wie: Märzveilchen, Nizzaveilchen usw. und treten zum Tanze an.

Tour für 6 Paare Mk. 3.25.

Nr. 01250. Preziosa-Tour.

Roter Kopfschmuck und **rote Schürzen** mit grell bunten Streifen für 6 Damen und **braune Pustahüte** mit goldenen Schnuren u. imitiertem Münzenschmuck für 6 Herren sind die Requisiten, die zu dieser Tour geliefert werden. Haben 6 Paare diesen Schmuck angelegt, so kommen sie in den Saal herein und treten dann zum Tanze an. Die Farben bestimmen die Paare.

Tour für 6 Paare Mk. 3.50.

Nr. 01251. Tour: Elegante Welt.

In dieser Tour erhalten 6 Damen zarte **Umhänge** aus Seidenpapier in 6 verschiedenen feinen Farben und 6 Herren bedecken sich mit den weißen **Cylindern** mit breiten farbigen Bändern und Schnallen. Gleiche Farben führen die Paare zusammen.

Tour für 6 Paare Mk. 3.50.

Nr. 01257. Tour: „Carmen".

6 Damen erhalten reizende **spanische Käppis** und 6 Herren kleidsame **Bolerohüte,** womit sie sich schmücken; dann spielt die Musik den **Torero-Marsch** aus Carmen oder eine andere Melodie, die Herren engagieren die Damen nach den Farben der Hüte und Käppis und marschieren stolz durch den Saal; nach verschiedenen schneidigen Rundgängen wird zum Tanze angetreten.

Tour für 6 Paare Mk. 3.—.

Nr. 01256.

Tour: Wappen-Knallbonbons.

24 **Knallbonbons** aus Gold-, Silber- und Buntpapier enthalten innen zweimal 12 verschiedene kleine **Länder-Wappen** aus Seide — japanisches Fabrikat — zum Anstecken. Wenn 12 Paare gewählt haben, werden die Knallbonbons unter Knalleffekt geöffnet und die Wappen angesteckt; dann suchen sich die gleichen Länder und tanzen zusammen.

Tour für 6 Paare Mk. 1.80, für 12 Paare Mk. 3.50.

Nr. 01198. Tour: „Flammentanz".

Hocheffektreich!

Aus feuerrotem und gelbem Seidenpapier sind für die Damen scheinbar flammende **Schulterkragen und Diademe** gefertigt und für die Herren **Fackeln.** Nachdem diese Requisiten an 6 Paare verteilt sind, suchen sich die gleichen Nummern und treten zum Flammentanze an. **Tour für 6 Paare Mk. 3.75.**

Nr. 01253. Tour: Viertel-Masken.

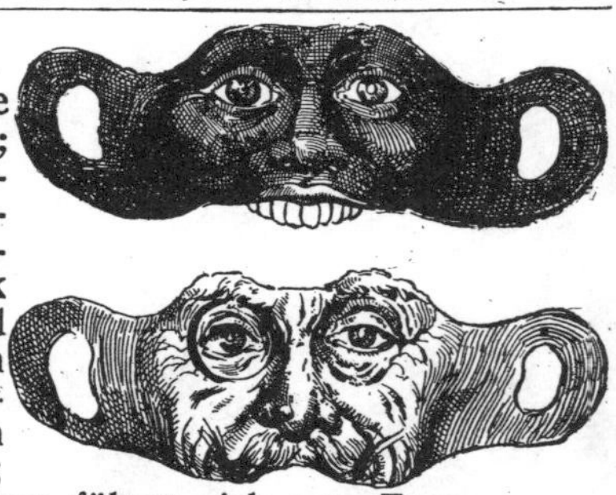

Die Masken heißen deshalb Viertel-Masken, weil sie nur viertel so groß sind, wie meine berühmten Galamasken; dadurch, daß die Masken nur einen Teil des Gesichts bedecken und das übrige frei lassen, wirken sie einesteils hochoriginell und sitzen andernteils sehr bequem. Die Ausführung der Masken ist auch **in hochfeinem Buntdruck** bewirkt und die 12 verschiedenen effektvollen Dessins sind künstlerisch vollendet schön. Die zur Tour gehörigen Masken werden von Herren und Damen separat in 2 Nebenräumen angelegt und dann kommen die Maskierten in den Ballsaal **zur größten Überraschung der dort Versammelten;** dann gehen sich die Paare entgegen und gleiche Nummern führen sich zum Tanz.

Tour für 6 Paare Mk. 1.25.

Nr. 01254. Tour: Dreiviertel-Masken.

Die Masken lassen nur den unteren Teil des Gesichts frei und sind auch in wunderschönem Farbendruck nach 12 künstlerischen hochfeinen Originalen ausgeführt. Die Tour wird getanzt wie die obige Nr. 01253 Viertel-Masken.

Tour für 6 Paare Mk. 2.20.

Für Ihre stets pünktlich eintreffenden Sendungen, welche sich allgemeinen Beifalls erfreut haben, spreche ich Ihnen meine Anerkennung aus. *Dr. —r., Vorstand d. —e. Gesellschaft, Rendsburg.*

Ihre diesjährige Lieferung an den P.-Verein in A. ist sehr gut ausgefallen.
A—r, 16. 1. 11. *Robert —i.*

Letzte Sendung habe ich zu meiner größten Freude im besten Zustande erhalten, und bin ich wieder wie immer sehr zufrieden damit.
München, 4. 2. 11. *S. —s.*

Nr. 01267. Tour: Aus der Arche Noah.

Die bedruckte Seidenpapierwand wird neben oder vor einer Tür aufgespannt, während 6 Herren im Vorraum die bemalten **Seidenpapierköpfe** übergestülpt haben mit diesen nun plötzlich, über der Wand erscheinen und die Tierstimmen nachahmen. **Das macht großen Effekt!** Der Tanzvorstand bestimmt nun 6 Damen, die an die Gitterwand herantreten und die Tiere necken; eine Zeit lang lassen sich das letztere gefallen, bis sie die Sache plötzlich falsch verstehen, den Käfig zertrümmern u. ausbrechen. Die Damen flüchten erschreckt, doch die Tiere holen sie ein, bestellen bei der Musik einen Walzer und der Tanz beginnt. **Tour für 6 Paare Mk. 2.50.**

Nr. 01268. Tour: Zeppelin-Torpedos. Originell!

Hoffe, wiederum in der gewohnten vorzüglichen Weise bedient zu werden.
Frau Dr. —r, Naumburg.

Die **Zeppelin-Torpedos** bestehen aus Papphülsen, wie nebenstehend abgebildet, die auf Blasröhrchen gesteckt und ganz leicht hochgeblasen werden. Es stellen sich nun 6 Herren u. 6 Damen mit diesen Zeppelin-Torpedos bewaffnet gegenüber auf und blasen diese leichten Flugmaschinen einander zu. Die Paare fangen dieselben auf u. gleiche Nummern treten zum Tanze an. **Tour für 6 Paare Mk. 1.50.**

Nr. 01269. Tour: Von Blumen beschirmt.

6 Damen erhalten vom Arrangeur **große Blumen** aus farbigem Seidenpapier mit **Achselschleifen** zum Anstecken für die Herren und nehmen auf 6 Stühlen, die in einer Reihe aufgestellt sind, Platz; inzwischen werden an 6 Herren im Nebenzimmer **6 Riesenblumen als Sonnenschirme,** zum auf- und zumachen eingerichtet, verteilt. Mit diesen Schirmen kommen die Herren in langer Reihe in den Saal herein und stellen sich hinter den Stühlen der Damen auf, letztere mit den Blumen beschirmend; nun erheben sich plötzlich die Damen, heften dem Herrn, der die gleiche Blume als Schirm besitzt, die Achselblume an und erbitten sich dafür den Schirm. Dann beginnt der Rundtanz.

Tour für 6 Paare Mk. 3.—.

Mit den bezogenen Cotillon-Artikeln war ich sehr zufrieden.
L. —r, Tanzlehrer in Bch.

Die gesandten Touren sind zu Aller Zufriedenheit ausgefallen.
Frau A —r. Lübeck.

Nr. 01276. **Tour: Am Taubenschlag.**

Sehr originell!

Zwei Herren halten die zur Tour gehörige **Taubenschlagwand** auseinander und 6 Herren stellen sich dahinter auf; nachdem ein jeder eine **Seidenpapiertaube** über die eine Hand geschoben hat, werden die Hände durch die 6 Öffnungen im Taubenschlag gesteckt, so daß man meint, es säßen Tauben auf den Stäbchen. Nun treten 6 Damen heran u. die Herren lassen ihre Tauben langsam **nacheinander** den Damen zufliegen. Der Herr mit Taube Nr. 1 fängt an und die Dame, welche die Taube aufgefangen hat, tritt an den Schlag heran u. ergreift die Herrenhand; haben sich durch dieses eigenartige Taubenspiel die Paare gefunden, wird rundgetanzt.

Tour für 6 Paare Mk. 2.75.

Nr. 01260. **Tour: Schäferspiel.**

6 Damen setzen im Nebenzimmer die großen gelben **Schäferhüte** mit bunten Bändern auf und kommen nacheinander im Gänsemarsch in de ı Saal chassiert; hier werden sie von 6 Herren erwartet, die inzwischen 6 niedliche **Schäferstäbe,** auch mit farbigen Bändern und Schleifen erhalten haben; die 6 Herren chassieren nun an die Damenreihe h ran und zwar bestimmen die gleichen Bänderfarben die Zusammengehörigkeit der Paare; dann folgt der Rundtanz. **Tour für 6 Paare Mk. 2.50.**

Nr. 01278. **Dornröschen-Tour.**

An der einen Saalseite werden 6 Stühle nebeneinander gestellt und in den Saal kommen **6 Dornröschen** herein, je mit einer fein geschmückten **Spindel** in der Hand. Die 6 Dornröschen setzen sich auf die bereitstehenden Stühle, nehmen die Spindel zwischen die Kniee und nesteln an dem Flachs, stechen sich scheinbar in die Finger, schreien auf und schafen dann ein. Jetzt öffnen sich die Türen zum zweiten Male und die **6 Königssöhne,** geschmückt mit reizenden **Federbaretts** kommen herein; jeder nach seiner Farbe kniet vor einem Dornröschen nieder und erweckt es durch einen bescheidenen Handkuß — **ein liebliches Bild!** — dann folgt der Rundtanz. **Tour für 6 Paare Mk. 3.—.**

Nr. 01279. **Tour: Durchbohrte Herzen.**

Herzentouren sind namentlich bei den Damen **sehr beliebt.**

Der Tanzleiter verkündet den versammelten Herrschaften, daß in wenigen Minuten **Amor** im Ballsaal erscheinen würde und bittet warnend, die Herzen festzuhalten. Jetzt ertönt die Melodie irgend eines Liebesliedes und Amor kommt herein; er trägt in der Hand einen **Pfeil,** an welchem **12 durchbohrte Herzen** stecken und schwingt denselben in der Luft hin und her; dann tritt Amor zuerst an 6 Damen heran und läßt je ein Herz von dem Pfeile lösen, dann an 6 Herren. In den Herzen befinden sich 6 verschiedene Abzeichen, wodurch die Paare bestimmt werden, die zusammen tanzen. **Tour für 6 Paare Mk. 2.25.**

Sämtliche gesandte Sachen sind gut angekommen und haben sehr gut gefallen.
H. —g., Sergeant. Colmar i. Els.

Nr. 0979.

Tour: Im Märchenlande.

6 ganz reizend zu Gesicht stehende **Elfen-Diademe** aus farbigen **Seidenpapierblüten** mit langen weißen **Schleiern** für die Damen; wenn letztere im Nebenzimmer diesen **entzückenden Schmuck** angetan haben, kommen sie in den Saal hereingeschwebt.

6 Herren haben inzwischen **Blüten-Orden** erhalten in denselben prachtvollen Farben wie die Diademe und folgen den Elfen zaghaft nach; dann riskieren die Herren nacheinander einen **Fußfall** immer vor der Dame, die ihnen die Farbe vorschreibt und engagieren die Elfen zum Tanz. **Tour für 6 Paare Mk. 1.75.**

Nr. 01281.

Tour: Hänsel und Gretel. Sehr interessant!

6 Damen verwandeln sich im Nebenzimmer vom Ballsaal, indem sie die zur Tour gehörigen reizenden **Käppis** mit langen Seidenpapierzöpfen aufsetzen, in **6 Gretel;** jedes Gretel erhält noch ein **Säckchen** mit Steinchen (Konfetti, in jedem Säckchen befindet sich eine andere Farbe). Es kommen nun die Gretel einzeln in den Saal und streuen auf ihren Weg, den sie im Zick-Zack oder im Bogen oder gerade durchwandern, die Steinchen um sich dann hinter einer Säule, oder hinter einem Lorbeerbaume etc. zu verbergen. Wenn alle 6 Spuren durch die verschiedenfarbigen Steinchen bezeichnet sind, kommt der erste Herr — **Hänsel** mit der netten Krepppapier-Mütze in der Hand — herein, verfolgt den Weg, den ihm die Farbe seines Mützenbandes vorschreibt, in allen Windungen, bis er sein Gretel gefunden hat; nun kommt der zweite und dritte Herr und dann die letzten drei auf einmal.

Dieses Hin- und Herrennen wird ein urgelungenes Bild ergeben. Nachdem sämtliche Hänsel ihre Gretel gefunden, wird rundgetanzt.

Tour für 6 Paare Mk. 2.50.

Vorige Sendung ist sehr zufriedenstellend ausgefallen und sind die Touren sehr unterhaltend. *B. —g, Sobernheim.*

Nr. 01282.

Tour: Allerlei Herzen.

6 Damen erhalten Fächer, die 6 verschiedene Herzen darstellen:

ein bewohntes Herz mit Fenstern, und rauchendem Schornsteine,
offenes mit offener Tür,
flammendes mit Flamme,
flatterhaftes mit Flügeln,
verwundetes mit Pfeil,
steinernes mit Steinimitation.

6 Herren bekommen die gleichen Herzen als Orden; gleiche Herzen tanzen zusammen

Tour für 6 Paare Mk. 1.75.

Nr. 01191. **Tour: Sonnenstrahlen.**

Effektvoll!

2 Herren haben die ca. 53 cm großen **Sonnen,** wie abgebildet, umgehängt und stellen sich mitten im Ballsaal auf; nun treten nacheinander 24 Damen und 24 Herren heran und zupfen die Strahlen **mit Knalleffekt** ab (die Strahlen sind mit Knallpetarden an der Sonne befestigt); dann suchen sich gleiche Strahlennummern u. tanzen zusammen.

Tour für 24 Paare Mk. 2.—.

Mit den von Ihnen bezogenen Sachen war ich immer recht zufrieden und hoffe auch diesmal mit der Sendung ebenso zufrieden zu sein.
Baron von S. —d., Tann Otjehaeneua (Deutsch Süd-W.-Afrika).

Nr. 01196. **Modern!**

Tour: Ach, kauf mir ein Automobil.

6 **Automützen** und 6 **Autobrillen** für die Herren und 6 **Automützen mit Schleier** für die Damen, alles in tadelloser Imitation aus gepreßtem Seidenpapier, sehr schön ausgeführt. Durch die gleichen Schleifen finden sich die Paare zum Tanz.

Tour für 6 Paare Mk. 4.50.

Nr. 01193. **Modern!**

Ski-Tour.

6 Herren binden sich im Nebenzimmer die **Schneeschuhe** aus imitiertem Holzkarton um und kommen dann mit großem Halloh- und Bahnfrei-Rufen usw. in den Saal hereingelaufen und zwar auf die 6 Damen zu, die 6 **reizend zu Gesicht stehende** weiße **Schnee-Mützen** tragen (aus Watte u. Seidenpapier hergestellt). Diese 6 Damen ergreifen vorerst die Flucht und lassen sich erst später fangen, da die Jagd vielen Spaß machen wird.

Tour für 6 Paare Mk. 3.75.

Nr. 01271.

Tour: Immer an der Wand lang.

Die nebenstehende Abbildung zeigt diese komische Tour zur Genüge. Wenn 2 Herren die Seidenpapierwand aufgespannt haben, treten 6 Herren dahinter und setzen die **urkomischen Hüte** mit Inschrift: „Immer an der Wand lang" und mit **Nase** und langem **Seidenpapierhaar** auf. Dann kommen die 6 plötzlich hinter der Wand vorgewankt und schwanken immer an der Wand lang weiter; und wieder hinten herum und so fort. Nachdem dies verschiedene Male **zum größten Gaudium** des Publikums geschehen ist, treten 6 Damen heran, die vom Tanzordner **künstliche Veilchen-Anstecker** erhalten haben und lassen durch Aufklappen der Sträußchen (durch Ziehen an einer Schnur) ihren Wunsch lesen: **„Nimm mich mit".** Die 6 schwankenden Herren lassen sich das nicht zweimal sagen, sondern ergreifen die Hände der Damen und ein Rundtanz beginnt.

Tour für 6 Paare Mk. 3.25.

Nr. 01194. Tour: Ein Walzertraum. Fein!

Leise, ganz leise klingt's durch den Raum, Liebliche Weise, Walzertraum.

Der Tanzvorstand bittet 6 Damen in ein Nebenzimmer des Ballsaales und verwandelt sie dort in eine Wiener Damenkapelle, indem er ihnen **5 Musikinstrumente** à la Bigotphon eingerichtet — durch Hineinsingen ertönen die Melodien in Brummstimme — überreicht; die schneidigste Dame erhält einen **Dirigentenstab.** Ferner empfangen die 6 Damen 6 farbige **Kopfschleifen** und 6 **Schärpen** aus Krepp-Papier, womit sie sich schmücken. Dann kommen sie in langer Reihe in den Saal herein und stellen sich in der Mitte auf. Die Tanzmusik spielt die Melodie aus **Ein Walzertraum:** „Leise, ganz leise etc.", die eine Dame dirigiert und die anderen 5 brummen das Lied. Inzwischen haben 6 Herren österreichische **Offiziersmützen** erhalten und umschwärmen nun tänzelnd die schneidige Damenkapelle, um dann nach Schluß des Liedes ihre Tänzerinnen zu wählen nach den Farben der Mützen und Schleifen. **Tour für 6 Paare Mk. 3.25.**

Bestens dankend für prompte Uebersendung und vorzügliche Ware usw.

A.—r, Tanzlehrer, Tuttlingen.

Nr 01245. Tour: Schmeichelkätzchen.

6 Damen schmücken sich mit den zur Tour gehörigen **Kätzchen-Häubchen,** die aus krausgemachten Seidenpapierspitzen ganz leicht hergestellt sind; **sie lassen den Hinterkopf frei und umrahmen das Gesicht ganz reizend.** Die 6 Damen kommen nun, eng aneinandergeschmiegt und das Schmeichelgebahren imitierend, in den Saal herein; hier haben inzwischen 6 Herren kleine, aus Karton geprägte farbige **Kätzchen** zum Anhängen erhalten, welche die gleichfarbigen Halsbänder wie die Damenhäubchen tragen; hiernach finden sich die Paare zusammen.

Tour für 6 Paare Mk. 2.75.

Nr. 01206. Tour: Ueberall her.

6 Damen legen die zur Tour gehörigen 6 breiten, goldbefransten **Schärpen** um und 6 Herren setzen die **Cylinderhüte** auf; beide Gegenstände sind in verschiedenen Landesfarben hergestellt; gleiche Farben tanzen zusammen. **Tour für 6 Paare Mk. 2.50.**

Nr. 01179. Tour: Bilder-Rosetten-Fächer.

Allgemein beliebt!

Hübsche Andenken!

Faltenfächer mit **Buntdruckschild** in 12 verschiedenen Dessins zum auseinanderfalten. Die auf den Schildern gemalten Vögel und Früchte etc. **entfalten sich plastisch.** 6 oder 12 Damen erhalten diese Fächer und 6 oder 12 Herren die Extra-Schilder zum Anstecken; dann suchen sich gleiche Schilder und tanzen.

Tour für 6 Paare Mk. —.80,
„ „ 12 „ „ 1.50.

Ihre Cotillonsendung habe erhalten und bin mit derselben gänzlich zufrieden; ich sage Ihnen für prompte Bedienung besten Dank. *Dr. —r, Budapest.*

Mit den im letzten Jahr bezogenen Cotillon-Artikeln waren wir sehr zufrieden. *J. —r, San Remo.*

Ihre Sendung gelangte in unseren Besitz und bin ich beauftragt, Ihnen im Namen des „Deutschen Sängerbundes" die vollste Anerkennung für das gute Ausfallen auszusprechen. *D. —d in R.*

Die gesandten Cotillongegenstände sind wieder großartig. *J. —n, Kaiserhof in N.*

Nr. 01201. Tour: In der Rosenzeit. Poësievoll!

Ein hochstämmiger künstlicher **Rosenstock im Kübel** (ca. 1½ Meter hoch, Stamm zum Zusammensetzen) trägt **6 aufgeblühte Rosen** und **6 Rosenknospen,** die mit Namen bedruckt sind: Theodor, Theodora usw. Es pflücken nun 6 Damen die Rosen und 6 Herren die Knospen ab — die Blumen sind in die Spiralen der Zweige leicht eingesteckt — und gleiche Namen treten zum Tanze an. 1 kompletter Rosenstamm mit 6 Blüten und 6 Knospen **Mk. 3.50.**

Damit die Tour wiederholt werden kann, liefere ich 6 Rosen und 6 Knospen mit Namen **extra Mk. —.60.**

Mit den s. Zt. gelieferten Cotillon-Artikeln war ich sehr zufrieden. *Fr. Dr. F. W. —y., Zürich.*

Mit der Lieferung waren wir hoch zufrieden, so daß wir größten Effekt und Beifall ernteten. *Club —a, Cottbus.*

Die letzte Sendung hat hierorts allgemeinen Effekt erlangt usw. *Dr. —é, Zilah (Ungarn.)*

Nr. 01203. Tour: Legt an, gebt Feuer!

Sehr beliebte und amüsante Tour.

6 Herren werfen in einem Nebenraum vom Ballsaal die **Papiersäcke** über, auf welche **zielende Soldaten** gedruckt sind; dann treten sie in einer Reihe nebeneinander in den Tanzsaal herein und der Arrangeur kommandiert: **Halt!** hierauf wählt er 6 Damen aus und läßt diese auf die den Soldaten entgegengesetzte Seite auch in einer Reihe antreten; plötzlich ertönt das Kommando: **Vorwärts marsch** und die Reihen schreiten aufeinander zu, dann: **„Gebt Feuer!“,** die Herren zerreißen die Papiersäcke, erfassen ihre Vis-a-vis und tanzen.

Tour für 6 Paare Mk. 2.—.

Nr. 01184. Tour: Zerrissene Herzen. Interessant.

Es gehören zu dieser Tour **zwei Herzen,** die aus 6 unten zusammenhängenden Teilen bestehen; diese Teile sind mit Petarden befestigt und lösen sich nur unter **lautem Knall** ab. Es wird nun das eine Herz 6 Damen und das andere 6 Herren präsentiert und die Teile knallend abgerissen; dann suchen sich gleiche Bilder in den Herzen und treten zum Tanze an.

Tour für 6 Paare Mk. —.75.

Da ich mit voriger Sendung sehr zufrieden war usw. *Marie Anna v. —n., Breslau.*

Im Besitze der mir übersandten Cotillonsachen teile ich Ihnen mit, daß uns selbige sehr gut gefallen und wir sehr zufrieden damit sind; wir werden nicht versäumen, bei vorkommender Gelegenheit uns Ihrer werten Firma zu erinnern.
Wildbad, 24. 8. 10. *A. —n, Oberkellner.*

Nr. 01205. **Tour: Reizende Schmetterlinge.** **Großartig!**

Die Musik spielt einen Walzer, die Saaltüren öffnen sich und hereingeflattert kommen 6 Damen, mit **Flügeln** beschwingt und mit **Fühlern** auf dem Kopfe, als **reizende, bunte Schmetterlinge;** sie flattern hierhin und dorthin, tanzen im Walzertakt rund herum und bieten dadurch ein **farbenreiches, herrliches Bild.**

6 Herren haben vom Tanzvorstand kleine **Schmetterlinge** zum Anstecken erhalten in denselben verschiedenen Farben, wie die Schmetterlingsflügel der Damen. Die 6 Herren fangen nun die reizenden Falter ein und schweben mit ihnen im Walzer davon.

Tour für 6 Paare Mk. 3.50.

Ich habe mit den gelieferten Gegenständen wieder viel Freude und große Ueberraschung bereitet.
Frau Professor —dt. Ebersbach a. N.

Alles ist zu meiner größten Zufriedenheit ausgefallen.
Rittmeister —z, Forbach i. L.

Nr. 01215. **Tour: Die Lenkbaren.**

6 Herren verwandeln sich durch Überziehen von Papierkostümen in **lebende Luftschiffe** und kommen so in den Saal geschwebt, wo sie zum Vergnügen aller Anwesenden hin- und herschwanken. Die Ballons tragen die Aufschrift: **„Ich bin lenkbar"** und haben eine kleine Öffnung, durch welche eine Schnur gezogen ist mit 2 Holzstäbchen an den beiden Enden; das innere Ende faßt der Herr im Ballon, das äußere eine Dame an; nun werden die 6 Ballonherren ganz nach Belieben durch den Saal geführt, sie schwanken hierhin und dorthin, schwingen sich auch einmal in die Lüfte usw. Zum Schlusse folgt der Rundtanz.

Tour für 6 Paare Mk. 2.25.

Nr. 01213. **Tour: Durch den Handschuh.** **Interessant!**

Ein humorvoller Herr streift die beiden **Handschuh-Masken** über und stellt sich in die Mitte des Tanzsaales auf. Der Arrangeur ruft 6 Damen und 6 Herren heran und bittet sie an den aus den Handschuhfingern heraussehenden Blättchen zu ziehen. **Unter Knalleffekt** lösen sich nun **farbige Bänder** los und durch diese Farben werden die Paare bestimmt, die zusammen tanzen.

Tour für 6 Paare Mk. 2.40.

Nr. 01207. Tour: Das Riesen-Luftschiff.

6 Herren mit den **Luftschiffermützen** bedeckt stellen sich im Nebenzimmer in das 3 Meter lange **Luftschiff** (aus Pergament-Seidenpapier) hinein und zwar je 3 nach beiden Seiten; dann wird das Luftschiff von 2 Herren in den Ballsaal gezogen resp. geführt und die 6 Luftschiffer stecken ihre Hand durch die Öffnungen im Schiff; nun kommen 6 Damen mit **Fahnen** heran, ergreifen die Hände der Herren und führen den Ballon durch den Saal. Dann steigen die Herren aus und nach den Farben der Fahnen und der Mützenkokarden finden sich die Paare. **Tour für 6 Paare Mk. 3.25.**

Die Zeppelin-Tour hat großen Beifall gefunden. M. —n., Recklinghausen.

Die gesandten Cotillons haben bestens befriedigt, Zeppelin hat ganz besonders gefallen. C. —i., Zofingen.

Wir waren mit der Ausführung im letzten Februar sehr zufrieden. Frau Präsident —r i. O.

Nr. 01135. Tour: Diskuswerfen. Interessant!

6 Damen erhalten **Lanzen** und stellen sich in einer Reihe auf. Ein Herr tritt nun mit dem **Diskus** — ein Rohrreif mit Seidenpapier überspannt — an und rollt denselben an der Damenreihe entlang; die Damen werfen mit ihren Lanzen nach dem Diskus und wer denselben durchbohrt, ist die Tänzerin des Diskuswerfers. Ein zweiter Herr mit einem neuen Diskus tritt an und so fort, bis sich 6 Paare gebildet haben. **Tour für 6 Paare Mk. 2.25.**

Nr. 01209. Tour: Herzenskammern. Interessant!

2 Herren tragen die zur Tour gehörigen ca. 45 cm großen roten **Herzen** auf dem Rücken und stellen sich inmitten des Saales auf. Der eine Herr hat eine **Herrenmütze,** der andere eine Damenhaube auf dem Kopfe. An diesen letzteren treten nun zuerst 6 Damen heran, öffnen nacheinander die **Herzentüren** und stellen sich dann so auf, wie die Kammern am Herzen ∵∴, damit der Arrangeur weiß, welche Namen sie geöffnet haben; dann kommen 6 Herren mit dem anderen **Riesenherz** daran; der erste öffnet z. B. das Herz, in welchem der Name Ottilie steht, so wird er vom Tanzordner zu der Dame geführt, die Otto's Herz erschlossen hat u. s. f.

Wenn sich die 6 Paare gefunden haben, wird getanzt. **Tour für 6 Paare Mk. 1.50.**

Die Tour kann immer wiederholt werden.

Nr. 01130.

Tour: Man muß patent sein!

6 Herren erhalten weiße, buntgestreifte **schneidige Glanzhüte** und 6 Damen blütenweiße **Sonnenschirme,** die mit farbigen Seidenpapierbällen und Pompons reich verziert sind. Die so ausgestatteten Paare gewähren einen patenten Anblick. Gleiche Bänder und Pomponsfarben bilden die Paare, die zusammen tanzen.

Tour für 6 Paare Mk. 5.—.

Nr. 01035. **Tour: Besternt.**

6 Herren erhalten **große goldene Ordensterne** und 6 Damen **bunte Schärpen** mit **Quasten.** Haben sich die Paare geschmückt, treten sie nach den Nummern zum Tanze an.

Tour für 6 Paare Mk. 1.10.

Nr 01211. **Tour: Die lieben Kleinen.** **Ulkig!**

Ich liefere zu dieser ulkigen Tour **6 Spreewälder Hauben** und **Schürzen** für 6 Damen und **6 Steckkissen** und **Mützchen** für 6 Herren. Nachdem sich 6 Paare mit diesen Requisiten verkleidet haben, kommen erst die Herren in den Saal herein und stellen sich an die Tür nebeneinander an die Wand, dann folgen die schmucken Damen und führen die Herren in dem Saal herum. Plötzlich ertönt ein Walzer, die Damen verlassen die großen Babys, es suchen sich gleiche Farben und der Rundtanz beginnt.

Tour für 6 Paare Mk. 4.20.

Nr. 01150. **Tour: Hand in Hand.** **Interessant und komisch.**

Hierzu liefere ich eine große **Papierwand,** die von 2 Herren oben gehalten wird; unten ist auch ein Band durchgezogen, auf dessen Enden die zwei Herren treten, wodurch sich die Wand glatt spannt. In der letzteren sind 6 Einschnitte kreuzweise angebracht, wodurch 6 Herren je eine Hand stecken, der eine Herr die **Riesenhandmaske.** ☛ **Sehr effektvoll!** ☚ Nun treten 6 Damen vor die Wand, ergreifen je eine Herrenhand und ziehen die Eigentümer durch die Wand hindurch, dann wird rund getanzt.

1 Papierwand und 1 Riesenhandmaske Tour für 6 Paare Mk. 1.50.

Nr. 01141.

Vergißmeinnicht-Tour.

Feenhaft!

Hierzu gehören 6 kleine Kartonkästchen mit Röhrchen, welche mit **Blauvergißmeinnichtsternchen** (aus Seidenpapier gestanzt) gefüllt sind und außerdem noch mit **1 goldenen Stern.** Es nehmen nun 2 Damen auf Stühlen mitten im Saale Platz, ein Herr tritt dahinter und bläst durch das kleine Instrument einen **lieblichen Vergißmeinnichtregen** über die Damen dahin; dann führt er die Dame zum Tanz, auf welche der goldene Stern mit herniedergesunken ist, und 2 andere Damen und ein Herr beginnen das Spiel von neuem.

Die mit den duftigen Blütensternchen übersäten Damen bieten einen **feenhaften Anblick** dar, namentlich dann im Tanze, wenn sich die zarten Blütchen loslösen und im Wirbel um die Paare herumschweben.

Tour für 6 Herren und 12 Damen Mk. 1.25.

Nr. 01217.

Tour: Das kommt vom Sekt.

6 Herren kommen als **Sektflaschen** in den Saal herein und 6 Damen, die der Arrangeur ausgewählt hat, gehen ihnen entgegen; dann werden die Flaschen geköpft und der Rundtanz beginnt.

Tour für 6 Paare Mk. 4.—.

Ihre Sendung Orden und Cotillontouren haben allgemeinen Beifall gefunden. W. —d., Tanzlehrer, Kuppenheim.

Nr. 01224.

Zeppelin-Tour.

6 Herren erhalten **hochoriginelle Kopfbedeckungen, Zeppelin-Luftschiffe** darstellend, mit humoristischen Vorschriften für die Luftfahrt, z. B.: Nicht auf die Erde spucken, Nicht aus den Wolken fallen, Nicht aussteigen usw. 6 Damen empfangen kleine Luftschiffe zum Anstecken mit denselben Regeln, wodurch dann die zusammengehörigen Paare bestimmt werden.

Tour für 6 Paare Mk. 2.50.

Nr. 01143.

Tour: Husarenfieber.

6 Paare erhalten im Nebenzimmer vom Ballsaal **in den Farben rot und weiß und rot und schwarz entzückend ausgeführte Husaren-Tschakos,** die reizend zu Gesicht stehen. Nachdem sich die Paare gegenseitig geschmückt haben, kommen sie in den Saal herein, wo 6 Stühle aufgestellt sind; auf diesen nehmen die 6 Herren rittlings, wie auf der Abbildung, Platz, ein Herr kommandiert und der Ritt beginnt. Die 6 Damen marschieren an den Reitern vorüber und grüßen militärisch; dann suchen sich gleiche Nummern der Tschakos und tanzen. **Tour für 6 Paare Mk. 3.—.**

Nr. 01162. Tour: Tanzhusaren.

6 Damen erhalten ganz **entzückende Attilas und Husaren-Tschakos,** die reizend kleiden und zu Gesicht stehen; sechs Herren erhalten auch **Husaren-Tschakos und Lanzen** mit Fähnchen. Die Mützen und der Besatz der Attilas sind in verschiedenen wunderschönen Farben hergestellt, wodurch die Paare zum Tanz zusammengeführt werden.
Tour f. 6 Paare Mk. 4.50.

Cotillon-Tour „Die Tanzhusaren" hat großen Beifall geerntet.
Club A. —a, Cottbus.

Mit der Tour „Tanzhusaren" erntete durch die effektvolle Dekorierung der Paare stürmischen Beifall.
Velbert. P. —n, Tanzlehrer.

Die bezogenen Cotillontouren haben allgemeines Aufsehen erregt, besonders gefiel die Tour „Tanzhusaren" usw.
Budapest. Eugen —r.

Nr. 01160. Tour: Luft und Duft.

6 Damen erhalten imitierte Palmblattfächer aus Karton geprägt mit **reizenden duftenden Kartenbildern** und sechs Herren **6 duftende Postkarten.** Gleiche Bilder suchen sich und tanzen zusammen.

Tour für	6	12	18	24 Paare
	1.75	3.40	5.—	6.50 Mk.

Ihre Sendung ist in sehr gutem Zustande angekommen. Die verschiedenen Cotillontouren haben sehr großen Effekt gemacht und allgemeinen Beifall gefunden.
J. — n, Neuchâtel.

Nr. 893. Tour: Ins Herz getroffen.

Die zur Tour gehörige 53 cm große **Scheibe** wird im Saale aufgestellt oder aufgehängt, nachdem der Tanzvorstand vorher die sechs darauf befindlichen Herzen mit **bestimmten Damennamen aus der Gesellschaft** beschrieben hat (schwarze Kreide ist beigegeben). Nun tritt ein Herr vor mit der **Eureka-Pistole** und schießt mit dem **Gummipfeil** nach den Herzen; bleibt der Pfeil z. B. im Herzen des Fräulein Else haften, so tritt diese Dame vor und der Herr bittet sie um die Ehre eines Tanzes. Nun kommt der zweite Herr zum Schusse usw.; wer ein schon besetztes Herz trifft, geht zu Platz und darf nicht mittanzen.

Tour für 6 Damen u. viele Herren Mk. 1.60.

Nr. 01083. Tour: Auf kleinem Fuße.

Zu dieser Tour liefere ich ganz reizende ca. 14 cm lange farbige **Porzellanschuhe,** die 1 bis 6 Pralinés enthalten. Ein Herr bringt diese niedlichen Schuhe auf einem Tablett herein und läßt 6 Damen wählen; ein anderer Herr verteilt gleichzeitig an 6 Herren Nummern; es wird nun der Inhalt der Schuhchen untersucht u. Nr. 1 tanzt mit der Dame mit 1 Praliné, Nr. 2 mit 2 Pralinés und so fort. **Die Schuhchen bilden entzückende Andenken. Tour für 6 Paare Mk. 2.25.**

Nr. 01225. Komisch! Tour: Rauchen verboten.

Nachdem 6 Herren im Nebenraum die zur Tour gehörigen 6 **Raucher-Masken** vor das Gesicht geknüpft haben, kommen sie Arm in Arm in den Saal getrollt; der Arrangeur ruft ihnen zu, daß hier das Rauchen verboten sei, doch die Herren achten nicht auf diese Vorschrift, sondern nehmen ohne Besinnen Platz. Darauf fordert der Tanzleiter 6 Damen auf, die Herren höflich hinaus zu komplimentieren; doch die 6 Raucher fassen die Damen um die Taille und schweben im Tanze davon.

Tour für 6 Paare Mk. 1.75.

Ich habe das Vergnügen, meine Zufriedenheit über die mir im Februar gelieferten Cotillon-Gegenstände auszusprechen.
Oberingenieur H. —n, Westeraos.

Nr. 01103. Tour: Amor auf Reisen. Sehr interessant.

Die Saaltüren öffnen sich, und **Amor,** der Herzensdieb, tritt herein in den Ballsaal, er klatscht in die Hände, die Musik spielt irgendein Liebeslied, Amor schlendert gemütlich hin und her und schaut sich die schönen Damen verständnisinnig an; dann öffnet er scheinbar zufällig seine Reisetasche und verliert aus derselben **ein Herz;** eine Dame springt hinzu, hebt es auf und öffnet es, sie wird den Namen eines der anwesenden Herren darin finden, und je nachdem erfreut oder enttäuscht sein. Amor geht weiter, verliert ein zweites Herz, das eine zweite Dame aufhebt u. s. fort bis zu sechs; dann rufen die Damen laut den Namen aus, den sie im Herzen entdeckt haben, die Besitzer treten herzu und führen die Damen zum Tanz.

Die Tour ist wie folgt vorzubereiten:

Amor wird entweder von einem geeigneten Herrn oder von einem kleinen Kellner dargestellt; als Ausstattung wird geliefert: **1 Reisemütze, 1 Paar Flügel** und **1 Reisetasche** mit **6 Herzen;** letztere sind zum Öffnen eingerichtet und auf das weiße Blatt im Innern schreibt der Arrangeur vorher je einen Namen von anwesenden Tänzern. **Tour für 6 Paare Mk. 2.50.**

Mit den Cotillontouren waren wir äußerst zufrieden, es hat alles allgemein großen Anklang gefunden. stud. phil. F. —r, Göttingen.

Nr. 01110. Tour: Auf dem Rennplatze.

Die Musik spielt einen Galopp, die Saaltüren werden geöffnet u. 6 Jockeys kommen auf **Steckenpferden** hereingesprengt; 6 Damen haben **Peitschen** erhalten und treiben die Pferde durch Schlagen, Knallen und Schreien zu schnellerem Laufe an. Da das Ganze ein sehr bewegtes Bild gibt, gehört die Tour zu den beliebtesten. Pferde und Peitschen tragen Nummern, wodurch die Paare sich finden, die zum Tanze antreten.

Tour für 6 Paare =
6 Steckenpferde M. 2.85
6 Peitschen „ 1.—
6 Jockeymützen „ —.65

Nr. 01029. Holländer-Tour.

Die Damen erhalten in dieser Tour reizend zu Gesicht stehende **Holländer-Häubchen** und die Herren **Südwester.** Gleiche Nummern bestimmen die Paare, die zusammen tanzen. **Tour für 6 Paare Mk. 2.75.**

Mit Ihren Cotillon-Artikeln habe ich große Ehre eingelegt und von verschiedenen Seiten hieß es, daß ein solcher Cotillon hier noch nicht getanzt worden ist. O. —m, Wismar.

Nr. 01112. **Tour: Der Weg zur Ehe.** Sehr interessant!

Folgende Gegenstände gehören zu dieser hochinteressanten Tour: für 6 Damen 1 **Brautkranz mit Schleier,** 4 verschiedene **Blütenkränze** als Kopfschmuck und eine **Schwiegermuttermaske;** ferner für 6 Herren 1 **Myrtensträußchen,** 4 **Ansteckssträußchen** aus denselben Blüten der Kopfkränze und eine **Pantoffelheldenmaske.**

In zwei Nebenräumen vom Ballsaale wird die Tour vorbereitet, in dem einen schmücken sich die Damen, in dem anderen die Herren; dann kommen beide Teile von verschiedenen Seiten in den Ballsaal herein und vereinigen sich zu einem **feierlich interessanten Brautzug** durch die gleichen Blüten etc. Die schöne Schwiegermamama mit ihrem verschüchterten Ehegesponst (man sieht auf dem Backen noch den Abdruck einer zärtlichen Berührung) eröffnet natürlich den Zug. Die Musik spielt, wenn möglich, den Brautzug aus Lohengrin.

Tour für 6 Paare Mk. 2.25.

Nr. 01085. **Tour: Ob ich sie finde?**

Überraschend!

Der Tanzleiter tritt mit dem zur Tour gehörigen **bunten Ballon,** den er an einem Stabe trägt, in die Mitte des Ballsaales; dann ruft er 6 Damen und 6 Herren heran und bittet sie, je ein **Atlasband** zu ergreifen, von denen 12 aus dem Ballon heraushängen. Die Bänder sind in 6 Farben und werden die Paare, die gern zusammen tanzen möchten, nach ein und derselben Farbe greifen, doch sie werden enttäuscht sein, denn wenn der Tanzordner den Ballon öffnet, sieht man, daß die 6×2 Bänder in der Mitte zusammengenäht sind und zwar immer 2 Farben. Die Paare, die ein zusammenhängendes Band ergriffen haben, tanzen zusammen.

Tour für 6 Paare Mk. 1.25.

Nr. 01283. **Tour: Fächerwehen.**

Der Tanzleiter verteilt an 6 Damen und 6 Herren kleine, zarte, echt **japanische Fächer** zum Zusammenfalten (entfaltet ca. 26 cm groß) in verschiedenen Farben. Gleiche Farben treten zum Tanze an.

Tour für 6 Paare Mk. 1.10.

Ihre Sendung erhalten und haben mir besonders Cotillonfächerwehen, wie auch die diversen Orden sehr gut gefallen. Rich. —n, Zittau i. S.

Nr. 01072. **Tour: Verwundete Herzen.** Hochoriginell und sinnig.

Nachdem an 6 Herren verschieden geformte **Pflaster** verteilt sind, läßt sich ein humorvoller Herr im Saale an einem Tische als **Dr. Amor** nieder, indem er ein Schild auf den Tisch stellt mit der Firma:

„Dr. Amor, Spezialist für defekte Herzen".

Es treten nun die 6 Herren mit den Pflastern an den Tisch heran und warten mit dem Doktor auf Patienten; bald kommt auch die erste Dame und **zeigt ihr Herz,** an dessen Seite sich ein dreieckiger Riß befindet; der Doktor untersucht das Herz, winkt den Herrn mit dem **dreieckigen** Pflaster heran und repariert damit das Herz; dann kommt eine Dame, deren Herz eine **längliche** Wunde trägt und so fort. Sind sämtliche 6 Herzen repariert, dann treten die Paare zum Tanze an.

Tour: „Verwundete Herzen" hat sehr gefallen. F. —l, Tanzlehrer, Altdorf b. Nürnberg.

Mit den gelieferten Gegenständen bin ich recht zufrieden. Dr. med. —e, Nordleder.

Tour für 6 Paare Mk. —.70.

Nr. 01119. Tour: Darf ich bitten? Interessant für alle.

Tour für eine beliebige Anzahl Paare Mk. 1.—.

Die Papierwand mit dem **Mädchen-**Buntdruckbild halten 2 Herren auseinander; 1 Dame tritt ungesehen hinter die Wand und der Tanzvorstand fordert nun die Herren auf, einzeln das Bild zu fragen: „Darf ich bitten?“ Will die Dame mit dem Herrn tanzen, so schlägt das Bildfräulein **die Augen nieder** (die Augenlider sind beweglich) u. die Dame tritt vor die Wand, dem Frager die Hand reichend; will aber die Dame nicht mit dem Herrn tanzen, so streckt sie durch die Mundöffnung des Bildes einen **Finger, denselben lebhaft hin- und herbewegend, das sieht urkomisch aus!** Dann kommt eine zweite Dame hinter die Wand, die Herren fragen weiter, bis sich 6 Paare gefunden haben.

Nr. 01117. Tour: Spießrutenlaufen. Unterhaltend und spaßhaft.

Zu dieser Tour gehören **12 Scherzknuten,** bestehend aus farbigen Seidenpapierbällen, die an Fäden gereiht und an Stäben befestigt sind. Nachdem nun 6 Damen 6 solcher Knuten erhalten haben, stellen sich 3 und 3 vis-à-vis auf und bilden eine Gasse, durch welche 6 Herren nacheinander laufen müssen, indem die 6 Damen mit den reizenden, harmlosen Knuten **scheinbar** fürchterliche Hiebe austeilen. Haben die Herren die Tortur überstanden, so erhalten sie vom Arrangeur auch **Scherzknuten,** und führen die Damen, nachdem sie sich revanchiert haben, nach den gleichen Farben der Bälle zum Tanz. — Die Scherzknuten eignen sich famos zu harmlosen Späßen.

Tour für 6 Paare Mk. 1.75

Nr. 01063. Tour: Vom Kaffeekessel zur Kaffeeschwester.

Sehr originell!

Im Nebenzimmer vom Ballsaal werfen 6 Herren die **Papiersäcke** über, die in originellem **Skizzendruck** die Entwickelung einer **Kaffeeschwester** aus einem **Kaffeekessel** darstellen. In der Reihenfolge, wie auf obenstehender Abbildung, kommen die Herren nun mit langen Schritten in den Saal herein, führen verschiedene Tänze auf, stellen sich dann nebeneinander und zeigen dem Publikum, wie eine Kaffeeschwester entsteht. Die Papiersäcke sind numeriert, dieselben Nummern haben 6 Damen erhalten und dadurch finden sich die tanzenden Paare zusammen.

Tour für 6 Paare Mk. 2.50.

Nr. 01075. **Tour: Die Königstöchter.** **Fein.**

6 Damen erhalten reizende Kopfbedeckungen mit goldenen **Krönchen** u. weißen **Schleiern,** sie schmücken sich damit und nehmen auf 6 Stühlen Platz. Nun kommen 6 Herren in den Ballsaal herein mit **Prinzenbaretts** und knieen nacheinander nieder, ein jeder vor der verschleierten Dame, welche den gleichfarbigen Kopfschmuck trägt; die Damen reichen den Prinzen die Hand, schlagen dann den Schleier zurück, und die Prinzen setzen den Königstöchtern die Krönchen so auf, daß der Schleier über den Rücken herunterfällt, wie das Paar rechts auf der Abbildung zeigt; dann folgt der Rundtanz. **Tour für 6 Paare Mk. 2.50.**

Nr. 01067. **Tour: Grad' aus dem Wirtshaus komm' ich heraus.**

Komisch!

3 Herren kommen wankend und schwankend aus der Kneipe in den Ballsaal herein und haben ihren heißen Kopf bedeckt mit einer **Weinflasche,** einer **Bierflasche** und mit einem **Likörglas;** hinterher schleichen 3 wunderliche Gestalten

der Affe, der Kater und der Hering

(3 Herren mit sehr schön modellierten Masken). Die letzteren 3 Herren fassen nun die ersteren unter und suchen im Saale nach den 6 Damen, welche auf kleinen **Karten** die Wörter: Wein, Bier, Likör, Affe, Kater, Hering haben, dann beginnt der Rundtanz.

Tour für 6 Paare Mk. 2.75.

Nr. 01069. **Erheiternd!**

Scherz-Knallbonbons-Tour.

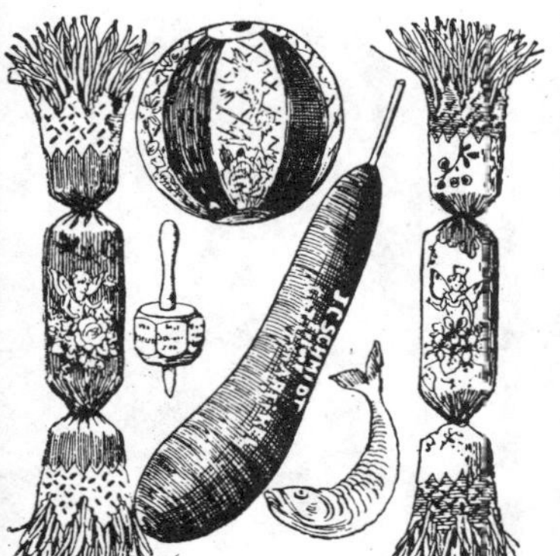

12 Knallbonbons in Kreppapierpackung mit Goldabschluß werden geliefert, für Herren u. Damen je 6. Die Knallbonbons enthalten Scherze, wie: **Fangbecher, Rüsselzungen, Orakelfische, fliegende Würste usw.** und werden gemeinsam aufgeknallt; durch die gleichen Scherzsachen kommen die Paare zusammen, die dann tanzen. Die Scherzartikel tragen viel zur Erheiterung bei und bilden nette Andenken. **Tour für 6 Paare Mk. 2.—.**

Nr. 845.

Tour: Viel Glück auf einmal.

An zwei ca. 6 cm großen Ringen hängen je **6 verschiedene Glückssymbole** zum Anstecken; von dem einen Ring wählen 6 Damen, von dem anderen 6 Herren und gleiche Symbole treten zum Tanze an. **Tour für 6 Paare Mk. 1.—.**

Nachdem Sie mich voriges Jahr mit Ihrer Cotillon- und Ordenssendung äußerst befriedigt haben usw.

R. —r, stud. phil., Heidelberg.

Nr. 01012.

Tour: Der Eiertanz.

Sechs Herren werfen im Nebenzimmer vom Ballsaal die großen **Eikostüme** aus Pergamentseidenpapier über u. kommen dann hintereinander in den Saal gehüpft; 6 Damen treten nun mit kleinen **Holzhämmerchen** an die Eier heran und klopfen so lange auf die Hülle, bis sie zerplatzt und die Herrenköpfe herausschauen.

Die Paare, die sich auf diese Weise gefunden, tanzen zusammen.

Es werden auf Wunsch auch noch **6 Kükenmützen** für die Herren geliefert.

Tour für 6 Paare:
ohne Kükenmützen Mk. 2.—,
mit „ „ 3.60.

Nr. 01060. **Tour: Die Rüschen-Körbe.** **Originell!**

Die gesandten Gegenstände sind zur Zufriedenheit ausgefallen.
Frau Dr. O. —ch., Halle.

6 Herren erhalten im Nebenzimmer die zur Tour gehörigen **hochoriginellen, reizenden Rüschenkörbe,** kommen im Gänsemarsch in den Saal herein und teilen die Körbe an beliebige 6 Damen aus. Die Damen revanchieren sich dafür durch Überreichung der **Blumen,** die in den Körben liegen, an die Herren, dann setzen sie die Körbe,

die gleichzeitig entzückende Kopfbedeckungen bilden,

auf und lassen sich von dem Herrn, der eine mit der Korbrüsche gleichfarbige Blume trägt, zum Tanze führen.

Tour für 6 Paare Mk. 3.—.

Sehr originell!

Nr. 0980.

Antipoden-Tour.

6 Herren ziehen in einem Nebenraum vom Ballsaal die **6 Papiersäcke** über, die mit originell-komischen Figuren versehen sind, die, die Füße nach der Decke gestreckt auf den Händen laufen. Es sieht nun urkomisch aus, wenn die **Antipoden** plötzlich in den Saal hereinkommen und sich unter den Damen ihre Tänzerinnen suchen. Sechs Damen haben **originelle Karten** erhalten mit Namen der betreffenden Antipodengestalten, wodurch die Paare sich finden.

Tour für 6 Paare Mk. 2.25.

Nr. 01021 a.

Tour: „International“.

Bestellte Cotillon-Gegenstände sind zu unserer vollen Zufriedenheit ausgefallen.

Schwester —a., Vorsteherin in St.

7 Damen schmücken sich mit den **wunderschön** ausgeführten **militärischen Kopfbedeckungen** aus aller Herren Länder, und kommen — die Musik spielt einen schneidigen Marsch — **6** hintereinander in den Saal marschiert. Die siebente Dame marschiert **neben** der ersten und führt die Rundgänge, Schwenkungen und Parademärsche an, die unbedingt einen **Riesen-effekt** machen. Plötzlich kommandiert der Arrangeur: „Halt“ und fordert 7 Herren, die Ansteckblumen erhalten haben, auf, **die Parade zu kopieren;** die Herren treten nach der Größe an und die Parade beginnt, die natürlich, da ohne Kopfbedeckungen, gegen die schneidige Damenparade sehr abfällt. Nachdem der Arrangeur abfällige Kritik geübt, marschieren die Herren zu den Damen, machen Front und engagieren ihre Vis-à-vis. **Tour für 7 Paare Mk. 3.—.**

Nr 01098.

Galamasken-Tour.

Wunderschön!

Die Masken sind von einem Künstler ersten Ranges entworfen und gemalt und in **prachtvollem Buntdruck** ganz tadellos aus starkem Karton hergestellt; (**nicht zu verwechseln mit dem ganz minimalen, häßlichen Fabrikat, das nach diesen Originalen auf den Markt gebracht worden ist**) — sie werden vor die Stirn am Hinterkopf festgebunden und wirken so ganz **hocheffektvoll.**

Die Gesichter werden nicht wie durch andere Masken verunstaltet, sondern nur merkwürdig verändert und unerkennbar gemacht.

Die Masken werden im Nebenzimmer vom Ballsaal vorgebunden und Herren und Damen kommen einzeln herein.

☞ **Der Effekt und der Beifall seitens des Publikums ist ein riesiger.** ☜

Die Paare suchen sich dann nach Nummern und tanzen zusammen.

Bequem, nicht hinderlich beim Sprechen und Singen; für Vorträge vorzüglich geeignet.

Die ☞ 36 ☜ verschiedenen Dessins sind auf Seite 69 verzeichnet

Tour für 6 Paare Mk. 2.60, 12 Paare Mk. 5.—, 18 Paare Mk 7.25.

Nr 758.

Tour: „Verliebt“.

Verliebt sind doch die meisten.

6 Damen und **12** Herren wählen aus **18 netten Buntdruckkarten** je eine aus; die Karten tragen auf der Rückseite Worte: **Gefühllos, Eifersüchtig, Heißblütig, Flatterhaft, Beständig, Verliebt;** unter den 12 Herrenkarten sind von letzter Eigenschaft 7 vorhanden. Nun ruft der Arrangeur **laut** die Eigenschaften aus und die Paare treten vor.

„Wer ist verliebt?“ ruft er als eine der ersten Fragen, wonach **eine Dame** und **7 Herren** hervortreten — **großer Lacherfolg** — die verliebte Dame kann sich einen Herrn aus den verliebten 7 wählen, die andern 6 gehen zu Platz; dann ruft der Arrangeur weiter aus und so fort.

Tour für 6 Damen und 12 Herren Mk. 1.—.

Nr. 01034. Tour: Der Riesenwürfel.

Der Arrangeur stellt 12 Stühle auf und bindet an diese die zur Tour gehörigen großen Nummern. Dann bittet er 12 Herren auf den Stühlen Platz zu nehmen und zwar rittlings mit den Armen auf der Lehne. Nun tritt eine Dame vor und würfelt mit dem ca. **17** cm großen **Riesenwürfel,** indem sie ihn in den Saal rollen läßt. Der Arrangeur ruft die Zahl aus, der betreffende Herr erhebt sich von dem Stuhle mit gleicher Nummer und gesellt sich zu der Dame. Die entstandene Lücke wird sofort wieder ausgefüllt, indem ein anderer Herr auf dem Stuhle Platz nimmt; eine zweite Dame kommt zum Würfeln und so fort.

Tour für eine beliebige Anzahl Paare Mk. 1.75.

Die von mir bestellten Cotillonartikel sind rechtzeitig eingetroffen und haben meine völlige Billigung gefunden.
—d, Lehrer, Straßburg i. E.

War mit den bisherigen Sendungen sehr zufrieden.
Solothurn (Schweiz), 18. 3. 11. Oswald—f.

Ihre letzte Sendung hatte uns sehr gut gefallen.
Vereinig. in S.

Nr. 01187. Tour: O, wie schön!

6 Damen erhalten im Nebenzimmer auf Seidenpapier gemalte **karikierte Porträts** mit Rahmen, verdecken mit diesen Kopf und Brust und kommen unerkannt in den Saal herein. Hier stellen sie sich in einer Reihe wie abgebildet auf und warten der Dinge, die da kommen sollen. 6 Herren, die Medaillen erhalten haben, treten nun an die Bilderreihe heran, jeder vor ein anderes Bild, dann stecken plötzlich die 6 Damen die Köpfe durch das Seidenpapierbild und blicken die ob der reizenden Verwandlung erstaunten Herren lachend an. Diese suchen nun dieselbe Inschrift auf dem Bilde, wie die ihrer Medaillen z. B.: **„Außer Wettbewerb", „Goldene Medaille", „Silberne Medaille" etc.,** die Damen werden preisgekrönt und tanzen mit den Herren davon.

Tour für 6 Paare Mk. 3.75.

N. 01189. Tour: Feurige Schneemänner.

6 Herren werfen im Nebenzimmer vom Ballsaal die **Schneemannkostüme** über und kommen dann hereingestolpert; alles schreckt zurück vor den eisigen Gesellen, doch diese greifen herzhaft zu und umschlingen 6 jungeDamen im Tanze, diesen zeigend, daß unter der scheinbar kalten Hülle heiße Herzen schlagen.

Tour für 6 Paare Mk. 3.—.

Ein einzelnes Schneemannkostüm kostet Mk. —.50.

Zugleich möchte ich Ihnen unseren Dank aussprechen für die prompte Lieferung nach Cairo; die Sachen waren wirklich großartig und haben große Freude erregt. J. —n, Bad Nauheim.

Amüsant! Nr. 862. **Effektvoll!**

Tour: „Guck-Guck“.

Der Arrangeur überreicht 6 Herren im Nebenzimmer 6 ca. 47 cm große **Seidenpapierscheiben;** diese halten die Herren so vor den Kopf, daß sie nicht erkannt werden, kommen in den Ballsaal herein und treten in einer Reihe an; nun fordert der Herr Tanzvorstand 6 Damen auf, je vor einen der 6 Herren zu treten. Auf Kommando des Vorstandes rufen die Damen „Guck-Guck“ und in demselben Moment platzen die Herren durch das Seidenpapier.

Ein Anblick zum Totlachen.

Und nun die Mienen der erschreckten Damen! Die eine seelenvergnügt lächelnd, da sie „Ihn“, den Herrlichsten von Allen, hinter der Scheibe gefunden, die andere betrübt, daß sie sich geirrt etc. Die Vis-à-vis treten zum Tanze an. **Tour für 6 Paare Mk. 2.—.**

Nr. 875. **Reliefs-Tour.**

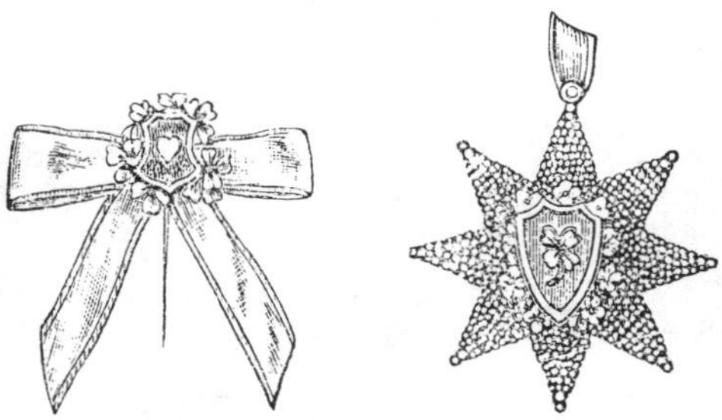

Der Tanzvorstand läßt an die Paare **Orden und Schleifen** verteilen, bittet die Herren solche anzustecken und in einer Frontreihe dicht nebeneinander anzutreten; nun suchen die Damen mit ihrer Schleife in der Hand nach dem Orden, der das gleiche Relief trägt; hat eine Dame den richtigen Herrn gefunden, so kommandiert sie rechtsum, faßt ihn unter und stellt sich mit an. Wenn alle Paare vereint, wird rundgetanzt.

Tour für	6	12	18	24	30 Paare
Mk.	—.80	1.50	2.15	2.70	3.20

No. 812. **Tour: Vereinte Herzen.**

Sinnig!

Der Tanzvorstand legt **6 große u. 6 kleine Herzen** auf einen Tisch in der Mitte des Saales und bittet erst 6 Herren, je ein großes Herz zu wählen und dann 6 Damen je ein kleines. **Die Herrenherzen enthalten verschieden große Kammern resp. Vertiefungen,** in die immer nur ein Damenherz hineinpaßt. Die 6 Damen suchen nun für ihre Herzen die passende Kammer und tanzen mit dem betreffenden Besitzer.

Tour für 6 Paare Mk. —.75.

Ich bin mit Ihren Sendungen immer sehr zufrieden gewesen.
Frau Ingenieur —n., Budapest.

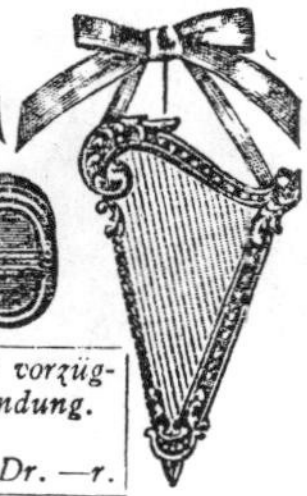

Besten Dank für vorzüglich ausgefallene Sendung. Bremen.
Frau Dr. —r.

Nr. 01044. **Tour: Die Musikalischen.**

Sechs verschiedene aus Goldkarton fein geprägte **Musikinstrumente** mit farbigen **Atlasschleifen** und Nadeln zum Anstecken erhalten 6 Damen; die gleichen Musikinstrumente ohne Schleifen nur mit Nadeln wählen 6 Herren. Gleiche Art der Instrumente tanzen zusammen.

Tour für 6 Paare Mk. 1.—

Die beiden letzten Sendungen habe ich erhalten und sind zu meiner vollen Zufriedenheit ausgefallen.
Heidenheim, 19. 3. 11. *Heinr. —r.*

Die Sachen sind alle nach Wunsch wunderhübsch ausgefallen.
Niedertrebra, 27. 2. 11. *Fr. —h.*

Für Ihre letzte Sendung, die, wie in gewohnter Weise vortrefflich gefiel, meinen besten Dank.
Basel, 18. 1. 11. *G. —r.*

Ich spreche Ihnen meine vollste Zufriedenheit über die Sendung aus. Alle Artikel machten großen Effekt und schufen in weitestem Maße die gewünschte Heiterkeit.
Chemnitz, 13. 12. 10. *Helmuth —e.*

Eigenartig.

Nr. 01042a.

Tour: Wandelnde Herzens-Barometer.

Während der Vorstand an 6 Damen kleine Karten verteilt mit den Worten: „Verliebt“, „Flatterhaft“ etc., werfen 6 Herren im Nebenzimmer die **Barometer-Kostüme** über und kommen nacheinander in den Saal; die 6 Damen verfolgen die wandelnden Barometer und suchen nach der gleichen Eigenschaft, die das Quecksilber anzeigt. Haben sie die gefunden, die sie selbst besitzen, **so öffnen sie die Klappe oben am Barometer,** schauen sich den unter dem Kostüme verborgenen Herrn an und führen ihn zum Tanze.

Tour für 6 Paare Mk. 2.25

Fein!

Nr. 01047. Tour:

Burschenherrlichkeit.

Die Musik spielt. **„Gaudeamus igitur“**, und **6 Studentinnen in Wichs** treten in den Saal, nach ihnen **6 Herren mit Studentenmützen.** Die Damen tragen **feine Cereviskäppchen, reiche dreifarbige Schärpen und Schläger.** Nach einigen Rundgängen wählen die Herren die Damen zum Tanz und zwar sind für Bildung der Paare die Farben maßgebend. **Tour für 6 Paare Mk. 4.75.**

Nr. 01190. Tour:

Die Riesenkrebse.

6 Herren verwandeln sich durch die Kostüme in **Riesenkrebse** und kommen als solche in den Ballsaal herein; sie schreiten auf die 6 Damen zu, die die kleinen Krebse angesteckt haben, suchen die gleichen Nummern und der Tanz beginnt.

Tour für 6 Paare Mk. 3.50.

Neu! Nr. 01318. Tour: Abessinien.

6 Herren schmücken sich mit den **abessinischen Königsmützen,** die höchst eigenartig und sorgfältig aus verschiedenfarbigem Kugel- und Kreppseidenpapier hergestellt sind. 6 Damen erhalten mit bunten Quasten versehene **Schulterkragen,** die durch das effektvolle Zusammenwirken verschiedener Muster und Farben, wie feine golddurchwebte Stickerei aussehen.

Haben sich die Paare in diesem **eigenartig schönen Schmuck** genügend bewundern lassen, so suchen sich gleichfarbige Abzeichen und beginnen den Rundtanz.

Tour für 6 Paare Mk. 4.50.

Nr. 01175. Tour: Seidenfahnen.

Zu dieser Tour gehören ca. 17 cm lange **Seidenfahnen** (echt japanisches Fabrikat) für die Damen und kleine **Fähnchen,** gleiches Fabrikat, als Knopflochschmuck für die Herren. Die Fahnen sind in 24 verschied. Nationalitäten vorrätig, die Tour kann also von 24 Paaren gleichzeitig getanzt werden

Tour für 6	12	18	24 Paare
Mk. 2.20	**4.20**	**6.10**	**7.80**

Die Fahnen bilden auch einen sehr schönen Schmuck für das Heim.

Beide Sendungen sind zu unserer vollsten Zufriedenheit ausgefallen

Der Vergnügungs-Ausschuss des —n-Vereins in D.

Nr. 0932. Tour: Die Wassernixen.

Hochoriginell und amüsant.

Die oben abgebildete **Papierwand** wird von 2 Herren gehalten. Ein Kahn schaukelt auf dem See und in letzterem tummeln sich **6 Wassernixen**, das alte Lied singend: **„Fischerin, du kleine"** usw. Angelockt durch diesen Gesang, kommen 6 Damen heran und begrüßen die Nixen, die ihnen **Blumen** überreichen; mit diesen Blumen ergreifen die Damen zugleich die Hände der Herren Wassernixen und führen sie zum Tanz.

Tour für 6 Paare Mk. 2.75.

Nr. 0932 A. Tour: Im See.

Wie oben 6 Herren erscheinen im See als Nixen; plötzlich tauchen letztere unter und stecken die Hände durch die Öffnungen. 6 Damen fassen die Hände an, ziehen die Nixen ans Land und zum Tanz. Diese Tour wird also **ohne** Blumen geliefert.

Tour für 6 Paare Mk. 2.25.

Nr. 884. Duft-Postkarten-Tour.

Immer und überall sehr beliebt.

Zu dieser Tour gehören für Damen und Herren **reizende Postkarten mit Blumenduft, Tannenduft etc.** in den verschiedensten feinsten Dessins. Der Tanzvorstand läßt die Karten Damen und Herren verdeckt ziehen und gleiche Dessins zum Tanze antreten. Die überall **riesig beliebten Duftkarten** werden auch im Ballsaal mit Freuden begrüßt werden.

Tour für 6 Paare Mk. —.70, für 12 Paare Mk. 1.25, für 18 Paare Mk. 1.80.

Nr. 822. Tour: Warme Würstchen.

Originell.

Ein geeigneter Herr erhält im Nebenzimmer auf einem Präsentierbrett die zur Tour gehörigen, **täuschend nachgebildeten 6 Paar Würstchen** auf geprägten **Papptellern** und kommt nun à la Bahnhofskellner in den Ballsaal herein mit dem üblichen Rufe: **„Warrrme Würstchen!!!".** 6 Herren nehmen sich je ein Würstchen mit +, 6 Damen je ein Würstchen ohne +, dann werden die Würstchen aufgebrochen und die im Innern derselben befindlichen Kopfbedeckungen aufgesetzt; es suchen sich die gleichen Nummern und tanzen zusammen.

Tour für 6 Paare Mk. 1.50.

Die Gegenstände Ihrer Sendung haben alle sehr gefallen. *W—e, Referendar, Marburg.*

Nr. 0950. Tour: Der verwunschene Brunnen.

Die zur Tour gehörige einfache Papierwand wird aufgespannt und dahinter der **Brunnen** präpariert, indem in denselben, der ca. 1,50 m im Durchmesser groß und aus Pappe u. Papier hergestellt ist, 6 Herren steigen, welche durch die über dem Brunnen befindliche Bedeckung, in welcher sich Oeffnungen befinden, **die Hände strecken.** Ist dies so vorbereitet, so wird die Papierwand weggenommen und 6 Damen eilen herzu, ergreifen je eine Hand und ziehen den Besitzer derselben unter

großartigem Effekt

aus dem Brunnen heraus. Dann wird rundgetanzt.

Tour für 6 Paare
Mk. 3.75.

Nr. 701. Tour: Gleichgestimmte Seelen.

6 Paare erhalten **Herzen** angeheftet **mit abgestimmten starken Metallophonplättchen,** und die 6 Damen bekommen extra noch je **ein zartes Holzhämmerchen.** Nachdem nun die Herren sich in einer Reihe aufgestellt haben, treten die Damen herzu, **schlagen sich zunächst ans Herz, um die Tonstimmung festzustellen** und suchen dann durch **Klopfen an den Herrenherzen** den gleichen Ton. **Dieses Suchen, Klopfen und Klingen wird den Beteiligten sowohl, als auch allen Anwesenden großen Spaß machen.**

Wohl eine der originellsten und stimmungsvollsten Touren, die bis jetzt erschienen.

Gleichgestimmte Herzen tanzen zusammen. **Tour für 6 Paare Mk. 1.60.**

Nr. 669. Tour: Daß Du die Nase ins Gesicht behältst!

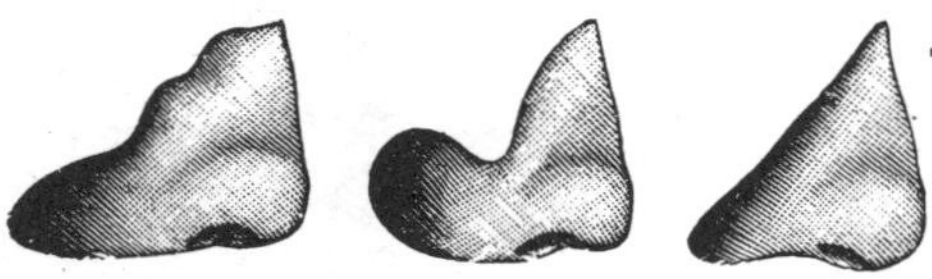

Sehr komisch!

Eine äußerst komische, effektvolle Tour, in welcher **gleiche Nasen zusammen tanzen.**

Die Nasen sind aus überwachstem Stoff hergestellt und haften schon durch leichtes Andrücken fest. Nachdem 6 Herren sich im Nebenzimmer die Nasen angetan haben, kommen sie im Gänsemarsch zur allgemeinen Belustigung hereinmarschiert, nach allen Seiten hin grüßend und sich verneigend.

Inzwischen haben eine gleiche Anzahl Damen die getreuen Abbildungen der Nasenformen erhalten und folgen nun mit diesen Bildern dem Zuge nach, um sich die betreffende Nase herauszusuchen. Haben sich die gleichen Nasen gefunden, so wird rundgetanzt.

Tour für 6 Paare Mk. —.75.

Nr. 204. Fähnchen-Tour.

12 Fähnchen, von denen je 2 die Farben eines Landes tragen; gleiche Farben tanzen zusammen.

Tour f. 6 Paare Mk. —.50.

Nr. 01013. **Tour: Durch die Schleife.**

6 Paare treten zum Tanze an und erhalten vom Vorstande **6 Doppelschleifen** mit **Doppelrosetten** in 4 Farben zum Anstecken; wenn dies geschehen ist und die Paare durch die Schleifen verbunden sind, werden letztere vom Arrangeur in der Mitte auseinander getrennt und es suchen sich nun die Paare, deren Schleifen gleichfarbig sind und tanzen zusammen. **Tour für 6 Paare Mk. 1.20.**

Einer ebenso pünktlichen wie zufriedenstellenden Erledigung dieses Auftrages, wie im vergangenen Jahr, entgegensehend usw.

Frau General —i., Berlin.

Die Tourensendung ist zur Zufriedenheit ausgefallen.

Major v. — g, Naumburg a. S.

Die von Ihnen im Vorjahre bezogenen Cotillonartikel hatten großen Beifall.

London E. C., 1. 4. 11.

G. —n.

Bunte Fächer-Tour. **Nr. 01082.**

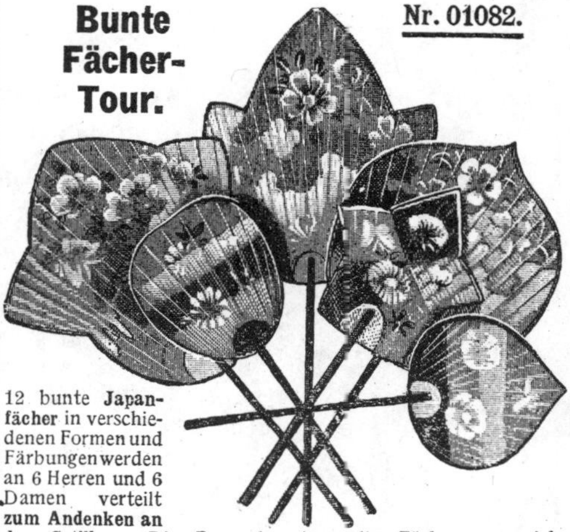

12 bunte **Japanfächer** in verschiedenen Formen und Färbungen werden an 6 Herren und 6 Damen verteilt **zum Andenken an den Cotillon.** Die Paare benutzen die Fächer, um sich Kühlung zuzufächeln und um daheim das Zimmer damit zu schmücken. Die Fächer tragen verschiedene Namen, wie Paul — Pauline, Karl — Karline und finden sich danach die Paare zusammen, die zum Tanze antreten.

Tour für 6 Paare Mk. 1.60.

Mit Ihren Lieferungen war ich sehr zufrieden.
Emden, 12. 2. 11. *Dora —r.*

Nr. 0931. **Tour: Die Blumenschützen.** **Interessant!**

Die zur Tour gehörige Papierwand mit **6 zielenden Soldaten** wird mit leichter Mühe auseinander gelegt und dahinter treten 6 Herren, mit **Blasrohren und fliegenden Klettenblumen** ausgerüstet. Nachdem nun die Blasrohre durch die Gewehröffnungen in der Wand gesteckt sind, treten die Damen furchtlos heran und setzen sich dem Gewehrfeuer aus; auf den Kommandoruf des Arrangeurs pusten die Schützen los und **führen dann die Dame zum Tanz, an deren Kleid die Klettenblume haften geblieben ist.** Die Schützen weisen sich durch die Farbe des Blasrohres aus, die mit der Blume gleich ist. Es kommen 6 andere Soldaten daran usw. Die Tour kann immer wiederholt werden, sie wird nie ermüdend wirken, sondern ist immer interessant, schon dadurch, daß die Schützen manchmal eine andere Dame treffen, als sie gewollt und nun mit ihr tanzen müssen. **Tour für 6 Paare Mk. 2.25.**

Fliegende Klettenblumen für einmalige Wiederholung der Tour **Mk. —.15.**

Geteilte Touren können nicht abgegeben werden.

Nr. 858. **Schärpen-Tour.**

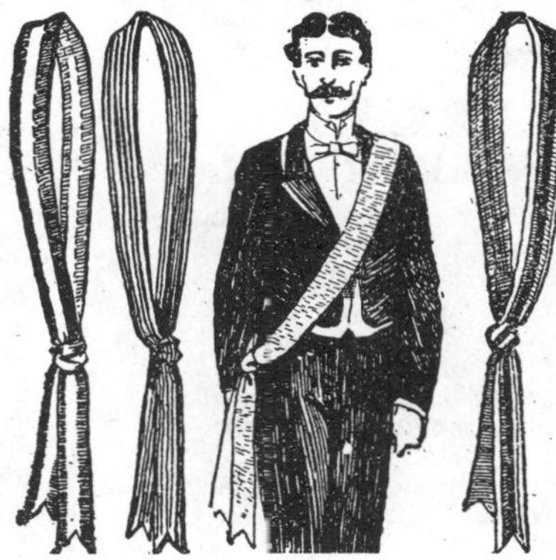

Die hierzu gehörigen reizenden, sehr dekorativen **Schärpen** sind aus dem **beliebten Kreppapier** hergestellt, das in allen Farbenzusammenstellungen fabriziert wird. Haben sich die Paare gegenseitig diesen **Festschmuck** angelegt, so suchen sich die gleichen Farben und tanzen zusammen.

Tour für	10	20	30	40 Paare
Mk.	1.45	2.75	4.—	5.25

Nr. 0931 A. **Tour: Spiele nicht mit Schießgewehr.**

Dieselbe Wand, wie bei Blumenschützen, 6 Damen treten heran und halten die Finger in die Gewehröffnungen; die dahinter stehenden Herren fassen die Finger fest, die Wand zerreißt und die Paare, die zum Tanze antreten, haben sich gefunden.

Tour für 6 Paare Mk. 1.50.

Die Sachen sind angekommen und alle sehr schön *Frau Hauptmann —e, Ulm.*

Ihre Sendung ist sehr gut ausgefallen.
J. —l, Tanzlehrer, Mayen.

Nr. 895 A.

Tour: Amor auf dem Baume.

Das Originellste, was bisher erschienen.

Die Tour „Amor auf dem Baume" hat großen Beifall gefunden.
L. —ch, Nürnberg.

Diese Tour bildet den Glanzpunkt eines jeden Cotillons.

Die 230 cm hohe, haltbare Papierwand, die eine niedliche Amorette auf einem mit Rosenblüten reich besetzten Baum **in schönen Farben ausgeführt** darstellt, wird nach der beiliegenden Anweisung **mit leichtester Mühe aufgestellt.** Hinter der Wand postiert sich ein fideler Herr und steckt Gesicht und Hände durch die angebrachten Öffnungen.

☞ **Das nun erscheinende Bild wirkt in höchstem Maße originell und hinreißend.**

Amor lächelt nun dem Publikum herzlich zu und winkt und ruft nacheinander verschiedene Damen heran, denen er aus seinem Körbchen Rosen überreicht, dann wirft er unter die Herren Rosenblätter, die diese auffangen und aufheben. Rosen und Blätter sind mit Namen versehen und gleiche bilden die Paare, die zusammen tanzen.

Amor freut sich über sein Werk und überschüttet die an dem Baum Vorbeitanzenden mit einem zarten Blütenregen.

Tour für 6 Paare Mk. 2.75.

Rosen etc. für weitere 6 Paare Mk. —.60.

Nr. 263.

Mehlsack-Tour.

6 Paare tanzen einmal rund und die Herren gehen dann in den Nebensaal, wo sie 6 große Papiersäcke anziehen. Wenn dies geschehen ist, führt der Arrangeur die so maskierten Herren in den Saal zurück, wo dieselben den 6 Damen zur Wahl präsentiert werden. Jede Dame wählt einen Herrn und tanzt mit ihm, nachdem er mit dem Kopf und beiden Armen durch den Sack geschlüpft ist.

Tour für 6 Paare Mk. 1.50,
6 Touren Mk. 8.—,
12 Touren = 72 große weiße Säcke Mk. 14.50.

Nr. 0936.

Tour: Verschiedene Gemütsmenschen.

Höchst komisch!

Die zur Tour gehörige Seidenpapierwand ist so groß, daß sie 6 Herren verdeckt, die dahinter stehen; heimlich erhalten dieselben vom Arrangeur **6 höchst originelle Gazemasken,** wie nebenstehend abgebildet, die sie vor das Gesicht knüpfen. Nun strecken die Herren ihre rechten Hände über die Seidenpapierwand, 6 Damen treten heran und ergreifen je eine Hand, der Vorhang fällt und die Damen und das Publikum erblicken entsetzt die **Gemütsmenschen. Der Effekt ist großartig!!!** Ein Rundtanz beschließt die Tour.

Tour für 6 Paare Mk. 3.—.

Ich hoffe, daß ich auch diesmal wieder, wie schon oft, vollkommen zufrieden mit dem Gewünschten sein kann.
Frl. von —ff., Meiningen.

Die heutige Sendung ist zu meiner größten Zufriedenheit ausgefallen.
Gerh. —b, Tanzlehrer. Berlin.

Nr. 0940. Tour: Der Schlepp-Kahn. Großartig effektvoll!

Die Saaltüren öffnen sich und 3 Herren ziehen an einem Seil einen **Schlepp-Kahn** an der Wand entlang, dann lassen sie den Kahn stehen und überreichen 6 Damen **Muschelorden.**

Auf einmal bewegt sich der Kahn erst schaukelnd hin und her, um dann allein fortzuschwimmen.

Größter Effekt!

Die 3 Herren eilen erschreckt hinzu und halten den Kahn auf, dabei fassen sie an beiden Enden zu stürmisch an, so daß der **Papier-Kahn auseinanderreißt und sinkt.**

Aus den Trümmern entsteigen 3 Herren, die mit Nummern versehen sind, und die weiteren 3 Nummern den ersten 3 Herren, die den Kahn geschleppt haben, überreichen.

Die Muschelorden, welche die Damen erhalten haben, tragen gleiche Nummern, wodurch sich die Paare finden, die zusammen tanzen.

Tour für 6 Paare Mk. 2.75.

Sehr komisch! Nr. 805. Tour: Die Liliputaner. Sehr komisch!

Die Liliputaner-Tour hat sehr großen Effekt gemacht.
D. E. in Cassel.

6 Herren werden im Nebenzimmer lange **Schulterkragen** umgehängt und **Papiercylinder** aufgesetzt, und jeder empfängt noch einen kurzen Gigerlstock. Vor Eintritt in den Saal bücken sich die Herren in die Knie und marschieren unter den Klängen eines Marsches in der Kniebeuge, soweit, daß die Schultermäntel fast die Erde berühren, sich auf ihre Stöcke stützend, hintereinander in den Saal. **Der Anblick ist hinreißend komisch. Alle Anwesenden werden sich vor Lachen ausschütten.** An den Cylindern sind die Nummern von 1 bis 6 befestigt. Vorher haben 6 Damen Orden, die auf der Vorderseite gleiche Nummern tragen, empfangen und nachdem die Liliputaner einen Umzug gehalten und sich dann in eine Reihe aufgestellt haben, treten die Damen ihnen gegenüber und jede zieht den ihr zukommenden kleinen Liebling zu sich empor. — Tanz. — Die Tour läßt sich beliebig wiederholen, indem Kragen und Hüte weitergegeben werden, es gehört nur immer ein neues Sortiment von 6 Orden dazu. **6 Schulterkragen, 6 Cylinder, 6 Stöcke, 6 Orden Mk. 4.50.**
1 Sortiment Orden extra (für Wiederholung) **„ —.40.**

Die gesandten Cotillonartikel haben bei meinen Freunden in England allgemeinen Beifall gefunden, namentlich die Tour Liliputaner rief wahre Lachsalven hervor. Besten Dank für prompte Zusendung. *Frl. B. —ck, Göttingen.*

Nr. 201. Zupfblumen-Tour mit Knallpetarden.

2 Blumen, bestehend aus 48 numerierten Blättern mit Knallpetarden. Es treten zuerst 12 Paare an, die Damen rupfen von der einen, die Herren vonder anderen Blume je ein Blatt aus der **äußersten** Reihe ab und gleiche Nummern tanzen zusammen. — Dann fernere 12 Paare usw. **Tour für 48 (4 mal 12) Paare Mk. 2.50.**

Hierzu liefere ich 2 bunte **Riesenblumen** in Farbendruck mit je 48 Blättern.

Nr. 201 A. Wie 201 nur mit **1** Blume mit Blättern in 2 Farben und nur für **12** Paare **Mk. —.80.**

Komisch und erheiternd. Nr. 589. **Tour: Lebende Kegel.** **Originell und sehr interessant für Alle.**

9 Herren ziehen in einem Nebensaal die zur Tour gehörigen Kegel über und werden dann vom Arrangeur im Saale in der gehörigen Ordnung wie ein Kegelspiel aufgestellt. Von der Decke herab, oder vom Kronleuchter, oder von einer von einem Kellner gehaltenen Stange hängt an einer Schnur die zur Tour gehörige leichte Kegelkugel (aus Papier und Wolle). Eine Dame tritt vor und wirft mit der Kugel nach den lebenden Kegeln, und zwar so, daß die Kugel erst vorbeifliegt und dann von hinten die Kegel trifft. Der am Kopf getroffene Kegel tritt aus der Reihe heraus und darf mit der betreffenden Dame tanzen, nachdem er mit dem Kopf durch die Umhüllung geschlüpft ist; es kommt nun eine zweite Dame daran und so fort. Wenn nur noch wenige Kegel stehen und die Dame trifft nach 3 maligem Wurfe nicht, so darf sie nicht mehr mitspielen und eine andere kommt an die Reihe. Diese Tour macht **unbedingt großen Effekt.**

Tour für 9 Herren und eine unbestimmte Anzahl Damen Mk. 2.50.

Nachahmung verboten! Nr. 703. **Tour: Die Kopflosen.** **Nachahmung verboten!**

6 Herren haben ihren Kopf verloren und kommen nun **„kopflos"** in den Ballsaal herein, sich hin- und herwendend und nach ihren Köpfen suchend. 6 Damen schlängeln sich neugierig heran an die merkwürdigen kopflosen Menschenkinder und suchen mit, doch auch vergebens. Da wenden sie sich in ihrer Not an den Arrangeur, und dieser gibt den Damen den Rat, einmal nachzusehen, ob die Köpfe vielleicht nur **heruntergerutscht** seien in den Brustkasten, und richtig, als die Damen die vorn auf der Brust befindlichen Klappen der Kostüme der Kopflosen öffnen, da gucken auf einmal fidel und munter 6 Köpfe heraus.

Ein Anblick zum Totlachen!

Jeder der 6 Herren engagiert nun die betreffende Dame, welche ihm den Kopf wieder zurecht gesetzt hat und tanzt mit ihr. — Die Papierkostüme sind so hergestellt, daß die steifen Halskragen auf den Kopf zu sitzen kommen. In den Chemisetts befinden sich kleine Öffnungen zum Durchsehen.

Tour für 6 Paare Mk. 4.50.

Nr. 628. Tour: Freudvoll und Leidvoll. Von großartigem Effekt.

Freudvoll!

Zu dieser Tour gehören 6 Monde in Farbendruck hergestellt, jedes Stück **76 cm groß.** Die Monde sind auf Pappe aufgezogen, mit Leisten und Handhaben versehen und werden nun von 6 Herren so gehalten, daß sie den Oberkörper vollständig verdecken. Die Gesichtszüge der Monde zeigen unverkennbar die sechs Stimmungen:

Freudvoll — Leidvoll — Gedankenvoll — Hangen und Bangen, Himmelhoch jauchzend, Zu Tode betrübt,

und in dieser Reihenfolge kommen nun die Herren in den Saal marschiert und stellen sich den Damen gegenüber auf; nun sucht ein Jeder die Laune des ihm gehörenden Mondgesichts auch in seinen Bewegungen auszuprägen: **der Freudvolle hüpfend, der Leidvolle geknickt** usw. Nachdem 6 Damen dann Karten gezogen, auf denen dieselben Worte gedruckt sind, suchen sie die betreffenden Herren und tanzen.

Tour für 6 Paare Mk. 3.75.

Leidvoll!

Nr. 101. Tour: Große Sensations-Kunstreiter-Tour.

Die gelieferten Pferde haben unseren ungeteilten Beifall gefunden.
C. – r, Darmstadt.

Nachahmung verboten!

Zu dieser Tour gehören je nachdem 4, 6, oder 8 **große Pferde** (es können nur **Schimmel** geliefert werden) aus Pappe und Papier mit Öffnungen im Rücken zum hineinsteigen und mit Gurten versehen zum anhängen, und die gleiche Anzahl **Peitschen** und **Jockey-Mützen.** Die Herren bedecken sich mit letzteren, besteigen die edlen Rosse und kommen nach dem Takte der Musik in den Saal gesprengt. **Die Pferde sind auf lithographischem Wege sehr elegant ausgeführt** und so hergestellt, daß die Herren in Wirklichkeit auf denselben zu sitzen scheinen, was einen **großartigen Eindruck** auf die **Zuschauer** hervorbringt. Der Effekt wird noch erhöht, wenn die Herren möglichst die Gangart der Pferde nachahmen und die hohe Schule oder eine Quadrille reiten. Die betreffende Anzahl Damen erhält die **Peitschen** mit den Namen der Pferde, mit welchen sie letztere zu schnellerem Laufe antreiben. Wenn die Quadrille zu Ende, suchen die Damen die Pferde, deren Namen auf ihren Peitschen verzeichnet sind und tanzen mit den Reitern.

Tour für 8 Paare = 8 Pferde
☞ **nur Schimmel lieferbar** ☜ } **Mk. 31.—,**
8 Jockeymützen u. 8 Peitschen

Tour für 6 Paare = 6 Pferde usw. wie oben beschrieben **Mk. 23.50,**

Tour für 4 Paare = 4 Pferde usw. wie oben beschrieben **Mk. 15.75.**

Statt Mützen, Tour mit schwarzen Cylindern kostet mehr für 4 Paare 75 Pfg., 6 Paare Mk. 1.15, 8 Paare Mk. 1.50.

1 einzelnes Herren- oder Damenpferd kostet nur **Mk. 3.50,**
wiegt nur ca. $1\frac{3}{4}$ Kilo (mit Verpackung ca. 5 Kilo) und ist leicht versendbar (als Sperrgut).

Nr. 101 P. Plastische Pferde aus starker Pappe geformt, Stück **Mk. 20.—.**

Bitte auch Seite 100 **(Tierkostüme** etc.) durchzusehen.

Mit Ihrer Sendung war ich sehr zufrieden. — *Dr. H. —r, Port Elisabeth, Cape Colony.*

Sendung fiel zu meiner Zufriedenheit aus. — *Frau Konsul – e, Brake.*

Ich habe mit den von Ihnen gesandten Artikeln bisher stets die größte Ehre eingelegt. — *M. —n, New-York.*

Nr. 794. Tour: Reich mir die Hand mein Leben.

Überall beliebt. **In künstlerisch gediegener Ausstattung.** **Überall beliebt.**

Die zur Tour gehörige Papierwand zeigt auf ihrer Vorderseite die 6 oben abgebildeten Gestalten (diese Figuren sind ca. 1 Mtr. groß), **von Künstlerhand meisterhaft entworfen;** an Stelle der einen Hand befindet sich eine Öffnung, durch welche die 6 Herren, die hinter die Wand treten, ihre Hände stecken. Die Musik spielt nun das Lied: **„Reich mir die Hand mein Leben, komm auf mein Schloß mit mir"** usw., und die Herren hinter der Wand singen den Text dazu. 6 Damen, gerührt durch den Gesang, treten herzu, ergreifen die Hände, ziehen die Eigentümer derselben durch die zerreißende Wand hindurch und lassen sich dann zum Tanze führen.

Tour für 6 Paare Mk. 2.—.

Nr. 889. Tour: Nach Noten. Sehr lustig!

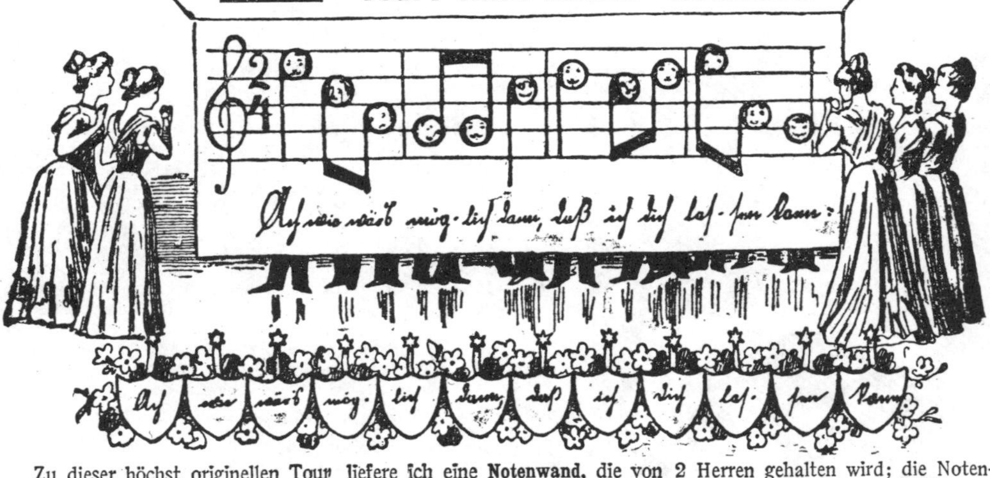

Zu dieser höchst originellen Tour liefere ich eine **Notenwand,** die von 2 Herren gehalten wird; die Notenköpfe sind ausgeschnitten und werden durch die Köpfe von 12 Herren ausgefüllt. Nun treten 12 Damen heran, schauen sich das lebendige Notenblatt an, die Musik spielt das schöne Lied. **„Ach, wie wär's möglich dann"**, die Damen singen **und die Notenköpfe verziehen nach dem Takte ihre Gesichter.**

Das sieht urkomisch aus und reizt alle Zuschauer zum Lachen.

Ist das Lied zur allgemeinen Belustigung beendet, so legen die 12 Damen ihre Orden an, die je eine Silbe des Liedes tragen, holen sich die betreffende Note aus der Wand heraus und treten zum Tanze an.

Tour für 12 Paare Mk. 3.25.

Nr. 774. Tour: Um eine Nasenlänge.

Zum Totlachen!

Der Tanzordner ruft 6 Herren in ein Nebenzimmer und übergibt ihnen dort **6 Nasen mit Brillen,** die sie aufsetzen; die Nasen sind vorn aus rotem Seidenpapier; sie **lassen sich einziehen und aufblasen** und sind verschieden lang. 6 Damen erhalten Bänder in den Nasenlängen. Wenn die 6 Herren so komisch verwandelt in den Saal hereinmarschieren und die **Nasen bewegen, so wird das großen Spaß machen,** und urkomisch wird es wirken, wenn die Damen **die Nasen messen** und dadurch ihren Tänzer suchen. **Tour für 6 Paare Mk. 1 40.**

Nr. 892 A. Tour: Die Kahnfahrt.

Höchst originell!

Die Cotillongegenstände trafen pünktlich ein und bin ich mit der Expedition als auch mit der chicken Ausführung und den sehr mäßigen Preisen sehr zufrieden.

M. E—e., Kopenhagen.

Jeglicher Cotillon sollte mit dieser Tour eröffnet werden, denn sie bringt einen fidelen Zug in die Gesellschaft.

Die **Kahnwand** wird mit ganz leichter Mühe aufgewickelt. 6 Herren mit **Matrosen-Mützen** nehmen im Kahn Platz und gondeln fidel durch den Saal. 6 Damen, die inzwischen numerierte **Matrosen-Kragen** erhalten haben, kommen an den Kahn heran und fordern die Herren zum Aussteigen und zum Tanze auf, die Herren kommen dem Wunsche der Damen nach und der Rundtanz beginnt; gleiche Nummern sind für die Paare bestimmend.

Tour für 6 Paare Mk. 2.75.

Schneidig! **Nr. 848.** *Schneidig!*

Gala-Tour.

Galatour hat unendlich viel Heiterkeit erregt.

C—l., Lehrer, Neiße.

6 Damen schmücken sich mit den reizend zu Gesicht stehenden **Helmen, Tschapkas etc.,** die aus starkem Karton **wunderhübsch, elegant und haltbar** geprägt sind, und zwar geschieht dies unter Direktion des Vorstandes in einem Nebenzimmer. Der Arrangeur bedeckt sich mit dem **Generalshut,** besteigt **sein edles Steckenpferd** und kommt in tänzelndem Schritt in den Saal herein, hinterher seine **schneidige Damengarde;** nachdem letztere nun nach dem Kommando des Generals verschiedene Schwenkungen zur allgemeinen Bewunderung ausgeführt hat, wird **„Rührt Euch"** kommandiert, der **General sprengt zum Saal hinaus** und kommt gleich darauf wieder an der Spitze von **6 schneidigen Herren,** die Seidenpapierhelme tragen, herein; nachdem der General auch hier die Parade abgenommen, stellt er die 6 Herren und die 6 Damen sich gegenüber an den Saalseiten auf und kommandiert: **„Kürassiere vor", „Ulanen vor"** und so fort; hierdurch finden sich die Paare und ist dies geschehen, wird die reizende Tour durch einen Tanz beschlossen.

6 elegante Helme aus starkem Karton geprägt
6 Seidenpapierhelme . . . .
1 Steckenpferd . . . .
} **Tour für 6 Paare Mk. 4.—.**

Sporen aus Pappe Nr. **1946 1 Paar Mk. —.75.**

Nr. 720. Tour: Die Glücksritter. Höchst sensationell!

Nachahmung verboten.

Die Musik spielt einen Galopp, die Saaltüren öffnen sich, und 6 Herren kommen, auf **Schweinen** reitend, mit **Kochlöffeln** bewaffnet und mit **Papierhelmen** bedeckt, hereingesprengt; nachdem die **Glücksritter** einige Male im Saale herumgeritten, stellen sie sich an der Seite in einer Reihe nebeneinander auf.

Nun wählt der Arrangeur eine Dame aus und fordert den 1. u. 6. Reiter auf, um dieselbe zu kämpfen.

Die zwei Glücksritter sprengen aus der Reihe heraus, kreuzen ihre Kochlöffel und der Kampf beginnt, indem die Löffel aufeinander geschlagen werden. Wessen Kochlöffel nun zuerst zerbricht (der eine von beiden ist unauffällig geleimt), ist besiegt und zieht sich betrübt in eine Ecke zurück. Der Sieger galoppiert der Dame entgegen, um die er gestritten, präsentiert ihr seinen Kochlöffel, steigt vom Schweine ab und erhält von seiner Dame einen **Glücksschweineorden** angeheftet; nun wird eine andere Dame bestimmt, um welche der 2. und 5. Herr streiten, dann eine dritte für den 3. und 4. Herrn. Ist der Kampf beendet, wird rundgetanzt von den drei Paaren; an diesem Tanz dürfen auch die nun bescheiden an der Seite lehnenden Besiegten teilnehmen, wenn sich drei Damen freiwillig ihrer erbarmen.

Die Schweine sind auf lithographischem Wege hergestellt, aus Pappe und Papier, flach zum Auseinanderziehen; durch die Öffnung im Rücken steigen die Reiter hinein und befestigen die Schweine mit den Gurten um die Hüften. Durch die aufgeklebten Reiterbeine erscheinen die Herren auf den Schweinen sitzend.

Tour für 6 Paare Mk. 18.—.

Diese Tour läßt sich auch mit nur 2 Schweinen ausführen, es müssen dann immer **dieselben** Schweine von den verschiedenen Kämpferpaaren bestiegen werden, dann gehören also zur Tour:

2 Schweine, 6 Helme, 3 Orden, 6 Kochlöffel . . . . **Mk. 8.—.**

Der großartige Effekt dieser Tour wird dadurch noch sehr erhöht, daß die Beine der Schweine beweglich sind und die verschiedensten Stellungen einnehmen können; dann liefere ich auch **extra** noch **„Schweinestimmen“,** die durch ihre melodischen Töne große Heiterkeit hervorrufen.

Schweinestimmen (kleine Kästchen, die durch Druck auf einen Hebel wie Schweine grunzen). **Stück Mk. 1.25.**

Ein einzelnes Schwein wiegt nur $1^1/_2$ Kilo (mit Verpackung ca. 5 Kilo), ist leicht versendbar (als Sperrgut) und kostet nur . . . . **Mk. 2.75.**

Nr. 260. Die Fledermaus-Tour.

Die verschiedenfarbigen Fledermäuse werden an die Damen und an die Herren verteilt, nach der beiliegenden Anweisung aufgezogen und gleichzeitig auf ein gegebenes Kommando in die Höhe geschnellt. — **Die nun im Saale umherfliegenden Fledermäuse** mit weißen Punkten müssen von den Herren, die andern mit schwarzen Punkten von den Damen gefangen werden, und nachdem dies Allen gelungen, tanzen gleiche Nummern zusammen.

Die Fledermäuse können immer wieder benutzt werden.

Tour für	6	12	24	36 Paare
Mk.	2.50	4.80	9.40	14.—

Nr. 0978. Tour: Flatternde Herzen.

Hoffend, daß alles wieder ebenso gut ausfällt, wie letzte Sendung etc, Fr. Dr. —n, Bremen.

Wenn an 6 Paare die **„flatternden Herzen“** verteilt sind, stellen sich die Damen auf die eine Seite des Saales und die Herren vis-à-vis auf. Nach der beiliegenden Anweisung werden nun die Herzen mit leichter Mühe aufgespannt und dann auf ein Kommando des Arrangeurs losgelassen. **Es flattern nun die Herrenherzen den Damen und umgekehrt die Damenherzen den Herren zu** und werden auf beiden Seiten eingefangen, was teils mit großer Mühe, aber auch mit großem Amüsement verbunden ist. Die Herrenherzen haben imitierte gelbe Flammen, die der Damen blaue. Wenn sämtliche Herzen eingefangen sind, suchen sich gleiche Eigenschaften, wie „edel“, „kalt“ etc. und tanzen zusammen. **Tour für 6 Paare Mk. 3.25.**

☛ **Die Herzen lassen sich immer wieder aufspannen und erheitern durch ihre Flattersucht Jung und Alt.** ☚

Nr. 591. Tour: Kostbare Ware.

Der Arrangeur bittet 6 Herren, sich als Tänzer verlosen zu lassen und führt sie in einen Nebensaal. Hier werden sie sorgfältig in die zur Tour gehörigen verschiedenen Umhüllungen verpackt, und dann wieder in den Saal geführt. Die lebenden Emballagen werden nun **ohne Vorwissen der betreffenden Herren** mit großen gedruckten Zetteln versehen mit scherzhaften Aufschriften, wie **„Musterhafter Schwiegersohn“** etc. in den Saal geführt. Während die 6 Herren eingepackt wurden, haben 2 andere Herren im Saale an sämtliche Damen Lose verteilt (ich liefere zu einer Tour 44 Nieten- und 6 Gewinnlose; letztere sind natürlich extra gepackt, also leicht bestimmten Damen in die Hände zu spielen). Wenn die Gewinne herumgeführt, präsentiert und allseitig gezeigt sind, beginnt die Ziehung. Die glücklichen Gewinnerinnen ergreifen Besitz von den betreffenden Paketen, packen sie aus und der Tanz beginnt. **Tour für 6 Paare Mk. 2.75.**

Besonders „Kostbare Ware“ hat sehr gut gefallen. Gottl. —r, Basel.

Nachahmung verboten.

Nr. 853. Tour: Und wenn der Schneider reiten will!

Von denkbar ◈ größtem ◈ ◈ Effekt! ◈

Im Schneidergalopp kommen die Herren auf ihren **Ziegenböcken** hereingesprengt, reiten dann im Trabe hintereinander im Kreise herum, dann in einer Frontreihe usw., bis das plötzliche **Halt** des Schneiderältesten in höchsten Tönen erschallt; mit **hörbarem Ruck** steht die Reihe und ein 6stimmiges **Mäh!** ertönt. **Großartiger Applaus!**

Inzwischen haben 6 Damen Anhängsel in Form von **Scheren, Bügeleisen, Zwirnrollen** usw. mit Atlasschleifen erhalten und holen sich nun den betreffenden **Ziegenbockreiter** mit gleichem Abzeichen an der Mütze.

Wenn die 6 Herren mit den komischen Schneidermützen unter Voranritt **eines** Ziegenbockreiters mit § 11 **in einer langen Reihe** in den Saal kommen, so ist dies auch schon **riesig effektvoll.**

1 Ziegenbock, 6 Schneidermützen, 6 Anhängsel, 1 Stirnreifen mit § 11.

Tour 853 b für 6 Paare Mk. 5.75.

Die Ziegenböcke sind aus Pappe und Papier hergestellt, flach zum Auseinanderziehen; durch die Öffnung im Rücken steigen die Reiter hinein und befestigen die Gurte um die Hüften. Durch die gemalten Beine scheinen die Herren auf den Böcken zu sitzen.

Ein einzelner Ziegenbock wiegt nur $1^1/_2$ Kilo (mit Verpackung ca. 5 Kilo), ist leicht versendbar (als Sperrgut) und kostet nur	**Mk. 2.75.**	**Tour 853 für 6 Paare** (6 Ziegenböcke, 6 Schneidermützen, 6 Anhängsel wie oben beschrieben)	**Mk. 18.—.**	**Tour 853 a für 6 Paare** (3 Ziegenböcke, 6 Schneidermützen, 6 Anhängsel wie oben beschrieben)	**Mk. 10.—.**

Die **Tour 853 a** mit 3 Ziegenböcken wirkt auch schon **großartig;** die Ausführung ist dann eine gleiche wie bei **Tour 853,** nur daß 3 Herren die Böcke der 3 Reiter am Zügel führen.

Die Mützen extra **Nr. 2907** Dutzend **Mk. 3.—.**

Nr. 268. Ballon-Tour.

Sehr beliebt!

> *Die Gegenstände haben sehr gefallen.*
> *Frau M. —l, Tanzlehrerin, Leopoldshall.*

Wenn 6 Paare getanzt haben, erhalten die Damen die farbigen Kautschuk-Ballons an langen seidenen Bändern und die Herren holen noch je einen Herrn. Auf ein gegebenes Kommando des Arrangeurs chassieren die Damen durch den Saal, die Ballons an den Bändern nach sich ziehend. Je zwei Herren verfolgen eine Dame und suchen den Ballon zu zertreten; die Damen müssen dies durch schnelles Hin- und Herziehen erschweren. Gelingt es einem Herrn, so tanzt er mit der Dame, der andere geht zum Platz. Die Ballons kommen ungefüllt zum Versand, doch ist das Aufblasen eine leichte Mühe; 6 Blasröhrchen, sowie Anweisung liegen jeder Tour bei. **Tour für 6 Paare Mk. 1.40.**

Nr. 202. Würfel-Tour.

Mit 2 (17 cm) großen Würfeln würfeln immer 2 Herren um eine Dame. Wer den höchsten Wurf hat, tanzt, der andere geht auf den Platz zurück.

1 Paar Würfel Mk. 1.25
(für eine beliebige Anzahl Paare).

Mit der letzten Sendung war ich sehr zufrieden.
M. —ch, Tanzlehrer, Freiburg i. B.

Nr. 399. Tour: Gebrochene Herzen.

Die Herren erhalten 6 gebrochene Herzen, die Damen di ergänzenden Teile dazu. Es irre nun die Herren mit ihren gebrochenen Herzen so lange im Saale herum, bis sie die Besitzerin des Bruchstückes finden, mit der sie, nachdem das Herz wieder ganz geworden, tanzen.

Tour für 6 Paare Mk. —.75.

Diese Tour lasse ich in 10 verschiedenen Sortimenten anfertigen, sie kann also von 60 Paaren auf einmal getanzt werden.

Immer rrran, meine Herrschaften!

Die Ausfüllung einer Pause durch ein schnell arrangiertes **Lotteriespiel** ist stets **hochinteressant** für **alle Anwesenden** und **riesig beliebt.** Die hierzu gehörigen **12 Geschenke** werden inmitten des Saales mit dem **Glücksrade** auf einen Tisch gestellt und dann beginnt das Spiel **nach der beiliegenden Anweisung** Die Geschenke bestehen aus **entzückenden** Sachen für Damen, **originellen Scherzartikeln** und **Präsenten** für Herren. Die Geschenke sind so gewählt, daß sie teils **große Freude,** teils **große Heiterkeit** hervorrufen **müssen;** die Scherzartikel sind selbstverständlich ganz dezent.

1 Glücksrad (Raddurchmesser ca. 30 cm) **Nr 1104. Mk. 2.40.**

12 numerierte Gewinne und 36 Nummernkärtchen mit genauer Anweisung Mk. 9.50.

Der Tanzvorstand kann die Lose gratis verteilen oder sich 10 ₰ oder 20 ₰ per Stück bezahlen lassen, das wird immer gern geopfert bei Aussicht eines schönen Gewinnes.

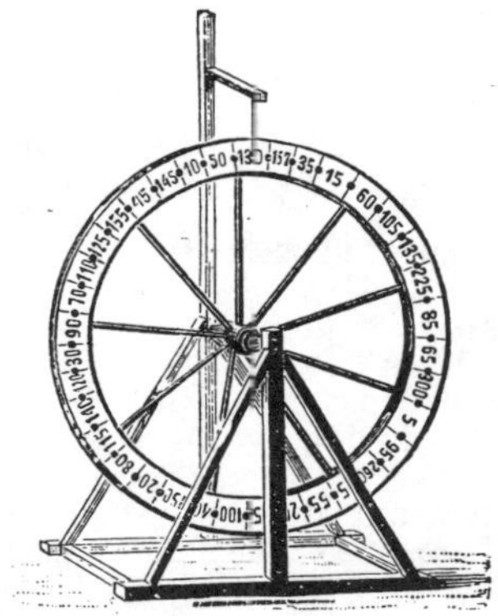

Sehr beliebt.

Mit den von Ihnen gelieferten Cotillonsachen waren wir außerordentlich zufrieden, besonders gefiel das Glücksrad und die dazu gelieferten Gegenstände.
Frau Amtsrichter —r, Neuenburg i. Westpr.

Ihre Sendungen sind angekommen und haben mich befriedigt.
G. —r, San Sebastian (Span.).

Lotterie-Nummern für Verlosungen.

Treffer / **Nieten** } farbig sortiert. Fertig gerollt, mit Drahtring verschlossen { **100 Stück Mk. —.50,** / **100 „ „ —.40,**
Aufklebenummern, gummiert und perforiert . . . . **100 „ „ —.40.**

Tanz-Postkarten in hochfeinem Buntdruck.

Zu verwenden als:

„Gruß aus der Tanzstunde“,
„Gruß aus dem Ballsaale“,

überhaupt als Gruß von **Vergnügungen, auf denen getanzt wird.**

Serie I. Die Postkarten I. Qualität stellen Ballscenen dar, **mit entsprechendem Text in Versen.**

Serie II. Postkarten I. Qualität mit Tanzgruppen: **Washington-Post, Großvatertanz, Pas de Quatre, Pas de Patineurs etc.**

Ich liefere obige Karten, Serie I und II, in feinen Couverts, jedes Couvert enthält 10 Stück in 10 Dessins sortiert.

1 Couvert mit 10 Postkarten kostet Mk. 1.—.	**5 Couverts . . Mk. 4.50,** **10 „ . . „ 8.—,**	**20 Couverts . . Mk. 15.—,** **50 „ . . „ 33.—.**

Serie III.	10	25	50	100 Stück
Tanz-Postkarten, II. Qualität, mit 6 verschiedenen Ballscenen **Mk.**	**—.40**	**—.90**	**1.70**	**3.25**

Bin mit Ihrer Sendung sehr zufrieden gestellt worden, besonders die Tanzpostkarten haben sehr gefallen.
W. —l, Tanzlehrer, Eisenberg.

Besten Dank für die schönen Sachen, die Sie uns für den Basar der deutschen Kirche in Honolulu übersandten; sie waren von unübertroffener Güte und bildeten eine Hauptanziehungskraft unserer Verkaufsbuden.
Frau E. —e, aus Honolulu, z. Z. St. Anna b. Sulz.

Cotillon-Artikel sind in voller Ordnung hier angelangt. Die Waren sind auch diesmal, wie schon von Ihrer Firma gewöhnt, in jeder Beziehung vortrefflich und preiswürdig.
New-York. *M. —n.*

Ausverkauf.

Folgende Touren etc. werden zu den niedrigsten Preisen ausverkauft.

Bei Bestellung von Ausverkaufs-Touren bitte ich, namentlich wenn die Saison weiter vorgerückt ist, stets Ersatz-Nummern von regulären Touren aufzugeben; andernfalls nehme ich an, daß mir die Ersatz-Wahl überlassen bleibt, wenn die eine oder andere Nummer ausverkauft ist.

Touren:

Nr. 01295.

Tour: Zukunftskrieg.

Wie sich die Soldaten gegen die Angriffe aus den **Luftschiffen** schützen werden, ist auf den 6 Papiersäcken, welche 6 Herren erhalten, in humoristischer Weise dargestellt; 6 Damen empfangen kleine **Luftschiffe**; nachdem das Publikum die neue, hochwichtige Erfindung genügend bewundert hat, zerreißen die Damen die Papiersäcke und tanzen mit dem betreffenden Herrn. Die Farben führen die Paare zusammen.

Tour für 6 Paare Mk. 2.80.

Nr. 772.

Geschenk-Tour.

Für diese Tour liefere ich **6 Stück** entzückende **Photographierahmen** und **6 Stück** reizende **Fernsichtbilder.** An die Stelle der Fernsichtbilder können selbstverständlich dann Photographien treten; drei Rahmen sind für Kabinett-, drei für Visit-Photographien eingerichtet.

Da die Ausführung der Rahmen eine künstlerisch vollendete ist, bilden dieselben ein stets willkommenes Geschenk und praktisches Andenken.

Die Herren erhalten die Fernsichtbilder und die Damen die Rahmen, beide sind numeriert; die Herren suchen die gleiche Nummer und schieben dann die passende Fernsicht in den Rahmen hinein; dann tanzen die Paare.

Tour für 6 Paare Mk. 2.—.

Nr. 01108.

Tour: Haltet den Mann auf.

Im Nebenzimmer vom Ballsaal stülpen 6 Herren die wüst gemalten **Seidenpapierköpfe** über und kommen plötzlich in den Saal hereingestürzt; an den Köpfen hängen an langen Papierbändern die **Mützen** und fliegen nun hinter den Herren her; 6 vom Arrangeur bestimmte Damen laufen den wüsten Gesellen nach, erhaschen eine Mütze, reißen sie ab und bedecken sich damit; die beraubten Räuber kommen dann heran und gleichfarbige Mützen und Krawatten bilden Paare.

Tour für 6 Paare Mk. 2.—.

Nr. 01168.

Wappen-Tour.

6 Damen erhalten die **Lanzenstäbe** mit den **reichgeschmückten Wappen,** 6 Herren legen die farbigen **Schärpen** an und setzen die **Mützen** auf. Nach verschiedenen **Studenten**-Umzügen im Saale suchen sich die gleichen Farbenzusammenstellungen und treten zum Tanze an. **Tour für 6 Paare Mk. 3.—.**

Nr. 573.

Tour: Der Gesangverein.

6 Herren legen in einem Nebensaal die **Sängermasken** an und kommen, ein Lied **singend,** in den Saal zurück; inzwischen haben 6 Damen je eine Abbildung der 6 Sänger erhalten, die sie nun dem betreffenden Original präsentieren, gleichzeitig zum Tanze auffordernd.

Die Sänger schlagen errötend die Augen nieder (die Masken haben bewegliche Augenlider mit langen Wimpern), lassen sich zum Tanze führen und stimmen dann **unter Augenaufschlag** ein fröhliches Schlußlied an.

Tour für 6 Paare Mk. 2.25.

Nr. 01116.

Tour: Wenn ich an meinem Amboß steh'.

6 Herren verkleiden sich im Nebenraum vom Tanzsaal, indem sie die zur Tour gehörigen **Ambosse** aus Pappe (flach zusammenlegbar) über die Köpfe stülpen (Augenlöcher zum Durchsehen sind vorhanden), und kommen nun langsam und gemessenen Schrittes in den Saal herein; nachdem sie auf 6 Stühlen in einer Reihe Platz genommen, erscheinen 6 Damen mit großen **Schmiedehämmern (ganz leicht** aus Karton hergestellt), gehen an der Amboßreihe vorüber und schlagen auf jeden einmal auf, um den vollen Klang festzustellen; dann suchen die Damen ihre Hammer-Nummer am Amboß, stellen sich vor denselben auf, die Musik spielt, wenn möglich, die Melodie **„Der kreuzfidele Kupferschmied"** und die Damen hämmern auf den Ambossen nach diesem Takte herum; die Herren lassen sich das eine Zeitlang gefallen, dann springen sie plötzlich auf, fassen die reizenden Schmiede um die Taillen und fort geht es im fröhlichen Rundtanze.

Tour für 6 Paare Mk. 2.—.

Folgende **Touren** werden zu den niedrigsten Preisen **ausverkauft.**

Nr. 01309.

Tour: Die Wolkenschieber,

dargestellt von 6 Herren mit **Ballonmützen** mit entsprechenden Aufschriften. 6 Damen erscheinen als Wolken und zwar kommt erst die **Gewitterwolke** herein, dann die **Regenwolke,** das **rosige Abendwölkchen** usw. Die 6 Herren folgen den Damen nach, suchen sich die durch die Aufschrift bestimmte aus und stürmen, fliegen oder schweben etc. mit ihr im Galopp durch den Saal.

Tour für 6 Paare Mk. 2.80.

Nr. 01140.

Tour: Die großen Glückskäfer.

6 Herren erhalten in dieser Tour hochoriginelle rote **Glückskäfermützen** mit Beinen und 6 Damen **Glücksorden** aus vierblättrigen Kleeblättern mit kleinen Glückskäfern und mit Atlasschleifen. Gleiche Nummern bestimmen die Paare.

Tour für 6 Paare Mk. 1.60.

Nr. 01255.

Tour: Die Turnerei.

6 Herren erhalten graue **Turnerhüte** in der allgemein beliebten Form mit künstlichem Eichenlaubstutz und zweifarbiger Schleife, sowie mit Eichenblättern reich geschmückte **Schärpen,** während 6 Damen auch **Schärpen** in noch reicherer Ausstattung mit Doppelschleifen erhalten. Wenn die Paare sich gegenseitig geschmückt haben, suchen sich die gleichen Farben und beginnen den Rundtanz.

Tour für 6 Paare Mk. 2.10.

Nr. 01266.

Tour: Die schmucken Reiterinnen.

Der Arrangeur bittet 6 Damen in ein Nebenzimmer vom Ballsaal und überreicht ihnen die zur Tour gehörigen 6 **weißen Cylinderhüte** mit langen weißen Schleiern und 6 feine weiße **Peitschen** mit Verzierungen aus farbig. Seidenpapier. Die Damen schmücken sich gegenseitig mit den Sporthütchen und kommen dann, mit den Peitschen lustig knallend, in den Tanzsaal herein; hier nehmen sie 6 Herren in Empfang, die an verschiedenfarbigen Schnuren und Schleifen goldene **Hufeisenanhänger** tragen. Die gleichen Farben der Peitschenverzierungen und der Schleifen und Schnuren sind beim Engagement maßgebend.

Tour für 6 Paare Mk. 3.50.

Nr. 01054.

Tour: Im Morgenlande.

6 Damen schmücken sich mit den **prächtigen Stirnreifen mit goldenem Gehänge und bunten Blumen** und betreten in feierlichem Zuge als **Orientalinnen** den Saal; ihnen entgegen kommen 6 Herren, angetan mit den **orientalischen Orden** und engagieren unter tiefen Verbeugungen die Dame, die gleiche Farbe trägt.

Tour für 6 Paare Mk. 3.—.

Nr. 01076.

Tour: Bürgergarde.

6 Herren erhalten **Helmmützen** aus der alten Zeit und die Damen 6 imitierte Doppelschnüre, die sie anheften. Hut- und Brustschnüre sind in 6 mal 2 korrespondierenden Farben hergestellt, wodurch sich die Paare finden, die zusammen zum Tanze antreten.

Tour für 6 Paare Mk. 2.50.

Nr. 01297.

Tour: Laubfrösche.

Die Herren erhalten hochoriginelle **Mützen,** ein **Froschhaus** darstellend, mit **Leiter, Fischen, Fliegen** und einen **Laubfrosch;** letzterer wird durch einen Faden auf und ab bewegt. Die Damen stecken sich die niedlichen **Leitern** an, auf denen auch ein hellgrüner **Laubfrosch** sitzt mit einer **Fliege.** Gleiche Abzeichen bestimmen die Paare, welche zum Rundtanze antreten.

Tour für 6 Paare Mk. 2.—.

Nr. 01311.

Tour: Auch Helden!

(wenn auch nur Pantoffelhelden).

Ich liefere zu dieser Tour **6 Golddiademe** mit farbigen Kreppapierschleifen und flatternden Bändern verziert, die oben einen niedlichen **Pantoffel** (ca. 20 cm groß) tragen; ferner 6 reizende **Pantoffelorden,** auch mit farbigen Schleifen reich garniert. Während 6 Damen im Nebenzimmer die Diademe aufsetzen, verteilt der Arrangeur im Ballsaale die Orden an 6 Herren. Nun kommen die 6 **Pantoffelköniginnen** mit hoheitsvollen Mienen hereinmarschiert, die 6 Herren liefern ihre kleinen Pantoffel ab und zwar ein jeder an die Dame, welche gleichfarbige Schleifen trägt; die Damen nehmen die Pantoffeln in Empfang und schlagen die 6 Herren zu **Pantoffelrittern,** indem sie die Pantoffeln den Herren aufs Haupt drücken, dann beginnt der Rundtanz.

Tour für 6 Paare Mk. 2.25.

Folgende **Touren** werden zu den niedrigsten Preisen **ausverkauft.**

Nr. 755. Tour: Durch und durch.

Durch und durch kann man in dieser Tour sehen, sogar durch ein dickes Brett.

Die Täuschung wird durch geschickt angebrachte Spiegel bewirkt.

Der **Apparat** wird nach der beiliegenden einfachen Beschreibung auf einen Tisch gestellt und ein beliebiges Brett, Kistendeckel oder Tuch dazwischen gehalten und doch sehen sich die Hineinschauenden. Der Tisch muß in einer Tür stehen und der obere Raum der Türöffnung bis zum Tische mit einem Tuch verhängt werden, damit die Paare sich nicht schon vorher erblicken können; die Herren befinden sich in dem einen, die Damen in dem andern Raume, der durch die Tür verbunden wird. Die Paare, die sich durch das Brett gesehen haben, tanzen dann zusammen.

Tour für eine beliebige Anzahl Paare Mk. 1.50.

Nr. 793.

Tour: Der Weihnachtsmann.

Auf einem Tische inmitten des Saales werden die zur Tour gehörigen **6 Weihnachtsmann-Paletten** aufgestellt; dieselben sind in Farbendruck **künstlerisch schön** ausgeführt und bilden einen willkommenen Zimmerschmuck. Der Weihnachtsmann hält in seinem rechten Arm eine große Bouquetmanschette, deren Mitte ausgestanzt ist, da sie gleichzeitig die Palettenöffnung bildet; in dieser steckt **ein niedlicher Strauß** aus künstlichen Blumen und zwar in jeder Palette eine andere Blumenart. 6 Herren wählen nun je eine Palette aus und überreichen sie einer Dame; dann holen sie sich von den verhüllten gleichartigen **Einzelblumen** je eine, öffnen die Hülle, suchen den gleichblumigen Palettenstrauß und führen die betreffende Dame zum Tanz.

Tour für 6 Paare Mk. 3.—.

Nr. 01319.

Tour: Niedliche Steuerboten.

6 Damen kommen aus dem Nebenzimmer in den Ballsaal mit **Steuermützen** bedeckt und in der Hand einen **Steuerzettel;** sie suchen nun die 6 Herren, die im Saale mit kleinen **Geldbeuteln** herumirren und gern ihr Geld los sein möchten; ich habe noch 80 Mark zu bezahlen, ruft der eine Herr, ich 100, der zweite und so fort, worauf die betreffenden niedlichen Steuerboten mit den entsprechenden gedruckten Quittungen (jede lautet auf eine andere Summe) herantreten und das Geld in Empfang nehmen; hierdurch finden sich die Paare und treten zum Tanze an.

Tour für 6 Paare Mk. 2.—.

Nr. 0961. Tour: Die Kraftmenschen.

Die 6 Stück **100-Kilogewichte** werden auf einen Tisch gestellt und 5 Herren treten heran. Der Vorstand ergreift nun scheinbar mühevoll ein Gewicht und unternimmt damit verschiedene Übungen, die die 5 Herren nachmachen müssen; als letzte Produktion werden die Gewichte auf den Kopf gesetzt; während dieser Aufführung sind kleine **mit Schokolade gefüllte Gewichte** an 6 Damen verteilt worden und suchen sich nun die Paare nach den Schleifen, die sich an den Gewichten vorfinden. Die Herren benutzen die Gewichte, die aus Pappe und hohl und ohne Boden sind, als Kopfbedeckung. **Tour für 6 Paare Mk. 1.75.**

Nr. 01192. Tour: Rote Herzen.

6 Paare erhalten ca. 20 cm große rote **Herzen,** die den beliebten **Pfefferkuchenherzen** nachgebildet und mit Band zum Umhängen eingerichtet sind. Nach den gleichen Bildern und Inschriften finden sich die Paare zum Tanze. **Tour für 6 Paare Mk. 2.—.**

Nr. 01004.

Tour: Interessante Antiquitäten.

Ein geeigneter Herr bedeckt sich im Nebenzimmer mit der zur Tour gehörigen Mütze und hängt den **Kasten** um mit den **Antiquitäten** als da sind: Der Apfel des Paris, der Faden der Ariadne, Nadel der Kleopatra usw. und kommt nun in den Saal herein, seine Ware laut anpreisend. Nachdem 6 Herren und 6 Damen gewählt haben, suchen sich die Besitzer gleicher Gegenstände und treten zum Tanze an.

Tour für 6 Paare Mk. 2.25.

☛ Nr. 01017.

Schmuck-Wandtaschen-Tour.

In dieser Tour erhalten 6 Damen **praktische Wandtaschen** zum Schmucke des Heimes. 6 Herren erhalten **niedliche** numerierte **Karten** und holen sich nach diesen die Dame mit der gleichnumerierten Wandtasche zum Tanze. **Tour für 6 Paare ☛ nur Mk. 1.50.**

Nr. 01041. Tour: Das Taubenhaus.

Der Tanzordner schmückt 6 Damen mit weißen **„Täubchen-Orden"** an feinen **himmelblauen Atlasschleifen,** dann stellt er, allen sichtbar, das zur Tour gehörige **Taubenhaus,** das ca. 45 cm hoch und sehr nett ausgeführt ist, auf und läßt durch Druck auf die kleine Fahnenstange 6 weiße Täubchen vor dem Schlage erscheinen; es treten nun 6 Herren heran, nehmen die Täubchen ab und stecken sie an. Dann suchen sich gleichbenannte Tauben (letztere tragen Zettel mit Namen, wie Turteltäubchen, Lachtäubchen) und tanzen zusammen. **Tour für 6 Paare Mk. 2.50.**

Folgende **Touren** werden zu den niedrigsten Preisen **ausverkauft.**

Nr. 01212. Tour: Allerlei Obst und Gemüse.

Die ca. 3 m lange Papierwand wird auseinandergerollt und von 2 Herren gehalten; auf dieser Wand ist in bunt gemalt ein **Marktstand** mit 6 verschiedenem Obst und Gemüse in 6 Körben; in der Mitte sitzt die **Verkäuferin** unter einem großen Schirm; diese Verkäuferin wird von einem fidelen Herrn dargestellt, welcher sein Gesicht in die Öffnung steckt; er preist seine Waren an und fordert zum Kaufen auf. 6 Damen, die inzwischen **Zettel** mit Gemüse- etc. Namen erhalten haben, treten nun heran und greifen nach der Obst- resp. Gemüsesorte, die auf dem Zettel steht. Hinter der Wand passen 6 Herren auf und sobald eine Damenhand am Korbe erscheint, fassen sie durch den Einschnitt in letzterem, lassen sich von der Dame durch die Wand hindurchziehen und zum Tanze führen. **Tour für 6 Paare Mk. 2.25.**

Nr. 01125.

Tour: O jerum, jerum, jerum!

6 Herren hängen die großen **Bierfässer** aus braunem Seidenpapier mit Schärpen und mit **Bierseideln** um den Hals, setzen die **Trichter** auf und kommen nun fidel in den Saal herein; dort werden sie mit großem Hurra begrüßt und von 6 Damen in Empfang genommen, die vorher von dem Tanzordner 6 elegante **weiße Fächer** erhalten haben, auf welchen ein Zwerg auf einem Faß mit Bierseidel sitzt; diese kleinen Fässer tragen auch Schärpen; gleichfarbige führen die Paare zusammen.

Tour für 6 Paare Mk. 2.40.

Nr. 01144.

Tour: Unter Blütensternen.

6 Damen setzen im Nebenzimmer die phantastisch-schönen **Elfen-Diademe** mit farbigen **Blütenballsternen** und langen **Schleifen** aufs Haupt und kommen stolz in langem Zuge in den Saal herein; ihnen folgen 6 Herren mit den **Sternstäben** mit langen **Schweifen** in gleich schöner Ausstattung. Ist die Reihe einige Male im Saale herumgezogen, so schließen sich die Herren den Damen an und zwar sind hierbei die Farben maßgebend, und treten dann zum Tanze an.

Tour für 6 Paare Mk. 3.—.

Nr. 01182. Tour: Boas mit Köpfen.

6 Boas für Damen und **6 Boas** (als effektvolle **Schärpen** zu tragen) für Herren. An den farbigen Seidenpapier-Boas befinden sich **Tierköpfe** aus Buntdruck und an den anderen Enden **Tierschweife;** durch Einklemmen der letzteren in die Köpfe geschieht die Befestigung der Boas. **Tour für 6 Paare ☛ nur Mk. 1.—.**

Nr. 01221. Tour: Taubenheim.

Für 6 Herren verschiedenfarbige **Mützen als Taubenschlag** gedacht, um welchen eine Anzahl Täubchen herumflattern. 6 Damen erhalten kleine Rahmen mit **fliegenden Tauben,** die Rahmen in den Farben der Mützen. Gleiche Farben tanzen zusammen.

Tour für 6 Paare Mk. 1.80.

Nr. 713.

Tour: Das Amoretten-Veilchen.

Zwei ca. 20 cm große Papier-Veilchen mit je 6 numerierten Blättern, die mit Knallpetarden angeheftet sind, gehören zu dieser Tour. 6 Paare zupfen unter **Knalleffekt** die Blätter ab, gleiche Nummern tanzen zusammen.

Tour für 6 Paare Mk —.60.

Nr. 01111.

Tour: Die Salonleuchten.

6 Herren sitzen im Halbkreis inmitten des Ballsaales; sie haben sich als **Lampen** verkleidet und ihre Köpfe dicht mit den farbigen **Lampenschleiern** verhüllt. Sie brennen wohl die Lampen vor Tanzeslust, aber sie leuchten vorläufig nicht, erst wenn die 6 Damen herantreten mit ihren **Täschchen,** mit den gleichfarbigen Seidenpapierproben, und die Schleier zurückschlagen, dann erstrahlen die Lampengesichter in freudigem Scheine und im darauf folgenden Rundtanze lassen sie ihr Licht glänzend leuchten.

Tour für 6 Paare Mk. 1.65.

Nr. 01158.

Tour: Per Postkutsche.

Zu dieser Tour liefere ich eine ca. 150 × 300 cm lange Wand aus fest. Seidenpapier, auf welcher in bunten Farben eine **Postkutsche** gemalt ist. 6 Herren steigen im Vorzimmer in diese hinein resp. stellen sich hinter die Wand auf, die von 2 Herren straff gehalten wird; dann kommt die Postkutsche in den Saal gerollt und fährt an der Wand entlang. 6 Damen, die Ansecknummern erhalten haben, folgen der Postkutsche, lassen dieselbe halten und fordern die Insassen auf, auszusteigen; der Herr Nr. 1 kommt unter der Kutsche hervorgekrochen, Nr. 2 auch, Nr. 3 rechts herum, Nr. 4 links herum usw., dann treten die Paare zum Tanze an. **Tour für 6 Paare Mk. 2.50.**

Nr. 01127. Robinson-Tour.

6 Damen und 6 Herren erhalten **Spitzhüte,** wie Robinson sie getragen, mit buntfarbigen Seidenpapierfransen dachförmig übereinander geschichtet. **Ein großartig phantastischer Schmuck!** Die Damenhüte sind ca. 27 cm, die Herrenhüte ca. 31 cm hoch. Gleiche Nummern bestimmen die Paare, die zusammen tanzen.

Tour für 6 Paare Mk. 2.10.

Bei Bestellung von Ausverkaufs-Sachen bitte ich, namentlich wenn die Saison weiter vorgerückt ist, stets Ersatz-Nummern von regulären Sachen aufzugeben; andernfalls nehme ich an, daß mir die Ersatz-Wahl überlassen bleibt, wenn das Gewünschte ausverkauft ist.

Folgende **Touren** werden zu den niedrigsten Preisen **ausverkauft.**

Nr. 01218.

Tour: Ueberspannte Herzen.

6 Herren erhalten **weiße Hüte** mit **2 flammenden roten Herzen,** die mit einem **Schirmchen** überspannt sind, das sich öffnen und schließen läßt. Hochoriginell!! 6 Damen erhalten **Orden** auch mit beschirmten Herzen. Durch gleiche Farben der Schirme finden sich die Paare zum Tanz. **Tour für 6 Paare Mk. 1.80.**

Nr. 01216.

Tour: Talers Abschied.

Die Musik spielt: „Muß i denn, muß i denn zum Städtle hinaus“ oder irgend ein anderes Abschiedslied und 6 Herren kommen als **alte Taler** verkleidet in den Ballsaal herein; dann stellen sie sich in einer Reihe auf und machen ein tiefes Abschiedskompliment. 6 Damen, die korrespondierende Prägungen erhalten haben, treten heran, reichen gerührt den alten lieben Talern die Hand und fordern sie auf, noch einen Abschiedswalzer zu riskieren; ist dieser zu Ende, bringen die Damen die Taler bis zur Tür und nehmen dort rührenden Abschied. **Tour für 6 Paare Mk. 1.80.**

Nr. 01293.

Tour: Die Lebensalter.

6 Herren werfen im Nebenraum die **Papier-Kostüme** über und kommen dann nacheinander in den Ballsaal herein; zuerst der Mann mit dem **Wickelkind,** dasselbe scheinbar tragend, dann der **A-B-C-Schütze,** der **Tertianer,** der **Jüngling,** der **Mann** und der **Greis.** 6 Damen treten heran und engagieren die Herren nach Belieben und alles muß dann tanzen, ob Wickelkind oder Greis. Wenn sich die Herren etwas in ihre Rollen hineindenken, so wird diese Tour viel Vergnügen bereiten. **Tour für 6 Paare Mk. 2.—.**

Nr. 01202.

Tour: Sonntagsjäger.

In dieser Tour erhalten 6 Herren originelle **Hasenkopfbedeckungen** mit **Nimrodmützen** und die Damen ähnliche **Anstecker;** gleiche Farben der Hutfedern und Schleifen bestimmen die Paare, die zusammen tanzen. **Tour für 6 Paare Mk. 2.—.**

Nr. 01223.

Ringelmützen-Tour.

Die 6 weißen **Mützen** sind mit zweifarbigen effektvollen Ringen aus Seidenpapier besetzt und bilden einen feinen Kopfschmuck. 6 Damen erhalten **Ringe** in denselben Farben mit Schleifen. Gleiche Farben bilden die Paare, die zusammen tanzen. **Tour für 6 Paare Mk. 1.60.**

Nr. 01208.

Tour: Wer wagt es?

Der Tanzvorstand legt auf den Meeresboden des Ballsaales **6 Muscheln,** die je eine **Perle** einschließen; dann öffnen sich die Türen und **6 Taucher** mit getreu nachgebildeten Kappen treten herein und stürzen sich auf den Meeresgrund, wo sie nach der Muschel suchen, welche die gleiche Farbe wie das Bändchen an der Taucherkappe trägt. 6 Damen empfingen inzwischen kleine verschiedenfarbige Anstecker, wonach die Taucher ihre Muscheln überreichen, um dann mit dem hierdurch erlangten Schatz davon zu tanzen. **Tour für 6 Paare Mk. 2.50.**

Nr. 01304.

Tour: Fliegende Herzen.

6 Herren erhalten künstliche **Dielytrastengel** auch „Fliegende Herzen“ genannt, und bilden 3 Bogen, dann kommen 6 Damen in den Ballsaal herein, geschmückt mit den reizenden **Herz-Diademen** aus mattgrünem, in Doppelrüschen gefaßtem Kreppapier mit **Herzen** und **Herzgehängen.** Die Damen gehen unter den Triumphbogen durch und die Herren passen auf, welches Diadem das Abzeichen ihres Dielytrastengels trägt; dann engagieren sie die betreffenden Damen und tanzen zusammen. **Tour für 6 Paare Mk. 2.50.**

Polonaise: „Unter dem Halbmond“.

Wenn die Paare diverse Rundgänge ausgeführt haben, kommandiert der Arrangeur: **„Rührt Euch“,** und wenn sämtliche Hände losgelassen sind: **„Stillgestanden rechts um“,** so daß die Herren hinter die Damenreihe zu stehen kommen. Dann werden schnell die **Halbmonde** an Stäben an die Herren verteilt und von letzteren über die Köpfe der Damen gehalten. Der Tanzordner kommandiert nun weiter: **„Vorwärts marsch“** und die Reihen setzen sich in Bewegung in den verschiedenartigsten Schwenkungen, die mit dem Halbmondschmuck **phantastisch reizvoll** erscheinen.

	25	50 Halbmonde
	Mk. 1.60	3.—.

Bei Bestellung von Ausverkaufs-Sachen bitte ich, namentlich wenn die Saison weiter vorgerückt ist, stets Ersatz-Nummern von regulären Sachen aufzugeben; andernfalls nehme ich an, daß mir die Ersatz-Wahl überlassen beibt, wenn das Gewünschte ausverkauft ist.

Neueste Polonaisen.

Es wird jedes Quantum abgegeben.

Neu! **Polonaise „Hoch zu Roß".**

Der Arrangeur führt den Polonaisenzug durch ein Nebenzimmer und läßt hier an die Herren **Steckenpferde** (Plastische Tiere mit Lederzeug) schnell verteilen und den Zug „Hoch zu Roß" im Saale wieder erscheinen; die Pferde werden vorerst in ganz ruhiger Gangart gehalten, doch bald werden sie aufgeregt, verschiedene springen aus der Reihe heraus und schlagen aus, so daß die Damen Mühe und Not haben, die Reiter festzuhalten Da, im allgemeinen Tumult überreicht plötzlich ein Diener dem Arrangeur eine **Peitsche,** die derselbe sofort laut knallen läßt; kaum haben das die Pferde gehört, so kommen sie schnell wieder zur Ruhe und die Polonaise nimmt in geordneter Reihe ihren Fortgang.

Dieses Intermezzo wird, wenn einigermaßen geschickt ausgeführt, allen Anwesenden großen Spaß machen.

Für	25	50	100 Paare
also	25	50	100 Steckenpferde
Mk.	12.—	23.—	45.—

1 Peitsche = Mk. —.20.

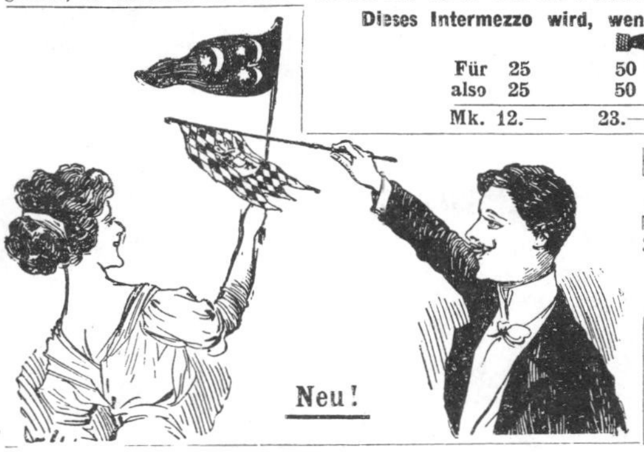

Neu!

Polonaise „Im Flaggenschmuck".

Die Paare erhalten in Farbendruck fein ausgeführte **Papierfahnen,** ca. 33 bis 38 cm groß, an ca. 58 cm langen Stäben, mit welchen sie zur Polonaise antreten.

Für	25	50	100 Paare
Mk.	2.35	4.50	8.75

Neu! **Farbeneffekt-Polonaise.**

Die hierzu gehörigen Rohrreifen sind mit **Riesenseidenpapierblüten** in matten, **prachtvoll harmonierenden** abschattierten Farben besetzt, wodurch ein **brillanter Effekt** erzielt wird.

25	50	100 Stück Effekt-Reife
Mk. 11.50	22.—	43.—

Polonaise „Beflaggte Köpfe".

Die Herren erhalten hier einen ganz **hochoriginellen Kopfschmuck,** bestehend aus je 2 kleinen bunten internationalen **Seidenfähnchen,** die auf einem Korkstück befestigt sind, an welchem eine Gummischnur angebracht ist; durch diese wird ermöglicht, die Fähnchen in jeder Lage auf dem Kopfe festzusetzen senkrecht, schief, wagerecht; die Damen empfangen je 2 dieser Fähnchen an langen Nadeln und stecken sie im Haar fest.

Diese Polonaise muß unbedingt sehr **scherzhaft** wirken.

Wie Abbildung

für	25	50	100 Paare
Mk.	10.—	19.50	38.—

Neu!

Neue Schmuck-Polonaisen.

Es wird jedes Quantum abgegeben.

Effektvolle Riesenblumenstengel etc. mit Schleifen.

Die Stengel sind ca. 120 cm lang und aus dünnem, **haltbarem Bambusrohr** und die Blumen aus Seiden-Kreppapier etc. hergestellt.

Nr. 6.	Nr. 7.	Nr. 8.	Nr. 9.	Nr. 10.	Nr. 11.	Nr. 12.
Nelke	**Iris**	**Weiße Lilie**	**Schmetterling**	**Roter Mohn**	**Gelbe Tulpe**	**Rosa Rose**
10 Stück Mk. 3.25	10 Stück Mk. 3.30	10 Stück Mk. 2.80	10 Stück Mk. 3.80	10 Stück Mk. 3.60	10 St. Mk. 2.70	10 St. Mk. 3.50
25 „ „ 7.85	25 „ „ 8.—	25 „ „ 6.75	25 „ „ 9.25	25 „ „ 8.75	25 „ „ 6.50	25 „ „ 8.50
50 „ „ 15.20	50 „ „ 15.50	50 „ „ 13.—	50 „ „ 18.—	50 „ „ 17.—	50 „ „ 12.50	50 „ „ 16.50

Von **großem Effekt** ist die **Polonaise**

Blumen und Schmetterlinge.

In dieser erhalten die Damen die oben abgebildeten **6 Blütenstengel sortiert** und die Herren bekommen die **Schmetterlingstäbe** Nr. 9.

10	25	50 Stück	**Blütenstengel sortiert**
Mk. 3.20	7.90	15.—	
10	25	50 Stück	**Schmetterlingstäbe sortiert** in verschied. Farben.
Mk. 3.80	9.25	18.—	

Schmuck-Polonaisen.

Es wird jedes Quantum abgegeben.

Nr. 1
ca. 130cm
lang.

Nr. 2
ca. 115 cm
lang.

Nr. 3
ca. 110 cm
lang.

Nr. 4
ca. 120 cm
lang.

Nr. 5
ca. 125 cm
lang.

Schmuck-Polonaisenstäbe Nr. 1.
Bambusstab mit farbiger Kreppapierschleife mit Japanlaterne im Drahtherz hängend; letzteres ist mit Chrysanthemumblüten reich verziert.

10	25	50 Stück
Mk. 5.20	**12.75**	**25.—**

Lichte bitte Seite 178.

Schmuck-Polonaisenstäbe Nr. 2.
Bambusstab mit fächerartiger farbiger Kreppapierschleife.

10	25	50 Stück
Mk. 2.80	**6.75**	**13.—**

Schmuck-Polonaisenstäbe Nr. 3.
Bambusstab mit Sonnenblumen und reicher Kreppapierschleife.

10	25	50 Stück
Mk. 3.20	**7.75**	**15.—**

Schmuck-Polonaisenstäbe Nr. 4.
Bambusstab mit 2 Riesenblüten mit Blättern aus Kreppapier.

10	25	50 Stück
Mk. 2.50	**6.—**	**11.50**

Schmuck-Polonaisenstäbe Nr. 5.
Eine Riesenblüte (ca. 27 cm Durchmesser) mit Bambusstiel und mit Blätterzweigen mit farbiger Kreppapierschleife.

10	25	50 Stück
Mk. 3.70	**9.—**	**17.50**

Neu! **Figuren-Polonaisenstäbe mit bunten Seidenpapierquasten,**

ca. 65 bis 90 cm lang.

Aus Karton mit krausgemachtem Seidenpapier umwickelt.

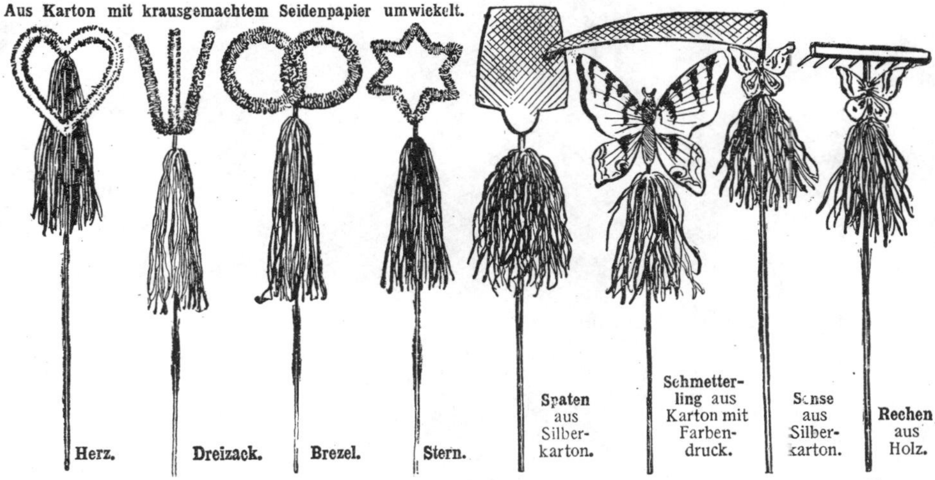

B C D E G H J K

Die Polonaisenstäbe B bis J haben einen Preis und zwar

	25	50	100 Stück
Mk.	**2.60**	**5.—**	**9.75**
K kostet Mk.	**3.—**	**5.75**	**11.25**

Germania-Polonaise

Neu!

mit **Wappen, Rosetten** und **Quasten** in schwarz-weiß-rot. Wappenlänge ca. 20 cm.

25	50	100 Germaniastäbe
Mk. 2.60	**5.—**	**9.75**

Stipa-Polonaise.

Neu!

Der **Stipa-Polonaisenstab** besteht aus farbigem **Natur-Federgras** mit Kreppapiermanschette an einem Bambusstab; das graziöse, an Zartheit unübertroffene Federgras, das jeder Lufthauch anmutig hin und herbewegt, gibt der Polonaise einen reizenden Charakter.

	25	50
Mk.	**5.50**	**10.50**

100 Stipastäbe
Mk. 20.—

Ich war mit Ihrer Sendung sehr zufrieden, und hat die Polonaise bei allen Teilnehmern vorzüglich Anklang gefunden.
Limbach, 10.4.11.
Willy —r

Polonaise „Im Lenz“.

Die wirklich hübsch ausgeführten und bei der Polonaise reizend wirkenden Zweige haben bei allen Festteilnehmern ungeteilten Beifall gefunden.
H. C.-Verein, Bremen.

Nach einigen Rundgängen führt der Tanzleiter **die Damen** in einen Nebenraum und läßt sie hier kurze Zeit verweilen; inzwischen hat ein zweiter Arrangeur die Polonaisenherren in langer Reihe dem Nebenzimmerausgang vis-à-vis Aufstellung nehmen lassen und schnell die künstlichen **Apfelbaumzweige,** die mit rosa Blüten und grünen Blättchen besetzt sind, verteilt. Die Herren halten die Zweige hoch, so daß sie gleichsam ein **Blütendach** bilden und nun werden die Türen geöffnet und der erste Arrangeur führt die Damen in den **duftigen Frühling** hinein und durch den lebenden **Blütenhain** hindurch.

Die Überraschung und der Effekt wird ein ganz großartiger sein.

	25	50	100 Frühlingszweige
Mk.	**7.50**	**14.50**	**28.—.**

Polonaise „Lustig Blut".

Die Paare erhalten mit Kreppapierbändern reich geschmückte **Polonaisenstäbe** mit doppelseitigen **Buntdruckbildern** auf starkem Karton: Kater, Hering usw. darstellend, wie oben abgebildet. Die Musik spielt das Lied: „Bin ein fahrender Gesell" mit dem Refrain: „Lustig Blut und leichter Sinn" oder ein ähnliches bekanntes, und die Paare und das Publikum singen, während die Polonaise abgeschritten wird.

Für 25 Paare Mk. 5.25, für 50 Paare Mk. 10.—, für 100 Paare Mk. 19.—.

Tropen-Polonaise.

Präparierte **Natur - Palmenwedel** und **Cyperusstengel** aus konservierten Phönixfiedern werden den aufgestellten Paaren überreicht und dann nimmt die Polonaise ihren Anfang. Die graziösen, fiederreichen Wedel gestalten nicht nur die Polonaise imposant, auch daheim bilden sie einen schönen **Wand- und Bilderschmuck.**

Für 25 Paare Mk. 12.75, für 50 Paare Mk. 24.50, für 100 Paare Mk. 48.—.

Polonaise „Leuchtende Blumen".

Der Vorstand bittet die Herren zur Polonaise zu engagieren und führt dann die Paare durch ein Nebenzimmer; hier empfangen dieselben die **„leuchtenden Blumen"**, die Herren farbige **Tulpen** (ca. 18 cm Blütengröße) mit langen Stielen und die Damen verschiedene Blumen auf dunklem Grunde; so erscheinen dann die Paare im Saale wieder, wo die „leuchtenden Blumen" einen großen Effekt hervorrufen.

Lichte Seite 178.

		25	50	100 Stück	
Tulpen	Mk.	2.60	5.—	9.50	ohne
Blumen	„	1.30	2.50	4.75	Lichte.

Ihre Sendung ist in tadellosem Zustande in meinen Besitz gelangt und haben besonders die Tulpen und Blumen zur Polonaise einen großartigen Erfolg gehabt, sowie auch die übrigen Touren. G. —r., Basel (*Schweiz*).

Sport-Polonaise.

Die Paare erhalten **Sportmützen** aus **weissem** Kreppseidenpapier mit **schwarzen** Streifen und **rotem** Stern.

Für	25	50	100 Paare
Mk.	14.—	27.—	53.—

Polonaise „Die Glücklichen".

Die Herren erhalten **rote Käppis** mit imitiertem Pelzrand mit **Glückssymbolen** und die Damen die letzteren allein mit Haarnadeln; nachdem sich die Paare geschmückt haben, nimmt die Polonaise ihren Anfang

Für	25	50	100 Paare
Mk.	8.25	16.—	31.—

Polonaise: „Buntes Tuch“.

Der Tanzleiter führt die Herren während der Polonaise allein durch ein Nebenzimmer und verteilt an dieselben, während die Damen im Ballsaal allein weiterschreiten und Rundgänge ausführen, **hochoriginelle,** in reichen Farben ausgeführte, **Soldatenmützen** — wie oben abgebildet — die die Herren schnell aufsetzen, um sich dann den sehr überraschten Damen wieder anzuschließen.

	25	50	100 Mützen
Mk.	2.60	5.—	9.50

Circus-Polonaise.

Wenn die Paare angetreten sind, werden an dieselben grellbunte

Jockeymützen

verteilt mit entsprechenden Bildern darauf; die Mützen sind gewellt und infolgedessen sehr haltbar.

Für 25 Paare Mk. 4.75
„ 50 „ „ 9.25
„ 100 „ „ 17.50

Husaren-Polonaise.

Herren und Damen erhalten ganz leichte aus Papier in Buntdruck ausgeführte

Husaren-Tschakos

mit Netzdeckel, ganz flach zusammenlegbar.

Für 25 Paare Mk. 2.25
„ 50 „ „ 4.25
„ 100 „ „ 8.—

Elfen-Polonaise.

Die Reifen waren sehr schön und hat der Reigen sehr gefallen.
F., Tanzlehrer, Halle a. S.

Es ist die Pflicht der Herren Tanzordner, die einförmige Polonaise stets durch neue, geschmackvolle Arrangements zu **beleben.** Die **Elfen-Polonaise** wird, einigermaßen geschickt geleitet, stets von **größtem** Effekt begleitet sein. Die Paare erhalten 1 m 70 cm lange biegsame Reife aus Rohr **mit feinem krausgemachten leichten Seidenpapier in schönen Farben zart umwunden.** Da die Reife sehr elastisch sind, lassen sich dieselben zu **Girlanden, Bogen, Kränzen etc.** formen und so zu den verschiedensten Kombinationen verwenden. **Elfen-Reife 10 Stück Mk. 5.—, 100 Stück Mk. 48.—.**

Faltenblüten-Polonaise.

Die Damen erhalten die kleinen **Ansteckblüten,** die Herren die großen **Blütenstengel.** Die Blüten lassen sich ganz flach zusammenlegen. — Am Schlusse der Polonaise werden die Blüten ausgetauscht.

Für 25	50	100 Paare
Mk. 4.25	8.—	15.50

Japan-Mützen-Polonaise.

Ich liefere hierzu **internationale Phantasie - Kopfbedeckungen,** japanisches Fabrikat aus Krepp- und aus Seidenpapier in nettem Buntdruck in 12 verschiedenen Dessins. Wenn sich die Paare gegenseitig geschmückt haben, nimmt die Polonaise ihren Anfang.

Für 25	50	100 Paare
Mk. 2.25	4.—	7.50.

Polonaise „Unter Rosen".

Fein!

Die Paare erhalten biegsame **Rohrreifen,** die mit imitierten **Kletterrosenranken** (à la Crimson Rambler-Rose) umwunden sind; die Rundgänge erhalten durch diese Rosenstäbe einen eigenartig märchenhaften Reiz.

	25	50	100 Stück
Mk.	13.—	25.—	48.—

Rokoko-Polonaise.

Die Paare erhalten sogenannte Waben- oder Netzmützen, wie abgebildet, in Farbendruck, die ganz flach zusammengelegt werden können und deshalb sehr haltbar und praktisch sind. So geschmückt treten die Paare zur Polonaise an.

Für 25	50	100 Paare
Mk. 4.50	8.75	16.75

Schotten-Polonaise.

Damen und Herren erhalten **Schottenmützen** und treten fidel zur Polonaise an

Für 25	50 Paare
Mk. 3.40	6.25

Für 100 Paare
Mk. 11.50.

Bettelstudent-Polonaise.

Die Paare erhalten nette **Polen- und Polinnen-Käppis,** die sie aufsetzen; dann wird zur Polonaise angetreten.

Für 25	50	100 Paare
Mk. 4.50	8.50	16.—

Ihre Sachen haben allseitig sehr gefallen.
Major —r, Offenbach a. Main.

Biedermeier-Polonaise.

Nach verschiedenen Rundgängen führt der Tanzleiter die Paare durch ein Nebenzimmer vom Ballsaal und läßt hier den Damen **reizende Kopfreifen mit Blumenstöckchen** und den Herren **Stäbe mit grünen Kränzen und farbigen Schleifen** überreichen. So geschmückt erscheinen die Paare wieder im Saale und die Polonaise nimmt ihren Fortgang.

Für			
Für 25	Paare	Mk.	15.50
„ 50	„	„	30.—
„ 100	„	„	58.—

Für die bisherige tadellose Bedienung spreche Ihnen meinen Dank aus, speziell die Biedermeier - Polonaise ist wirklich reizend und hat viel Anklang gefunden.
—b, Postsekretär, Weida.

Die gesandte Biedermeier-Polonaise ist zur größten Zufriedenheit ausgefallen.
K—h. Neudorf a Saar

Die Galamasken sind wirklich überraschend schön, wie überhaupt alle Ihre Sachen.
Baronin von W —g, Rom.

Polonaise „Galamasken“!

Nur Prima Qualität.

Ihre Galamasken haben großartig gefallen.
Bierbrauerei A. —n i. M.

Bequem, nicht hinderlich beim Sprechen und Singen, für Vorträge vorzüglich geeignet.

Die Masken sind von einem Künstler I. Ranges entworfen und gemalt und in **prachtvollem Buntdruck** ganz tadellos aus starkem Karton hergestellt; sie werden vor die Stirn am Hinterkopf festgebunden und wirken so ganz **hocheffektvoll**; die Gesichter werden **nicht** wie durch andere Masken verunstaltet, sondern nur **merkwürdig verändert** und **unerkennbar** gemacht.

Folgende Masken werden geliefert, für Damen: **Tirolerin, Schwarzwälderin, Heilsarmee, Grußmutter, Dame mit Federhut, Holländerin, Automobilistin, Indianerin, Pierrette, Irländerin, Spanierin, Reitdame, Kammerzofe, Rokokodame, Teufelin, Türkin, Geisha, Colombine**; für Herren: **Tiroler, Indianer, Automobilist, Droschkenkutscher, Pierrot, Dienstmann, amerik. Schutzmann, Richter, Hochländer, Seemann, Strolch, Jockey, Koch, Rokokoherr, Teufel, Türke, Mandarin, Narr.**

Die Masken werden im Nebenzimmer vom Ballsaal vorgebunden und der Polonaisenzug kommt dann langsam in den Saal herein.

☞ der Effekt und der Beifall seitens des Publikums ist riesig. ☜

Wenn auch ein und dieselben Masken in dieser Polonaise wiederkehren, so wirkt das nicht langweilig, sondern im Gegenteil sehr interessant, denn da die Masken nur den oberen Teil des Gesichts verdecken, so erscheinen immer wieder ganz anders geformte Köpfe und auch mit Bart, ohne Bart etc.

Für 25 Paare Mk. 10.—, für 50 Paare Mk. 19.50, für 100 Paare Mk. 38.—

Viertel-Masken-Polonaise.

(Abbildung und Beschreibung bitte Seite 24 zu ersehen.)

Für	25	50	100 Paare
Mk.	5.25	10.—	19.—

Dreiviertel-Masken-Polonaise.

(Abbildung und Beschreibung bitte Seite 24 zu ersehen).

Für	25	50	100 Paare
Mk.	9.20	18.—	35.—

Federbusch-Baretts-Polonaise.

Die Paare schmücken sich gegenseitig mit den reizenden buntfarbigen **Baretts** und treten zur Polonaise an.

Für	25	50	100 Paare
Mk.	7.10	13.75	26.50

Meine Galamasken bitte nicht zu verwechseln mit dem ganz minimalem, hässlichem Fabrikat, das nach diesen Originalen entstanden ist.

Studenten-Polonaise.

Herren und Damen erhalten in dieser Polonaise reizende **Studenten-Käppis**, die immer gern getragen werden.

Für	25	50	100 Paare
Mk.	4.70	9.—	17.—

Couleurbänder

aus gepreßtem Papier mit Sicherheitsnadeln an den Enden. **100 Stück Mk. 5.50.**

Pierrot-Polonaise.

Die hierzu gehörenden Pierrotmützen für Herren und Damen (für letztere mit Gummischnur) verleihen der Polonaise ein **heiteres, fideles Gepräge.**

Die Mützen sind aus weißem Papier hergestellt, mit weißem Rand und farbigen Punkten aus Glacépapier.

Für	25	50	100 Paare
Mk.	3.10	6.—	11.50

Marine-Polonaise.

Aus Seidenpapier leicht und nett angefertigte **Matrosenmützen,** wie nebenstehend abgebildet, liefere ich hierzu.

Für	25	50	100 Paare
Mk.	7.25	14.—	27.—

Fackel-Polonaisen.

Die Cotillonsachen sind gut u. pünktlich eingegangen und hat besonders die Fackelpolonaise allgemein gefallen.
G. —r, Tsingtau.

Die Paare treten zur Polonaise an und werden vom Tanzvorstand durch ein Nebenzimmer geführt; hier überreichen verschiedene Personen den Paaren die feinen buntgemalten **Pergament-Papierfackeln mit schon brennenden Lichtern,** das Licht im Saal wird ausgelöscht und die Paare kommen mit den Fackeln wieder herein. **Ein großartiger, effektvoller Anblick!**

Fackel-Polonaise I. Für 25 50 100 Paare

	= 50	100	200 Fackeln
ohne Kerzen Mk.	4.75	9.—	17.—

Fackel-Polonaise II. Wie oben, nur sind die Fackeln einfacher und nicht aus Pergamentpapier.

Für	**25**	**50**	**100 Paare**
	= 50	**100**	**200 Fackeln**
ohne Kerzen **Mk.**	**2.20**	**4.20**	**8.—**

Kerzen, 1 Karton (30 oder 40 Stück, je nach Stärke) **Mk. —.40.**

Die Fackelpolonaise ist zu meiner größten Zufriedenheit ausgefallen. *P.—., Meyen.*

Der Cotillon war tadellos. Die Fackelpolonaise gefiel allgemein. Sehr hübsch war ferner die Quadrille mit Biedermeier-Cylindern und Fahnen. *H. —n., Bern.*

Schärpen-Polonaise.

Die reizenden Schärpen sind aus dem **beliebten Kreppapier** hergestellt, das in allen möglichen Farbenzusammenstellungen fabriziert wird. Betreten die Paare mit diesem Schmuck den Saal, so wird gleichzeitig eine feierliche Feststimmung einziehen. Da die Schärpen in 50 verschiedenen Farben und Farbenzusammenstellungen geliefert werden, so kann der Arrangeur eine interessante Abwechslung durch in die Polonaise bringen, daß er nach diversen Rundgängen die Reihe auflösen und gleiche Farben sich suchen läßt.

Für	**25**	**50**	**100 Paare**
Mk.	**3.40**	**6.50**	**12.50**

Polonaise „Klingende Blütenglocken".

Die Damen erhalten künstliche **Riesen-Schneeglöckchenstengel,** in denen **klingende Metallglöckchen** verborgen sind, und kommen in langer Reihe unter Kling und Klang der Blütenglocken in den Ballsaal herein; nach einmaligem Rundgange treten die Herren heran und engagieren, wofür sie je ein niedliches künstliches **Schneeglöckchen** von den Damen angesteckt erhalten. Dann nimmt die Polonaise ihren Anfang.

	25	**50**	**100**	**Stück Riesenschneeglöckchenstengel**
Mk.	**8.50**	**16.—**	**30.50**	
	25	**50**	**100**	**Stück kleine Schneeglöckchenstengel**
Mk.	**1.—**	**2.—**	**4.—**	

Die Polonaise: „Klingende Blütenglocken" hat außerordentlich gefallen. *Verein Neubrandenburg.*

Für die im Januar erhaltenen Blütenglocken, Palmenzweige etc. spreche ich Ihnen meine Anerkennung aus *W. —e, Brandenburg.*

Neu! Höchst originell!

Drehspiralen-Polonaise.

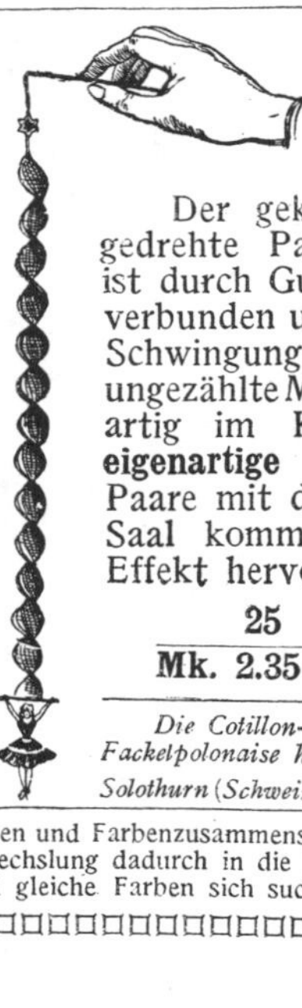

Der gekreppte und spiralenartig gedrehte Papierstreifen mit Turnerin ist durch Gummi mit einem Stäbchen verbunden und dreht sich, durch einige Schwingungen in Bewegung gesetzt, ungezählte Male ganz schnell schraubenartig im Kreise herum; **eine ganz eigenartige Erscheinung.** Wenn die Paare mit diesen Drehspiralen in den Saal kommen, so wird das großen Effekt hervorrufen.

	25	**50**	**100 Stück**
Mk.	**2.35**	**4.50**	**8.75**

Die Cotillon-Touren und nicht zum mindesten die Fackelpolonaise hat sehr gefallen.
Solothurn (Schweiz), 10. 2. 11. *Osw. —f, Tanzlehrer.*

Postkarten-Polonaise.

Ein Herr verteilt an sämtliche Damen

entzückende Postkarten

mit **Rosenduft, Veilchenduft, Kleeduft, Tannenduft** usw. und bittet die Damen, mit Bleistift (es werden bei 100 Karten 10 Bleistifte mitgeliefert) ihren Namen auf die Karten zu schreiben; inzwischen ist ein **Briefkasten** aufgehängt und in diesen werden die beschriebenen Karten von den Damen gesteckt; ist die komplette Post eingeliefert, nimmt ein Herr den Briefkasten in die Hand und läßt die Herren je eine Postkarte ziehen; die Dame, deren Name auf der Karte steht, wird von dem betreffenden Herrn unter Überreichung der Karte engagiert und die Paare treten zur Polonaise an.

1 Briefkasten Mk. 2.—,
50 Postkarten und 5 Bleistifte Mk. 2.50,
100 „ „ 10 „ „ 5.—.

Die gelieferten Touren, sowie besonders die Kling-Klang-Polonaise fanden großen Beifall. —k., *Frhl. W. Verwalter, G.-Udt.*

Die Glockenreifen haben allgemeinen Beifall gefunden. *R. —t, Elbing.*

Kling-Klang-Polonaise

Lustig!

An die Paare werden mit farbigen Kreppapierstreifen und Schleifen umwundene Rohrstäbe verteilt, an welchen je ein niedliches **Nickelglöckchen** hängt, wie oben abgebildet. Das lustige Glockengetöne, das jede Bewegung und jede Wendung der biegsamen Reifen begleitet, gibt der Polonaise einen ganz besonderen Reiz

25 Glockenreifen Mk. 9.50
50 „ „ 18.—
100 „ „ 35.—

Polonaise: Unter Palmen.

Die Herren erhalten **Fächerpalmenblätter,** die, im Urwalde geschnitten, durch ein besonderes Verfahren ihre ursprüngliche **frische grüne** Farbe wieder erhalten haben und **unvergänglich** gemacht sind. Der Tanzordner muß die tanzenden Paare bitten, die Wedel recht hoch zu heben; es entsteht dann ein **wunderschönes Bild**; die lange Reihe wandelnder Palmenblätter ist großartig anzusehen. Bei dem Durchzug müssen die Stehenbleibenden (s. Abbild.) die Palmenblätter baldachinartig über die Durchziehenden halten. Auch bei der Chaineanglaise entfaltet sich ein imposanter Anblick.

Die Fächerpalmenblätter werden ein sehr schönes Andenken an den Ballabend bilden; sie sind ein unvergängliches **Dekorationsstück** als Hintergrund für Bilder, an Portièren, Spiegel, in Vasen etc.

25	50	100 Fächerpalmenblätter
Mk. 10.—	**19.—**	**36.—**

Polonaise: Der Liebesbaum.

Der Liebesbaum ist ca 160 cm groß und trägt je nachdem **50** oder **100 rote und gelbe Herzen,** die mit Nummern bezeichnet sind. Es treten nun erst die Damen heran und pflücken die roten Herzen ab und dann die Herren die gelben; einige der Herzen lösen sich **mit Knall** vom Baume ab, wodurch **großartige Effekte** erreicht werden.

Durch die Nummern finden sich die Paare, die zur Polonaise antreten.

1 Liebesbaum für 25 Paare Mk. 4.75.

1 Liebesbaum für 50 Paare Mk. 6.—.

Die Liebesbäume sind sehr schön und haben großen Anklang gefunden
F. —n., Wiesbaden.

Mit den Orden, dem Liebesbaum und den japanischen Mützen sind wir sehr zufrieden.
Chemnitz, 25. 12. 10. gez. Amtsgerichtsrat —t.

Wer wird mit mir Polonaise tanzen?

Ich liefere hierzu **2 Wappenschilder,** ca. 48 cm groß, mit Schuppen; letztere werden abgerissen und durch die auf denselben befindlichen Nummern werden die Paare bestimmt, die zusammen tanzen.

2	**Wappenschilder**	**für 50**	**Paare**	**Mk.**	**2.10.**
4	**„**	**„ 100**	**„**	**„**	**4.—.**

Fähnchen - Polonaise.

Damen und Herren erhalten, wenn sie zur Polonaise angetreten sind, niedliche **Fähnchen** aus gewöhnlichem chinesischen Seidenpapier, ca. 7 cm lang, verschiedener Nationalitäten. Die Damen stecken die Fähnchen ins Haar, die Herren ins Knopfloch und die Polonaise wird weiter getanzt.

Für	**25**	**50**	**100 Paare**
Mk.	**—.30**	**—.45**	**—.80.**

Für alle Zusendungen dieser Wochen, welche sämtlich nicht besser sein konnten, bestens dankend.
Frl. A. — r., Rosslau.

Polonaise: Imperative.

An die Paare werden, bevor sie zur Polonaise angetreten sind, **niedliche Buntdruckkarten** verteilt mit originellen **Imperativen** wie z. B. *Hau's Mädchen! (Hausmädchen.) — Angel' sächsische Mädchen! (Angelsächsische Mädchen.) — Geh leise auf der Bahn! (Geleise auf der Bahn.) — Druck' Fehler! (Druckfehler.) — Iss' Lamm! (Islam.) — Narr, Kose! (Narkose.) — Roll Möpse! (Rollmöpse)* usw. Die Damen erhalten die **Imperative,** die Herren die **Erklärungen**; es suchen sich dann die zusammengehörigen und treten zur Polonaise an. Zum Schluß werden die Karten rechtsherum weitergegeben (Imperative und Erklärungen zusammen), damit sämtliche Paare alle Imperative kennen lernen.

Sehr interessant, beliebt und billig!

Für	**25**	**50 Paare**
Mk.	**2.25**	**4.—.**

Zu Polonaisen-Anführern eignen sich sehr gut: die Figuren Seite 87, 93, 97, 100.

Jubel-Fest-Polonaise.

Die Herren erhalten je einen langen, gebleichten, graziös fallenden **Natur-Palmenwedel,** die Damen einen **Natur-Palmenblattfächer** mit Rosen. Die Herren tragen die Wedel in der linken, die Damen die Fächer in der rechten Hand. Alle, selbst die einfachsten Schwenkungen und Windungen, erhalten durch das wogende Rauschen der äußerst dekorativ wirkenden Palmenwedel einen überaus anmutigen Eindruck.

Vorstehende Abbildung zeigt den Durchzug der Damen durch die Reihen der salutierenden Herren, die mit den rauschenden und wogenden Palmenwedeln gleichsam einen lebendigen Palmenhain bilden.

		25	50	100 Stück
Weißgebleichte 1 Meter lange Natur-Palmenwedel	Mk.	7.50	14.50	28.—
		25	50	100 Stück
Natur-Palmblattfächer mit Rosenranke	Mk.	8.50	16.—	30.—

— Die Palmenwedel sowohl, wie die Fächer bilden ein Andenken an den Ball und einen Wandschmuck unseres Heims. —

Die Jubelpolonaise hat sehr gut gefallen.
O. —ch., Cöthen.

Polonaise: „Blumenkunde“.

Lehrreich

Hierzu gehören für Damen und Herren kleine **Holzfächer mit farbigen Blumenbildern mit den botanischen Namen,** wodurch die Paare bestimmt werden, die zusammen tanzen.

Für 25	50	100 Paare
Mk. 2.50	4.75	9.—

Spreche Ihnen für gelieferte Rekruten - Polonaise und für die prompte und tadellose Bedienung meine Anerkennung aus. Die Polonaise hat allgemein sehr gut gefallen.
R. n., Wiesbaden.

Die auf meine Empfehlung hin bei Ihnen bestellten Rekrutenmützen haben einen großartigen Erfolg erzielt.
H. L., Teplitz.

Rekruten-Polonaise.

Vornweg der Tanzordner mit **Marschallhut** und **Tambourstock,** dann die Rekruten mit den verschiedensten Militärmützen ergeben ein schneidiges Bild.

	für	25	50	100 Paare
Rekrutenmützen	Mk.	6.25	12.—	23.—.

1 Marschallhut Nr. 2689 Mk. —.25, 1 Tambourstock Nr. 4000 Mk. —.60.

Polonaise: „Die Fahnen wehen"

Wenn die Paare zur Polonaise angetreten sind, werden schnell deutsche und internationale Buntdruck-Fahnen verteilt, ca. 13×21 cm (nur die Fahne ohne Stab gemessen). Durch diese wehenden und hin und her geschwungenen Fahnen erhält die Polonaise einen bunten, fröhlichen Charakter

Für	25	50	100 Paare
Mk.	1.35	2.50	4.75

Orientalische Polonaise.

Bei einigermaßen geschickten Gruppierungen können die Herren Arrangeure mit dieser Polonaise den **größten Effekt** erzielen. Die Damen erhalten die **farben- und fiederreichen Pampaswedel an Bambusstäben** und die Herren **Strahlenfächer** an Bambusstäben.

Für 25	50	100 Paare
Mk. 8.25	15.50	29.—

Die Orientalische Polonaise hat großartig gefallen. *G. —e. Lehrer, Treuenbrietzen*

Ihre Sendung hat uns durchweg sehr gefallen besonders die Orientalische Polonaise, sowie die Vorträge hatten einen großartigen Erfolg.
M· —e, Celle

Im Namen des Brudervereins spreche ich Ihnen meine Zufriedenheit über die Ausführung meines Auftrages aus. Die Orientalische Polonaise wurde von allen Seiten sehr bewundert.
H. —t., Dt. Eylau.

Urkomisch!

Nasen-Polonaise.

Nachdem die Paare zur Polonaise angetreten sind und schon verschiedene Rundgänge ausgeführt haben, kommandiert der Ordner plötzlich: **„Halt! Herren linksum, Damen rechtsum"**, so daß sich die Paare den Rücken zudrehen, dann werden durch verschiedene Personen schnell an die Herren **Nasen** verteilt in den verschrobensten Formen (ich liefere ca. 36 verschiedene Nasen-Façons), welche die Herren mit leichtem Druck an ihre Nase befestigen; nun wird wieder „Damen linksum, Herren rechtsum" kommandiert und der Rundgang weiter fortgesetzt. **Die Damen sind starr über die gelungene Veränderung,** welche mit den Herren so plötzlich vorgegangen ist.

Nasen: 25	**Stück**	**Mk.**	**2.—,**
„ 50	„	„	3.75,
„ 100	„	„	7.—.

Wenn die Paare zurPolonaise angetreten sind, stellt sich plötzlich

der Haupthahn mit dem Tambourstab

an die Spitze des Zuges; nach einmaligem Rundgange verlängert sich der Stab um das Doppelte und dann um das Dreifache.

Ein großer Effekt.

Nr. **2734.**
1 Hahnmütze Mk. —.20.
Nr. **4005.**
1 Tambourstab mit Trompetenton Mk. —.60.

Die himmlische Polonaise.

Der Vorstand als **Mond** sucht sich seine **Sonne,** und führt die Polonaise an, dann folgt das lange Heer der **Sterne.** Die Sterne sind verschieden groß und verschieden geformt, auch Kometen sind darunter.

	Für	25	50	100 Paare
Sonnendiadem, Monddiadem und Sternendiademe	Mk.	8.—	15.25	29.—

Polonaise hat sehr gut gefallen. *Kempten, 19. 10. 10.* *J. —r.*

Harmlose Flieg-, Neck- und andere Scherze.

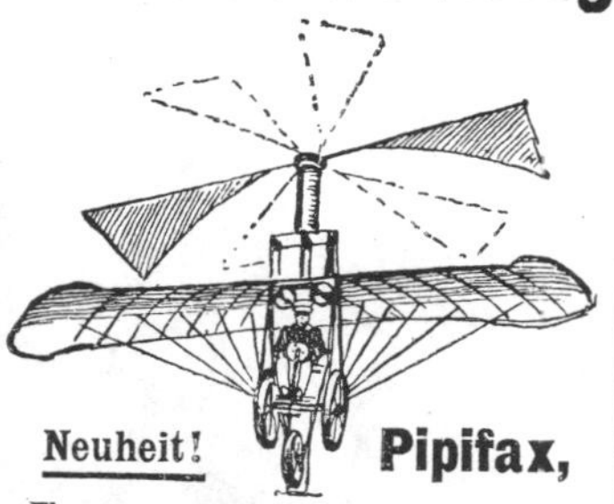

Neuheit! **Pipifax,**

der Flugapparat in der Westentasche. Der Propeller wird durch Gummispannung in Betrieb gesetzt laut beigegebener Anweisung, wodurch Pipifax großartig in die Luft steigt. Der Flieger ist ca. 17 cm groß. **Nr. 4052. Dtzd. Mk. 2.25.**

Zeppelin-Vögel.

Sinnreich gestaltete kleine Flugmaschinen aus Seidenpapier, deren Propeller durch Gummispannung in Bewegung gesetzt werden und die dadurch hoch in die Luft fliegen. Die Zeppelin-Vögel können immer wieder angespannt werden.

		1 Dtzd.	6 Dtzd.	12 Dtzd.
Nr. 4013.	ca. 25 cm lang	Mk. 3.—	17.50	34.—

Zeppelin-Kautschukballons.

An den Kautschukballons befinden sich 2 kleine Gondeln und an dem offenen Ende ein Holzmundstück. Durch dieses wird in den Ballon Luft hineimgeblasen (Anweisung liegt bei) bis sich ersterer auf ca. 40 cm gedehnt hat, dann läßt man den Ballon los und er steigt hoch in die Luft, um dann, wenn er leer ist, wieder unten zu landen. Die Ballons können immer wieder von neuem aufgeblasen werden.

	1 Dtzd.	6 Dtzd.	12 Dtzd.
Nr. 4012.	Mk. 1.90	11.—	21.—

Knalleffekt-Diabolos.

Diabolokreisel aus Silberkarton sind mit **Konfetti** gefüllt und an beiden Seiten mit Deckeln und Knallpetarden geschlossen. Die Deckel wiederum sind mit farbigen Bändern an zwei bunten Stäbchen befestigt und werden, wie obenstehendes Bild zeigt, durch einen Ruck geöffnet, wodurch der großartige **Streuscherz** mit **Knalleffekt** in Szene gesetzt wird.

Nr. 4014. **Dutzend Mk. 1.40.**

Nr 2505. Konfetti-Schlangen-regen.

Eine trichterförmig gerollte Luftschlange enthält in der Trichteröffnung Konfetti; durch einen kleinen Ruck an dem heraushängenden Bandende kommt die Luftschlange ins Abrollen und durch diese schnelldrehende Bewegung wird das Konfetti in weitem Umkreise hinausgeschleudert.

1 Dutzend **Mk. —.75,** 3 Dutzend **Mk. 2.20,**
6 „ „ **4.20,** 12 „ „ **8.20**

Jedem Dutzend ist ein Drahtgestell wie abgebildet beigegeben.

Die **Drahtgestelle** allein (für 3 Stück Konfetti-Schlangenregen) mit Spiralhülse — an jedem beliebigen Stock oder Schirm zu stecken, wie abgebildet — kosten extra: 6 Stück **Mk.—.65,** 1 Dutzend **Mk. 1.20.**

Neu! Die gefüllte Riesennelke

birgt einen, durch die Blütenblätter verdeckten Beutel, welcher **Vergißmeinnichtsternchen** aus Seidenpapier enthält, öffnet man denselben und bläßt hinein, so fliegen die blauen Sternchen heraus, und setzen sich hierhin und dorthin, bei dem leisesten Lufthauch wieder in die Höhe schwebend.

Nr. 4085. Gefüllte Riesennelken, Dutzend Mk. 1.35,
Gros „ 15.—.

Amorkugeln.

Ein auf diesem Gebiete **hervorragender Scherz** sind meine bunten **Amorkugeln, aus Watte hergestellt, also federleicht.**

Dieselben werden in allen möglichen Farben sortiert, in Beuteln geliefert und können mit der Hand geworfen oder **durch Röhrchen geblasen** werden. Die Kugeln sind ca. 12 mm groß, fliegen **zephirgleich wie ein Hauch durch die Luft und fallen geräuschlos nieder, elastisch auf- und abspringend.**

Amor-kugeln Nr 2577

1 **Beutel enthaltend**	**6 Dutzend**	**kostet Mk.**	**—.20**
1 „	„ 12	„ „	**—.35**
6 „(à 6 Dtz.)	„ = 36	„ **kosten**	**1.10**
12 „(à 6 „)	„ = 72	„ „	**2.—**
1 **Kilo Amorkugeln** (nicht in Beuteln)		„	**7.50**

Blasröhrchen mit Holzmundstück, ca. 20 cm lang, **3 Stück Mark —.10, Dutzend Mark —.30, 12 Dutzend Mark 3.40.**

Schwebende, duftende Rosenblätter.

Aus zartem rosa Seidenpapier **ausgestanzte** und **hohl gemachte, leise beduftete** Rosenblätter, **genau wie natürliche;** federleicht, und weil hohl, durch den leichtesten Lufthauch immer wieder in die Höhe und herabschwebend, **ein märchenhafter Anblick!** Die Rosenblätter werden in Seidenpapierbeuteln geliefert und kosten

	3	6	12 **Beutel**
Nr **2578 Mk.**	**—.65**	**1.25**	**2.40**

(1 Beutel enthält ca. 400 Blätter.)

Idealschön! Entzückend!

Dieselben Rosenblätter in **Stabtüten,** aber ohne Duft, wie Abbild.

Nr. **2579**	**3**	**6**	**12 gefüllte Stabtüten**
Mk.	**—.55**	**1.—**	**1.90.**

Jasminblütenbläser.

Spielerei für Jung und Alt.

Die kleinen Kartontrommeln werden mit **ausgestanzten Jasminblüten** gefüllt u. letztere mittels des Röhrchens durch die Öffnung vorn in die Luft geblasen. Die kleine Trommel läßt sich natürlich immer wieder füllen. Eine reizende

Jasmin-Trommeln leer,
Nr. 2580. **2 Stück Mk. —.20, Dutzend Mk. 1.—**
Jasminblüten-Säckchen
2 Stück Mk. —.35, Dutzend Mk. 1.80.

Amorketten

Nr. 2365.

aus gefaltetem Seidenpapier in bunten Farben; können immer wieder zusammengelegt und geworfen werden.

10	50	100 **Stück**
Mk. —.45	**2.—**	**3.90**

Konfetti-Pfeife

aus lackiertem Blech mit vernickeltem Verschluß; kann immer wieder mit **„Liliput-Konfetti"** gefüllt werden. Länge der Pfeife ca. 16 cm.

Nr. 2508.
Stck. **leer** Mk. **—.20,** Dtzd. Mk. **2.—.**

Nr 87. Liliput-Konfetti in Pergament-Papiertüten
à 50 Gramm, 3 Tüten Mk. **—.25,**
12 Tüten Mk. **—.80.**

Die interessante Schneeballschlacht.

Wenn die Schneebälle verteilt sind, stellen sich die Herren den Damen gegenüber auf und eröffnen ein großes Schneeball-Bombardement. **Das Umherfliegen der Bälle im Saale, das Zerplatzen, wodurch Damen und Herren mit Schneeflocken überstreut werden, und die überaus komischen Situationen der Beteiligten erregen eine fortwährende Heiterkeit.**

Diese Schlacht ist eine der beliebtesten, die es gibt, und wegen des fröhlichen, ungezwungenen Scherzes, der stets ihre Ausführung begleitet, von allen Seiten begehrt.

Schneebälle, nur I. Qualität,

(nicht die ordinäre Sorte, die jetzt vielfach in den Handel gebracht wird). Nicht mit Abfallpapier und Staub gefüllt, sondern mit viereckig geschnittenen weißem Druckpapier — nicht Seidenpapier (das sich viel zu leicht zusammenballt und viel zu schnell zerknittert) —

		12 = 1 Dutzend	72 6 Dtzd.	144 Stück 12 Dtzd.
Nr. 67.	Mk.	—.60	3.—	5.50

Schneeflocken

(viereckig, weiße Papierschnitzel)
1 Kilo Mk. —.60, 25 Kilo Mk. 13.50.

Schneetaschen

(zur Aufnahme der Schneeflocken)
Dutzend Mk. 2.50.

Bitte Riesenschneeball Seite 81.

Für prompte Zusendung der bestellten Gegenstände bestens dankend, bemerke, daß hauptsächlich die Schneebälle viel Heiterkeit erregt haben.
L. —ck. Doberan.

Apfelsinen

mit Schneefüllung.

Nr. 72.

	1 Dtzd	6 Dtzd	12 Dtzd
Mk.	—.60	3.—	5.50.

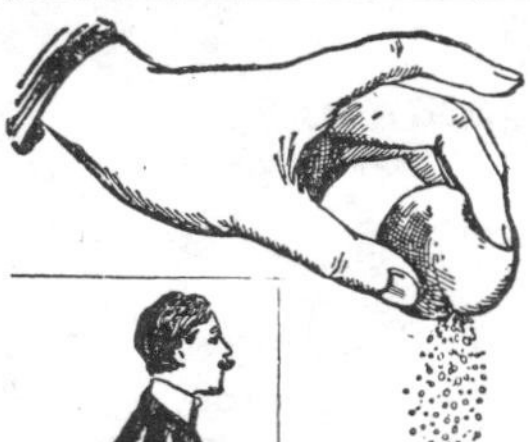

Mignon-Schneebälle.

Diese **hochfeinen** Schneebälle enthalten **Mignon-Schnee** aus Papier **ausgestanzt,** in Größe wie abgebildet:

Originalgröße des Mignon-Schnees

Handhabung und Verwendung wie oben beschrieben und abgebildet.

Prima! Mignon - Schneebälle

Nr. 68.	Stück	12 1 Dtzd.	72 6 Dtzd.	144 12 Dtzd.
	Mk.	—.60	3.—	5.50.

Schlangenketten.

Schlangen aus farbig. Seidenpapier (auseinandergezogen ca. 30—48 cm lang), ganz eng zusammenlegbar, wie abgebildet, sind vorne mit einer Naturklette versehen; nach dem Anwurf und Festheften dehnen sich die Schlangen auseinander und zucken bei jeder Bewegung auf und ab und hin und her.

Nr. 2576,
10 Kuverts à 5 St. Mk. —.95.

Bouquetschleuder.

Ein Veilchensträußchen aus Seidenpapier, Durchmesser ca. 8 cm, kann sich auseinanderdehnen, wie auf der Abbildung ersichtlich und wirft durch eine schleuderartige Bewegung seinen Inhalt (farbiges Konfetti) in die Luft.

Nr. 2575.
2 Stück Mk. —.20,
Dtzd. Mk. 1.—.

Tüten mit Konfetti z. Neufüllg.
Dtzd. Mk. —50.

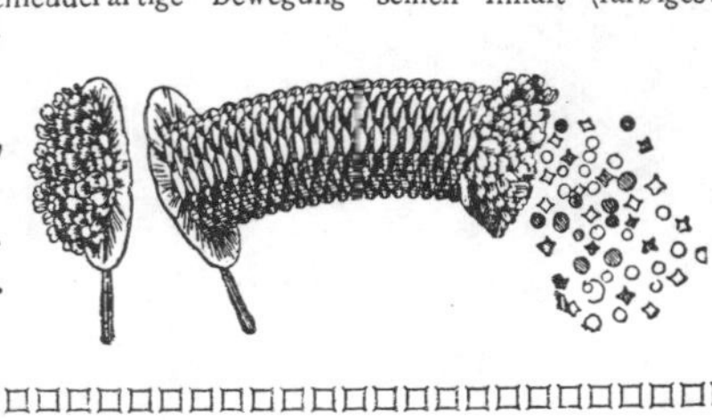

Tennis-Schlacht.

Herren und Damen erhalten einfache **Rackets** und mit Schnee gefüllte **Bälle,** die nach mehrmaligem Schlagen platzen und ihren Inhalt — weiße Papierschnitzel — ausschütten. Diese fidele Schlacht wird allen Beteiligten und auch den Zuschauern

großen Spaß

machen.

Diese Zephirbälle berühren, selbst bei wuchtigem Schlage, die Kämpfenden nur ganz leise, wie ein Hauch.

Rackets: 1 Dtzd. Mk. 1.50

Schneebälle nur prima Qualität

Zephirbälle (wie auf Seite 81 beschrieben)

	1	6	12 Dtzd.
Nr. 67: Mk.	—.60	3.—	5.50
Nr. 70: Mk.	—.60	3.—	5.50

Nr. 69.

Blumen-Schneebälle.

In diesen Bällen befinden sich neben dem beliebten **Schnee in viereckigen,** staubfreien Blättchen **farbige Seidenpapierblüten,** die leicht durch die Luft schweben, und dann von den Paaren als Schmuck angesteckt werden.

	1	6	12 Dtzd.
Mk.	**—.80**	**4.50**	**8.50**

Der Cotillon war großartig, er erregte allgemeine Bewunderung und Befriedigung unter den Anwesenden.
—r, Lehrer, Frankenhausen a. Kyffh.

Lebende Schneemänner.

Wenn alles tanzt und sich amüsiert, kommen plötzlich von verschiedenen Seiten **Schneemänner** in den Saal und mischen sich unter die tanzenden Paare, **Schneebälle u. Konfetti-Kugeln** verteilend. Der Boden der gefüllten Säcke, welche die weißen Gestalten auf dem Rücken tragen, ist nur leicht zugeheftet; ein Ziehen an dem Fadenknoten, der auffallend herabhängt, und der Sack schüttet seinen Inhalt unter heiterem Lachen der Anwesenden in den Saal.

☛ Ein **Schneemann-Kostüm Nr. 46** ☚ besteht aus **starkem Seidenpapierrock, Papiermachékopf, Sack aus Stoff und Rute** und kostet **Mk. 3.—.**

Schneeball-Preise bitte oben zu ersehen.

Bin mit der Ausführung des Auftrages sehr zufrieden.
W E.—r, Ingenieur, Halmstadt.

Der Herr läßt seinen Anzug mit einer Blütenbordüre garnieren.

Nr 1925.

Die fliegenden Blumen.

Ein Papiersäckchen enthält 12 Stück bunte **Seidenpapierblumen** mit **Kletten,** die durch das beiliegende ca. 20 cm lange **Röhrchen** Herren und Damen heimlich angeblasen werden.

1 Säckchen mit 12 Klettenblumen und 1 Blasröhrchen 35 Pfg., Dutzend Mark 4.—.

Konfetti. Prima Qualität.

Unter **Konfetti**

versteht man **ausgestanzte Papierblättchen** in Kreis- und Sternform. Diese bunten Blättchen werden geliefert in Kugeln und Tüten, wie abgebildet. — Wie bei der Schneeball-Tour, so auch hier **allgemeines Bombardement**, eröffnet mit einem **großen Kugelregen**; dann Vorrücken der Parteien und in der Nähe direkter Angriff mit **Konfetti aus Tüten**.

Konfetti-Tüte Nr. 75.

An dem Konfetti-Kampfe beteiligt sich Jung und Alt mit gleichem Eifer und mit derselben Lust und Hingebung.

Konfetti-Kugel Nr. 73.

Loses Konfetti
in verschiedenen Farben

gemischt	1	5	10 Kilo
Mk.	—.60	2.75	5.25

Loses Konfetti,

einfarbig rosa, hellblau, weiss	1	5	10 Kilo
Mk.	—.60	2.75	5.25

Bei großen Quanten Konfetti erteile ich Spezialofferte.

Konfetti-Kugeln
Nr. 73:

	1	6	12 Dtzd.
Mk.	—.60	3.25	6.—

Konfetti-Tüten
Nr. 75 (Abbildung oben):

	1	6 Dtzd.
Mk.	—.65	3.75

Konfetti-Taschentüten,

aus durchsichtigem Pergamentpapier, **flach**, bequem in die Tasche zu stecken, enthaltend: ca. 50 Gramm Konfetti. **No. 77**

1 Dutzend	Mk.	—.65
6 „	„	3.50
12 „	„	6.80

Nr. 86 enthaltend ca. 100 Gramm Konfetti:

1 Dutzend	Mk.	1.20
6 „	„	6.75
12 „	„	13.—

Röhren,

einfache, ca. 16 cm lang (leicht in die Tasche zu stecken), **mit Konfetti gefüllt,**

Nr. 76:
1 Dutzend Mk —.80,
6 Dutzend Mk. 4.50.

Neu! Liliput-Konfetti,
ausgestanzte bunte Blättchen, nur rund und nur in dieser Grösse: ●
1 Kilo Mk. 1.15, 5 Kilo Mk. 5.50, 10 Kilo Mk. 10.—.
In Pergamenttüten à 50 Gramm
Nr. 87. 3 Tüten 25 Pfg., 12 Tüten 80 Pfg.

Nr. 2125.

Die Wurfkometen

bewirken einen groß-artigen Eindruck, wenn sie durch die Luft sausend, einen bunten Konfettiregen fallen lassen. Die Wurfkometen sind ca. **15** Meter lang und kosten 1 Dtzd. **Mk. —.35**, 12 Dtzd. **Mk. 4.—.**

Nr. 78.

Die Konfetti-Säckchen,

fein mit Schnur zum Anhängen, sind sehr praktisch und haben sich in allen fidelen Gesellschaften eingebürgert.

1 Säckchen enthält ca. 60 Gramm Konfetti.
1 Dtzd Mk. **1.70**, 6 Dtzd. Mk. **9.75.**

Konfetti-Blumen

aus rosa Kreppseidenpapier mit Stiel und Laub zum Schleudern des Konfetti.

Nr. 2496.

1 Dutzend **Mk. 1.35,**
12 „ „ **15.—.**

Nr 1817.

Die Klettenbänder

bestehen aus **zwei natürlichen** Kletten, die mit Schroten beschwert und mit farbigen Seidenpapierenden versehen sind. Die Kletten haften im Nu fest.

1 Dutzend **Mk. —.35,**
12 „ „ **3.50.**

Neu! Die Wunderbälle

enthalten **weißes Konfetti** und **Metallfoliengold** (Seite 81 beschrieben) in bunter Umhüllung.

Nr. 88.	1	6	12 Dtzd.
Mk.	**—.75**	**4.20**	**8.—**

Die Waren sind zur vollsten Zufriedenheit ausgefallen. Werde mich bei Bedarf nur ihrer Firma bedienen.

W. —g., Tanzlehrer i. N.

Märchen-Gold

besteht aus

ausgestanzten runden Blättchen

kein Papier, sondern Metallfolien

und wird in ca. 11 cm langen geschlossenen

Röhren

geliefert, aus welchen

das Märchen-Gold

in hohem Bogen geschleudert oder von oben herabgestreut wird. — Wie im Frühling, wenn ein Lufthauch die zarten Blütenblättchen von den Bäumen löst und herabschweben läßt, so flattern und drehen sich die goldenen Blättchen in der Luft, um sich dann auf die Tanzenden zu senken und sie zu schmücken. Damen mit diesem **Märchen-Rauschgold** in dem Haar oder auf den duftigen Ballkleidern bieten einen **feenhaften Anblick** dar, **zaubervoll**, wie aus der **Märchenwelt.**

Märchengold-Röhren Nr. 79 kosten:

1	Dutzend	(12 Stück) . . .	Mk. **1.25**
6	„	(72 „) . . .	„ **6.50**
12	„	(144 „) . . .	„ **12.—**

12 Stück lassen sich bequem in die Brusttasche stecken.

Hoch-effektvoll.

Märchen-haft.

Die Schneemaschine.

Das fröhliche Treiben eines Wintertages, das lustige Wirbeln, Tanzen und Wehen der Schneeflocken wird, wie nebenstehend illustriert, durch die

Schnee- oder Schnei-Maschine

in den Ballsaal gezaubert.

Heimlich muß der Arrangeur diese reizende Überraschung vorbereiten, und wenn man nichts ahnend tanzt und sich unterhält, beginnt auf einmal ein **lustiges Schneegestöber, Alles mit einem weißen Mantel bedeckend.**

Die **Schneemaschine** ist ca. 1 Meter groß. Im Innern befindet sich eine sinnreiche Vorrichtung, welche den Schnee langsam und nur teilweise auf das unten befindliche große Flügelrad fallen läßt; durch Drehen schleudert dieses Flügelrad den Schnee weit hinaus in den Saal. Die Maschine wird an der Saaldecke oder am Kronleuchter befestigt und durch eine Schnur, die herabhängt, vom Saal aus leicht mit der Hand in Betrieb gesetzt.

Eine Anweisung, wie die Maschine gehandhabt wird, liegt jedem Exemplare bei.

Die Schneemaschine darf also **nicht verwechselt werden** mit den schon existierenden Überraschungs-Ballons; letztere lassen ihren Inhalt, wenn die Klappen geöffnet werden, **auf einmal gerade herunterfallen.**

Eine Schneemaschine mit Flügelrad kostet leer Mk. 9.—.

Die Schneemaschine kann immer wieder nachgefüllt werden.

1 Füllung weißen Schnee aus Druckpapier in **viereckigen** kleinen Schnitzeln (kein Seidenpapier, das viel zu leicht zerknittert und sich zusammenballt) **Mk. —.80, 4 Füllungen Mk. 3.—.**
Eine Füllung reicht, je nachdem schnell oder langsam gedreht wird, 5 Minuten und länger. Die Schneemaschine wirft den Schnee im Umkreis, je nach der Höhe, in welcher sie hängt, 3—5 Meter

Die Schneemaschine kann nicht verliehen werden.

Die Schneemaschine hat gut funktioniert und großen Beifall gefunden — *Paul —n, Berlin*

Mit Ihren Sendungen, namentlich der herrlich funktionierenden Schneemaschine waren alle sehr zufrieden. — *G —n, Thum.*

Riesig effektvoll!

Nr. 2425. Extralange Luft-Torpedos.

Die länglichen bunten **Kautschuk-Ballons** in Form von **Torpedos** werden bis auf ca. 40 cm Länge aufgeblasen und dann in die Luft geworfen (Anweisung liegt bei); nun sausen sie kreuz und quer herum, ecken hier und dort an, werden kleiner und kleiner und fallen schließlich wieder herunter, um schnell wieder aufgeblasen zu werden und einen neuen Flug zu beginnen. Oft fliegen die Torpedos kerzengerade hoch in die Luft, wenden plötzlich um, kommen wieder herunter, und tanzen den Festteilnehmern auf den Köpfen herum und so fort. (Die Berührung ist eine äußerst sanfte.) Alles in allem: **Diese Torpedos erfreuen jede Gesellschaft über alle Maßen, Alt und Jung nimmt teil und ist begeistert von diesem harmlosen Scherzspiel.**

Nr. 2425. 1 Dtzd. **Mk. 1.35,** 6 Dtzd. **Mk. 7.75,** 12 Dtzd. **Mk. 15.—**

Sinnreich konstruierte einfache

Flug-maschinen,

die durch Gummispannung in der Luft hin- und herflattern.

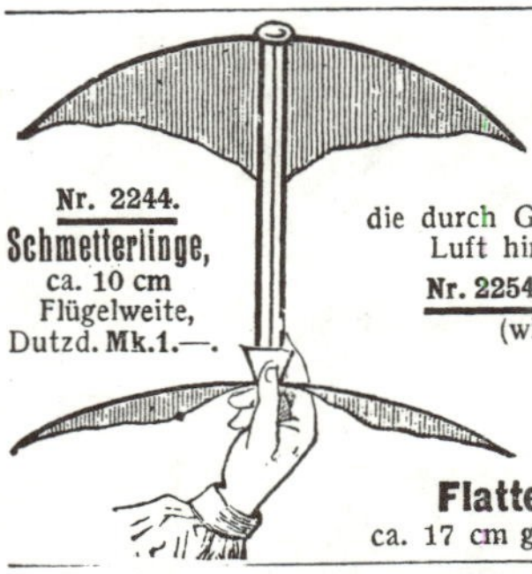

Nr. 2244.
Schmetterlinge,
ca. 10 cm Flügelweite,
Dutzd. **Mk. 1.—.**

Nr. 2254. Fledermäuse,
(wie abgebildet)
ca. 16 cm Flügelweite,
Dutzend **Mk. 2.30.**

Nr. 2252.
Flatternde Herzen,
ca. 17 cm groß, Dutzend **Mk. 2.90.**

Gold-Bälle,

aus Tausend und Eine Nacht.

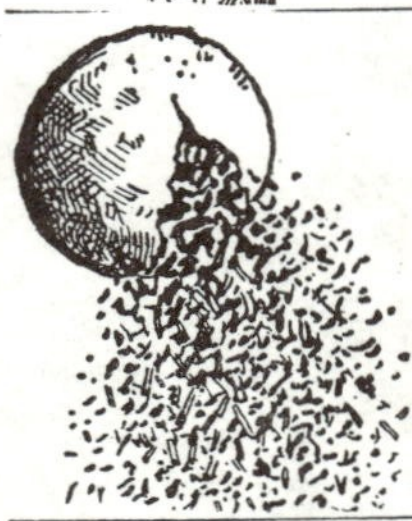

☞ **Alles wird mit leuchtendem, funkelndem Golde übersäet.** ☜

Meine Goldbälle sind **nicht** mit Gold-**Papier**schnitzeln, sondern mit wirklich **feingeschlagenem Metall,** sogenanntem **Folien- oder Rauschgold** gefüllt, das absolut keinen Staub macht und leicht entfernt werden kann.

Die Goldbälle Nr. 81 kosten:

1 Dtzd. **Mk.** 1.—,
6 „ „ 5.50,
12 „ „ 10.—.

Nr. 2098. Wurfbüschel

aus farbigem Seidenpapier mit Versen, ein leichtes, imposantes Geschoß.
Dutzend **Mk. —.45,** **Gros Mk. 5.25.**

Die Zephirbälle

in ihrer neuen zarten und feinen Ausstattung aus krausgemachtem weißem und buntem Seidenpapier sind federleicht; sie zerplatzen nicht, sondern sind immer wieder verwendbar. **Die Zephirbälle tragen die ganze Zeit des Balles zur Unterhaltung bei; wo dieselben einmal zur Verwendung gelangten, werden sie immer wieder gekauft.**

Nr. 70.

1 Dutzend Mk. —.60, 6 Dutzend Mk. 3.—, 12 Dutzend Mk. 5.50.

Der Riesen-Schneeball.

Ein großer dauerhafter Schneeball **mit Leinenüberzug, flimmernd und glitzernd** (mit Brillantstaub bestreut), dessen Inneres mit **1½ Gros Schneebällen** gefüllt werden kann, wird in den Saal gerollt und dann geöffnet. Durchmesser des Balles ca. 45 cm.

Stück ungefüllt Mk. 4.50. **Schneebälle Seite 77.**

Nr. 84. Fessel-Bomben.

Von großartigem Knall-Effekt!

An den Bomben — **schwarze Seidenpapierbälle, die mit weißen Papierschnitzeln gefüllt sind** — ist eine Knallpetarde angebracht und ein ca. 150 cm langer Faden; diesen letzteren hält man in der linken Hand fest und wirft die Bombe mit der rechten Hand in die Luft; da die Bombe nicht weiter fliegen kann, als der Faden lang ist, wird durch den Ruck die Petarde zerknallt und der Ball aufgerissen; **unter Knalleffekt** streut die Fessel-Bombe dann ihren Inhalt, weiße Papierschnitzel, über die im Saale Anwesenden.
Nr. 84. 1 Dtzd. **Mk. —.75,** 6 Dtzd. **Mk. 4.30,** 12 Dtzd. **Mk. 8.—**

Meine berühmten Luftschlangen

Erheiternd für Alle! **sollten bei keinem fidelen Feste fehlen!** Erheiternd für Alle!

Luftschlangen, ca. 13—15 Meter lang, 100 Stück **Mk. —.50,** 500 Stück **Mk. 2.30,** 1000 Stück **Mk. 4.50.**
Ich führe nur I. Qualität in schönen bunten Farben.

Luftschlangen in Nationalfarben, schwarz-weiss-rot, kosten 100 Stück Mk. 1.25.

Luftschlangenschleudern. In diese können 3 Luftschlangen geklemmt werden (die Enden werden an dem Schleuderstiel befestigt) und durch leichten Schwung fliegen dieselben **nebeneinander raketengleich hoch in die Luft. — Die Schleuder kann immer wieder benutzt werden.**
Nr. 2582 A. 1 Luftschlangenschleuder Mk. —.30, Dutzend **Mk. 3.40.**

Die Luftschlangen-Wurfmaschinen funktionieren infolge ihrer ganz einfachen praktischen Konstruktion tadellos; die Schlangen fliegen hoch durch die Luft und treffen sicher ihr Ziel.
Nr. 2582. 2 Stück **Mk. —.50,** Dutzend **Mk. 2.90.**

Japanbälle, aus dem fast unzerreißbaren, japanischen Faserpapier in bunten Farben. Die Japanbälle kommen flach zusammengelegt zum Versand, und werden dann leicht aufgeblasen — ca. 11 cm Durchm. —, dann schlägt man sie wie untenstehende Abbild. zeigt, mit dem Handrücken hoch in die Luft, so oft man dazu Lust verspürt; die Ballons füllen sich durch dieses Schlagen immer wieder von selbst.
Nr. 1740. 1 Dtzd. Mk. —.30, 1 Gros Mk. 3.—.

Neu! Neu!
Nasenbälle,
auch japanisches Fabrikat, wie oben beschriebene Nr. 1740 Japanbälle, nur an Stelle der Streifen ein Gesicht u. eine lange, aufblasbare Nase. Kopf-Durchm. ca. 13 cm.
Nr. 4086. 1 Dtzd. **Mk. —.50,** 1 Gros **Mk. 5.75.**

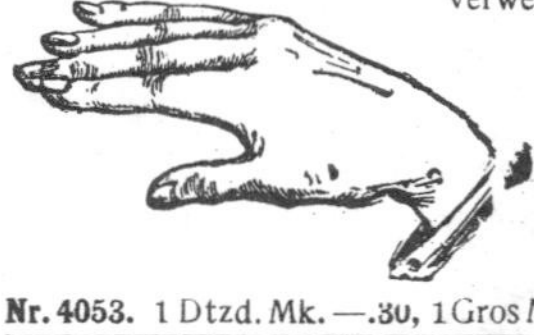

Neu! Neu!
Japanwürfel.
Wie obenstehende Japanbälle hergestellt und auch so verwendbar; aufgeblasen ca. 10 cm groß.
Nr. 4053. 1 Dtzd. **Mk. —.30,** 1 Gros **Mk. 3.25.**

Neue Pfannkuchen, Brezeln und Scherzgebäck bitte Seite 147.

Nr. 82.
Pfannkuchen (Kräpfel),
täuschend nachgeahmt, mit Schnee gefüllt. Den wirklichen Pfannkuchen zum verwechseln ähnlich. Wer den Scherz nicht kennt, wird sicher wohlgemut in den Pfannkuchen **zum größten Gaudium der Anwesenden** hineinbeißen.
1 Dtzd. **Mk. —.65,** 6 Dtzd. **Mk. 3.50,** 12 Dtzd. **Mk. 6.50.**

Die gesandten Pfannkuchen haben riesigen Spaß gemacht.
H. —h. Schwäb. Gmünd.

Neu!
Klapperbüschel,
wie nebenstehend die Zephirwedel, nur etwas größer, innen eine Klapper enthaltend.
Nr. 4091. Dutzend **Mk. 1.20.**

Neckwedel.

Querpfeifen à la Bigotphon, zum Hineinsingen, mit bunten **Seidenpapierbüscheln;** man bläst ein Lied und fährt dann plötzlich seinem Nebenmenschen mit dem Wedel über das Gesicht.
Nr. 1878. Dutzend **Mk. —.65.**

Zephirwedel.
An ca. 50 cm langen Rohrstäbchen sind Kugeln aus krausgemachten Seidenpapierstreifen befestigt.
Nr. 4001.
Dutzend **Mk. —.60.**

Neue urkomische, originelle Vorträge u. interessante Intermezzos.

Neu! O, diese Fremdwörter! oder Der umgesattelte Meier.

Meier als Hypotheker.

Das reine Lachpulver!

Nebenstehend 2 Miniatur-Copieen aus dem Riesengemälde, das flott, humoristisch und fein entworfen und ausgeführt ist.

Ein nagelneuer Vortrag,

der das Publikum, und sollte es noch so migräninenhaft angehaucht sein, fraglos zu **lautem**, und immer **lauterem**

Lachen zwingt.

Der Vortrag wird **abgelesen.**

Meier als Sublaternenbeamter.

Einige Textproben mitten herausgenommen aus dem hochinteressanten Vortrag:

In der **Progressionsloge** neben Meier saß ein **Premièrenleutnant** mit einem **provoziert spanischem Typhus** usw. Die Treppen waren aus **barbarischem** Marmor und sonst trat man nur auf **mosaisch** eingelegte **Quartettfußböden** usw. Um die erste **Etagère** lief ein **Oraniengeschmückter Flakon** mit **Reveranda** usw. Die Räume waren prachtvoll **dekolletiert**; an den Wänden hingen **Koryphaeen** von Silber und vorn standen 2 große **Statuten** mit schwarzen **Dynamanten** usw.

! Wenig Kosten, !
! Keine Mühe, !
! Riesen-Lach-Erfolg. !

Das Riesenplakat, 100×145 cm groß, mit 9 Bildern und der **famose Text** . . . . **Mk. 2.50.**

Die komischen Vorträge waren sehr zu meiner Zufriedenheit, der Erfolg war gut.

H. —s., Hamm.

Ein imponierender Vortrag, der seinesgleichen sucht!

Ich will mich verheiraten

oder der Unterschied zwischen Weib, Frau und Gemahlin.

Eine Bilderreihe zu dem Text: **Mit dem Weib geht man gemütlich spazieren, mit der Frau promeniert man und die Gemahlin fährt aus.**

Ein **hin** und **her** überlegter Vortrag, der **abgelesen** wird.

Ohne Vorbereitung großer Lacherfolg!

Mit einem **Riesengemälde** in bunten Farben in Größe ca. **90×140 cm.**

Einige Textproben:

Die Ehe ist eine eingetragene geschlossene Gesellschaft mit beschränkter Haftung usw.

Mein Ahn, Herr Adam senior, der Paradiesbesitzer, bekam, als er sich in seiner Blamagenbesitzung einigermaßen wohlfühlte, Sehnsucht usw.

Eva, sein Rippenstück oder Kotelettchen usw.

Die Wirtschaft besorgt das Weib, das Haus die Frau, den Ton die Gemahlin usw.

Das Ehegesponst ist ein Sichtwechsel, den man sich genau ansehen muß, wenn er einem präsentiert wird, denn hat man ihn erst akzeptiert, so muß man ihn dann auch honorieren usw.

Sie können das Wörtchen Ehe vorwärts oder rückwärts lesen, es bleibt immer dasselbe Wesen usw.

Ein buntes Riesengemälde, ca. **90×140 cm** groß, und der Text kosten **Mk. 2.50.**

Professor Lindemanns sprechendes Panoptikum.

Ein Gesellschafts-Scherz, der das Publikum riesig animiert und zum Lachen zwingt.

Professor Lindemann, ein **scheinbarer** Bauchredner.

Onkel Anton, Tante Lisette, Ein Mohr } **Automaten** (werden durch 3 Herren dargestellt);

dieselben tragen Masken mit beweglichem Unterkiefer. Die Bekleidung recht schlottrig, um das Automatenhafte zu erhöhen und das Natürliche zu nehmen. Ehe der Vortrag beginnt, sitzen die 3 Automaten steif, etwas nach hinten gebeugt, mit schlaff herabhängenden Armen da, die Gesichter mit einem Tuch verhängt und die Füße steif nebeneinandergestellt. Erst wenn der Herr Professor Lindemann seine kurze Eröffnungsrede (Text wird geliefert) gehalten, werden von ihm die Tücher entfernt, Beine und Arme zurechtgestellt und die Automaten mit der Schnarre aufgezogen. Dann beginnt der Vortrag nach dem Textbuch. Die Automaten müssen öfters mitten im Satze plötzlich inne halten, dann ist das Uhrwerk abgelaufen und muß mit der beigegebenen Schnarre scheinbar wieder aufgezogen werden. Das Publikum meint bis zum Schluß, wo die Automaten aufspringen und die Kopfmasken abnehmen, es hat **Puppen mit Mechanik** vor sich, die der Prof. Lindemann mit Hilfe seiner Bauchrednerkunst sprechen läßt, und das macht eben den Effekt am größten.

Es gehören hierzu Textbuch .... Mk. 1.50 } Zusammen
3 Masken mit beweglichem Kinn und 1 Schnarre Mk. 4.— } Mk. 5.50.

Das Panoptikum habe ich bereits neunmal unter größtem Beifall aufgeführt. *A. —r, Neumünster.*

Besten Dank und vollste Anerkennung für erhaltene Sendung. Besonders mit Prof. Lindemanns Panoptikum habe ich in meinem Verein reichen Erfolg erzielt. *Robert —r., Oberkellner, Nizza.*

Das Gesangvereins - Ueberbrettl.

Musikalische Scherzaufführung für 8 bis 11 Personen als zwei- und vierfüßige Künstler von Jos. Ziegler.

Die gelieferten Vorträge haben große Heiterkeit erregt. *Fr. —r, Hagen i. Westf.*

Klavierauszug . . .	**Mk.**	**4.50**
Vollständiger Satz Stimmen	„	**2.50**
Einzelausgabe der Grand Sinfonia, Comica m. Stimmen	„	**3.—**
Einzelausgabe des Tierquartetts . .	„	**1.50**
Künstler - Perücke	„	**1.10**
2 Tirolerhüte . . .	„	**—.70**
Zigeunerbarett . .	„	**—.25**
Tambourin	„	**—.60**
Rezitatorhut . . .	„	**—.25**
Frosch-, Hunde-, Katzen- und Eselkopf aus Papiermaché, sehr schön modelliert und gemalt, mit **beweglichem** Kinn zusammen . . .	**Mk.**	**5.20**

Es können auch die Sängerin, der Zigeuner, der Rezitator und d. Gesangshumorist wegbleiben.

Die Kunstmaler Fix & Schneller.

Ich liefere zu diesem Vortrag **6 präparierte Papierbogen** (ca. 78×57 cm groß); auf diesen Bogen, **die vollständig weiß und leer** aussehen, erscheinen, wenn sie mit den beigegebenen **Wischern,** in Kienruß getaucht, berührt werden, folgende Bilder: **Der Kronprinz, Bethmann-Hollweg, Graf Zeppelin, Am Nordpol, Studiosus Süffel, Kammerzofe.** Die beiden Kunstmaler unterstützen sich in der Kunst, indem der eine das Bild nur teilweise erscheinen läßt, z.B. vom Gesicht nur die Nase und das Haar und so fort, und der andere es vervollständigt; **das macht großen Effekt.**

Obige Schnellzeichenblätter kosten per Stück Mk. —.70, also sämtliche 6 Stück Mk. 4.20.
2 Wischer „ —.50.

Eine Mordgeschichte ohne Mord

oder: **Franz der schielte, aber feste!**

Für 3 Personen:

8 Buntdruckbilder auf einem Riesenplakat, ca. 115×150 cm groß .... Mk. 2.—
Text (15 Verse) **u. Noten** (denkbar leichteste Melodie).....

zusammen Mk. 4.—

Tambourin mit Schläger... Mk. —.75
Chinellen .... „ —.65
Bigotphon-Trompete....... „ —.60

Nichts auswendig zu lernen, die Texte werden an die Instrumente geheftet und abgelesen.

Das Zwerg-Theater.

Ich liefere hierzu 70×85 cm große Papptafeln mit **Buntdruckbildern** mit ovalen Öffnungen; durch diese stecken die Vortragenden Gesicht und Arme. Je nach dem zu haltenden Vortrag treten nun 4 oder mehr Personen mit den Papptafeln nebeneinander zwischen 2 Stühle; an diese wird ein Tuch gebunden, wodurch die Unterkörper verdeckt werden; über das Tuch hängen nun, wie auf dem Bilde angegeben, die kleinen Pappzwergbeine heraus und geben den Figuren das Zwergenhafte. Diese Pappbeinchen werden durch einen am Fuße befestigten Faden in zappelnde Bewegung gebracht. Ohne **jede Vorbereitung** können mit Hilfe dieses Zwergtheaters die gelungensten und unbedingt zum Lachen reizenden Vorträge gehalten werden, Gedichte deklamiert, Lieder gesungen; oder es liest jemand aus der Gesellschaft etwas vor, und die Zwerge machen nur Pantomimen und Gesten dazu usw.

Die 70×85 cm großen Figuren-Papptafeln kosten das Stück **Mk. 2.20,** also die abgebildeten 4 Stück **Mk. 8.80.**

Vorrätig sind folgende 12 Papptafeln:

2 verschiedene Tiroler,	**1 Schulmeister, 1 Leutnant,**
2 verschiedene Tirolerinnen,	**1 Engländer, 1 Engländerin,**
1 Sänger oder Deklamator oder Dirigent,	**1 Gigerl, 1 Volksredner,**
	1 Schwiegermama.

Ihre Sendungen sind angelangt und haben mich im allerhöchsten Maße befriedigt.

Capitano Oreste de —l, Piacenza i. Ital.

Ihre Sendung ist heute eingetroffen und hat großen Beifall gefunden.

Frau Oberförster —th, Freiburg i. Br.

Der Bauer von hinten. Der Bauer von vorn.

„Lachen und Weinen".

Ein Bauer erscheint im Saale, geht an der Wand entlang und lacht — und lacht immer lauter und immer herzlicher, so daß alles angesteckt wird **und mitlacht;** dann dreht sich der Bauer plötzlich um und geht **weinend** wieder hinaus.

Zu diesem **höchst komischen Intermezzo** gehören **1 Aufsatzkopf mit zwei Gesichtern „Lachen und Weinen" und 1 Bauernkittel.** Mk. 5.25.

Das Tiroler Zwergtheater und Professor Lindemanns Panoptikum haben sehr viel Heiterkeit erregt.

Fr. —l, Lehrer, Grostwitz b. Kamenz.

Baldrian und Nepomuk,

die beiden Pessimisten.

Humoristisches Duett von Felix Renker. Musik von Otto Teich.

5 Verse mit dem Refrain:

„Da sträub'n sich selbst die Haare".

2 Perücken, bei welchen durch ziehen ein Teil Haare sich in die Höhe richten .... Mk. 3.—,

Text und **Noten** .... „ 1.50.

Eine neue fidele Schnitzelbank oder ein Gesang an der Wand entlang:

Neu! Der Löwengärtner König Franz

oder Der schillernde Handschuh.

Der vortragende Herr trägt eine komische Mütze mit Nase und an der ersteren die Inschrift: „Immer an der Wand lang"; und kommt mit der aufgerollten Bildertafel unter dem Arme und einem langen Stab in der Hand herein, entrollt die Bildertafel vorsichtig und hängt sie an der Wand auf. Die Bildertafel ist 66×200 cm groß. Die Bilder sind in Farbendruck hergestellt und **von einem Künstler I. Ranges tadellos talentvoll entworfen.**

Ein allgemeines Ah! der Bewunderung wird beim Anblick der Gemälde dieser neuen Schnitzelbank :: unbedingt den Saal durchschauern. ::

Nachdem sich die hin- und hergerissenen Bewunderungswellen gelegt haben, beginnt der Vortragende:

Ist das nicht der König Franz? ja das ist der König Franz,
Und das ist ein Damenkranz? ja das ist ein Damenkranz,
Damenkranz, König Franz,
O, du grosser, o, du edler Löwengärtner König Franz.

Auf das dritte Bild zeigend:

Ist das nicht ein Löwe stumm? ja das ist ein Löwe stumm,
Und das ist ein Kreis herum? ja das ist ein Kreis herum,
Kreis herum, Löwe stumm, Damenkranz, König Franz,
O, du grosser, o, du edler Löwengärtner König Franz.

Den auf diese Weise immer länger werdenden Refrain singt das schnell animierte Publikum selbstverständlich mit. — Die Melodie ist die denkbar einfachste, die es gibt, der Schluß des Refrains: „O, du großer", etc. wird nach der Melodie: „Deutschland, Deutschland über alles" gesungen.

Eine 66×200 cm große Buntdruck-Bildertafel, eine urkomische Kopfbedeckung mit Nase, Stab, Text und Melodie des Liedes zusammen
Mk. 2.50.

Der Vortrag „Schnitzelbank wurde mit ungeheurem Erfolge vorgetragen.
G. B., Gotha.

Weil sich ohne jede Vorbereitung alle Anwesenden beteiligen können, ist der Vortrag so sehr :: beliebt. ::

Neuer, vorzulesender Vortrag:

Familie Cohn nach dem Cohnversationslexicohn.

Eine **cohn**fuse Familienabhandlung.

Einige Textproben:

. . . . . . der alte **Cohn** litt in **Cohn**stanz sehr häufig an **Cohn**fessionen im Kopfe und **cohn**sultierte deshalb seinen Freund, den Dr. **Cohn**stantin **Cohn**ried usw. . . . . **Cohn** führte seine **Cohn**stanze in eine **Cohn**ditorei, wo ein **Cohn**zert war, in welchem der **Cohn**trabaß die Hauptrolle spielte usw. . . . . **Cohn** kaufte sich und seiner **Cohn**stanze einen Park mit **Cohni**ferenwald und so verbreiteten sich die **Cohns cohn**stant über den ganzen **Cohn**tinent bis auf den weltberühmten **„kleinen Cohn"***), den Sie, meine Herrschaften, hier vor sich sehen.

*) Hierzu liefere ich eine **mechanische Figur** (ca. 17 cm groß) wie abgebildet; dieselbe trägt innen ein Uhrwerk und wackelt, wenn letzteres aufgezogen ist, lange urkomisch hin und her. —

Der Vortragende hat **eine Perücke** auf, die bei geeigneten Effektworten **die Haare sträubt!** Außerdem **quietscht die Nase** des Redners und wirkt es **zum Totlachen,** wenn der Vortragende öfters **haarsträubend quietscht.**

Der Vortrag . . . . Die Figur des kleinen Cohn . . . . Die haarsträubende Perücke . . . . Die Quietschnase	zusammen **Mk. 3.50.**

(Der Vortrag allein kann nicht abgegeben werden.)

Ach Mann hab'n Sie 'nen dicken Bauch.

Couplet von Hans Nicolai, Musik von O. Lehmann.

4 lustige Verse mit dem Refrain:

Ach Mann hab'n Sie 'nen dicken Bauch usw.

Text und Noten **Mk. 1.50** komische Bauchmaske **Mk. 2.—**	zus. **Mk. 3.50**

Fridolin Wackelohr.

Couplet v. Felix Renker.
Musik von Otto Teich.

5 humorvolle Verse mit dem Refrain:

Ich sage nischt, ich lache bloß, Und wackle mit den Ohren!

Text u. Noten **Mk. 1.50** Die mechanischen, ca. 14 cm großen Wachsohren, 1 Paar **Mk. 1.50**	zus. **Mk. 3.—**

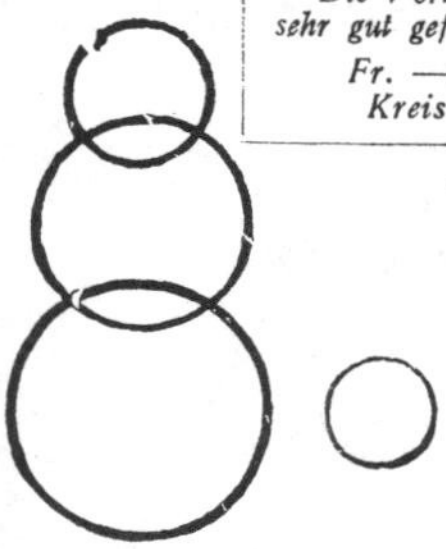

Die Vorträge haben sehr gut gefallen.
Fr. —r., Hüsede, Kreis Witlage.

Es werden geliefert: Köchin, Soldat, Bauer mit Gans und Schwein, Kind mit Luftballons, Hasenfamilie, Musikinstrumente.

Diese 6 Zeichnungen auf Papptafel mit Kreidestift Mark 2.50.

Kreis-Phantasien.

Neue Schnellzeichnerei mit Kreidestift.

Von Jedermann leicht ausführbar — imponierend und Effekt machend.

Es werden 6 ca. 47×63 cm große Bilder geliefert, die übereinander auf einer starken Papptafel befestigt sind. Das Publikum sieht nur die einzelnen und ineinanderlaufenden Kreise, also z. B. auf Bild 1 wie nebenstehend nur die 4 Kreise links, das übrige wie auf dem fertigen Bilde rechts dargestellt, ist nur dünn skizziert und **nur für den Maler sichtbar.** Ist Bild 1 fertig, so wird es von der Tafel abgetrennt und der Maler beginnt mit Bild 2 usw.

Zigeunerin zu Pferde.

Bestens dankend für pünktliche Übersendung der Sachen, welche zum Tollachen waren, usw. C. —g, Pölitz.

Dieses **packende Intermezzo** wird im Nebenzimmer vorbereitet. 2 Herren steigen in das flach zusammenlegbare **Papp-Pferd** hinein; der vordere Herr setzt den buntgemalten **plastischen Kopf** auf, hängt den roten **Papiermantel** um und steckt sich die **12 Sinnspruchkarten** ein; dann werden die Saaltüren geöffnet und die Zigeunerin kommt nach dem Takte der Musik hereingehoppst. **Der Effekt wird phänomenal sein!** Nach einigen Rundritten verteilt das braune Weib die Karten und verschwindet wieder.

1 Pferd, 1 plastischer Zigeunerinkopf, 1 Mantel aus Papier, 12 Sinnspruchkarten, zusammen Mark 6.25.

Besten Dank für die prompte und reelle Bedienung. Alles ist richtig und trotz der kurzen Lieferungsfrist beizeiten angekommen. Die Cotillontouren sind sehr schön und werden als sehr lobenswert anerkannt.
A. —r, Tanzlehrer. Bietigheim i. Wttbg.

Der Dichterritter!

Der Pegasus läßt sich flach zusammen legen.

wird stets den **allertiefsten Eindruck** machen, wo er auch nur sich sehen läßt; jeder Prolog, jeder Vortrag, jeder Vers, jedes Gedicht, jede Rede usw. wird durch ihn eine eigene Würze und imponierende Kraft erhalten.

Ich liefere dazu: **1 Flügelpferd** mit Namen **Pegasus** aus Pappe zum Hineinsteigen (bitte nähere Beschreibung auf Seite 51 zu ersehen) und einen künstl. Lorbeerkranz **zusammen Mk. 4.75.**

Tänzer-Leihanstalt

von **Hoppser, Tritt & Co.,** Walzerhausen.

Ein Vortrag in Versen mit **Riesenplakat, der immer** und **überall hinpaßt** und **stets den größten Effekt** macht. **Wird vorgelesen.**

Nach den humorvollen Einleitungsworten beginnt der Vortragende wie folgt:

Früher tanzte man so gern,
Heut hält man sich davon fern;
's ist nicht mehr modern, man sagt
Ja, **Lawn-Tennis,** das behagt.

Jetzt sind auf dem Balle
Stets die Tänzer alle
Festgesetzt beim Skat und Wein
Und die Damen sind allein.

Deshalb reis' ich jetzt, wie gut,
Für ein Tänzerinstitut;
Alles wird sich darob freu'n,
Denn jetzt kann man Tänzer leih'n! usw.

Beliebt sehr sind: **Student mit Schmiss,**
Mit großem und mit kleinem Riß.

Dann, imitierter **Referendar,**
Mit dem Monokel schneidig, rar,
Für drei Mark bieten wir ihn dar.

Falscher Major a. D., ein feiner Mann,
Führt chic die Polonaise an,
Mit imitiertem Podagra
Tanzt er mit jeder Ballmama.

Ferner: Karikaturentänzer, einfache Tänzer, Jüngling mit Siegesallee, Krafttänzer für schwere Damen usw. usw.

Der Text und das Riesenplakat: Größe **145×100** cm mit den Konterfeis der **Leih-Tänzer** (3 sind verkleinert oben abgebildet) kosten Mk. **2.—**.

Ein famoses Poësie-Potpourri mit komischen karikierten Illustrationen.

(Mit Pathos und dramatischer Kraft vorzutragen.)

Kann abgelesen werden. **Ohne Mühe hinreißender Erfolg.**

Einige Textproben mitten heraus:

Und atmete lang und atmete tief,
Und begrüßte das himmlische Licht
Siehst Vater du den Erlkönig nicht?

Und alle die Männer umher und die Frauen
Auf den herrlichen Jüngling verwundert schauen,
Der ist besorgt und aufgehoben,
Doch der Segen kommt von oben usw.

Und so saß er, eine Leiche eines Morgens da;
(*Schiller: Ritter Toggenburg.*)
Er trägt ein nettes Hütelein, er trägt ein schlichtes Kleid
Bis er die Schwester dem Gatten gefreit usw.

Horch, der Hain erschallt von Liedern,
Von dem teuern Schattenbild,
Ach, ich kann es nicht erreichen
Und das Herz bleibt ungestillt.
(*Schiller: Der Jüngling am Bache.*)

Doch der Leu mit Gebrüll richtet sich auf, da wird's still;
Früh übt sich, was ein Meister werden will!
(*Schiller: Wilhelm Tell.*)

Der **prachtvoll zusammengestellte Text** und das ca. **145×100** cm große **Riesenplakat** mit den 9 karikierten Bildern (3 sind verkleinert oben abgebildet) kosten Mk. **2.—**.

Ihre Sendung hat großes Aufsehen und kolossalen Applaus hervorgerufen. *A. —r, Kiel.*

Die Wunderarme

können sich zusammenziehen und verlängern.

Eine originelle Überraschung, die niemals verfehlt, effektvoll zu wirken und g r o ß e Heiterkeit hervorzurufen. Die Wunderarme aus schwarzem Stoff mit weißen Handschuhen und Manschetten werden über den Frack oder schwarzen Rock gezogen, und während der Vortragende nun spricht oder singt, werden dieselben vermöge ihrer Einrichtung **immer länger und länger.**

Ein Paar Wunderarme Nr. 1732 Mk. 3.25.

Der „Warme Würstchen"-Mann.

Während des Tanzes ertönt plötzlich der bekannte Ruf: **„Warme Würstchen"** und ein Wursthändler kommt zur größten Überraschung der Anwesenden in den Saal herein und verteilt aus seinem Kessel an die Paare Würstchen mit oder ohne Senf dazu zu machen.

Ich liefere zu diesem Scherz:

1 Maske mit Bart **Mk. —.50,**
1 Mütze aus Stoff mit Haar ..... **Mk. 1.—,**
1 rotes Halstuch aus Stoff ..... **Mk. 1.—,**
1 Jacke, gestreift, aus Stoff ..... **Mk. 3.—,**
1 Schürze, weiß, aus Stoff ..... **Mk. 1.—,**
1 imitierten Wurstkessel **Mk. 3.—,**
zusammen ... **Mk. 9.50.**

Würste mit Konfetti gefüllt:
1 Dutzend **Nr. 83 Mk. —.70**, 6 Dutzend **Mk. 3.75,** 12 Dutzend **Mk. 7.—.**

Kurzgefaßte Gedichte.

Text und 5 Plakate Mk. 2.50.

Ein schneidiger Vortrag mit **5 Gemälden** (ca. 61×47 cm groß) auf Pappe aufgezogen, **in „handlicher" Darstellung.**

Der Vortragende verneigt sich stumm und tief, dann reckt er sich plötzlich in die Höhe, wirft den Kopf zurück und beginnt:

Taucher — Schiller —
Historie — Knappe in Glorie —
König Zecher — wirft Becher —
Ins Meer — Knappen her —
Knappe munter — taucht unter —
Kommt ans Land — Becher in der Hand —
Versuche Götter nich — Meeresgrund fürchterlich —
König sagt — wer sich wagt —
Noch 'mal 'rein — Darf Tochter frein —
Knappe Liebessinn — Nochmal 'rin —
Knappe verschwunden — Nicht wieder gefunden —
Schiller Gedicht geschrieben —
Tochter alte Jungfer geblieben! — Aus!

Wir haben bereits voriges Jahr von Ihrer werten Firma bezogen und sind sehr zufrieden gewesen usw.
Chr. —l, Essen a. Rh.

Der Handschuh

von Schiller, als **Lach-Drama** behandelt.

Ich liefere hierzu:

den Text mit komischen Vortrags-Erläuterungen,
1 Purpurmantel für den König Franz,
1 Königskrone für denselben,
1 langen Finger zum energischen Winken,
6 Diademe für die Kränzchendamen,
1 Helm für den Ritter Delorges,
1 Riesenhandschuh aus Pappe **34** cm lang für Fräulein Kunigunde.
1 Löwenkopf zum Aufsetzen,
1 Tigerkopf mit beweglicher Zunge,
1 Tigerschweif zum Reifschlagen,
2 Leopardenköpfe.

Preis für alle diese Gegenstände Mk. 11.—

Der Tiger schlägt eben mit dem Schweif einen furchtbaren Reif und recket die Zunge usw.

Besten Dank und vollste Anerkennung für erhaltene Sendung.
A.—n, Impresario, St. Petersburg.

War mit vorheriger Sendung sehr zufrieden, sie hat viel Heiterkeit erregt.
Frau Professor Dr. —n, Berlin.

Großartig schön!

Das lebendige Bild.

Zu diesem **lachreizenden** Vortrage liefere ich ein ca. 89×65 cm großes **Buntdruckbild,** eine Dame darstellend; **das Gesicht ist ausgeschnitten und nach innen aufzuklappen.**

Nachdem dieses Bild auf einem Tisch, der vorn und an den Seiten zugehängt ist, aufgestellt ist — die Seitenstützen sind am Bild befestigt — tritt der Maler auf und beginnt an dem Bilde zu malen, nach einigen Pinselstrichen dreht er sich um, um Farben zu mischen oder dergleichen und diese Zeit benutzt der hinter dem Bilde stehende Herr, um die Klappe zu öffnen und sein Gesicht davor zu stecken. Der Maler ist so in seine Kunst vertieft, daß er die Veränderung des Bildes erst gar nicht merkt; als sich das Gesicht beim Malen verzieht und niest, **taumelt er zurück** und wendet sich entsetzt ab; diesen Moment benutzt der Bildermann, um zurückzutreten und das Buntdruckgesicht wieder vorzuhängen. Der Maler, der zaghaft wieder an sein Werk herantritt, findet es unverändert und glaubt sich geirrt zu haben, er malt also scheinbar weiter und während er Farben mischt, steckt der Herr wieder sein Gesicht in die Öffnung und bläst dann dem Maler Rauch ins Gesicht usw. usw. Anweisung wird beigegeben. Bei einigermaßen humorvollem Auftreten macht dieser ulkige Vortrag stets riesigen Spaß.

Das Publikum kommt aus dem Lachen nicht heraus.

1 Buntdruckbild, ca. 89×65 cm groß, Mk. 2.50.
1 Malerhut, 2 Pinsel, 1 Palette Mk. 1.—.

Eine musikalische Moritat:

Die Notenwehr

oder

der blutige Taktstock

mit Text (8 Verse), Klavierbegleitung und einem **150×115 cm großen Buntdruck-Plakat** zum Aufhängen und eine kleine **Mandoline** zum Klimpern, ca. 37 cm lang. **Mk. 3.—,**
ohne Mandoline „ **2.50.**

Die Vorführung erzielt namentlich in Gesangvereinen einen riesigen Erfolg.

Da ich schon im Winter zu unseren Vergnügungen soviel bezogen habe und stets damit zufrieden war, hoffe ich, daß Sie auch diesmal nur gute Sachen senden werden.
—e, Major, Lauenburg i. P.

Der Centaur.

Halb Pferd — halb Mensch.

Das Pferd aus flach zusammenlegbarer Pappe hat vorn eine mit Blumen versehene Öffnung, durch welche der Herr schlüpft. Der Pferdekörper wird umgeschnallt und durch Stäbe und 1 Rolle gestützt. Es muß großen Effekt machen, wenn ein oder mehrere solcher Centauren in den Saal herein gesprengt kommen, die Polonaise anführen oder einen Vortrag halten oder dergl.

1 Centaur-Kostüm mit Rosenschmuck Mk. 5.—.

Der künstliche Kopfkranz für den Herrn kostet extra Mk. —.50.

Die Fussmasken

machen unbedingt **Rieseneffekt;** dieselben sind ohne Sohle und so eingerichtet, daß sie mit leichter Mühe über jeden Stiefel geknöpft werden können.

Nr. 1730. 1 Paar **Mk. 1.20**
12 „ „ **13.25**

Wie reimt sich das zusammen?

Alle Anwesenden beteiligen sich an diesem Vortrag ohne jede Vorbereitung mit inniger Lust und Hingebung.

Abbildung zu Vers 11.

Der Vortragende setzt den Klemmer mit den **rollenden Pupillen** (siehe untenstehendes Bild) auf, nimmt den Stab zur Hand und singt **mit dem Publikum**, auf das betreffende Bild zeigend:

Vers 1.

Schiff, Frosch und **Berge,**
ä, wie reimt sich das zusammen?
Das **Schiff** streicht durch die Wellen,
Der **Frosch,** der kann nicht bellen
Und von den **Bergen** stürzen die Quellen.
:,: So reimt sich das zusammen! :,:

Vers 8.

Hulda, Bertha, Wanda,
ä, wie reimt sich das zusammen?
Für **Hulda** ist kein Stuhl da,
Für **Bertha** ist kein Herr da,
Aber für **Wanda** ist ein Mann da,
:,: So reimt sich das zusammen! :,:

Vers 11.

Köchin, Topf, Publikum,
ä, wie reimt sich das zusammen?
Die **Köchin** ist kein Koch,
Im **Topf** da ist ein Loch,
Und das **Publikum** lebe hoch!
:,: So reimt sich das zusammen! :,:

1 Klemmer mit rollenden Pupillen Mk. —.15.

Derartige urkomische Liedervorträge, wo jedermann sofort mitwirken kann, gefallen stets riesig.

Es werden geliefert: Ein 50×100 cm großes **Riesenbild** mit 12 illustrierten Gemälden in allen Farben von Meisterhänden entworfen, karikiert in höchster Vollendung, ferner das 12 versige Lied mit Noten (Melodie sehr einfach) und **1 Stab** .... **Mk. 2.25**

Texte für das Publikum .... 100 Stück „ **2.25**

Mstr. Mumpitz und seine Wunderkinder.

Original-Burleske

Leicht ausführbar!

mit Gesang und Pianofortebegleitung für 3 Herren von Rob. Lindner. Musik von Emil Neumann (Bliemchen).

Ich liefere zu diesem höchst amüsanten Vortrage:

Text und Noten Mk. 3.—.

Ferner:

2 Steckkissen, 2 Babymützen, 2 Jäckchen aus Papier für Erwachsene,
2 Erbsenrasseln,
2 Milchflaschen (gleichzeitig Cigarren- und Cigaretten-Spitzen)
} zusammen **Mk. 3.—.**

Es wirkt überaus komisch, wenn die Kinder aus der Milchflasche **rauchen.**

Der mir s. Zt. übersandte Mstr. Mumpitz war von großartigem Erfolg.
Dr. A—e, Wolmirstedt.

Mit gesandten Cotillon-Touren und mit Mstr. Mumpitz habe einen durchschlagenden Erfolg erzielt.
E—l, Wiesbaden.

Heroldstrompeten

zum Hineinsingen à la Bigotphon eingerichtet. **Jeder kann dies sofort ohne vorherige Übung.**

Die Trompeten sind aus Pappe hergestellt, goldbronziert, ca. 80 cm lang und mit Fahnen aus Stoff behängt; **letztere werden nur mit Adler geliefert. Bei jeder festlichen Gelegenheit** werden Vorträge mit diesen **Heroldstrompeten** stets von großem Beifall begleitet sein.

Die Trompeten kosten: **Stück Mk. —.90, 12 Stück Mk. 10.—.**

Bin mit Ihrer Sendung sehr zufrieden, wird wohl sehr großen Effekt machen.
Fr. —n., Sarstedt.

Mit Ihrer Sendung habe ich, wie immer, große Heiterkeit im Ballsaal erregt.
Der Vorstand: Jul. —n, Ratzeburg i. Lbg.

Spreche Ihnen hiermit für gelieferte Heroldstrompeten und für die prompte und tadellose Bedienung meine Anerkennung aus.
Lügumkloster, 9. 2. 11. *J. —n.*

Der Schnellmaler.

Sehr beliebter Vortrag.

Zu diesem humoristischen Intermezzo liefere ich ganz dünn skizzierte **Bilder** (die Striche sind nur für den Maler sichtbar, **dem Publikum erscheinen die Bogen leer**). **Die Bilder sind 45×57 cm groß** und übereinander auf einer starken Papptafel befestigt.

☛ Der Tanzordner spricht einige einleitende Worte und stellt dann dem Publikum den sogen. Künstler vor. Dieser verbeugt sich, tritt an die Staffelei und beginnt mit Grazie sein Werk. Nach Fertigstellung einer Zeichnung trennt er sie von der Staffelei ab, was sehr leicht geschieht, da die Bogen oben perforiert sind, und legt das Bild zurück, um dann **am Schlusse** seines Vortrages sämtliche Bilder zu verschenken.

Serie II

enthält die Köpfe von: **Kaiser Wilhelm I., Kaiser Wilhelm II., Bismarck, Moltke, Richard Wagner, Schiller.**

Serie IV.

Bilder-Rätsel.

Z. B.: Walpurgisnacht, Nach getaner Arbeit ist gut ruhn, Ballnacht, Kantor usw.

Der Schnellmaler hat großen Beifall gefunden.
P. —f., Thalheim.

Der sogenannte Künstler wirft die Rätsel mit großer Fixigkeit auf die Tafeln; hat er eins fertig, so bittet er das Publikum, ihm die Auflösung zu sagen. Wer als Erster richtig ratet, dessen Name wird auf die Zeichnung notiert und **am Schlusse des Vortrages** wird ihm das Bild zum Andenken überreicht.

Die 45×57 cm großen Bilder sind nicht einzeln, sondern nur serienweise abgebbar.

Die 6 Zeichnungen der Serie II oder IV auf Papptafel mit Kreidestift . . . Mk. 2.50.

Mit der Lieferung „Professor Lindemanns sprechendes Panoptikum", Schnellmaler etc., waren wir sehr zufrieden.
Graz, 29. 12. 10. *Raphael —n.*

Ein Vortrag für fidele und noch nicht fidele Menschen.

Der „Mensch". Wissenschaftliche, durch Gemälde erläuterte Abhandlung.

Der Vortrag wird abgelesen, kann also ohne jede Vorbereitung sofort gehalten werden.

Einige Textproben:

Der Mensch, lateinisch „homo", ist eine mehr oder weniger gelungene Zusammensetzung von Sauerstoff, Stickstoff und Kohlenstoff usw.

Der kleinste Mensch ist bekanntlich „das Kind" homo liliputanis schreihalsius usw. Die Wickelkissen feiner Leute sind meist aus Seide oder köstlicher Leinwand, die der gewöhnlichen Menschen aus Zwillich oder Drillich; es entstehen daher die Zwillinge und die Drillinge usw.

Im gewöhnlichen Leben nennt man die Jungfrau Mädel oder Magd; hat sie ein Haus, so heißt sie „Hausmagd", hat sie Vieh, „Viehmagd", hat sie beides zusammen: „Mädchen für Alles". Die Heimat der Magd ist Magdeburg. Wird die Jungfrau als solche alt, so heißt sie alte „Jungfer" oder „alte Mamsell"; dann haben sie Geheimnisse und schwärmen für Katzen, Möpse und andere Vögel usw.

Der von Ihnen bezogene Vortrag „Der Mensch" war großartig.
Amtsgerichtsaktuar —t, Burgstädt b. Chemnitz.

Gesandte Kopfbedeckungen sowie Vortrag „Der Mensch" haben großen Beifall gefunden.
T. —u, Bremen.

Der Professor erklärt eben auf dem Bilde die Illustration zu dem Texte: Der Mann muß hinaus.

Ich liefere dazu den **urfidelen Text, 10 Bilder (ca. 45×50 cm** groß), **Preis Mk. 2.25**
1 Brille . . . . „ „ **—.10**
1 Perücke . . . . „ „ **—.65**

Ihre letzte Sendung ist zu meiner vollen Zufriedenheit ausgefallen. Der Vortrag „Der Mensch" machte großen Effekt und zauberte große Heiterkeit hervor.
Heidenheim, 1. 2. 11. *H.—r.*

Mit Ihrer letzten Sendung war ich außerordentlich zufrieden und lobe besonders das pünktliche Eintreffen.
Kuno —r, Pforzheim.

Der Vortrag wird abgelesen.

Junggeselle und Ehemann.

Ohne Mühe großer Lacherfolg.

Verliebt.

Die beiden Vorträge Junggeselle und Ehemann und der Mensch haben sehr großen Beifall gefunden etc. *Wilh. —x, Viersen.*

Die Sachen erregten wegen ihrer Schönheit allgemeines Aufsehen. Wahre Lachsalven dröhnten bei den Vorträgen durch den Saal. *Lehrer A. —n., Castrop.*

Verheiratet.

Eine tiefsinnige Betrachtung über den Sinn der Wörtchen: ledig, verliebt, verlobt, verheiratet; **alles wahrhaft ulkig beleuchtet.** **Mit 10 lachreizenden, karikierten Bildern.**

Einige Proben aus dem hochinteressanten Text:

„Die Liebe kommt mir vor wie ein Sektrausch von Kloß & Förster und die Ehe ist dann der Katzenjammer, welcher dem Rausche folgt“ usw.

„Vor der Hochzeit möchte man sich vor Liebe aufessen und nach der Hochzeit, da ärgert man sich, daß man sich nicht aufgegessen hat“ usw.

„Wem Gott will rechte Gunst erweisen, dem schickt er seine Frau anf Reisen“ usw.

„Die Frauen sind ein großes Uebel, ein furchtbar schweres drückend Joch, sie gleichen ganz der scharfen Zwiebel, man weint dabei und ißt sie doch“ usw.

„Meine dritte Frau war mondsichtig; die stieg mir immer aufs Dach, wenn ich nachts später nach Hause kam“ usw.

„Zum Schluß: Darum gebe ich jedem von Ihnen meine Herren den Rat: Wenn Sie heiraten wollen, heiraten Sie nicht“ usw.

Zu diesem Vortrage gehören:

Der humorglühende, lachreizende Text, 10 Bilder (ca. 48×62 cm groß),	**Preis Mk. 2.25**
1 Brille	„ „ **—.10**
1 Perücke	„ „ **—.65**

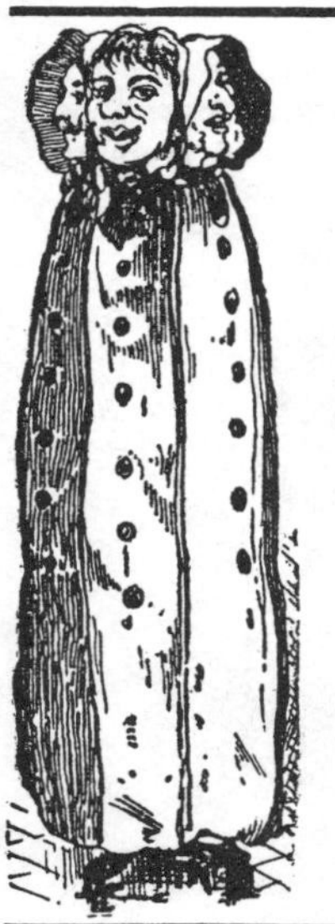

Der Vielseitige.

Ein urkomisches Intermezzo.

In ein langes vierfarbiges Stoff-Kostüm gehüllt, tritt der Vielseitige plötzlich in den Ballsaal, er verneigt sich nach vorne, er verneigt sich nach rechts und nach links und **überall sieht man ein anderes Gesicht,** denn der Kopf, den der Vielseitige trägt, hat **vier verschiedene Physiognomien;** nun dreht sich der Vielseitige im Kreise herum und alles wird staunen über den merkwürdigen Kopf. Zum Schluß geht der Mann mit den vier Gesichtern zu einer Dame, verbeugt sich viermal vor ihr, damit sie auch alle seine Physiognomien kennen lernt und tanzt mit ihr, indem er der Dame das Gesicht zukehrt, welches ihr am besten gefällt.

1 kompl. Stoffkostüm Mk. 6.—.

Ferner **originelle Kostüme**
Seiten 96/97.

Der Graf von Luxemburg.

Höchst ulkig!

Ein **Scherzintermezzo** zur Aufführung in vorgerückter Stunde.

Das Publikum singt das bekannte Lied „Der Graf von Luxemburg“ und jemand aus der Gesellschaft muß während des Gesanges mit einem Stock auf das jeweilige Bild, welches der Text angibt, zeigen usw.

Nähere Anweisung, Text, Noten, Bilder-Plakat (63×96 cm groß)

Mk. 1.50.

Ein vorzüglicher Vortrag, vornehmlich in vorgerückter Stunde vorzutragen.

Wenn der Hund mit der Wurst

übern Rinnstein springt und der Storch in der Luft den Frosch verschlingt. — Vers 2: Wenn die Wurst mit dem Rinnstein übern Hund wegspringt und die Luft in dem Frosch den Storch verschlingt. — In dieser Weise wird der Text immer weiter umstellt (ich liefere 21 verschiedene Verse). Das Publikum singt und ein Herr muß mit einem Stock immer auf das jeweilig genannte Bild zeigen usw.

Genaue Anweisung, Text, Noten und ein Bilder-Plakat (ca. 63×96 cm groß)

Mk. 1.50.

Der Mann, das nützlichste Haustier.

Der Vortrag wird abgelesen.

Jägerlateinische Betrachtung über seine Natur, seinen Fang, seine Zähmung und Dressur.

Mit 10 urkomischen Bildern.

Ein den Schmaltierspuren folgender, **noch** nicht gefangener Mann.

Dressur des eingefangenen Männchens.

☛ Der Vortrag kann **ohne Vorbereitung** sofort gehalten werden, **nichts ist auswendig zu lernen,** alles wird abgelesen. ☚

Einige Textproben: Die Nahrung des Mannes besteht aus Manna, aber auch aus Fleisch und anderem Gemüse usw. — Je nach der Hautfarbe unterscheidet man weiße, gelbe, braune und schwarze Männer, mit letzteren spielt man „Fürcht' Euch", nennt sie Mohren und läßt sie gehen, wenn sie ihre Arbeit getan haben usw. — Ist der Mann noch frei und sein eigener Herr, so nennt man ihn Freiherr, als solcher lebt er meistenteils in Rudeln, die jeden Abend zur Tränke ziehen usw. — Sind die Männer gar zu unmanierlich, dann leiden sie gewöhnlich an der chronischen Manierenkrankheit usw. — Behält ein Männchen seinem Weibchen gegenüber einmal seinen Willen (was jedoch nur äußerst selten vorkommt), so baut er sich eine Villa und schreibt über den Eingang: „Des Menschen Villa ist sein Himmelreich" usw.

Ein kompletter Vortrag „Der Mann"	**Text und 10 Bilder (ca. 48×62 cm groß),**	**Mk. 2.25,**
	1 Brille	**„ —.10,**
	1 Perücke	**„ —.65.**

(Bitte deutlich zu bestellen: **„Der Mann"**, da ich noch einen Vortrag **„Der Mensch"** [Seite 92] führe.)

Der Vortrag wird abgelesen. **Durchweg voll Humor.**

Ein zoologischer Vortrag,

welcher stets von einem **Lacherfolg sondergleichen** begleitet ist.

Der Walfisch ist der einzige Fisch, welcher Beine hat, daher kommt das „Fischbein".

Der erhaltene zoologische Vortrag hat viel Heiterkeit und Beifall erregt.
E. —r, Berlin.

Ich liefere hierzu **10 humoristische Bilder (47×63 cm groß)** und zwar:

Der Affe — Der Biber — Die Schlangen — Der Löwe (felix levi) — **Tiere aus dem Nordland — Der Wolf — Der Hirsch — Der Bär — Das Schwein** (suum cuique) — **Der Walfisch — Das Pferd — Die Fische**

und den in folgendem näher beleuchtenden, prachtvollen Text.

Einige Proben aus demselben: **Das Pferd.**

Das **Pferd** dient nicht allein zum Reiten und zum Fahren, sondern vorzugsweise zur **Bereitung von Beefsteaks;** wird es mit Rum genossen, so heißt es **Rumsteak.** In Egypten fließt ein Fluß mit Namen **„der Nil"**, dort nennt man die Pferde **Nilpferde** und die Rosse **Walrosse.** Auch die alten Griechen kannten schon das Roß und unterschieden zwei Arten; die einen nannten sie **„Tartaros"**, daher stammt das **Beefsteak à la tar-tar,** die andere existierte zur Zeit des Kaisers Dyonisius und hieß **Möros.**

In der Beschreibung der **Schlangen** heißt es u. a.: Hier sehen Sie, meine Herrschaften, die **Brillenschlange** abgebildet; dieselbe muß wegen ihrer Kurzsichtigkeit beständig eine Brille tragen, verliert sie dieselbe, so kann sie nicht mehr sehen und wird **Blindschleiche** genannt. Die Schlangen pflanzen sich durch **Eier** fort; aus dem Ei entwickelt sich die **Eidechse.** Eine Art **Eidechsen** sind die **Salamander;** diese werden in Universitätsstädten gerieben und flüssig genossen.
Refrain: Stimmts oder stimmts nicht??? **10 Bilder (47×63 cm groß) und ein Textbuch Mk. 2.25.**

Mit den von Ihnen gekauften Sachen war ich sehr zufrieden.
R. —r, New-York.

Die gelieferten Gegenstände haben allgemeinen Beifall gefunden.
R. —dt. jun., Berlin.

Ein Zweikampf zum Totlachen.

Ein Zwischenspiel, das niemals verfehlen wird, die Zuschauer höchlichst zu amüsieren.

Zwei Herren setzen in einem Nebenzimmer vom Hauptsaal die zu dem Scherzspiel gehörigen ca. 32 cm hohen steifen **Kartonkragen** über den Kopf und klemmen in diese die **komischen Clownköpfe** hinein, dann nehmen sie die **Schwerter** als **Spazierstöcke** in die Hand und kommen Arm in Arm in den Saal hineinspaziert. **Das Publikum wird staunen über die langhals. Herren mit den weiß. Köpfen u. sie gespannt verfolgen.**

Da plötzlich geraten die beiden in Streit, treten auseinander, tauschen ihre **Riesenvisitenkarten („Lips und Laps")** aus und nehmen Fechterstellung ein; dann beginnt der Kampf und nicht lange währt es und **beide Köpfe rollen in den Saal** und die Kopflosen nehmen Reißaus. Darauf erscheint ein Diener mit Besen, säubert den Kampfplatz und **kehrt die Köpfe hinaus.** Die Zuschauer werden, ob dieses riesig gelungenen Intermezzos, in einen **großen Beifallssturm** ausbrechen.

2 Kragen, 2 Köpfe, 2 Schwerter, 2 Riesenvisitenkarten, komplett Mk. 4.75.

Um Kopf und Kragen.

Ein komisches Intermezzo, das alle Anwesenden mächtig erheitert.

Mit der Ausführung der Sendung war ich sehr zufrieden, die Negerkostüme sind famos.
Stabsarzt Dr. —g., Posen.

Zwei baumlange Neger kommen in den Saal gestolpert, rempeln sich an, schimpfen sich, streiten sich herum, kriegen sich an den Köpfen und reißen sich letztere nach hartem Kampfe gegenseitig ab. Da sitzen sie nun, die kopflosen Kampfhähne, und wissen nicht, wie ihnen geschehen. Geknickt schleichen sie **mit dem Kopf unter dem Arme** zum Saale hinaus. Auf ungeheures Bravorufen und Händeklatschen der Zuschauer kommen die Kopflosen noch einmal in den Saal herein und schlüpfen, während sie sich tief verneigen, mit dem Kopf durch den vom Chemisette verdeckten Einschnitt heraus.

Auch dieser Anblick wird die Lachmuskeln kolossal erregen.

Ich liefere hierzu zwei Kostüme aus starkem Papier mit steifen Schultern und steifen Kragen; letztere kommen auf den Kopf zu sitzen und auf diese Kragen kommen dann die Negerköpfe aus Papiermaché, die fest darüber geklemmt werden.

☞ In den Chemisettes befinden sich kleine Öffnungen zum durchsehen. ☜

Zwei komplette Kostüme mit Negerköpfen Mk. 4.25.

Verschiedentlich bezog ich zu meinen Festen Gegenstände von Ihnen, die jedesmal großen Beifall fanden und zur Verschönerung des Festes beitrugen. *Frau Kommerzienrat —n., Neunkirchen.*

Für Ihre stets schönen Sendungen bestens dankend. *Instituts-Tanzlehrer R. —r. i. H.*

O, Susanne, du bist so hold, so schön!

Zu diesem sehr gelungenen Scherze liefere ich **eine lebensgroße Puppe** mit hübschem Gesicht, ferner **Text** und **Noten** des sehr leicht zu singenden Liedes.

In einer Pause kommt ein Herr im Ballanzuge mit der Puppe, die er um die Taille gefaßt hält, in den Saal und geleitet die Dame zart und graziös zu einem Stuhl, wo er sie niederläßt; dann macht er eine tiefe Verbeugung und bittet die Dame höflichst um einen Tanz.

Nun spielt das Klavier die Melodie vor und der Herr beginnt zu singen:

„Ich führe hier Susanne vor, die ich so herzlich lieb, sie blickt zwar etwas scheu empor, der kleine Herzensdieb; O, Susanna, du bist so hold, so schön, so reich' zur Polka mir die Hand, laß dich mit Grazie drehn."

Er umfaßt dann die Gestalt und tanzt; während des Tanzes unterhält er sich scheinbar mit Susanne und läßt dieselbe öfters mit dem Kopfe nicken usw.

Nur einigermaßen geschickt aufgeführt, macht dieser Vortrag stets großen Effekt und reißt mit Macht zum Lachen hin.

1 lebensgroße Puppe mit Stoffkleid **Mk. 12.—,**
Text mit Noten **Mk. 1.—.**

Ihre hübschen, hier leider noch so wenig bekannten Sachen haben auf dem gestrigen Balle riesigen Beifall gefunden
W. —s., St. Petersburg.

Der indische Elefant „Zamba"

in Freiheit vorgeführt vom Wüstenkönig Herrn Leu.

Ich liefere zu dieser **effektreichen** Darstellung einen auf lithographischem Wege **wunderschön nachgebildeten Elefanten** (Rückenhöhe ca. 130 cm) mit beweglichem Rüssel aus starker Pappe. In diesen Elefanten (er wiegt nur ca. 3½ Ko.) schlüpft ein Herr hinein und führt ihn in gebückter Stellung (die Hände vorn auf den Knien, er kann also sehr bequem gehen) vor. Ein anderer Herr setzt den **plastischen Löwenkopf auf** und hüllt sich in die **doppelte Mähne** ein. **Jeder Schritt und jede Bewegung wirken nun in dieser Ausstattung riesig komisch.**

Das Publikum kommt aus dem Lachen nicht heraus.

1 Elefant, flach zusammenlegbar und leicht zu verschicken (als Sperrgut); Gewicht nur ca. 3½ Kilo (mit Verpackung ca. 7 Kilo), Rückenhöhe ca. 130 cm .... **Mk. 4.—**
1 Löwenkopf mit Monstremähne .... „ 2.—
1 Peitsche .... „ —.25
} zusammen **Mk. 6.25**

Eine Elefantenheerde von 6, 8 oder 10 Stück macht einen Rieseneffekt, 6 Stück kosten .... **Mk. 23.—**
8 Stück **Mk. 30.—**, 10 Stück **Mk. 36.—.**

Meine Frau und meine Schwiegermutter.

Zu diesem urkomischen Intermezzo liefere ich ein Kostüm aus Stoff mit Doppelmaske (wie Abbildung). Ein mit etwas Komik begabter Herr legt dasselbe im Nebenzimmer an und kommt dann Arm in Arm mit einem anderen Herrn in den Ballsal.

Der Herr stellt nun den Ballbesuchern unter tiefen Komplimenten erst seine Frau vor, dann verschwindet er mit dieser wieder, bringt umgehend seine Schwiegermama herein und stellt nun diese vor. (Der kostümierte Herr muß in diesem Falle rückwärts gehen.) Nachdem dies unter allgemeinem Gelächter geschehen ist, beginnt der Tanz; erst tanzt der Herr mit Frau und Schwiegermutter allein einen Walzer, dann tanzen 2 Herren, der eine mit der Frau, der andere mit der Schwiegermama; zuletzt reicht der kostümierte Herr seine Hände 2 Herren, wie auf dem Bilde, und alle 3 chassieren durch den Saal und dann zur Türe hinaus.

Ein Anblick zum Totlachen.

Ein vollständiges Kostüm aus Stoff Mk. 6.—.

Während des Tanzes mischt sich plötzlich unser

Chinese Lahungsching-sching

unter die Paare und bewegt seinen hängenden Bart langsam in die Höhe.

Schon der Chinese selbst in der gelben Jacke mit seinem großartigen Charakterkopf wird riesigen Effekt machen, doch seine noch nie dagewesene

Schnurrbartkunst

wirkt geradezu verblüffend.

1 Kopf mit beweglichem Schnurrbart .. Mk. 2.25
1 gelbe Stoff-Jacke ...... „ 2.75

Fräulein Langhals.

Das Erscheinen dieser netten Dame wird in einer Pause von dem Tanzvorstand angemeldet. Die Musik spielt eine Polka, es öffnen sich die Türen und **Fräulein Langhals** kommt herein, vorläufig mit ganz **kurzem** Hals. Die Dame macht ein Kompliment und nähert sich tanzend und springend einer Gruppe Damen und Herren; dort angekommen, reckt sie plötzlich ihren unendlich langen Hals über die Gruppe hinweg; erschreckt und schreiend fährt alles zur Seite, um dann herzlich über Fräulein Langhals zu lachen; letzteres läßt sich nicht irre machen, sondern tanzt weiter (gleichzeitig den Hals nach dem Takte der Musik auf- und abziehend und **rundherum**drehend).

Das Publikum amüsiert sich bei diesem komischen Intermezzo **köstlich.**

Das Stoffkleid ist ca. 155 cm lang. Der Hals mit Kopf hat ausgestreckt eine Länge von 110 cm.

1 komplettes Stoffkostüm des Fräulein **Langhals** mit Papiermachékopf usw. kostet Mk. 7.—.

Die liebenswürdige Schwiegermama, eine Seltenheit I. Ranges.

Wenn die Paare zur Polonaise angetreten sind, kommt plötzlich ein Herr auf seiner Schwiegermutter in den Ballsaal geritten und führt den Zug an.

Höchst effektvoll!

Das **Stoff-Kostüm** ist so eingerichtet, daß der Herr hineinsteigt, die vorn hängenden Herrenbeine, ebenso die Schwiegermutterarme sind ausgestopft, der Kopf ist aus Papiermaché.

Preis Mk. 13.—.

Ich offeriere hierzu noch: Marsch für Klavier „**Meine Schwiegermutter**" von Ch. Demont **Mk. —.80.**

Mr. Fox, der Wonderclown,

wie Fräulein Langhals eingerichtet; kann sich bis auf 3 Meter verlängern.

1 komplettes Kostüm Mk. 9.50.

Auftreten des Athleten Stämmig,

derselbe hebt mit verblüffender Leichtigkeit 10000 Kilo ohne zu ermüden.

Sehen und staunen!

Alle Champions werden in den Schatten gestellt.

Gewichte aus Pappe täuschend nachgeahmt!

100 Kilo	Stück	**Mk.**	—.80.
250 „	„	„	—.90.
500 „	„	„	1.20.
Hanteln, ca. 50 cm lang		„	—.70.
Hanteln, ca. 125 cm lang		„	4.—.

Alle von Ihnen mir übersandten Gegenstände haben mir, wie auch allgemein, sehr gefallen, und bin ich mit der Ausführung meines Auftrages sehr zufrieden.
von —l.,
Rittmeister, Bassow a. M.

Die Sachen sind gut und rechtzeitig eingetroffen.
Frau A. —r., Tanzlehrerin, Neckarelz.

Den mir gesandten Chinesen habe ich erhalten und gefällt mir derselbe recht gut.
C. —l, Seestadt b. Br.

Großartiger Lacherfolg!

Ein Vortrag

für lustige Menschen,

die gerne lachen.

Der Trichinen-August.

Lebens- und Leidens-geschichte eines Helden, dargestellt in **8 Buntdruck-bildern, karikiert in höchster Vollendung.**

Der in **lachreizenden, fließenden** Versen gehaltene Text wird abgelesen.

☛ Die sehr originelle **Halbmaske** (bis an den Mund) **wirkt**
☛ **äußerst komisch.**

Buntdruck-Plakat (Größe 83 × 195 cm), **Text in Versen,** Mk. 2.50
Halbmaske und Stab . . . . ,, —.50

Die Riesenhände.

Ein komisches Intermezzo von Riesen-Effekt!

Ich liefere hierzu ca. **35 cm große Hände mit beweglichen Fingern,** die sich selbst über die größten Hände leicht anziehen lassen.

Mit recht auffallenden Gest n und Riesen-Hand- und Fingerbewegungen eine humoristische Rede gehalten oder ein Gedicht deklamiert, **ist von großartig komischer Wirkung.** Noch größerer Lacherfolg wird erzielt, wenn, wie auf dem Bilde, 2 Herren mit Riesenhänden sich gegenübertreten und disputieren oder nur pantomimisieren.

Nr. 1733. Ein Paar Riesenhände Mk. 2.—.

Nr. 1962. Ein Paar braune Riesen-Glacéhandschuh (Finger nicht beweglich) . . . . Mk. 1.60

Karikatur-Masken.

Zu fast allen Vorträgen passend.

Wenn der Vortragende die nebenstehend abgebildete

Professoren-Halbmaske

(Mund und Kinn sind frei) aufsetzt, so hat er von vornherein die Lacher auf seiner Seite, denn die Gesichtsbewegungen wirken in dieser Umhüllung **urkomisch.** Will der Vortragende nun das Publikum noch mehr zum Lachen reizen, so muß er an einige lustige Freunde

Lach- u. Heulmichel-Masken

verteilen; bevor der Professor nun seinen Vortrag beginnt, kommen die maskierten Herren in den Saal herein und setzen oder stellen sich so, daß sie vom Publikum gut gesehen werden. Wenn dann das herzhafte Lachen einerseits und das rührende Weinen andererseits bei entsprechenden zündenden Worten des Vortragenden ertönt, so wird das einen **Rieseneffekt** machen und zum **herzhaften Mitlachen** unbedingt herausfordern.

Die Maske bedeckt nur Stirne, Haar und Nase.

Nr. 4015. Professoren-Maske, Stück Mk. —.55

Nr. 2046. Lachmichel-Maske. Stück Mk. —.35.	**Nr. 2047. Heulmichel-Maske. Stück Mk. —.35.**

Der kleine Cohn

mit dem großen Kopf.

Die Musik spielt das alte schöne Lied: Ham Se nich den kleinen Cohn gesehn? und plötzlich erscheint derselbe unter den Tanzenden u. tanzt schneidig mit.

Ein feiner Cohnkopf zum Aufsetzen (aus Papiermaché)

Nr. 2583 St. Mk. 1.30.

Die Bauersfrau.

Zu diesem Intermezzo liefere ich eine **Gazemaske,** wie abgebildet, mit buntem **Kopftuch** aus Stoff, ferner einen **Tragkorb** und **Eier** mit Schnee gefüllt, welche die Bauersfrau unter die Tanzenden verteilt.

Nr. 4006. Maske mit Kopftuch . . Mk. —.80
Nr. 4007. Tragkorb aus Spangeflecht ,, 1.20

	1	6	12 Dtzd.
Nr. 85. Eier mit Schnee gefüllt	**Mk. 1.40**	**8.—**	**15.—**

Diese Tier-Kantaten gefallen immer.

Mit „Bremer Stadtmusikanten" habe ich einen durchschlagenden Erfolg erzielt.
K—r., Straubing.

Theatralisches Konzert der Bremer Stadtmusikanten.

Ein musikalischer Scherz von ungemein komischer Wirkung (für Männerstimmen).
Partitur **Mk. 1.80, Noten** für die verschiedenen Stimmen **Mk. 2.50.** Die dazu gehörigen **11 Tierköpfe** aus Pappe sehr schön modelliert und gemalt (Abbildg. oben) mit beweglichem Kinn resp. Schnabel **Mk. 13.50.**

Tier-Quartett.

Ein musikalischer Scherz für 4 Männerstimmen mit Begleitung des Pianoforte von Jos. Brixner.

1. Tenor = **Katze,** 1. Baß = **Hund,**
2. Tenor = **Hahn,** 2. Baß = **Schwein,**
Pianist = **Affe.**

Partitur . . . . **Mk. 1.50**
Stimmen . . . . „ **1.60**
Die 5 Köpfe . . . . „ **6.50**

Mit den Tier-Kantaten sind wir sehr zufrieden.
L—k., Komotau.

Die Vogel-Kantate

von J. Mathieux,
für 5 Singstimmen mit Klavierbegleitung.

Rabe.	**Kuckuck.**	**Papagei.**	**Nachtigall.**	**Elster.**
Baß.	Alt.	Alt.	Sopran.	Sopran.

Partitur und Stimmen . . . . **Mk. 5.50**
Die 5 Vogelköpfe mit bewegl. Schnäbeln . . . . . „ **6.50**

Katzen-Duett

von G. Berthold.
für Singstimmen mit Pianofortebegleitung . . . . . **50** Pfg.
2 Katzenköpfe mit beweglichem Maul . . . . . . **Mk. 2.60**

Hühner-Terzett

von Alexander Dorn,
für 3 Singstimmen mit Klavierbegleitung.
Partitur und Stimmen . . . . **Mk. 2.50**
Die 3 Hühnerköpfe mit bewegl. Schnäbeln . . . . . „ **3.90**

Frosch-Kantaten.

Komischer Gesang für Männerstimmen mit Begleitung des Pianoforte (ad libitum).

Frosch-Kantate I für Männerchor, komponiert von C. Henning.
Partitur und Stimmen . . . . **Mk. 2.50**
jede einzelne Stimme . . . . „ **—.25**

Frosch-Kantate II für gemischten Chor, komponiert von Otto Müller.
Partitur und Stimmen . . . . **Mk. 2.50**
jede einzelne Stimme . . . . „ **—.25**
Froschköpfe mit bewegl. Maul . . . . Dutzend „ **14.50**

Plastische Tierköpfe mit beweglich. Maul resp. Schnabel

aus **Papiermaché,** ganz naturgetreu geformt, zum Überstülpen über den Kopf. Vorrätig sind:

Affe, Bär, Bulldogge, Eisbär, Elefant, Elster, Ente, Esel, Eule, Foxterrier, Frosch, Fuchs, Gans, Geislein, Hahn, Hase, Hirsch, Huhn, Jagdhund, Kameel, Katze, Kuckuck, Leopard, Löwe, Maus, Mops, Nachtigall, Ochse, Grüner Papagei, Pferd, Pudel, Rabe, Ratte, Rebhuhn, Rehbock, Schaf, Schwalbe, Schwein, Sperling, Spitz, Storch, Tiger, Uhu, Unke, Wachtel, Wildschwein, Wolf, Ziegenbock. Stück **Mk. 1.30.**

Ferner: **Schnepfe,** Stück **Mk. 1.60.**

Bei Bestellung bitte stets ☞ Tier-Köpfe ☜ vorzuschreiben.

Rasse-Pferdeköpfe,

groß, in tadelloser Naturtreue, sehr schön modelliert und ausgeführt. Maul nicht beweglich, aber etwas geöffnet. Stück **Mk. 2.80.**

Neu!

Chantecler-Maske

aus Gaze, höchst effektvoll gemalt.

Nr. 4054.
Stück Mk. —.85.

Tier-Masken aus Papiermaché

(vor das Gesicht zu knüpfen).

Vorrätig sind: **Affe, brauner Bär, Bock, Bulldogge, Elefant, Elster, Ente, Esel, Frosch, Fuchs, Hahn, Hase, Hering, Huhn, Jagdhund, Katze, Kuckuck, Löwe, Maus, Papagei, Pferd, Pudel, Rabe, Schwein, Sperling, Spitz, Storch, Wolf.**
Stück 35 Pfg.

Ferner:
Hasen-Masken für Kinder.
Stück 30 Pfg.

Die letzte Sendung befriedigte sehr, die Köpfe sind wirklich naturgetreu nachgeahmt.
In. —a., Menzingen.

Tier-Kostüme ■ zum Reiten:

Pferd (es sind nur Schimmel lieferbar), für Herren und Damen, flach aus Pappe, lithographiert (beschrieben Seite 51) .... Stück **Mk. 3.50**
Dasselbe Pferd mit **Stoff**behang (statt Papier) .... „ „ **4.60**
Schwein, flach, aus Pappe, lithographiert .... „ „ **2.75**
Ziegenbock, flach, aus Pappe, lithographiert .... „ „ **2.75**
Pferd aus Papiermaché, plastisch geformt .... „ „ **20.—**

Bin mit den mir gesandten plastischen Pferden äußerst zufrieden gestellt.
R. —r, Leipzig-Neust.

Zum Anziehen, zur Umhüllung des ganzen Körpers:

Für 1 Person:

Kater, Kopf aus Papiermaché, **plastisch** geformt, Anzug aus Stoff mit Stulpen (für die Stiefeln) Stück **Mk. 13.50**
Eine Katerstimme (kleines Instrument, läßt durch Druck „Miau" ertönen). **Nr. 1662a.** Stück **Mk. —.65**
Bär, Kopf aus Papiermaché, braun, mit Beißkorb und Ring in der Nase. Anzug aus Stoff Stück **Mk. 13.50**
Frosch, Kopf aus Papiermaché, Anzug aus Stoff Stück **Mk. 13.50**
Affe, Kopf aus Papiermaché, Anzug aus Stoff Stück **Mk. 13.50**
Esel, Kopf aus Papiermaché, Anzug aus Stoff Stück **Mk. 13.50**
Esel II, prachtvoll modelliert. Kopf aus Papiermaché mit beweglichen Ohren und Augenlidern, Anzug aus Stoff .... Stück **Mk. 22.—**
Elefant, flach, aus Pappe, lithograph.,.. Stück ,, **4.—**
Hase, Wolf, Kopf aus Papiermaché, Anzug aus Stoff Stück **Mk. 13.50**

Die Tierkostüme haben kolossalen Effekt gemacht, und viel dazu beigetragen, das Fest zu verschönern, ebenso bereiteten die niedlichen Fächer große Freude. F. —, Bockenem.

Elefant, Kopf aus Papiermaché, Anzug aus Stoff, für 2 Personen, Stück **Mk. 20.—.**

Plastische Trikot-Kopfmasken etc.
teils mit beweglichem Kinn.

Nr. 2551. Herr. Stück **Mk. 2.20.**

Nr. 2552. Engländer. Stück **Mk. 2.20.**

Nr. 2553. Neger. Stück **Mk. 2.20.**

Nr. 2554. Clown. Stück **Mk. 2.20.**

Nr. 2555. Indianer. Stück **Mk. 2.20.**

Nr. 2429. Stutzer (Kinn nicht bewegl.) St. **Mk. 2.—.** | **Nr. 2431. Engl. Lord** (Kinn nicht bewegl.) St. **Mk. 2.** .

Diese Masken sind die **vollkommensten** und **bequemsten** und übertreffen an **Natürlichkeit** und **Komik** alles bisher Gesehene. Man kann darin **sprechen, trinken** und **rauchen,** auch lassen sich dieselben, ohne Schaden zu leiden, zusammengerollt in der **Tasche tragen.** Sie bedecken Kopf und Hals vollständig und

schließen daher jedes Erkanntwerden aus.

Trikot-Kopfmasken

mit **ausgeschnittenen, hinterklebten** Augen, Nase und Mund.

Nr. 1977. Clown, weiß (wie Abbildung) mit ausgeschnitten., hinterklebten Augen und Mund. Stück **60 Pfg.**

Nr. 1979. Herr, fleischfarben, Stück **60 Pfg.**

Nr. 1978. Neger, schwarz. Stck. **60 Pfg.**

Nr. 1982.

Nr. 1977.

Nr. 1983.

Der Trikotstoff berührt das Gesicht selbst nicht direkt, da die entsprechenden Teile in steifer Gaze gearbeitet sind; auch machen diese Masken nicht besonders warm, wie vielfach **irrtümlich** angenommen wird; sie sind ebenso **leicht** und bequem wie jede andere Maske zu tragen.

Nr. 1980. Indianer, braun, St. **60 Pfg.** **Nr. 1981. Teufel,** rot, ... Stück **60 Pfg.**
Nr. 2563. Chinese, gelb .... „ **60** „
Trikot-Halbmasken mit Bart ohne Kinn, (wie Abbildung), mit verschieden geformten Nasen **Nr. 1982** Stück **Mk. —.55**
Trikot-Gesichtsmasken mit Haar und Bart (wie Abbildung) mit verschieden geformten Nasen .... **Nr. 1983** Stück **Mk. —.75**

Augen-rahmen-Masken

(überwachste Gaze), sehr effektvoll gemalt, mit Goldschattierung.

Diese kleinen Masken verändern das Gesicht verblüffend.

Nr. 2366. { Stück **Mk. —.20,** Dutzd. „ **2.20.**

Verschiedene Scherzmasken.

Photo-Maske aus Karton

mit Bart und photographischem Apparat. Bläst man in das Mundstück, so öffnet sich die Klappe und eine Schlange fährt heraus.

Nr. 2435. Stück **Mk. —.65.**

Schnorrer.

Papiermaché-Cylinder mit Trikotmaske, Bart und Haarlocken.

Nr. 2438. Stück **Mk. 1.—.**

Biedermeier.

Papiermaché-Cylinder mit Trikotmaske.

Nr. 2437. Stück **Mk. 1.30.**

Strolch.

Eingetriebener, beschmutzter **Papiermaché-Cylinder** mit durchgewachsenem Haarbüschel. Trikotstirn mit Haar, Nase und Bart, **scheußlich-schön!**

Nr. 2363. Stück **Mk. 1.—.**

Der Onkel aus Amerika.

Der graue Cylinderhut ist aus Papiermaché gepreßt, mit farbigem Band, die Maske aus Trikot und Gaze, der Bart aus Wolle.

Nr. 4002. Stück **Mk. 1.40.**

Japaner.

Schwarz-gelbe **Papiermaché-Mütze** mit Trikot-Stirn, Haarlocken, Nase und Bart; Augen, Backen und Kinn sind frei.

Nr. 2361. Stück **Mk. 1.—.**

Schutzmann.

Aus Gaze, ganz leicht, mit Haar und Bart aus Flachs.

Nr. 2561. Stück **Mk. —.60.**

Neu! Das blaue Auge

wird mit Gummischnur um den Kopf gelegt und macht einen tiefen Eindruck, wie die Abbildg. zeigt. **Nr. 4089.**

Stck. **Mk. —.20,** Dtzd. **Mk. 2.25.**

Herr Itzig.

Gaze gewachst, mit schwarzem Roßhaar.

Nr. 2499. Stück **Mk. —.50.**

Neu!

Harmonika-Nase mit Vogelgezwitscher,

ca. 16 cm lang, mit Brille u. Schnurrbart

Nr. 4087.

Stück **Mk. —.30,**
Dtzd. „ **3.—.**

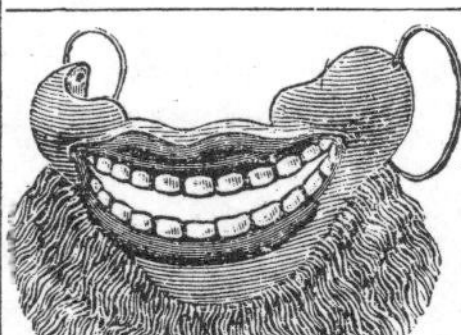

Neu!

Scheunentor

mit Backen und mit Bart, Mundgröße ca. 18 cm.

Nr. 4088.

Stück **Mk. —.50,**
Dtzd. „ **5.75.**

Frau Itzig.

Gaze gewachst, mit schwarzem Roßhaar.

Nr. 2500. Stück **Mk. —.40.**

Frauenrechtlerin.

Der Hut ist aus dünner Pappe gepreßt, die Maske aus Gaze mit blauer Brille, das Haar aus rotem Flachs.

Nr. 2560. Stück **Mk. 1.30.**

Steffen-Rundhut.

Der Hut ist aus Papiermaché gepreßt, die Maske aus Trikot und Gaze, der Bart aus Wolle.

Nr. 4003. Stück **Mk. 1.—.**

Seppl.

Der Hut ist aus dünner Pappe gepreßt, Maske aus Gaze, Haar und Bart aus Flachs.

Nr. 2557.

Stück **Mk. 1.30.**

Scherzmasken aus Gaze und aus Karton, effektvoll gemalt. ◈ Atlas-Halbmasken.

Herr und Frau **Schönkopf.** Gazemasken **Nr. 2566 a** Herr **Nr. 2566 b** Frau, 2 Stück Mk. **1.35.**

Herr und Frau **Schiefgesicht.** Gazemasken **Nr. 2567 a** Herr, **Nr. 2567 b** Frau. 2 Stück Mk. **1.10.**

Chines. Kuli. Gazemasken **Nr. 2563.** Stück Mk. **—.70.**

Japanfräulein. Kartonmasken **Nr. 2569.** Stück Mk. **—.55.**

Herr **Schwitzer.** Kartonmasken **Nr. 2570.** Stück Mk. **—.70.**

Hexe. Kartonmasken mit Flachshaar mit beweglichem Kinn. **Nr. 2571.** Stück Mk. **—.70.**

Das Unglücksschwein. Kartonmasken **Nr. 2574.** Stück Mk. **—.70.**

Süße Mädchen, aus Wachsleinen mit **Apfelblütenteint. Nr. 2497.** Stück Mk. **—.40,** Dtzd. „ **4.60.**

Alte Weiber in 6 Dessins. **Gazemasken. Nr. 2562.** Stück Mk. **—.30,** Dtzd. „ **3.40.**

Zigeunerin. Ueberwachste Gazemasken. Nr. 2565. Stück Mk. **—.50,** Dtzd. „ **5.75.**

Aus Gaze.

Automobilfahrer. Nr. 2368. Stück Mk. **—.25,** Dtzd. „ **2.75.**

Süßer Teufel. Nr. 2369. Stück Mk. **—.40,** Dtzd. „ **4.40.**

Stummelraucher. Nr. 2370. Stück Mk. **—.40,** Dtzd. „ **4.40.**

Clown. Nr. 2371. St. Mk. **—.25,** Dtzd. „ **2.75.**

Der Herr Baron. Nr. 2372. St. Mk. **—.40,** Dtzd. „ **4.40.**

Backfisch. Nr. 2373. St. Mk. **—.20,** Dtzd. „ **2.20.**

Dummer August, heulend, mit **Flachshaar. Nr. 2374.** Stück Mk. **—.60,** Dutzend „ **6.60.**

Aus Gaze.

Der Lacher.

Neu! Gazemasken reizen unbedingt zum Lachen und Lachen ist gesund. **Nr. 4055.** Stück Mk. **—.75,** Dutzend „ **8.75.**

Die musikalische Nasenmaske.

Wie die Abbildung zeigt, ist an der Maske aus Karton eine **Spieldose** angebracht und bietet es einen urkomischen Anblick dar, wenn der Maskierte auf einmal an seiner Nase herumdreht und ihr eine Melodie entlockt. **Nr. 2052.** Stück Mk. **—.65,** Dutzend Mk. **7.50.**

Rekruten.

Papiermützen mit Gazemasken (2 verschiedene Charaktere). **Nr. 2364.** Stück Mk. **—.60,** Dutzend Mk. **6.60.**

Max und Moritz,

Gazemasken. Nr. 2367. 2 St. Mk. **—.70,** Dtzd. Mk. **4.—.**

Negermasken aus Karton.

Nr. 4008. 3 Stück Mk. **—.25,** Dutzend „ **—.90.**

Atlas - Halbmasken

in den Farben **weiß, rot, hellblau, schwarz.**

Nr. 1984 für Damen . . . Stück Mk. **—.25**
„ **1985** „ Herren . . . „ „ **—.25**

Mit Atlas- oder Spitzenbehang St. Mk. —.25 mehr.

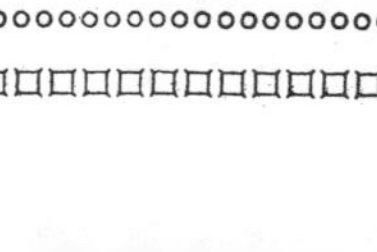

Galamasken, Scherzmasken, Nasen, Pausbacken etc.

Galamasken, das feinste, was es gibt.

1. wie Abbild. 2. **Viertelmasken** (den vierten Teil des Gesichtes bedeckend.) 3. **Dreiviertelmasken.**
Beschreibung **Seite 69.**

Neuheit! Mundtür-Maske Urgelungen!

aus Karton, gemalt. Vor dem Munde befindet sich eine Tür, zum auf- und zumachen. Wenn der Träger der Maske zu viel schwatzt, wird die Tür geschlossen.

Nr. **4056.** Stück Mk. —.**45**, Dutzend Mk. **5.25.**

Neu! Plastische Neu! Farbendruck-Masken.

Der flache Karton erhält durch Ineinanderhaken plastisch gewölbte Formen. Es sind 6Dessins (Karikaturen) vorrätig.

Nr. **4090.**

Dutzend Mk. **1.50.**

Die Quietsch-Nase.

Maske mit Schnurrbart und mit Nase; drückt man an die letztere, so ertönen quietschende Töne.

Nr. **2241.**

Stück Mk. —.**40**,
Dutzend Mk. **4.50.**

Neu! „Alt und Jung" Neu!

aus Gaze, gemalt. Die Maske, ein altes Weibergesicht darstellend wie Abbildung 1, wird vor den Hinterkopf gebunden und schafft durch die **Krepppapierhaube** mit **Doppelrüschen** eine vollkommene Verbindung mit dem blühenden Gesicht der **jungen Trägerin**; das Doppelgesicht (Abbildung 2) zeigt also vorn Natur, hinten Maske. Dieses „Alt und Jung" eignet sich auch zur Aufführung der **„Alten Weiber-Mühle"**: Alt gehen die Damen hinein und jung kommen sie wieder heraus.

Nr. **4057.** 1 Maske Altes Weib mit Doppelhaube, Stück Mk. —.**75.**

Die 6 schönsten Männer, vorgeführt von Herrn Langfinger. Urkomisch!

Nr. **1742 A.**	**Lange Finger**, St. Mk. —.15, 10 St. (f. 2 Hände)	Mk.	**1.40**
„ **1742 B.**	**Pausbacken mit Nase** ...... Stück Mk. —.30, Dtzd.	„	3.—
„ **1742 C.**	**do. mit Nase und Kinn**, Stück Mk. —.40, Dtzd.	„	4.60
„ **1742 D.**	**Riesenohren** .... Paar Mk. —.50, Dutzendpaar	„	5,75
„ **1742 E.**	**Brille mit Ballonnase zum Aufblasen und Einziehen** .... Stück Mk. —.15, Dtzd	„	1.70
„ **1742 F.**	**Brille mit Nase, Schnurrbart, Kinn und Kinnbart** Stück Mk. —.25, Dtzd.	„	2.80
„ **1742 G.**	**Aufgeworfene Lippen**, Paar Mk. —.30, Dtzdpaar	„	3.—

1 Sortiment 1742 A bis G = Mk. 2.—.

Der große Mund, oder Tür zu, es zieht.

Gewachste Gazelippen mit vorstehender Inschrift und Backen- und Kinnbartbesatz

Nr. **2322.**

St. Mk. —.**35**,
Dtzd. „ **4.—.**

Die Pfeilnase.

Amor hat hier versehentlich, statt in das Herz, in die Nase geschossen.

Kartonnase mit Pfeil und Brille

Nr. **2323.**

Stück Mk. —.**35**, Dtzd. Mk. **4.—.**

Nasen-, Ohren- u. andere Masken. Bärte, Scherzkrawatten usw.

Charakter-Nasen

in 36 verschiedenen Formen. Eine sehr effektvolle Überraschung, wenn sich die Herren durch diese Nasen auf einmal so eigenartig verwandeln.

Nr. 1696.

3 Stück Mk. —.30, Dutzend Mk. 1.—.

Schnurrbartnase

mit Brille.

Nr. 2498

Stück **Mk. —.30.**

Der folgsame Schnurrbart

nimmt je nach Wunsch die verschiedensten Formen an; er zeigt mit den Spitzen nach der Pupille, oder er hängt chinesisch herunter, oder er ist einseitig keck und auf der anderen Seite melancholisch usw., ganz wie man das will.

Nr. 1955.

Nase mit Schnurrbart Stück **Mk. —.25,** Dutzend „ **2.40.**

Ohren-Masken

aus Gaze.

Nr. 2275.

1 Paar **Mk. —.50.**

Bauch- und Brustmaske.

Die Maske ist aus Pappe geprägt und bunt bemalt; sie wird unter dem Rocke festgebunden, ist **leicht**, bequem und dauerhaft. Das lästige Ausstopfen bei Bedarf einer beleibten Figur fällt weg.

Nr. 1820.

Stück **Mk. 2.—.**

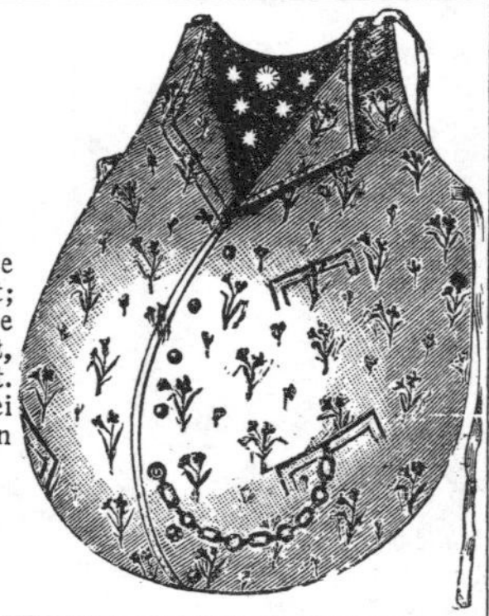

Brustmasken

mit Spitzenbesatz etc.

Nr. 2376.

Stück **Mk. 2.—.**

Haarsträubende Perücke.

Durch Ziehen an einem Faden sträubt sich das Haar.

Nr. 2440.

Stück **Mk. 1.50**

Bloße Armmasken

aus Papiermaché über den Rockärmel zu knüpfen. **Nr. 2377. Paar Mk. 1.50.**

Schmuck-Boa

aus farbigem Seidenpapier, dehnbar ca. 135 cm, mit Quasten, läßt sich ganz flach auf ca. $^1/_2$ cm zusammenlegen.

Nr. 2424. 2 Stück **Mk. —.20,** Dtzd. **Mk. 1.—.**

Nr. 2281. **Boa** aus gekraustem Seidenpapier ca. 95 cm lang mit Quasten (wie auf S. 135 abgeb.) 2 Stück **Mk. —.20,** Dutzend **Mk. 1.—.**

Bärte aus Wolle

in verschiedenen Farben: **grau, blond, braun, schwarz.**

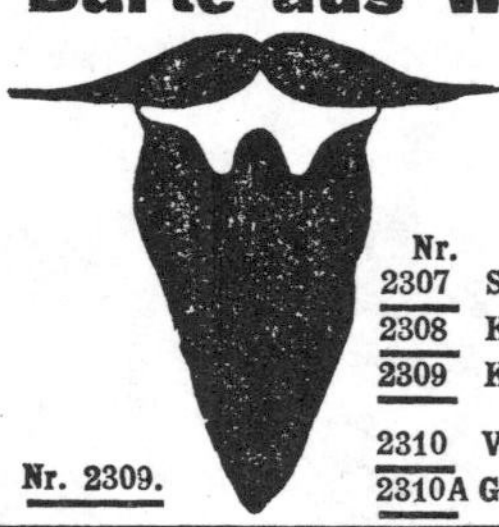

Nr. 2309.

Nr. 2307.

Nr. 2308.

Nr.		4 Stück Mk.	Dtzd. Mk.
2307	**Schnurrbart**	—.15	—.40
2308	**Knebelbart**	—.15	—.40
		1 Stück	
2309	**Kinn- und Schnurrbart**	—.25	2.50
2310	**Vollbart**	—.35	4.—
2310A	**Großer Vollbart, weiß**	—.45	5.—

Fingernase aus Karton

mit Brille und Bart.

Nr. 2439.

Stück **Mk. —.30,** Dutzend **Mk. 3.—.**

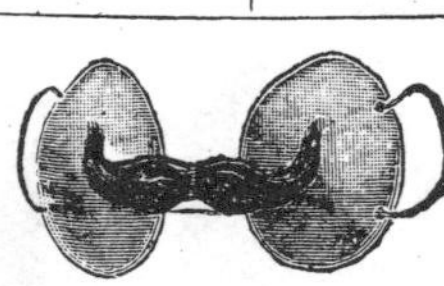

Pausbacken

(Gaze gewachst) mit Schnurrbart,

Nr. 2503.

Stück . . . . **Mk. —.30**
Dutzend . . . . „ **3.40**

Scherz-Krawatte

aus buntem, gestreiftem Kreppapier mit goldener Fliege. Länge der Krawatte ca. 35 cm. **Nr. 4009.** St. **Mk. —.25,** Dtzd. **Mk. 2.50.**

Riesen-Krawatte

aus feinem Kreppapier mit komischen Buntdruckfiguren. Länge ca. 49 cm.

Nr. 4010.

Stück **Mk. —.20,** Dutzend **Mk. 2.—.**

Gross-Vatermörder

aus Karton mit Stoff-Bändern mit schwarzer Kreppapier-Krawatte.

Nr. 4004.

Stück **Mk. —.15,** Dutzd. „ **1.70.**

Verschiedenes.

Neu!

Biedermeier-stöckchen

für Damen;

das Stöckchen ist mit farbigem Glacépapier überzog., der Griff bis zur Schleife, in Gold. Schleife, Quasten und Pompons sind aus Seidenpapier.

Nr. 4011. St. **Mk. —.30**
Dtzd. „ **3.30.**

Neu!

Blüten-Schärpen

aus Kreppapierstreifen geflochten, m. farbigen Blüten besetzt.

Blütenschärpe D.
Stück Mk. —.30,
Dutzend Mk. 3.30.

Wenn der **Weihnachtsmann** oder **Knecht Ruprecht** unerwartet den Saal betritt und in seinem Tragkorbe **Schneebälle, Goldbälle, Konfettikugeln** oder dergleichen bringt und unter die tanzenden Paare wirft, so wird das eine effektvolle Überraschung u. vielen Spaß bereiten. Ich liefere hierzu **Weihnachtsmann-** oder **Knecht Ruprechtskopf** aus Papiermaché zum Aufsetzen. **Nr. 2587,** Stück **Mk. 1.60;** oder Weihnachtsmann-**Maske** mit weißem schönem Bart, mit roter Stoffkapuze.

Nr. 2556. Stück **Mk. —.90.**

Braune Kutte aus Zeug ...... Stück **Mk. 4.—**
Tragkorb aus Span .... „ „ **1.20**

Briefkasten

aus Pappe, blau und gelb, Größe ca. 26×23×17 cm, Stück Mk. **2.—.**

Briefträger-Taschen

aus schwarzlackierter Pappe mit Wachstuchdeckel. Größe ca. 16×11×5 cm mit Band zum Umhängen. Stück **Mk. —.75.**

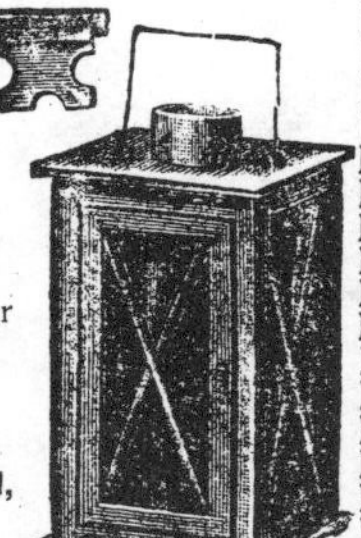

Was ein Nachtwächter braucht,

aus Papiermaché sehr nett nachgebildet.

Nr. 2426 Rufhorn, ca. 50 cm lang, Stück **Mk. 1.—**
Nr. 2427 Hausschlüssel, ca. 28 cm lang, Stück **Mk. —.40.**
Nr. 2428 Laterne, ca. 25 cm hoch, Stück **Mk. 1.75.**

Verschiedene Flügel

(können **nicht** verliehen werden)

Die Schmetterlingsflügel haben allgemeinen Beifall gefunden. Emma —g, Nienthal.

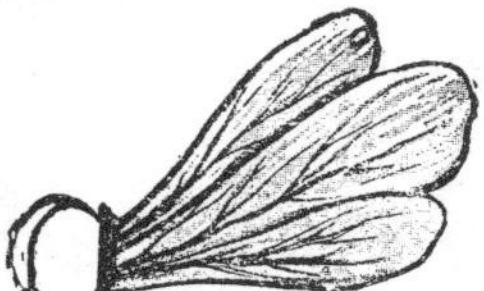

Nr. X.

Nr. III

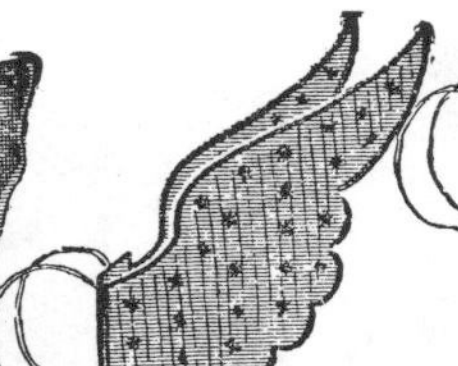

Nr. IV

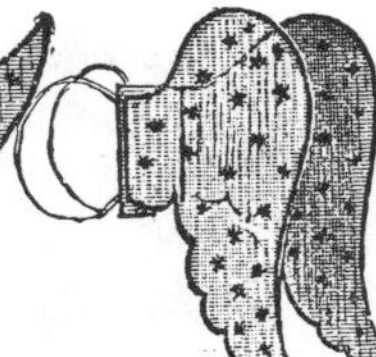

Nr. V

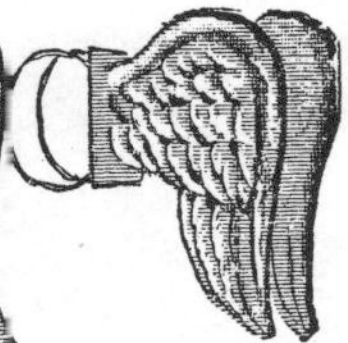

Nr. VI

Nr. XI.

Nr. II. **Schmetterlingflügel** aus starkem Papier mit Drahteinlagen, doppelseitig in Buntdruck ausgeführt .... 1 Paar **Mk. —.65**
„ III. **Schmetterlingflügel** aus Samt, gemalt, mit Goldborte eingefaßt, sehr effektvoll, Flügellänge ca. 36 cm .... 1 Paar **Mk. 3.75**
„ IIIb. **Schmetterlingfühler** .... 1 „ „ **—.30**
„ IV. **Amorettenflügel** aus silberdurchwirkter Gaze mit Goldsternchen und Goldborte am Rand. Flügellänge ca. 47 cm .... 1 Paar **Mk. 2.—**
„ V. **Engelflügel** aus **silberdurchwirkter Gaze mit Goldsternchen und mit Goldborte eingefaßt,** ca. 48 cm lang .... 1 Paar **Mk. 2.25**
„ VI. **Engelflügel** aus Goldkarton geprägt, Länge ca. 41 cm .... 1 „ „ **2.—**
„ VIIIa. **Engelflügel** aus Karton mit weißem Kreppapier überzogen, mit Goldsternchen, Länge ca. 52 cm .... 1 Paar **Mk. —.65**
„ IX. **Elfenflügel** aus Hausenblase, sehr zart, ca. 37 cm lang ... 1 „ „ **1.60**
„ X. **Libellenflügel** aus Hausenblase, ca. 35 cm lang .... 1 Paar **Mk. 2.—**
„ XI. **Bienenflügel** aus Hausenblase, ca. 32 cm lang .... 1 Paar **Mk. 1.60**

Amor-Ausstattungen.

Flügel aus silberdurchwirkter Gaze mit Goldsternchen und Goldborte .... } Nr. IV 1 Paar **M. 2.—.**

Bogen und Pfeil (49 cm lang) ....
Köcher mit Pfeilenden aus Gold- und Silberkarton mit Atlasband zum Umhängen (Köchergröße ca. 26 cm, ohne Pfeile gemessen). } Nr. IVa **Mk. 3.—.**

Die letzthin bezogenen Engelflügel sind wirklich reizend ausgeführt. J. —r, Scheßlitz.

Nr. IX. **Elfenflügel.**

Leichte, billige Kostüme etc.

aus Seidenpapier, Pergamentseiden- und aus Kreppapier etc.

zu ganz billigen Ausnahmepreisen, da ich den Artikel nicht weiter fabriziere und nur noch verkaufe, **so lange der Vorrat reicht.**

Nr. 32.

Nr. 12.

Nr. 58.

Nr. 29.

Nr. 33.

Für Herren:

1. **Altdeutscher Rock,** braun, mit Goldknöpfen und gelber Glacéeinfassung, mit Seidenpapier-Cylinder Stück **Mk. —.75**
2. **Harlekin,** Zackenwams aus buntem Seidenpapier mit Goldborte und Pierrothut . . . . . Stück **Mk. —.90**
3. **Herold,** Kittel blau und hellrosa mit Silbersternen und Silberstreifen, mit Barett . . . . . Stück **Mk. —.60**
5. **Schwarzwälder,** langer Gehrock, weiß mit rot, mit goldenen Knöpfen und Silbereinfassung, mit Mütze Stück **Mk. —.90**
6. **Tiroler,** Jacke braun mit grün mit Goldknöpfen und hellgrüner Glacéeinfassung, mit Hut und Gürtel Stück **Mk. —.75**
29. **Schornsteinfeger,** Kittel, Kapuze aus schwarzem Seidenpapier, Gürtel und Cylinder sowie Leiter und Besen Stück **Mk. —.75**
39. **Dienstmann,** blauer Kittel und rote Mütze aus Seidenpapier Stück **Mk. —.60**

Für Damen:

7. **Ungarin,** Kleid aus weißem Pergamentseiden, mit bunten Glacéstreifen mit Goldknöpfen, mit Haube, St. **Mk. —.75**
8. **Altdeutsches Kleid,** lila mit gelb, mit Silbereinfassung mit Goldknöpfen und Spitzen, mit Haube, St. **Mk. —.90**
9. **Domino,** braun mit weißem Volant, mit hellblauer Glacéeinfassung, mit Goldknöpfen und Spitzen mit Kapuze Stück **Mk. —.75**
10. **Russ. Bäuerin,** Sarafan (weites Obergewand) aus Pergamentseiden mit weiß und Silberverzierung, mit Goldeinfassung und Spitzen, mit Mütze. . Stück **Mk.—.90**
11. **Königin der Nacht,** Kleid mit Volant, schwarz, mit Silbereinfassung, Silbermond und Sternen, mit Diadem Stück **Mk. —.90**
12. **Tirolerin,** Kostüm grün mit schwarz, weiß und gold, mit goldenen Knöpfen und mit Spitzenschürze, mit Hut Stück **Mk. —.90**
31. **Reformkleid** für Damen, aus farbigem Kreppapier Stück **Mk. —.90**
32. **Japanhänger,** bestehend aus zwei echt japanischen Wandläufern mit Achselbändern . . . . . Stück **Mk. 1.40**
33. **Backfisch,** Kleid und Hut aus Seidenpapier mit bunten Schleifen . . . . Stück **Mk. 1.—**

35. **Hermelinmantel** (für Herren und Damen) aus rotem Seidenpapier mit crême Bordüre, innen weiß Seiden, schwarz geflammt . . . . Stück **Mk. 1.50**
36. **Teufelin,** Mantel mit Ärmeln aus feuerrotem Seidenpapier mit Fransen, 1 Diadem mit Hörnern Stück **Mk. 1.50**
37. **Eleganter Domino** (für Damen) rosa Pergamentseidenpapier mit Schleife und Kapuze . . . Stück **Mk. —.75**
38. **Holländerin,** Kostüm aus blauem Pergamentseidenpapier mit weiß- und blau gestreiftem Rock und weißer Schürze mit nettem Häubchen . . . . Stück **Mk. 1.25**
57. **Fräulein Rechtsanwalt,** schwarzer Rock aus Seidenpapier und schwarzes Barett aus Karton . . Stück **Mk. —.75**
58. **Umhang** aus weißem Seidenpapier mit imitiertem farbigem Pelzbesatz . . . . Stück **Mk. —.50**

Nr. 57.

Die Kostüme Nr. 60 und 62 sind

nur für Knaben lieferbar:

60. **Gärtner,** für Knaben, grüne Weste und gelbes Beinkleid aus Pergamentseiden, Mütze aus imitiertem Strohpapier und Spaten aus Pappe . . . . . Stück **Mk. 1.—**
62. **Papageno,** für Knaben, Wams, Mütze und Beinkleid aus dunkelrotem Pergamentseiden mit übereinandergesetzten bunten Fransenstreifen aus Kreppapier Stück **Mk. 1.25**

Die Kostüme werden nur in einer Normalgröße gefertigt, also nicht für sehr starke Personen.

Obige Kostüme werden ganz billig **ausverkauft.**

Kostüme aus dehnbarem, festem Kreppapier

(sogenanntes Wasserkrepp).

Herren:

Nr. 47 Bauer, Weste rot mit weiß. Kragen, weißen Hemdärmeln und blauem Schlips, Beinkleider grün, Mütze rot . . . . Stück **Mk. 2.25**

Nr. 48 Gigerl, Joppe gelb mit roten Aufschlägen, Beinkleider rot mit gelbem umgeschlagenen Rand, Stück **Mk. 2.65**

Nr. 49 Tiroler, Joppe lila mit grünen Aufschlägen, Brustlatz weiß mit grünen Hosenträgern, Gürtel rot, Beinkleider grün, Wadenstrümpfe lila, Hut grün mit gelbem Band . . . . Stück **Mk. 3.—**

Nr. 50 Clown, bauschiger Anzug rot und blau, Kragen gelb, △-Hut rot mit blauen Punkten. Stück **Mk. 2.65**

Nr. 51 Frack, bordeaurot mit gelben Aufschlägen. Stück **Mk. 1.50**

Nr. 52 Smoking, gelb mit rot. . . Stück **Mk. 1.35**

Damen:

Nr. 53 Bäuerin, Bluse weiß, Mieder rot mit gelb, Rock grün mit farbigem Besatz, Schürze geblümt, Gürtel grün, Häubchen gelb mit gold und mit blauen Bändern, Stück **Mk. 3.35**

Nr. 54 Carmen, Bluse weiß, Bolerojäckchen grün m. gelben Pompons, Rock gelb mit gelber Schärpe und farbigem Besatz, Diademband gelb mit gold. Verzierungen, St. **Mk. 3.35**

Nr. 55 Tirolerin, Bluse weiß, Mieder grün, Rock rot m. farbigem Besatz, Schürze geblümt, Gürtel und Hut grün . . . . . Stück **Mk. 3.35**

Nr. 56 Rotkäppchen, Bluse weiß, Mieder rot mit grünem Besatz, Rock rot mit grün. Besatz, Schürze weiß, Gürtel rot, Käppchen rot, Stück **Mk. 3.35**

Äußerst billige Preise, weil obige Kostüme ausverkauft werden.

Billige Requisiten

Flaschenkostüme etc. aus Seidenpapier:

Nr. 44. **Weinflaschen** mit folgenden Etiketten: Niersteiner, Laubenheimer, Hochheimer, Rüdesheimer, Johannisberger.
Stück **Mk. —.60,** Dutzend **Mk. 6.50.**

Nr. 40. **Sektflaschen** mit Etikette: Cabinet-Sekt.
Stück **Mk. —.60,** Dutzend **Mk. 6.50.**

Nr. 41. **Bierflaschen:** Löwen-, Spaten-, Hacker-, Pschorr-, Kindl-Bräu.
Stück **Mk. —.60,** Dutzend **Mk. 6.50.**

Nr. 42. **Arzneiflaschen:** Gegen Empfindlichkeit. Gegen Lawntennisfieber. Für schwache Nerven. Liebestropfen. Stück **Mk. —.50,** Dutzend **Mk. 5.50.**

Nr. 43. **Cigarren** Stück **Mk. —.60,** Dutzend **Mk. 6.50.**

für italienische Feste.

Nr. 2899. **Italienische Kopfbedeckungen für Damen,** Dutzend in 4 verschied. Dessins sortiert **Mk. 2.—**

Nr. 24. **Italienische Schürzen,** Dutzend in 2 verschiedenen Dessins sortiert . . . . **Mk. 2.—**

Nr. 2900. **Italien. Fischermützen für Herren.** Dtzd. in 2 verschiedenen Dessins sortiert . . . . . **Mk. 2.—**

Nr. 2901. **Bersaglierehüte** Dutzend **Mk. 3.50**

für Gesindebälle.

6 verschied. **Dienstmädchen-Kopfbedeckungen,** vom kleinen Zofenmützchen bis zur großen Altenburger Kindermädchenhaube. Nr. 2898. Dtzd. in 6 Dessins sortiert **Mk. 2.—.**

Nr. 15. **Kopftücher** aus kariert. Seidenpapier Dtzd. **Mk. 2.—**

„ 16. **Schultertücher** aus kariertem Seidenpapier Dtzd. **Mk. 3.25**

„ 17. **Große weiße Latzschürzen** . . . „ „ 2.75

„ 18. **Kleine weiße Schürzen** . . . . . „ „ 1.75

„ 19. **Johannschürzen** (wie Abbild). „ „ 3.75

„ 20. **Staubwedel** . . . . „ „ 2.—

„ 21. **Ausklopfer** . . . . „ „ 3.—

„ 22. **Peitschen** . . . . „ „ 2.25

„ 23. **Fliegenklatschen** . . . . . . „ „ 1.75

Billige Requisiten für Strandfeste.

Nr. 25. **Eimer** a. blau. Emaillekarton Dtzd. **Mk. 2.75**

„ 45. **Ruder** aus Karton, ca. 160 cm lang, (zweifarbig mit langer Schleife, in 2 Teilen). Stück **Mk. —.50,** Dtzd. „ **5.50**

„ 2902. Verschiedene **Strandmützen für Herren** . . . . Dtzd. „ **2.25**

„ 2903. Verschiedene **Strandmützen für Damen** . . . . Dtzd. „ **2.50**

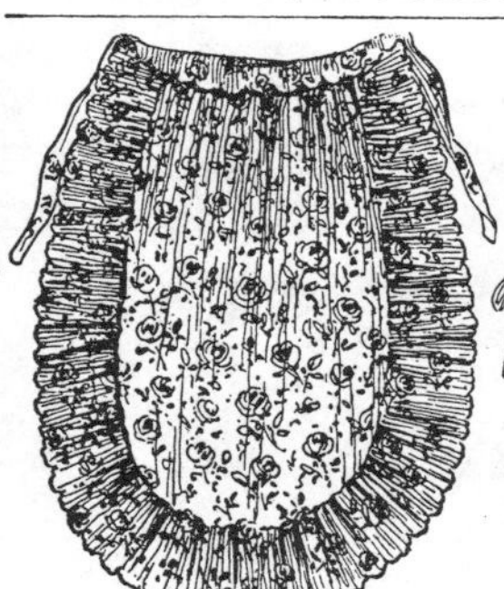

A.

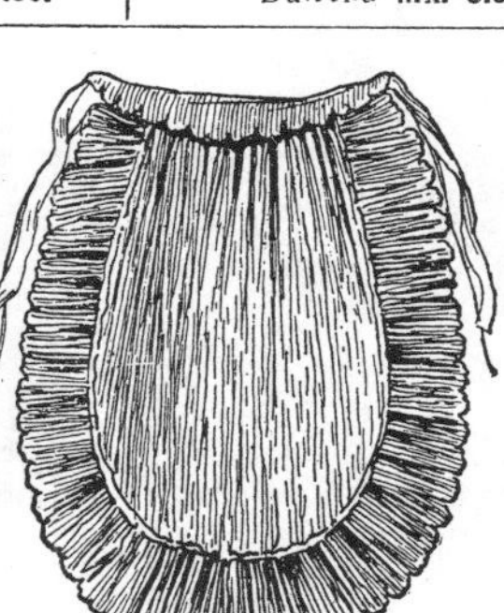

B.

Neu! **Tändel-Schürzen**

aus Kreppapier genäht.

A. geblümt in 3 Dessins. . . . . . Dutzend **Mk. 1.80**

B. unifarben in 3 Farben . . . . . „ „ **1.25**

Länge ca. 55 cm.

Nr. 27.
Karierter Frack und Cylinder
aus Pergament-seidenpapier, zusammen Mk. —.90.

Kostüme f. Herren u. Damen

— Originalkostümen nachgebildet —

aus soliden haltbaren **Stoffen** (Satin, Atlas, Samt, Flanell etc.) tadellos sauber und elegant gearbeitet, in den Preislagen von **Mk. 8.—** bis **Mk. 38.—** (**nicht** leihweise).

Lieferzeit nach Eintreffen der festen Bestellung 5—6 Tage.

Abbildungen in Buntdruck mit Beschreibungen und Preisen stehen auf Wunsch sofort zu Diensten.

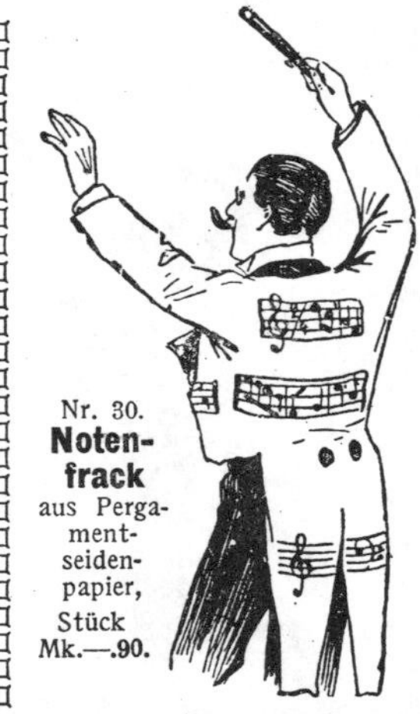

Nr. 30.
Notenfrack
aus Pergament-seidenpapier, Stück Mk. —.90.

Meine neuen **Blumen-Kostüme**

aus Seidenpapier in wundervollen Farben sind unübertroffen schön und geschmackvoll und bilden für junge Mädchen einen ganz entzückenden Ballschmuck.

Mieder resp. Blusen werden nicht mitgeliefert.

Nr. 70 Mohn, rot, Riesenmohnblüte als Kopfschmuck, Rock aus Riesenblütenblättern mit grünen Kelchblättern, Achselschmuck wie Abbildung und Blütenstengel für die Hand .... Stück **Mk. 4.50.**

Nr. 71 Nelke, rosa gespritzt, Riesennelkenblüte als Kopfschmuck, Rock aus Riesenblütenblättern mit grünen Kelchblättern, Blütenkragen, Blütenmanschetten, Blütenstengel für die Hand .... Stück **Mk. 4.75.**

Nr. 72 Rose, rosa, Riesenrose als Kopfschmuck, Rock aus Riesenblütenblättern mit grünen Kelchblättern, Blütenkragen und Manschetten mit gelb gespitzter Rüsche, Blütenstengel für die Hand .... Stück **Mk. 4.50.**

Nr. 73 Sonnenblume, gelb, Riesenblume als Kopfschmuck, Rock aus Riesenblütenblättern mit grünen Kelchblättern, Blütenkragen und Manschetten mit brauner Rüsche, Sonnenblumenstengel für die Hand .... Stück **Mk. 4.50.**

Nr. 74 Glockenblume, lila, Riesenblüte als Kopfschmuck, Rock aus Riesenblütenblättern mit grünen Kelchblättern, Blütenkragen und Manschetten mit crême Rüsche, Stengel für die Hand, ... Stück **Mk. 4.50.**

Nr. 75 Schneeglöckchen aus Kreppapier, weiß mit grünen Ecken, Riesenblüte als Kopfschmuck, Rock mit Riesenblütenblättern mit grünen Kelchblättern, Blütenkragen und Manschetten mit gelber Rüsche, Stengel für die Hand .... Stück **Mk. 4.75.**

Nr. 76 Schlüsselblume, gelb, Riesenschlüsselblume als Kopfschmuck, Rock aus Riesenblütenblättern mit crême Kelchblättern, Blütenkragen, Blütenmanschetten, Blütenstengel für die Hand .... Stück **Mk. 4.75.**

Oben beschriebene Blumenkostüme können **auch für Kinder** geliefert werden und kosten dann ca. 10% weniger.

Nr. 70.

Nr. 35.
Rotdorn.

Fortsetzung von Seite 109

Kostüm-Garnituren

für Damen

Nr. 35. Zum Kostüm: **„Rotdorn“.**

1 feines Buntdruckbild	**Mk.**	**—.60**
Rotdornzweige f. d. Taille	„	**1.75**
„ „ „ Schürze	„	**2.25**

Nr. 33. Zum Kostüm: **„Gärtnerin“.**

1 feines Buntdruckbild	**Mk.**	**—.60**
Früchte für den Hut u. für das Haar	„	**3.—**
1 Rosenkorb fein gefüllt	„	**5.—**

Nr. 34. Zum Kostüm: **„Blumenkorso“.**

1 feines Buntdruckbild	**Mk.**	**—.60**
Rosen für den Hut	„	**1.80**
Rosenboa	„	**6.50**
Gelbe Margeriten für die Taille	„	**1.40**
6 Veilchen- und Vergißmeinnichtsträußchen für den Rock und 6 Stück extra	„	**5.—**
2 Rosen für die Schuhe	„	**—.20**

Besten Dank für Übersendung der bestellten Sachen. Das Mohnkostüm ist wunderhübsch.
Cassel, 24. 2. 11. *Frau Geheimrat —g.*

Kostüm-Garnituren für Damen,

nur die reizendsten und geschmackvollsten Dessins.

Die Garnituren sind aus künstlichen Stoffblumen, -Früchten u. -Blättern etc. hergestellt.

Ich liefere hierzu:

1. Zum Kostüm „Heideröschen":

1 feines Buntdruckbild als Vorlage	Mk. —.60
1 Haar-Diadem	„ 1.50
1 Ranke für den Taillenausschnitt	„ 1.75
1 Girlande für den Kleidersaum	„ 4.80
1 Hand-Girlande	„ 2.75
1 Tuff für den Rock ohne Schleifen	„ —.90
2 Tuffs für die Schuhe	„ —.20

3. Zum Kostüm „Glücksklee":

1 feines Buntdruckbild	Mk. —.60
1 Riesenvierblatt mit Blüten als Kopfbedeckung	„ 1.20
2 Riesenvierblätter für die Achseln	„ —.40
1 Ranke für das Kleid	„ 1.50
12 Riesenkleeblätter mit Blüten für den Kleidersaum	„ 2.—
2 Vierblätter für die Schuhe	„ —.30
Kartonfächer mit Kleeblütentuff	„ —.50

6. Zum Kostüm „Chrysanthemum":

1 feines Buntdruckbild	Mk. —.60
2 Blüten für den Kopf	„ 1.25
2 „ mit Laub für die Taille	„ 1.50
1 Ranke für den Rock	„ 2.75
2 Blüten für die Schuhe	„ —.40

Nr. 23. **Hopfen und Malz**

7. Zum Kostüm „Mohn":

1 feines Buntdruckbild	Mk. —.60
1 Riesenmohnblüte als Kopfbedeckung	„ 2.50
1 Ranke mit Mohnkapseln für den Halsausschnitt	„ 1.70
Mohnkapseln mit Laub für das Kleid	„ 1.50
Mohnblüten für die Schuhe	„ —.10
1 Fächer mit Mohnblütenrand	„ 2.35

11. Zum Kostüm „Weinrebe":

1 feines Buntdruckbild	Mk. —.60
Frucht- und Blätter-Tuffs für den Hut	„ 1.20
Laubranke für den Rock	„ 1.50
Laub- und Fruchtranke für den Rock	„ 4.—
Tuffs für die Schuhe	„ —.20
Fruchtkörbchen u. Einzeltraube für das Haar	„ 4.—

13. Zum Kostüm „Sonnenblume":

1 feines Buntdruckbild	Mk. —.60
Sonnenblumen für den Kopf	„ 2.—
„ „ die Taille	„ 2.50
Sonnenblumenstengel für den Rock	„ 8.50
Sonnenblumen für die Schuhe	„ —.70
Sonnenblumenstab	„ 1.20

15. Zum Kostüm „Wasser-Elfe":
(Rautendelein.)

1 feines Buntdruckbild	Mk. —.60
Blüten für das Haar	„ 1.25
„ und Ranken für die Brust und den Rock	„ 3.40

17. Zum Kostüm „Alpenrose":

1 feines Buntdruckbild	Mk. —.60
2 Alpenrosentuffs für das Haar	„ 1.40
1 „ „ die Brust	„ —.70
15 „ „ den Rock	„ 6.80

Kostüm Heideröschen ist zu meiner größten Zufriedenheit ausgefallen. *E. —r, Dillenburg.*

Die Dekoration für das Kostüm ist zu unserer größten Zufriedenheit ausgefallen. *W. —t, Barmen.*

18. Zum Kostüm „Mandelblüte":

1 feines Buntdruckbild	Mk. —.60
4 Dutzend Einzelblüten und Pielen für den Hut	„ —.75
Tuffs f. d. Brust und die Schuhe	„ —.60
2 Kränzchen für die Ärmel	„ 1.20
9 „ „ den Rock	„ 4.85
1 kleiner Strauß aus Blütenstengeln	„ 1.50

19. Zum Kostüm „Moselblümchen":

1 feines Buntdruckbild	Mk. —.60
2 Rebentuffs für das Haar	„ 1.—
1 Körbchen mit Weintrauben	„ 4.—

20. Zum Kostüm „Veilchen":

1 feines Buntdruckbild	Mk. —.60
Tuffs für den Hut und die Schuhe	„ 2.50
1 Sträußchen	„ —.50
1 Veilchenkorb (einfacher als auf dem Bild)	„ 6.—

22. Zum Kostüm „Rosenrot":

1 feines Buntdruckbild	Mk. —.60
3 Meter Rosenbordüre für den Rocksaum	„ 5.—
9 Rosenkränze mit Blätterzweigen und Blattbordüren für den Kopf, für Brust-Ausschnitt, Ärmel und Rock	„ 13.40

23. Zum Kostüm „Hopfen und Malz":

1 feines Buntdruckbild	Mk. —.60
Diadem aus Hopfenlaub und Ähren	„ —.60
Ährentuff für die Taille	„ —.30
Blätterranke mit Hopfenblüten für den Rock	„ 4.—

24. Zum Kostüm „Kinder Floras":

1 feines Buntdruckbild	Mk. —.60
Ranken und Tuffs, **ungefähr** wie Bild	„ 14.—

29. Zum Kostüm „Winde":

1 feines Buntdruckbild	Mk. —.60
1 Windentuff für die Brust und zwei Einzelblüten für die Schuhe	„ 2.—
1 Windenzweig für den Stab	„ 4.50

30. Zum Kostüm „Ich bringe Glück!":

1 feines Buntdruckbild	Mk. —.60
3 Riesen-Vierblätter	„ —.50
Pilze, Sterne, Glückskäfer	„ 3.75
1 Glückskäfer für den Hut	„ —.15
4 Glücksschweine zum Anhängen und Aufstellen	„ —.40
2 Häschen	„ —.60

32. Zum Kostüm „Kornblume" (blau):

1 feines Buntdruckbild	Mk. —.60
Kornblumentuffs für den Hut	„ 1.20
Grüne Blätter für das Kleid	„ 2.40
Einzelne Kornblumen für die Kleidbordüre	„ 2.—
Kornblumen für die Schuhe	„ —.10

36. Zum Kostüm „Sternblume":

1 feines Buntdruckbild	Mk. —.60
1 Riesenblüte als Kopfbedeckung	„ 2.50
Blütenblätter für den Halsausschnitt	„ 2.—
„ „ die Ärmel	„ 2.—
Blüten für Taillengarnitur, Zöpfe und Schuhe	„ —.90
Große Blüten für den Rock	„ 4.50

37. Zum Kostüm „Rosenketten":

1 feines Buntdruckbild	Mk. —.60
Rosenkranz für den Kopf	„ 2.—
Rosenranke für Halsausschnitt	„ 2.—
Rosenkette an den Arm zu hängen	„ 6.—

Ferner Seite 108:

Cotillon-Orden
mit Nadeln zum Anstecken.

Bin mit Sendung von Orden und Schleifen sehr zufrieden gestellt.
—g, Tanzlehrer, Gladbeck.

Die Sendung von 500 Cotillonorden habe ich erhalten und bin mit denselben sehr zufrieden.
Karl von —m, Wien VII.

Empfing soeben Ihre Sendung, die Orden sind prachtvoll usw.
Frau Major —e, Magdeburg.

Sendung erhalten, bin sehr zufrieden, insbesondere sind die Orden sehr schön. A. —r, Tanzlehrer, Bietigheim.

Die Cotillon-Orden sind angekommen und sind wirklich reizend.
Baronin von —g, Rom.

Mit gelieferten Orden etc. sind sehr zufrieden gewesen.
—t, Hauptmann, Danzig.

In die Sortimente werden alljährlich für die veralteten Dessins die neuesten und geschmackvollsten Erscheinungen eingereiht.

Es werden auch ¼ und ½ Dutzende Orden und Schleifen abgegeben.

Auswahlsendungen sind nicht angängig, da Orden eine Retoursendung in unvollkommener Verpackung nicht vertragen können.

in Nr. 52.

Nr.	Cotillon-Orden aus Gold- und Silber-Karton fein geprägt.	Dtzd. ℳ	Dtzd. ₰	Gros ℳ	Gros ₰
50 a	klein ohne Verzierung	—	15	1	50
50	größer „ „	—	20	2	25
51	noch größer mit Verzierung	—	40	4	—
52	in feiner Ausführung in zierlichen Dessins mit Reliefs	—	50	5	50
52 b	größtenteils Sterne und Orden in Gold- und Silberprägung, schön ausgestattet	—	45	5	—
52 a	diverse **bunte** Sterne und Rosetten in kleinen, zierlichen Mustern	—	70	8	—
53	elegante, teilweise durchbrochene Muster, groß und klein sortiert, teilweise Militärorden	—	90	10	—

Nr. P/XXX.

Durchbrochener Silberstern

mit Goldflimmer, mit ganz zarter durchbrochener Seidenbandrosette mit farbiger Blütenchenille.
Mit Kette Stück Mk. 1.—.

Orden mit Ketten

aus großen, gepreßten Gold- und Silbergliedern.

Nr.	112h	112i	112k	112m	112n
St. Mk.	1.—	1.25	1.50	1.75	2.—

Dieselben Orden von **112 h** bis **112 n** können auch auf Wunsch mit **breitem, schwerem Atlasband** an Stelle der Ketten geliefert werden, **zu gleichen Preisen.**

Neu! **Fortuna-Orden** **Neu!**

mit **goldener Kette**; das **Glücksschweinchen** ist plastisch aus Goldkarton geprägt, 7 cm lang; die Kette besteht aus 31 Gliedern.
Nr. 755. Stck. Mk. **—.60,** Dtzd. Mk. **7.—.**

Neu! * Dem schneidigsten Tänzer.

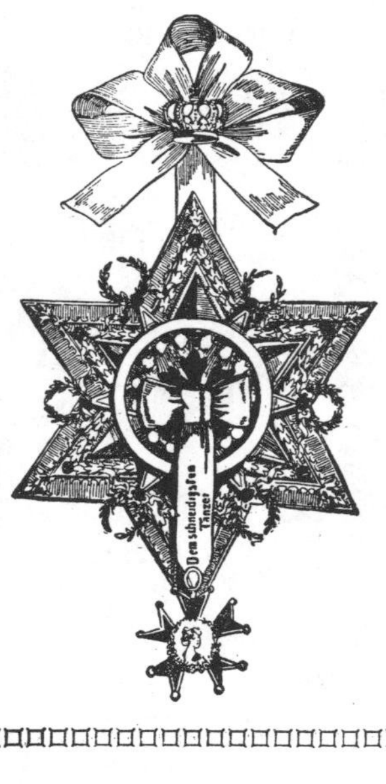

Ein Orden, ganz reizend in der Ausstattung; **2 Silbersterne** mit 6 goldenen **Lorbeerkränzen, mit Atlasbandschleife,** mit goldener **Krone**; von farbiger **Chenille** umgeben befindet sich in der Mitte eine Atlasschleife mit obiger* Aufschrift und mit einem goldenen Kreuz mit Damen-Reliefbild. Sterngröße ca. 13 cm.
Nr. 756.
Stück Mk. **—.70,**
Dtzd. „ **8.—.**

Neu!

Medaillon-Orden A.

An einer feinen seidenen **Bandschleife** hängt das **Medaillonbild** einer Dame in erhabener Emailleimitation in schmalem Goldrähmchen, umgeben von silbernen **Lanzen und Schwertern**; auf das eine der unteren Schleifenenden ist gedruckt: **„Für treue Ritterdienste."**
Nr. 757. Stück Mk. —.30, Dtzd. Mk. 3.25.

Neu! Medaillon-Orden B. Neu!

Auf einer matten Silberrosette liegt **auf** einer mit Metallfolie verzierten Unterlage ein **Goldstern** und auf diesem **ein Medaillonbild,** wie nebenstehend unter A beschrieben.
Nr. 758. Stück Mk. **—.35,** Dutzend **Mk. 3.75.**

Neu! Viktoria-Orden-Sortimente. Neu!

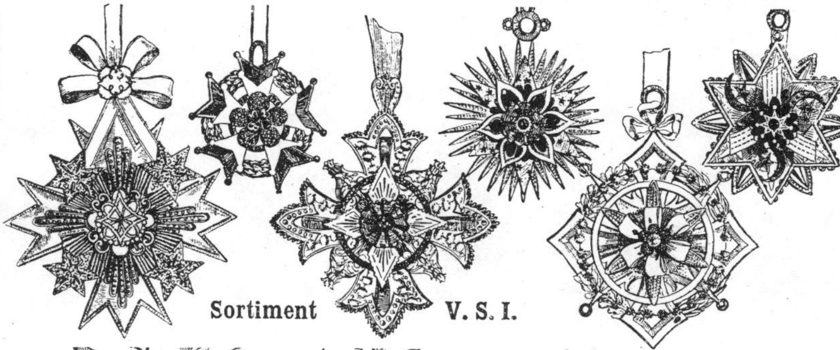

Sortiment V. S. I.

Das Neueste was es gibt, entzückend in der Ausstattung.

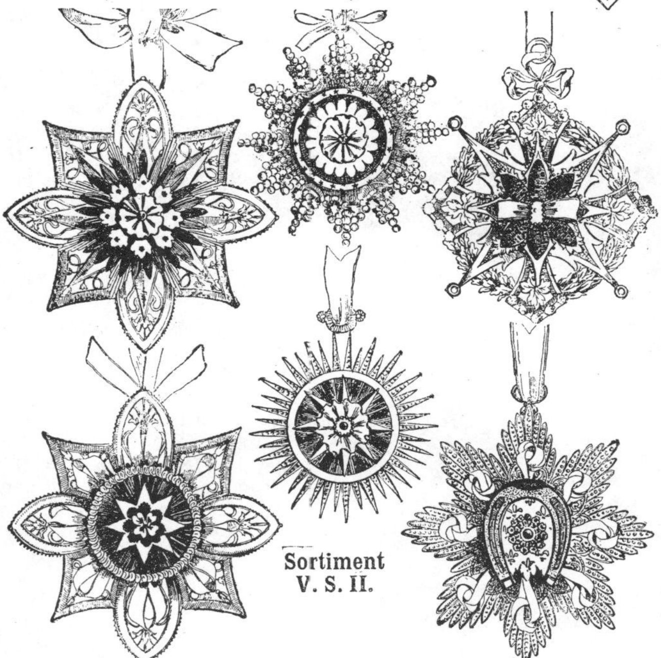

Sortiment V. S. II.

Während in den andern Sortimenten die einzelnen Nummern möglichst gleichpreisig und in gleicher Größe gewählt sind, habe ich hier die Nummern auch in sich selbst ganz verschieden zusammengestellt.

Das **Sortiment V. S. I** enthält z. B. Orden in 6 Dessins, gemischt in Größen ca. 6—11 cm, in **6 ganz verschiedenen Preislagen** und in 6 ganz verschiedenen Ausstattungen, aber jeder Orden für sich reizend, geschmackvoll und modern.

6 Dessins à 2 Stück

V. S. I { Dutzend Mk. **2.50.** Gros „ **28.—.**

Von **Sortiment V. S. II** gilt das von V. S. I Gesagte, nur daß hier die Größen zwischen 7 u. 12 cm variieren und die Ausstattung **eine reichere ist.**

6 Dessins à 2 Stück

V. S. II { Dutzend Mk. **3.40.** Gros „ **39.—.**

Sortiment V. S. III, wie II, aber 8—14 cm groß und **noch reicher** ausgestattet.

6 Dessins à 2 Stück

V. S. III { Dutzend Mk. **5.—.** Gros „ **57.—.**

Sortiment V. S. III

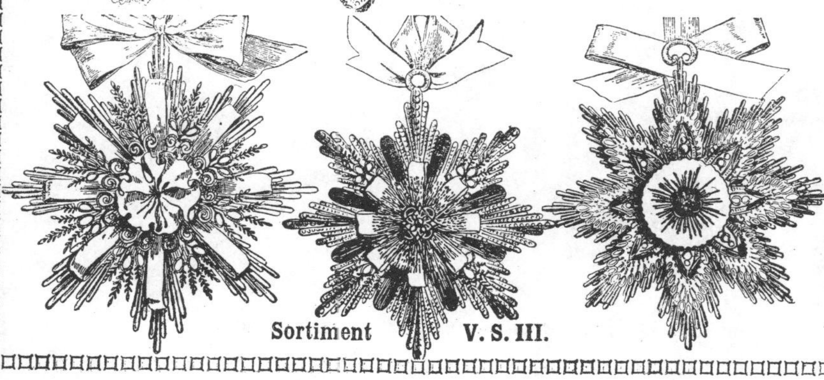

Sortiment V. S. III.

Das Neueste was es gibt, entzückend in der Ausstattung.

Sortimente.

Cotillon-Orden und -Sterne mit ganz verschiedenen Verzierungen, mit Nadeln zum Anstecken.

Neu! Glanz-Sortiment,

bestehend aus 6 reizenden Dessins aus Gold- und Silbersternen und Rosetten mit 3 und 4 Auflagen aus helleuchtender **Metallfolie,** aus Band, Pompons etc. Größe der Orden ca. 7—7½ cm.

G X { **Dtzd. Mk. 1.40.** **Gros „ 16.—.**

Neu! Effekt-Sortiment,

bestehend aus 6 hervorragend netten Dessins, sämtliche mit glänzender **Metallfolie** verziert, außerdem mit Atlas- und Seidenband, mit Chenille und feinen Prägungen. Die Unterlagen bestehen aus feingeprägten Gold- u. Silberrosetten und -Sternen. Diese Orden sind ca. 8—9½ cm groß.

E IX { **Dtzd. Mk. 2.20,** **Gros „ 24.—.**

Ideal-Orden-Sortimente.

Nebenstehende Abbildung zeigt 6 Orden des Ideal-Orden-Sortimentes Nr. J IV. Die Orden sind durchweg **ganz reizend** in der Ausführung und **äußerst geschmackvoll** verziert. Die Größen der Sterne und Kreuze variieren zwischen 5 und 12 cm.

Jede Nummer der Idealorden besteht aus

zwölf verschiedenen Mustern.

	Dtzd. Mk.	Gros Mk.
J I	—.35	4.—
J II	—.50	5.75
J III	—.85	9.75
J IV	1.—	11.50
J V	1.50	17.—
J VI	1.75	20.—
J VII	2.20	24.—
J VIII	2.75	30.—

Die Preise sind sehr niedrig im Verhältnis zu der feinen Qualität und Vielseitigkeit.

Nr. 208.

Nr. 171.

Nr. 539.

Nr. 63 b.

Nr. 65.

Folgende Nummern sind treue Nachbildungen

„Echter Orden".

Ausführung in hochfeiner Kartonprägung.

Nr.		Stück Pfg.	Dtzd. Mk.
201	**Pour le mérite für Kunst und Wissenschaft**	20	1.75
202	**Stern zum schwarzen Adler**	20	2.—
203	**Stern zum roten Adler II. Kl.**	20	2.25
204	**Roter Adler II. Kl.**	30	3.—
205	**Großkreuz zum roten Adler**	30	3.—
206	**Hohenzollern-Orden**	20	2.—
207	**Ritterkreuz mit Schwertern**	30	3.25
208	**Türkischer Ruhmes-Orden**	20	2.25
209	**Stern zum Hosenband-Orden**	20	1.75
210	**Stern zum Orden der Württembergischen Krone**	20	1.75
211	**Stern zum Orden Berthold von Zähringen** (Baden)	20	1.75
212	**Stern zum Großkreuz des Ordens zum Zähringer Löwen** (Baden)	20	1.75
213	**Orden zur Rautenkrone** (Sachsen)	30	3.—
214	**Verdienst-Orden d. Bayer. Krone**	30	3.—
215	**Stern zum Kronen-Orden I. Kl.**	20	1.75
216	**Maria Theresia-Orden**	20	2.25
217	**Stern zum Großkreuz des Ordens z. weißen Falken** (Sachs.-Weimar)	20	2.25
218	**Schwarzer Adler-Orden**	30	3.—
232	**Württembergischer Olga-Orden**	20	1.75
233	**Badischer Hausorden der Treue**	20	2.25
234	**Bayer. Militär-Verdienst-Orden**	20	2.25
250	**Ernestinisch. Haus-Orden** (Sachsen)	20	2.25
251	**Orden der Wachsamkeit oder zum weißen Falken** (Sachs.-Weimar)	20	2.25
252	**Hosenband-Orden**	25	2.50
253	**Dänischer Elefanten-Orden**	20	2.25
254	**Stern zum St. Wladimir-Orden** (Rußland)	15	1.50
255	**Pius-Orden** (Päpstlicher Stuhl)	20	2.25
256	**Johanniter-Orden** (Preußen)	20	2.—
257	**Albrechts-Orden** (Sachsen)	20	2.25
258	**Wladimir-Orden** (Rußland)	20	2.25
259	**Orden Heinrichs des Löwen** (Braunschweig)	20	2.25
260	**Fürst Hohenzollern-Ehrenkreuz**	30	3.—
261	**Seraphinen-Orden** (Schwed.-Norw.)	20	2.25
270	**Chinesischer Drachen-Orden**	20	2.25
271	**Orden d. Zähringer Löwen** (Baden)	20	2.25
272	**Orden der Siamesischen Krone**	20	2.25
273	**Orden v. heil. Grabe** (Päpstl. Stuhl)	20	2.25
274	**Weißer Adler** (Serbien)	20	2.25
501	**Chrysanthemum-Orden** (Japan)	20	2.25
502	**Stern zum Chrysanthemum-Orden** (Japan)	20	1.75
503	**Schwert-Orden** (Schwed.-Norw.)	20	2.25
504	**Turm- u. Schwert-Orden** (Portug.)	20	2.25
505	**Nischan-Istikhar-Orden** (Tunis)	25	2.50
506	**Rotekreuz-Medaille II. Klasse**	30	3.25
507	„ „ **III.** „	30	3.25
521	**Victoria-Kreuz** (England)	20	2.25
522	**Wasa-Orden** (Schweden-Norwegen)	20	2.25
523	**Osmani-Orden** (Türkei)	20	2.25
605	**Das Kreuz der Ehrenlegion** (Frankreich)	20	2.—
606	**Orden vom gold. Vlies** (Österreich)	20	2.—
607	**St. Andreas-Orden** (Rußland)	25	2.50
608	**Orden des weißen Adlers** (Rußland)	25	2.50
699	**Stern zum Großkreuz des roten Adlerordens**	20	1.75
700	**Stern zum Kronenorden I. Kl. mit Emailleband und Eichenlaub**	30	3.—

Ein Sortiment „Echter Orden" enthaltend je ein Stück obiger 54 Sorten, kostet **Mark 12.—**.

Verschiedene Militär-Orden.

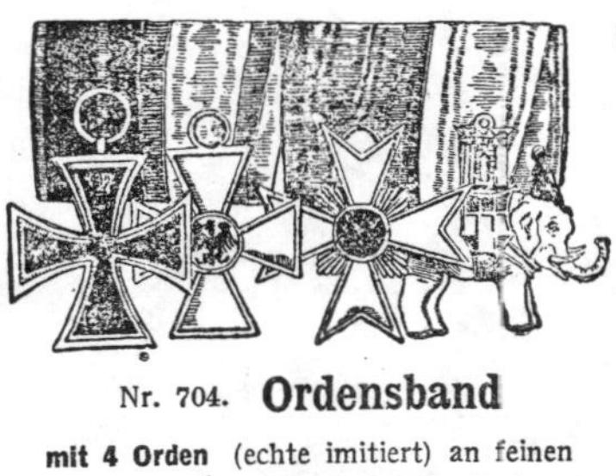

Nr. 704. **Ordensband**

mit 4 Orden (echte imitiert) an feinen Ripsbändern in entsprechenden Farben.
Stück Mk. **—.90** Dutzend Mk. **10.50**

Nr. 220.

Nr. 61 d.

Nr. 275.
Chinesischer Drachen-Orden
in 2 Dessins sortiert
Dtzd. Mk. **1.40**

Nr.	**In sortierten Dessins:**	Dtzd. Mk.	Gros Mk.
63	Größere Sterne mit Reliefs von Kronen, Schwertern etc.	1.35	15.—
64	In zierlich durchbrochenen Mustern mit Adler-Reliefs etc.	2.—	22.—
61b	**Eisernes Kreuz, 5½** cm	1.75	19.—
63b	**Stern mit Adler, Orden Pour le mérite**	2.50	28.—
61d	5 Orden aus Goldkarton	—.80	9.—
65	Geprägt. **Reichsadler** auf **Goldstern**	2.—	22.—
171	**Kleines Kreuz am Nationalband**	—.70	8.—
220	**Ordensband** mit 3 Orden	1.75	19.—
539	**Goldener Adler,** aus Karton geprägt	1.35	15.—

Neue Phantasie-Polonaisen-Orden

mit Nadeln zum anstecken.

Nr. P/XXXV.

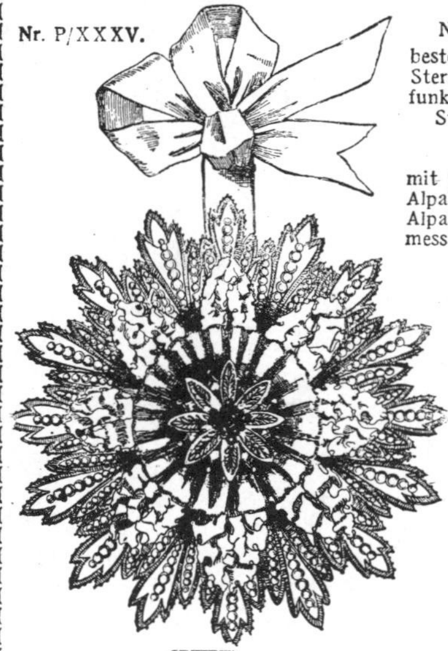

Nr. 738.

Nr. 738. **Silberrosetten-Stern**
besteht aus einem fein geprägten farbigen Stern auf Silberrosette mit Chenilletuff u. funkelnden Metallplättchen ca. 11½ cm groß.
Stück Mk. —.50, Dtzd. Mk. 5.50.

Nr. P/XXIV. **Silberstern**
mit 2 Silberrosetten und 1 Brillant- und Alpakarosette mit zarter, durchbrochener Alpakaschleife. Sterngröße (ohne Band gemessen) ca. 14½ cm. Stück Mk. —.85.

Nr. P/XXXV.
Prachtrosetten-Orden.
Zwei zart durchbrochene, fein geprägte Silberrosetten, matt u. glänzend, liegen aufeinander; dann kommt ein mattfarbiger Rüschenstern aus zartestem Seidenband und darauf wieder 3 Rosetten, die oberste aus Brillant-Metallplättchen. Rosettengröße (ohne Band gemessen) ca. 16½ cm
Stück Mk. 1.25.

Nr. P/XXVI.
Reichgeprägte Silberrosette
an Kette und Bandschleife hängend. Auflagen: Silberstern mit Atlasband, dann noch zwei Rosetten mit Perle und Atlasband mit Flittergold. Rosettengröße (ohne Band gemessen) ca. 16 cm.
Stück Mk. 1.25.

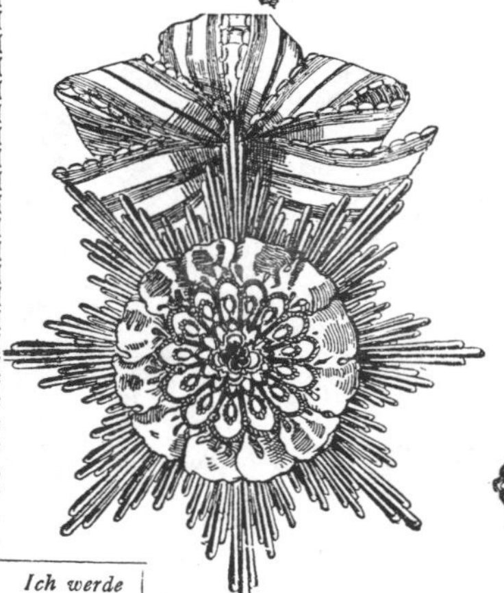

Nr. P/XXIV.

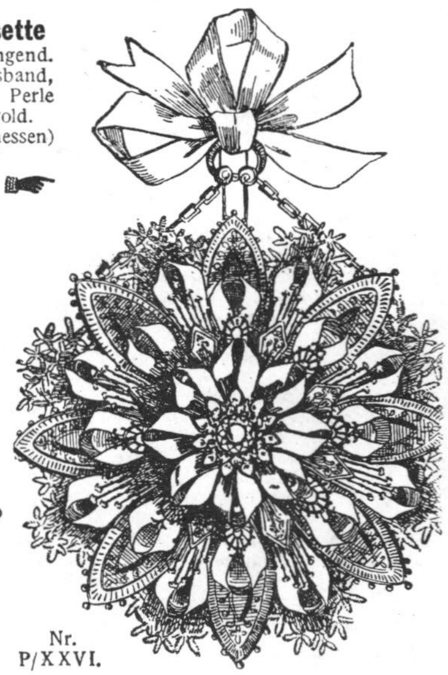

Nr. P/XXVI.

Ich werde sehr viel von diesen Orden brauchen, da dieselben durch ihre Schönheit überall verlangt werden.
Oels-Schles. O. —r.

Nr. 629.
Untergrund
Silberstern,
darauf eine bunte, reichschillernde Folienauflage, dann Silberrosette, dann Goldrosette u. dann wieder Folie. Sterngröße (ohne Band gemessen) ca. 9½ cm.
Stück Mk. —.20, Dtzd. Mk. 2.—.

Nr. P/XXXIV.
Silberrosette
mit mattfarbiger Auflage aus Seidengazeband mit reizenden Kanten.
Rosettengröße ca. 16 cm.
Stück Mk. 1.25.

Nr. P/XXI.
Das goldene Kreuz
mit Gold- und Silberstern mit Atlasband durchwunden, mit Perle (ohne Band gemessen) ca. 17 cm. groß,
Stück Mk. —.65.

Nr. P/XXI.

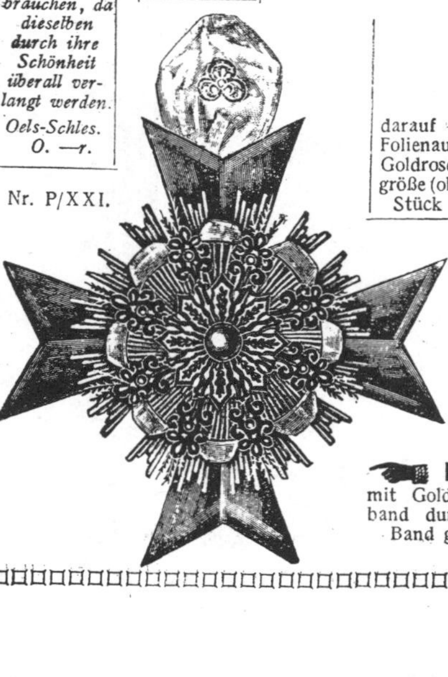

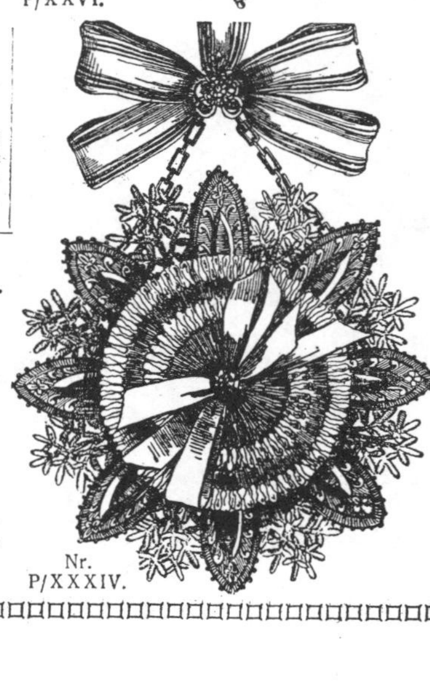

Nr. P/XXXIV.

Neue Phantasie-Polonaisen- und andere Orden mit Nadeln zum anstecken.

Die erhaltenen Orden sind zu meiner größten Zufriedenheit ausgefallen. J.-e, Tanzlehr., Laupheim.

Mit den Orden bin ich sehr zufrieden gewesen. K.—r, Tanzlehrer Solingen.

Nr. 737. **Silberstern**
mit leuchtenden Metallfolienstrahlen mit Goldstern, Seidenbändern und Wachsperle usw. Sterngröße ca. 15½ cm.
Stück Mk. —.80, Dutzend Mk. 9.—.

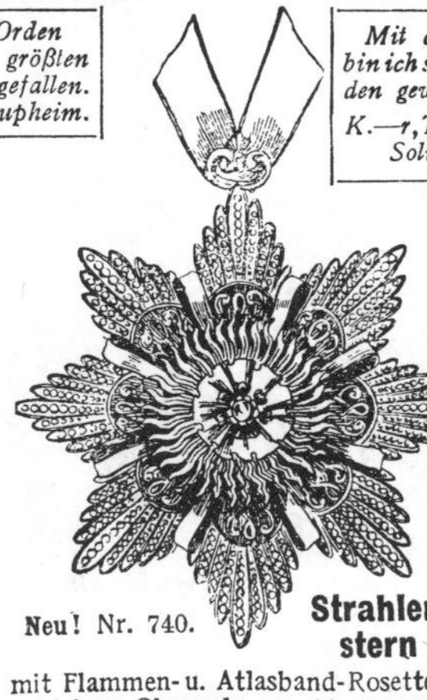

Neu! Nr. 740. **Strahlenstern**
mit Flammen- u. Atlasband-Rosette mit kleiner Glasperle. ca. 11 cm groß.
Stück Mk. —.35. Dutzend Mk. 4.—.

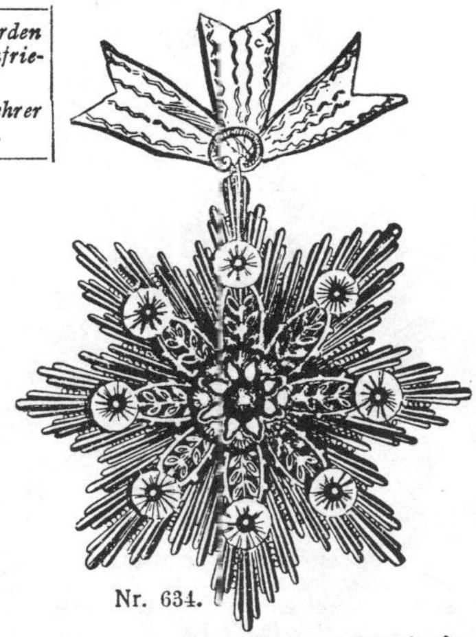

Nr. 634.
An gemustertem Atlasband hängt ein **Silberstern**
mit zweifacher Rosettenauflage, die mit kleinen farbigen Atlasbandsternblüten besetzt sind; diese wieder und der Mittelpunkt tragen strahlende Metallplättchen. Sterngröße ca. 12½ cm.
Stück Mk. —.50, Dutzend Mk. 5.50.

Nr. 679. **Silberstern**
mit ganz zartem durchbrochenem Seidenbande mit Spiralenrosette. Sterngröße ca. 14½ cm.
Stück Mk. —.70, Dutzend Mk. 7.50.

Nr. 706. **Geprägter Goldstern**
mit Silberrosetten und Bandauflage mit Metallfolienflammen und farbiger Perle. Sterngröße ca. 13 cm.
Stück Mk. —.45, Dutzend Mk. 5.—.

Nr. 612. **Rosettenstern**
mit Brillantknopf und geprägten Glanz-Metallplättchen. Sterngröße ca. 12½ cm.
Stück Mk. —.35, Dutzend Mk. 4.—.

Nr. 709. **Silberstern**
mit Strahlen aus farbiger Metallfolie mit 5 Halbmonden und Sternauflage. Sterngröße ca. 12 cm.
Stück Mk. —.40, Dutzend Mk. 4.50.

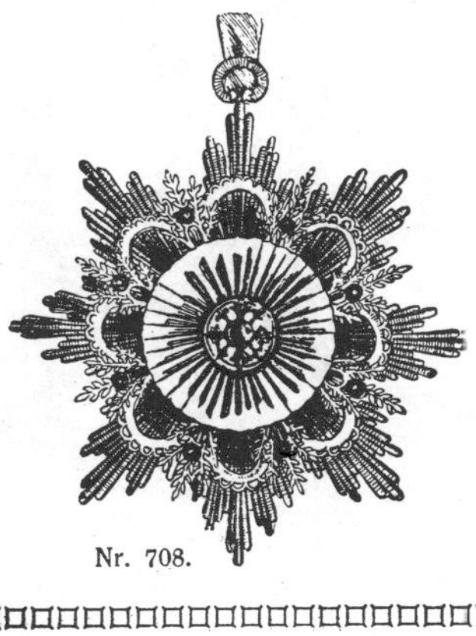

Nr. 708.

Nr. 708. **Silberstrahlenstern**
mit Gold- und Silberrosetten mit Goldperle. Sterngröße ca. 12½ cm.
Stück Mk. —.45, Dutzend Mk. 5.—.

Nr. 707. **Geprägte fein durchbrochene Silberrosette**
mit weißer Tüllauflage mit farbigen Metallpunkten, mit Brillantrosette. Rosettendurchmesser ca. 11½ cm.
Stück Mk. —.60, Dutzend Mk. 6.75.

Verschiedene Phantasie-Orden.

Gesandte Cotillon-Artikel gefielen sehr.
O. —z, Ökonomierat, Gr. K.

Mit dem seiner Zeit gesandten Cotillon war ich sehr zufrieden.
Institutstanzlehrer —y, Konstanz.

Nr. 633.

Dieser feingeprägte Orden fällt besonders auf durch die **zarte Seidenbandauflage** und das **farbige Kreuz,** Emaille imitiert.
Kreuzgröße ca. 9 cm.
Stück Mk. —.20, Dutzd. Mk. **2.25.**

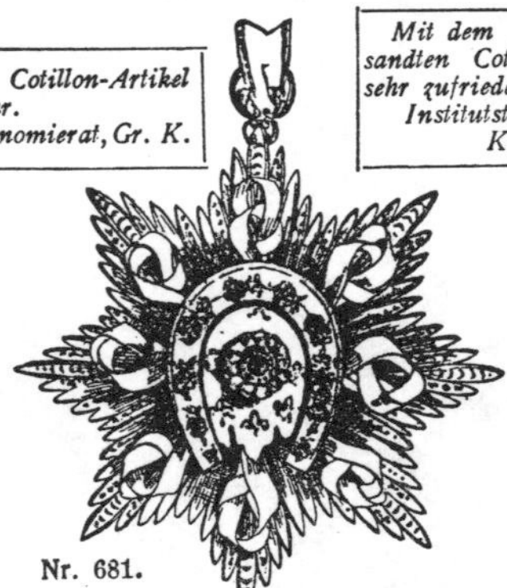

Nr. 681.
Silber- Hufeisen
mit Blüten-Chenilleauflage mit **Bandschleifen** auf Silberstern.
Größe des letzteren ca. 12 cm.
Stück Mk. —.35, Dutzd. Mk. 4.—.

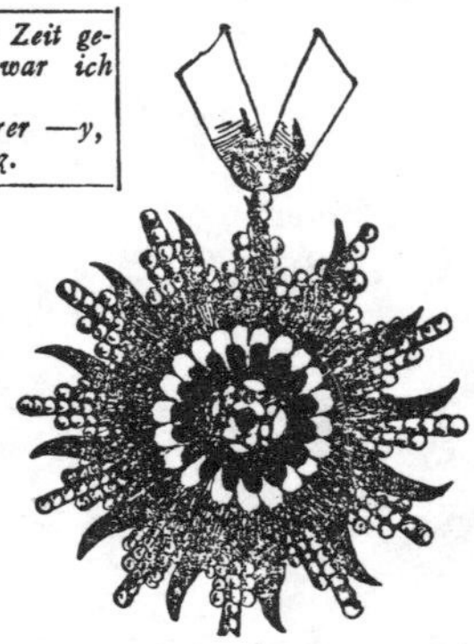

Nr. 713. **Silberstrahlenstern**
mit farbigen Strahlen aus Metallfolie mit Lametta- und verschiedenen anderen Rosetten. Sferngröße ca. $8^1/_2$ cm.
Stück Mk. —.25, Dutzd. Mk. **2.75.**

Nr. 712. **Silberrosette**
in matter Prägung mit Auflagen; **Kreuz,** Stern aus Metallfolie; farbiger Chenillekranz und Pompon. Rosettengröße ca. 8 cm.
Stück Mk. —.25, Dutzd. Mk. 2.75.

Nr. 711. **Silberstrahlenstern**
mit Auflagen aus farbiger Gelatine, Metallfolie, durchbrochenem Linienstern und Pompon. Sterngröße ca. $11^1/_2$ cm.
Stück Mk. —.30, Dutzd. Mk. 3.25.

Nr. 752. **Neu!**

Matter geprägter **Silberstern**
mit niedlichem Kranz aus Atlasband mit **Kreuz** und Perle: oben eine nette Bandrosette, ca. 12 cm groß.
Stück Mk. —.50, Dutzend Mk. **5.75.**

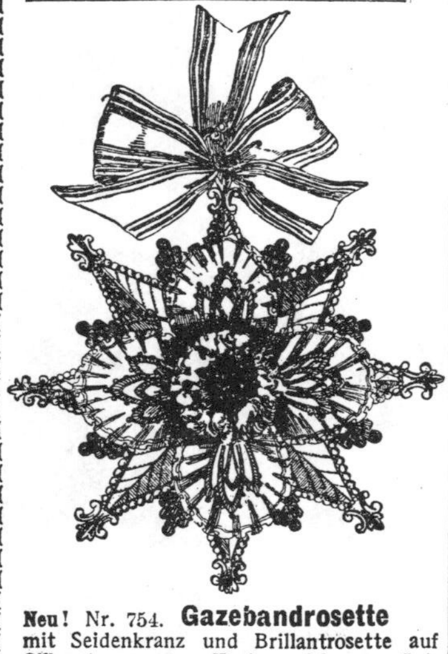

Neu! Nr. 754. **Gazebandrosette**
mit Seidenkranz und Brillantrosette auf Silberstern, aus Karton **fein geprägt. ca.** $12^1/_2$ cm groß.
Stück Mk. —.65, Dutzend Mk. **7.50.**

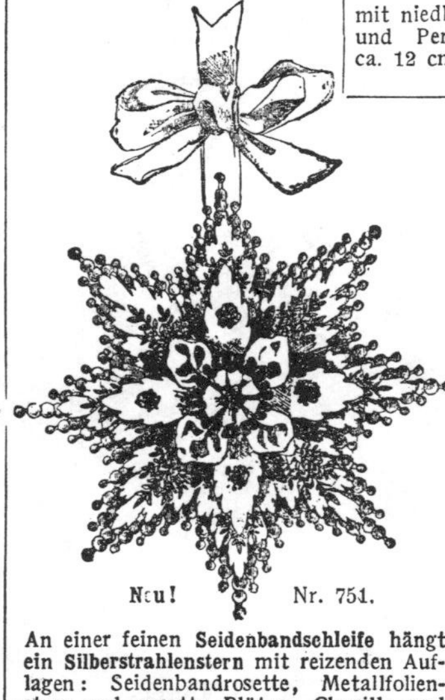

Neu! Nr. 751.

An einer feinen **Seidenbandschleife** hängt ein **Silberstrahlenstern** mit reizenden Auflagen: Seidenbandrosette, Metallfolienstern und -rosette, Blüten-, Chenille- und Farrenblattstern, ca. $14^1/_2$ cm groß.
Stück Mk. —.65, Dutzd. Mk. **7.50.**

Neu! Nr. 753. **Silberstern-rosette**
mit Metallfolienstern und 2 Bandrosetten, ca. 12 cm groß.
Stück Mk. —.40, Dutzd. Mk. **4.25.**

Verschiedene Phantasie-Orden.

In der Hoffnung auf prompte Erledigung dieses Auftrages, was bei den bisherigen stets zu meiner Freude der Fall gewesen ist usw. —ff., Ingenieur, Bad Leutenberg.

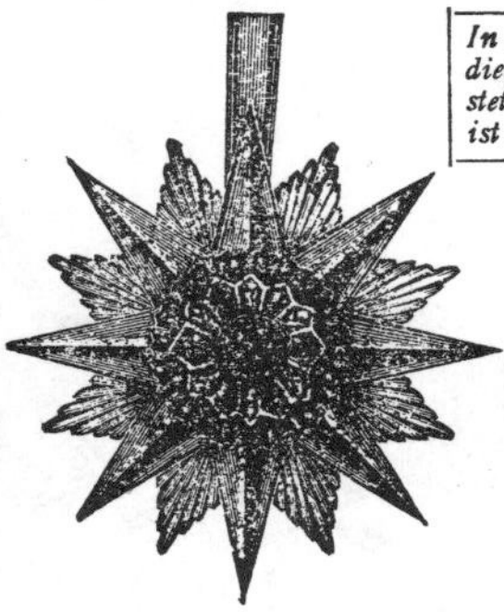

Nr. 554
Doppelstern mit Bandrosette und Perle,
ca. 8 cm groß,
Dutzend Mk. 1.75.

Nr. 578. **Kreuze, Sterne etc.** mit **Auflagen** aus Karton, Gelatine, Reliefs etc. in verschied. Dessins.
Dtzd. Mk. —.85.

Nr. 597.
Silberstern
mit Goldkronen
ca. 9 cm groß.
Dutzend Mk. —.70.

Nr. 680. **Silberkreuz** mit Eichen- und Lorbeerkranz mit leuchtendem **Folienstern** mit Silberlamettakranz etc. Kreuzgröße bis zum Ring gemessen ca. 11 cm.
Stück Mk. —.20. Dtzd. Mk. 2.—.

Die erhaltenen Orden sind sehr schön. Frau Kommerzienrat —n, Crefeld.

Orden und Sträußchen sind in bestem Zustand angekommen und haben außerordentlich gefallen. E. —n, Oberlehrer, Löwenburg i. Schl.

Für gesandte Schleifen bestens dankend, denselben ist volles Lob erteilt. P.–r., Vorsitzender des Br. in D.

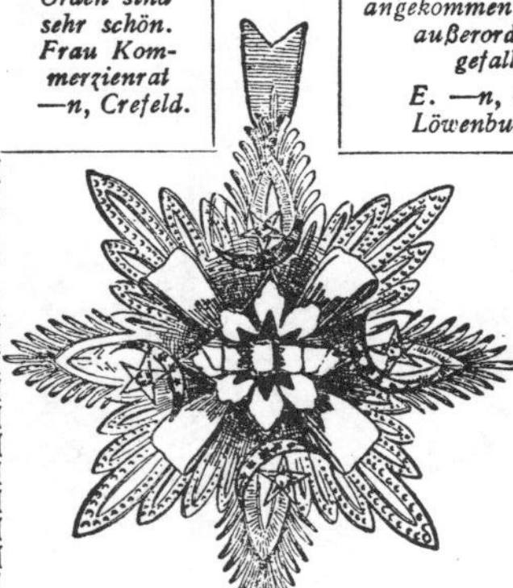

Nr. 673. Matter **Silberstern** mit Atlasbandkreuz mit goldenen Mondsicheln mit Sternen mit Schnallenschleife.
Sterngröße ca. 11 cm.
Stück Mk. —.30, Dtzd. Mk. 3.30.

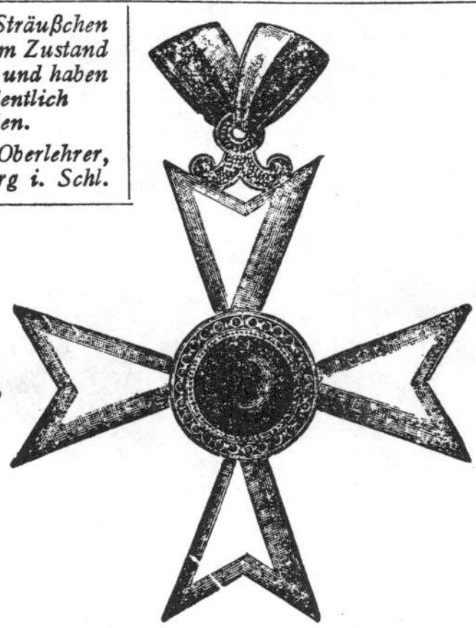

Nr. 600. Weißes **Johanniter-Kreuz** aus starkem Glacékarton geprägt mit bunter **Folienrosette** mit **Goldrand**; oben mit schwarzweißem Atlasband. Das Kreuz ist ca. 17 cm groß (ohne Band gemessen).
Stück Mk. —.35, Dutzend Mk. 4.—.

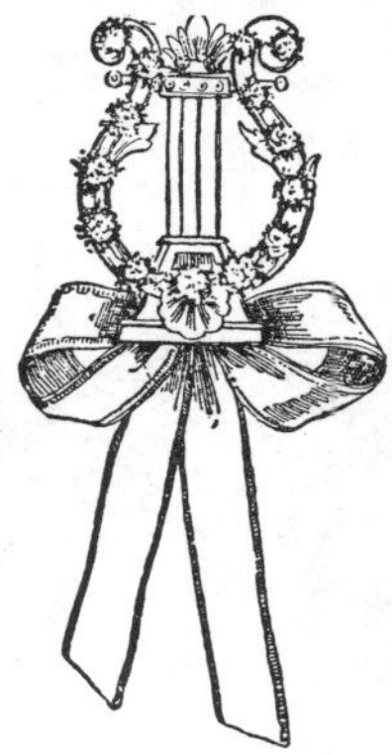

Nr. 674.
Silber-Lyra
mit Blüten-Chenille mit Atlasschleife.
Stück Mk. —.30,
Dutzend Mk. 3.—.

Nr. 520.
Kreuz-Orden
mit Adler an Seidenband.
Dutzend Mk 1.25,
Gros Mk. 14.—.

Nr. 599. **Strahlenstern** mit Goldflitter, geblümter Pergament- und Atlasbandauflage. Sterngröße ca. 12 cm.
St. Mk. —.35, Dtzd. Mk. 4.—.

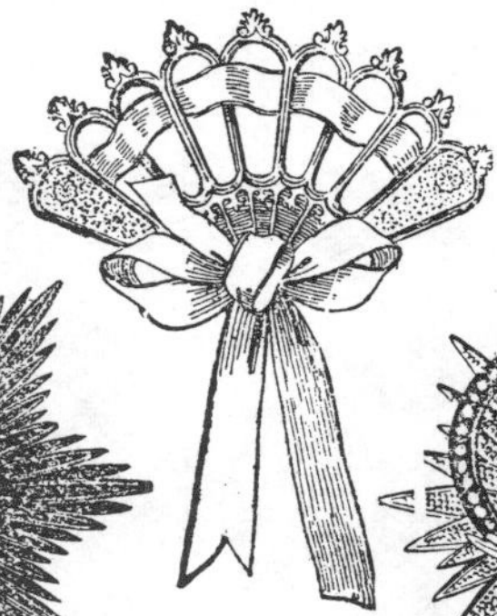

Nr. 609.
Bandfächer.
Geprägter durchbrochener Fächer mit Atlasband durchzogen u. mit Atlasbandschleife.
Fächerbreite ca. 9 cm.
Dutzend Mk. 1.75.

Nr. 610. **Taubenorden.** Silberstern (mit Verzierung gemessen ca. $9^1/_2$ cm.) mit Goldherz mit plastischer Taube, die ein Vierblatt und ein Hufeisen mit Atlasschleife bringt.
St. Mk. —.30, Dtzd. Mk. 3.—.

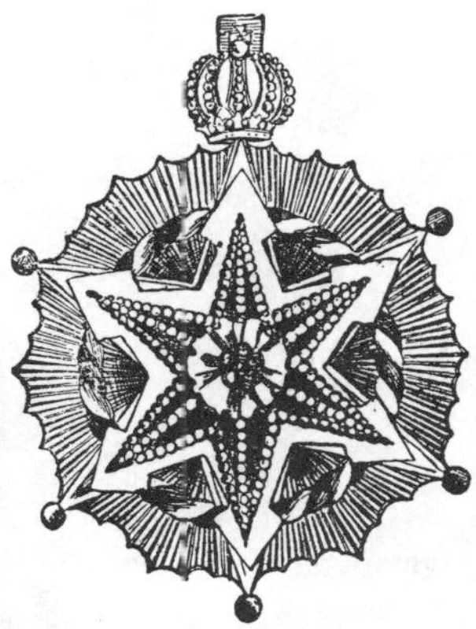

Nr. 677. **Strahlenstern** mit geflochtenem 2 farbigen Krepppapierreif mit Bandrosette. Sterngröße (bis zur Krone gemessen) ca. 8 cm.
Stück Mk. —.20, Dutzend Mk. 2.25.

Verschiedene Phantasie-Orden.

Nr. 614. **Silberrosette**
mit Goldflitter mit Doppelrosettenauflage aus Atlasband mit matter Perle. Rosettengröße ca. 11 cm.
Stück Mk. —.40, Dutzend Mk. 4.40.

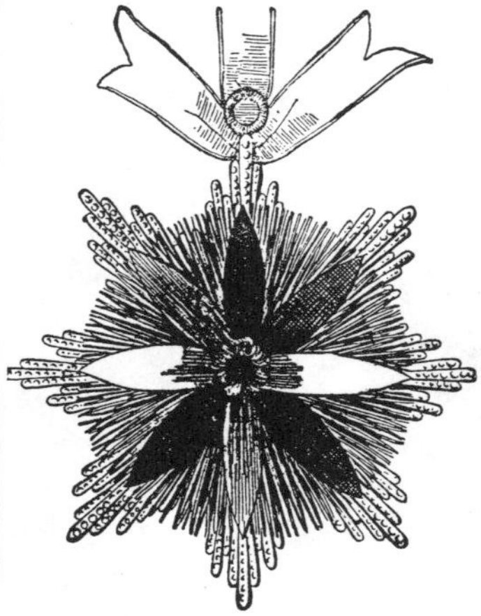

Nr 613.
Bunter Gelatinestern
mit Lamettastrahlenrosette auf Silberstern (Größe ca. $11^1/_2$ cm)
Stück Mk. —.25, Dutzend Mk. 2.75.

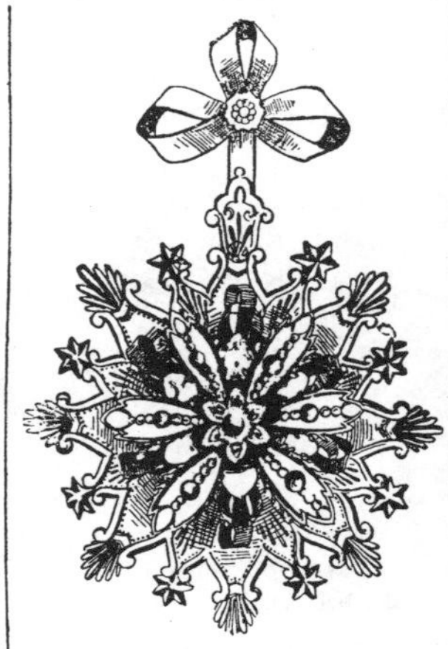

Nr. 631. **Perlenstern**
aus geprägten Silber-Rosetten mit Goldflitter, mit farbigem Atlasband und blauen Perlen. Rosettengröße (ohne Band gemessen) ca. $9^1/_2$ cm.
Stück Mk. —.35, Dutzend Mk. 4.—.

Nr. 538.
Goldener Stern,
ca. 10 cm groß, mit grünem Glückskleeblatt.
Dtzd. Mk. —.90, Gros **Mk. 10.—.**

Nr. 718.
Silberstern
mit Kreis, mit Metallfolien-Sternen und Rosettenauflage, Sterngröße ca. 8 cm.
St. Mk. —.15, Dtzd. Mk. 1.70.

Nr. 716.
Silberrosette
mit Rosettenauflagen mit farbigen Metallpunkten, Rosettengröße ca. 9 cm.
St. Mk. —.15, Dtzd. Mk. 1.70.

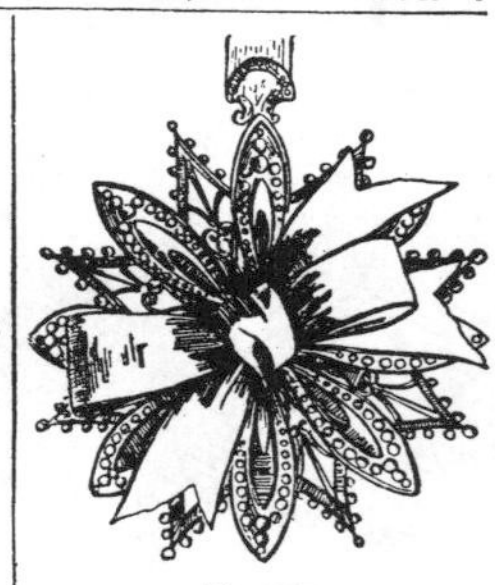

Nr. 717.
Silberrosette
mit feiner zartfarbiger Seidenschleife.
Rosettengröße ca. $7^1/_2$ cm.
St. Mk. —.15, Dtzd. Mk. 1.70.

Nr. 222. **Kreuz,**
ca. 8 cm groß, schwarz-weiß-rot, mit goldenem Adler und Verzierungen.
Dtzd. Mk. 2.—, Gros Mk. 22.50.

Mit Ihren Cotillonorden bin ich sehr zufrieden.
Josef —d., Tanzlehrer. Salzburg.

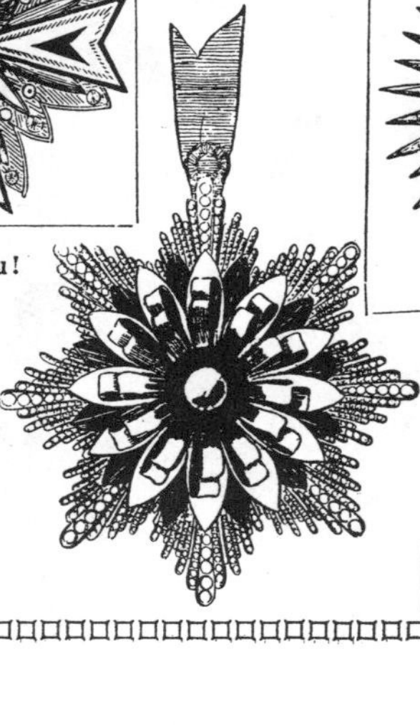

Nr. 741. **Neu!**
Hochgeprägter Silberstern
mit Metallfolienstern, Atlasbandrosette, Gelatine und Perle, ca. $11^1/_2$ cm groß,
Stück Mk. —.40,
Dtzd. „ 4.50.

Nr. 715.
Silberstrahlenstern
mit Stern- und Rosettenauflage aus farbigem Atlasband mit Chenille-Verzierung.
Sterngröße ca. 7 cm.
Stück Mk. —.15,
Dtzd. „ 1.70.

Nr. 678. **Goldrosette**
mit Atlasband mit Chenilleblüten mit Perle. Rosettengröße ca. $9^1/_2$ cm.
Stück Mk. —.20, Dutzend Mk. 2.—.

Mit Ihrer Sendung war ich sehr zufrieden, besonders habe ich die Orden für schön und preiswert befunden.
W. —t, Chemnitz.

Spezielle Fach- und Sport-Orden.

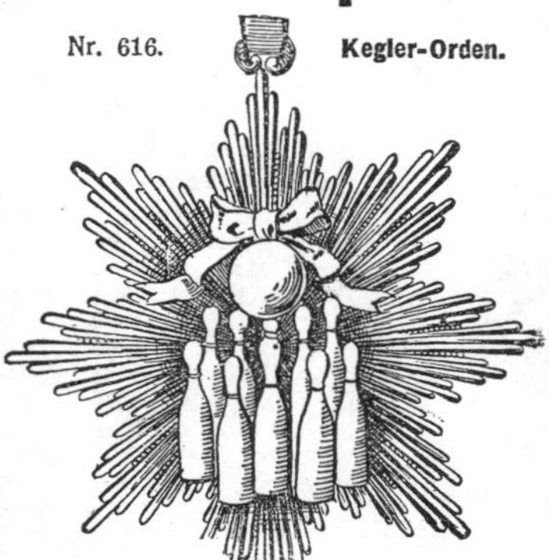

Nr. 616. **Kegler-Orden.**
Silberstern (ca. 12 cm gross) mit en relief geprägter Kegelaufl. a. Goldkarton. Dtzd. Mk. 1.40, Gros Mk. 16.—.

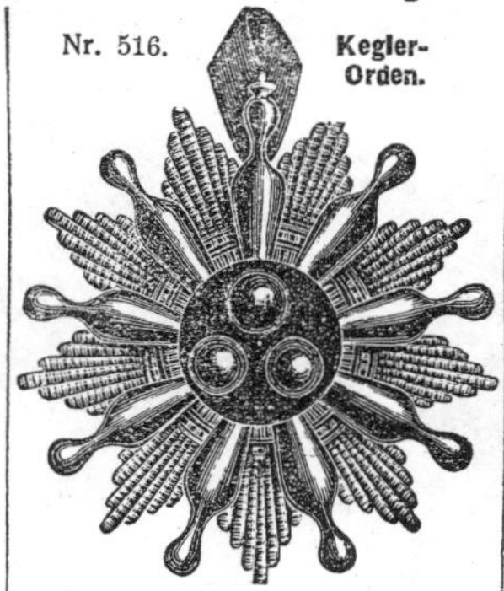

Nr. 516. **Kegler-Orden.**
Hölzerne Kegel auf Goldstern (ca. $11^{1}/_{2}$ cm groß) mit Seidenband. St. Mk. —.35, Dtzd. Mk. 4.—.

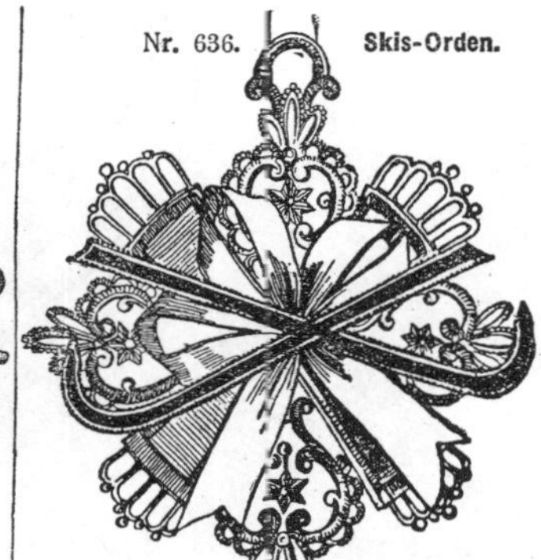

Nr. 636. **Skis-Orden.**
Feine Kartonprägung (ca. 10 cm gr.) m. Atlasb. u. Aufl.: Schneeschuhe. St. Mk. —.20, Dtzd. Mk. 2.25.

Nr. 66. **Kegler-Orden.**
Goldener Stern mit Lorbeer- u. Eichenkranz mit Kegelkrone und Ziffertafel mit Schleife.
Stück Mk. —.30, Dutzend Mk. 3.40.

Nr. 515. **Einfach. Kegler-Orden** aus Gold- oder Silberkarton gepreßt mit Schleife. Dtzd. Mk. 1.25, Gros „ 14.—.

Neu! Nr. 747.
Roll-Heil.
Auf einer Goldrosette eine Atlasbandschleife m. Rollschuh aus Karton. Stück Mk. —.20, Dutzend „ 2.—.

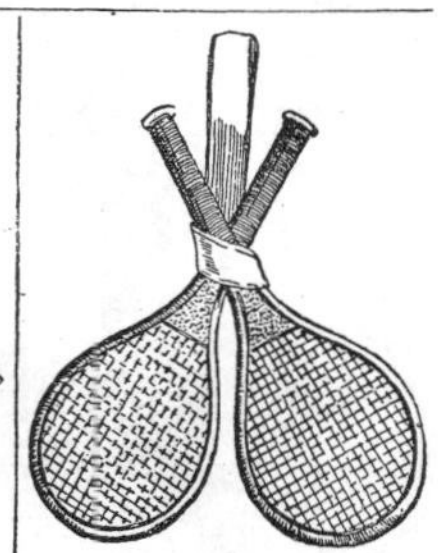

Nr. 694.
Lawntennis-Schläger,
gold- und silbergeprägt aus Karton mit Atlasband. Racketgröße ca. 9 cm. Dutzend Mk. 1.10, Gros „ 12.—.

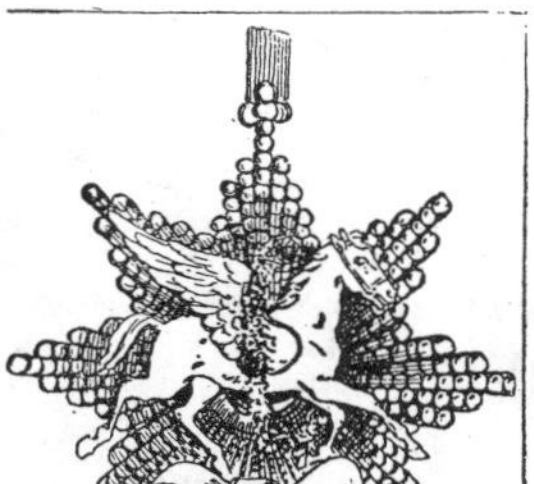

Nr. 695. **Pegasus-Orden.**
Silbernes **Flügelpferd auf goldenem** Kartonstern mit Reif aus Blüten-Chenille m. Atlasschleife. St. Mk. —20, Dtzd. Mk. 2.25.

Neu! Nr. 750.
Zeppelin-Relief
auf Gold-Kartonstern m. Atlasband und Lamettastrahlen.
2 Stück Mk. —.25,
Dutzend „ 1.35.

Nr. 668. **Lawntennis-Orden.**
Silberrosette (ca. 8 cm groß) mit Atlasband mit fein geprägtem Racket mit Perle. St. Mk. —.25, Dtzd. Mk. 2.50.

Nr. 696.
Rodelschlitten
aus imitiertem Holzkarton mit 1 Paar Schneeschuhen, Stab und Schneeballen mit Atlasschleife.
Stück Mk. —.20,
Dutzend Mk. 2.—.

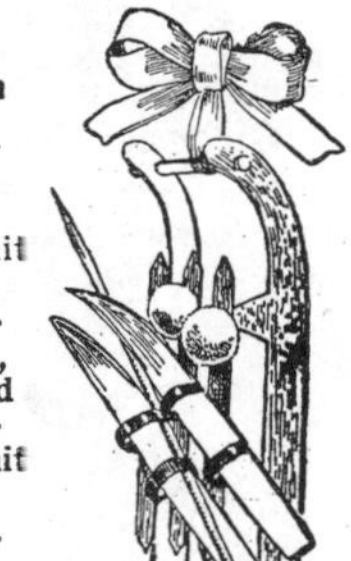

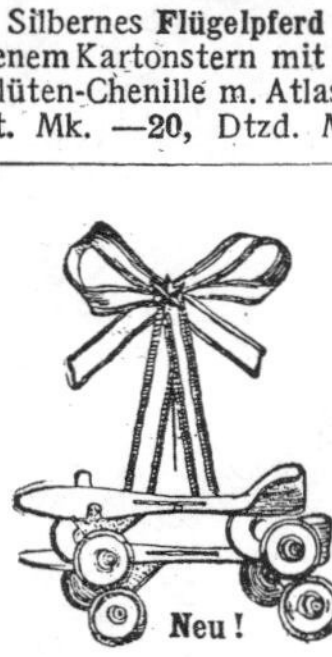

Neu!

Nr. 748. Rollschuh-Orden.
1 Paar Rollschuh-Reliefs an Atlasbandschleife.
2 Stück Mk. —.20,
Dutzend „ 1.—.

Neu! Nr. 749.
Aeroplan-Relief
(2 Dessins) aus Goldkarton geprägt an Atlasband.
2 Stück Mk. —.20,
Dutzend „ 1.—.

Nr. 732. **Zeppelin-Orden**
aus Goldkarton mit farbiger Atlasschleife. Luftschifflänge ca. 8 cm. St. Mk. —.15,
Dtzd. „ 1.70.

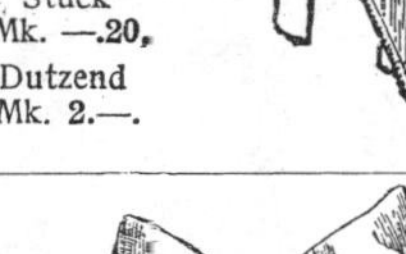

Nr. 731. **Auto-Orden**
aus Goldkarton mit farbiger Atlasschleife. Autolänge ca. 8 cm. Stück Mk. —.15,
Dutzend „ 1.70.

Verschiedene Orden mit Nadeln zum anstecken.

Nr. 719.
Silberkronenstern
mit Auflagen: Flammenstern aus farbiger Metallfolie, Silberrosette. Sterngröße ohne Krone gemessen ca. 6 cm.
2 Stück Mk. —.20,
Dutzend „ 1.—.

Nr. 720.
4 Kronen-Orden
mit Lorbeergirlanden aus Goldkarton mit Kreuz-, Stern- und Rosetten-Auflagen mit Chenilleröschen.
Länge ca. 7 cm.
2 Stück Mk. —.20,
Dutzend „ 1.—.

Mit Duft.

Duft-Orden. Untergrund Kartonrosette mit künstlichem Blumensträußchen mit feinstem Duft.
Nr. 637a. Mit Veilchen mit Veilchenduft, Dutzend Mk. 2,25
Gros „ 25.—
„ 637b. Mit Röschen mit Rosenduft, Dutzend Mk. 2.50,
Gros „ 28.—.
„ 637c. Mit Kleeblüten mit Kleeduft, Dutzend Mk. 1.75,
Gros „ 20.—
„ 637d. Mit Tannenästchen mit Tannenduft, Dutzend Mk. 1.40.
Gros „ 16.—.

Nr. 743.
Spiegelorden. Neu!
Goldstern mit Silberlorbeerkranz uud mit Blütenchenille, die einen Spiegel umrahmen; unten eine Atlasschleife.
Stück Mk. —.20,
Dtzd. „ 2.25.

Nr. 721.
Silberstern mit Adler
mit Lorbeerkranz aus farbiger Metallfolie. Sterngröße ca. 9cm.
Stück Mk. —.20, Dtzd. Mk. 2.—.

Neu! Nr. 742.
Durchbrochener Silberstern
mit grünberandetem Goldstern mit Kreuz und Metallplättchen ca. 9½ cm.
2 Stück Mk. —.35,
Dutzend „ 1.90.

Neu! Nr. 744.
Kometen-Orden
aus starkem Goldkarton fein geprägt. ca. 14½ cm.
2 St. Mk. —.15,
Dtzd. „ —.80.

Nr. 564.
Lorbeer-Orden.
Fein geprägte Gold- und Silberlorbeerblätter mit Atlasschleife.
Dutzend Mk. 1.—,
Gros „ 11.—.

Nr. 580.
Brillantfalter
aus Silberkarton prachtvoll geprägt, durchbrochen, mit farbigem Flimmer bestreut (Flügelweite ca. 13½ cm).
Stück Mk. —.30, Dutzend Mk. 3.50.

Orden und Schleifen mit Inschriften etc. mit Nadeln zum anstecken.

Nr. S/141 B.
Blumenschleife
aus weißem Atlasband mit reizendem künstlichen Blumensträußchen in 6 verschiedenen Dessins mit Inschrift: „Zur Erinnerung an fröhliche Stunden“.
Bandbreite 17 mm.
Stück Mk. —.40,
Dutzend „ 4.25.

Nr. 518.
Für flottes Tanzen.
In Silberkarton geprägte Medaillons an Seidenband.
Stück Mk. —.25,
Dutzend „ 2.40.

Nr. S/310.
Atlasschleife mit Lorbeerkranz
u. Aufschrift: „Dem eifrigsten Tänzer z. Andenken“.
Dutzend Mk. 1.75,
Gros „ 19.—.

Nr. S/364.
Moderne Schleife
aus 17 mm breitem weißen Atlasband mit grünem Celluloid-Kleeblatt mit Inschrift: „Für flottes Tanzen“.
Stück Mk. —.25,
Dutzend „ 2.40.

Nr. 693.
Blüten-Chenille-Ring
mit Atlasschleifen auf Silberstern (ca. 9 cm groß).
Inschrift: „Für flottes Tanzen“.
Stück Mk. —.30,
Dtzd. „ 3.—.

Orden und Schleifen mit Inschriften mit Nadeln zum anstecken für spezielle Zwecke.

Nr. 723.

Preis-Orden.

Aus extrastarkem Goldkarton, fein geprägt, mit Silberkrone auf

farbig. Grunde und Inschrift wie auf der Abbild. Sterngröße ca. 13½ cm. Stück Mk. —.30, Dutzend Mk. 3.—.

Nr. 663.

10000 Mark-Orden.

Geldsack mit häßlichem Weib. Stück Mk. —.20, Dutzend „ 2.—.

Nr. 724.

Körbe-Orden.

Drei Körbchen an bunten Atlasbändern häng. mit Schelle u. mit Inschrift: Schlechte Erfahrungen. Schellenbandlänge ca. 12½ cm. St. Mk. —.25, Dtz. Mk. 2.50.

Nr. 517.

Ulk-Blumen-Orden mit Schildern mit Metallrand mit 12 verschiedenen Inschriften, z. B.: „Ich bin der Schönste!" „O, hätt' ich nie geliebt!" „Ich bin rasend verliebt!" „Vermögen ist da!" usw. Dutzend Mk. —.55, Gros „ 6.25.

Nr. S/312. **Falterorden,** goldener Schmetterling aus Karton geprägt mit Atlasband (Bandbreite 17 mm) in den Farben weiß, rosa, hellblau und Aufdruck: „Flattere nicht!" Dutz. Mk. 1.10, Gros Mk. 12.—.

Nr. 666.

Glücksschwein-Orden.

Ein plastisch geprägtes Schwein aus Karton mit Medaille mit Text: „Dem Verdienste seine Krone." Stück Mk. —.20, Dutzend „ 2.25.

Nr. 268. **Goldstern mit Schleife** und folgenden Inschriften: „Ich tanze nicht", „Ich darf nicht tanzen", „Nichttanzen vom Hausarzt verordnet". Dutz. Mk. 1.25, Gros Mk. 14.—.

Nr. S/185.

Schleife (ca. 10 mm breit) in den Farben weiß, rosa, hellblau mit **Vergißmeinnichtsträußchen** aus künstlichen Blumen mit Inschrift: „Laß diese Blumen sprechen für mich". Stck. Mk. —.30, Dutz. Mk. 3.—.

Nr. 729.

Orden: Flügellahm.

Wappen mit Auflage: Ein rotes Herz mit lahmen Flügeln mit Schleife und Inschrift. Wappengröße 5½ cm. 2 Stück Mk. —.25, Dutzend Mk. 1.25.

Nr. 243.

Goldene Krone

mit Wachsperlen auf Seidenuntergrund mit Atlasschleife, Kartonstern und Inschrift. Stück Mk. —.35, Dutzend Mk. 4.—.

Nr. 667. **Wetter-Orden.** Ein fein geprägter Barometer mit Thermometer mit farbigem Atlasband mit Xantippenrelief. Inschrift: Kritischer Tag I. Ordnung. Stück Mk. —.20, Dtzd. Mk. 2.25.

Gesandte Schleifen, Orden etc. haben außerordentlichen Beifall gefunden. —.sch, Straßburg i. E.

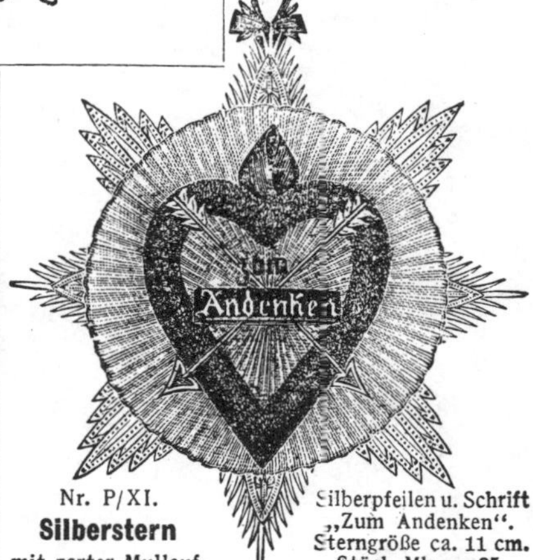

Nr. P/XI.

Silberstern

mit zarter Mullauflage mit Seidenherz, Silberpfeilen u. Schrift „Zum Andenken". Sterngröße ca. 11 cm. Stück Mk. —.35, Dutzend Mk. 4.—.

Bierfest- etc. Orden und -Anstecker etc.

Nr. 534.
Sumpfhuhn-Orden mit Bierkrug, § 11, Uhr mit später Stunde und Inschrift.
St.Mk.—.25,
Dtz. „ 2.75.

Nr. 657. **Hopfen- und Malz-Orden.**
Die Silberrosette trägt einen Gelatinebierseidel mit Hopfenblättern und Aehren mit Text: „Hopfen und Malz, Gott erhalt's. Stück **Mk. —.35,** Dtz. **Mk. 3.60.**

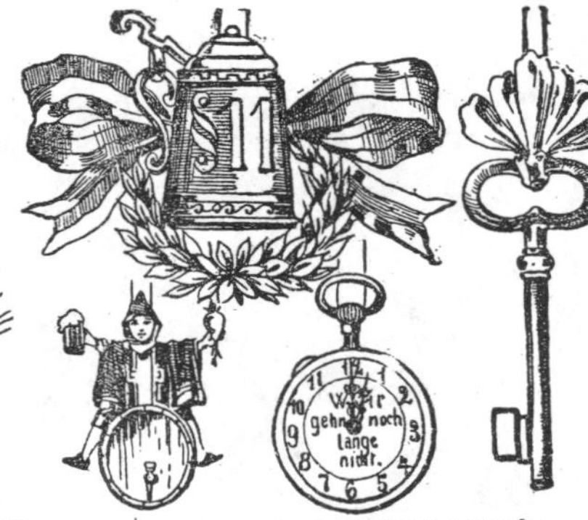

Nr. 649. **Bockbier-Ordenserie.**
Bunte Reliefs in 12 Dessins.
Dutzend Mk. **—.30,** Gros Mk. **3.—.**

Nr. 576. **Geprägter Kartonstern** mit einem Schmetterling.
Dtz. Mk. **—.70,** Gros Mk. **8.—.**

Neu! Libelle, farbig, mit vibrierenden Fühlern aus Messingdrahtspiralen. Flügelweite ca $11^1/_2$ cm.
Nr.759. Dtz.Mk.**—.80,** GrosMk.**9.—.**

Neu! Falter, farbig, mit Fühlern wie bei Nr. 759, Flügelweite ca. 7 cm. Nr. 760.
Dutzend Mk. **—.50.** Gros Mk. **5.40.**

Neu! Biene, farbig, mit Chenillebeinen, Länge ca. 4 cm.
Nr. 761.
Dutzend Mk. **—.70,** Gros Mk. **7.50.**

Neu! Spinne, farbig, mit Chenillebeinen, Länge ca. 3 cm.
Nr. 762.
Dutzend Mk. **—.70,** Gros Mk. **7.50.**

Nr. 759. Nr. 760.

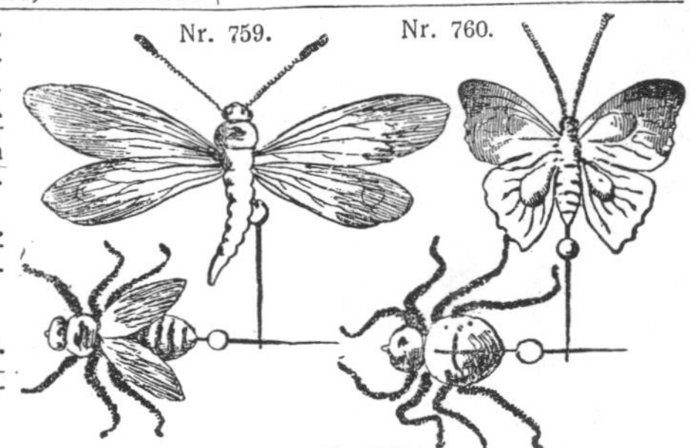

Nr. 761. Nr. 762.

Sonnenorden
aus Karton, erhaben geprägt in Silber, Gold und Kupfer.
Nr. 544, ca. 18 cm Durchm.
St. Mk. **–.40,** Dtz. Mk. **4.50.**

Nr. 280. **Kater-Orden.**
Goldener Stern mit **Katerreliefkopf** auf weißem Krepp.
Dtz. Mk. **1.—,** Gros **Mk. 11.—.**

Nr. 279.
Uhu-Orden.
Goldener Stern mit plastischem **Uhukopf** auf weißem Krepp.
St. Mk. **—.20,** Dtz. Mk. **2.—.**

Nr. 683.
Riesen-Stern-Margerite
(ca. 17 cm groß).
Dtz. Mk. **—.85,** Gros Mk. **9.50.**

Nr. 71 b.
§ 11
aus Gold-, Silber- und Metallkarton, fein gepreßt.
Dutzend Mk. **—.40,**
Gros Mk. **4.50.**

Nr. 685.
Chenille-Aeffchen
mit Besen.
Dtz. Mk. —**.90,**
Gros „ 10.—.

Nr. 682.
Schnäbelnde Täubchen
mit Herz und Inschrift: „**Nur ein Küßchen**", „**Nur ein einziges mal**", oder wie abgebildet.
Dutzend Mk. **—.70,** Gros Mk. **8.—.**

Nr. 684.
Farbiger, fein schattierter
Plüschschmetterling
mit Chenillekörper, mit Drahtspiralenfühler.
Dtz. Mk. **1.80,** Gros Mk. **20.—.**

Nr. 644.
Katzenjammerorden.
Auf einem Kartonstern in Silberprägung ist ein buntes Katzenrelief mit Atlasbandverzierung angebracht mit Heringsrelief. St. Mk. **—.20,** Dtz. Mk. **2.—.**

Narren- und Karneval-Orden mit Schellen etc.

mit Nadeln zum anstecken.

Letzte Ordensendung ist zur vollsten Zufriedenheit ausgefallen und spreche Ihnen meinen besten Dank für gute Bedienung aus. *Lehrer K.—d, Hille.*

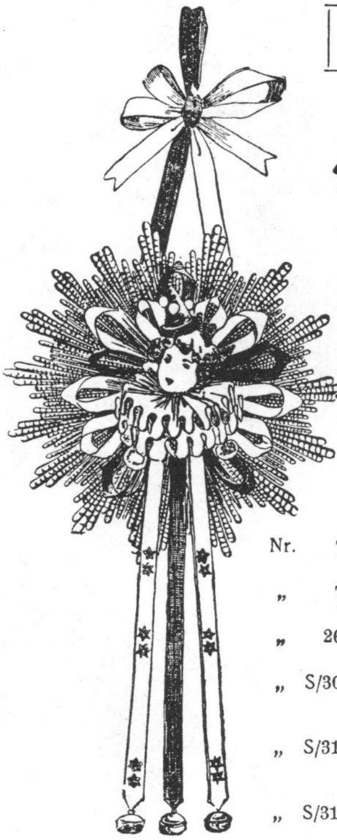

Nr. 650.

Nr. S/317

Nr. 74.

Nr. 648.

Nr. S/306.

Nr. 71. **Harlekin-Köpfe** mit Schellen in Buntdruck, in verschiedenen Dessins ... Dtzd. Mk. —**.30.** Gros Mk. **3.**—

„ 74. **Harlekin-Köpfe** mit Silberprägung, mit 3 Messing-Schellen. Dtzd. Mk. **1.25,** Gros Mk. **13.50**

„ 266. **Narrenkopf** auf bunten Atlasbändern, m. 1 Messing-Schelle. Bandbreite 7 mm . . . Dtzd. Mk. **1.10,** Gros Mk. **12.**—

„ S/306. **Achselschleife** (gelb, blau, weiß, rot), Bandbreite 20 mm, mit 4 Messing-Schellen- u. Narrenrelief, **ganze Schleifenlänge ca. 35 cm** .... Stück Mk. —**.30,** Dtzd. Mk. **3.50**

„ S/314. **Komischer Kopf** mit bunten Bändern u. 1 Messing-Schelle. Bandbreite 17 mm. Länge 14 cm. Dtzd. Mk. **1.25,** Gros Mk. **13.50**

„ S/317. **Kostümierter Mädchenkopf** mit bunten Seidenbändern und 2 Messing-Schellen. Bandbreite 16 mm. Dtzd. Mk. **1.50,** Gros Mk. **17.**—

„ S/358. **Atlasschleife** in Karnevalfarben mit urkomischen Clown-Reliefs mit 2 Messing-Schellen. Größe ca. 18 cm. Bandbreite 16 mm .... Stück Mk. —**.20,** Dtzd. Mk. **2.10**

„ S/359. Urgelungener **Clownkopf** in verschied. Dessins auf Karneval-Atlasbändern mit 3 Messing-Schellen. Bandbreite 16 mm. Dtzd. Mk. **1.60,** Gros Mk. **18.**—

„ 626. **Silber-Metallstern** mit dem Medaillonbild des Prinzen Karneval mit Atlasbändern in den Karnevalfarben und 2 Messing-Schellen. Bandbreite 16 mm. Stück Mk. —**.55,** Dtzd. Mk. **6.**—

„ 638. **Biedermeier-Herzorden.** Ein gold. Kartonherz ist mit buntem Atlasband umwunden, das mit einer Messingschelle endet; das Ganze umgibt ein Relief aus der Biedermeierzeit ....Stück Mk. —**.20,** Dutzend Mk. **2.**—

„ 639. **Harlekin** mit Schelle auf breitem Atlasband mit Metallplättchen. .... Stück Mk. —**.20,** Dtzd. Mk. **2.25**

„ 648. **Sonnenorden** in erhabener Reliefprägung mit Atlasbändern in den Karnevalfarben mit Schellen Stück Mk. —**.25,** Dtzd Mk. **2.50**

„ 650. **Karneval-Fest-Orden.** Silberstern mit Silberlametta und Reliefauflage auf Atlasband mit Schellen, Länge vom Bandende oben b. zu den Schellen gemessen ca. 40 cm. Stück Mk.**1.**—

Nr. S/358

Nr. S/314.

Nr. 71.

Nr. 639.

Nr. S/359.

Nr. 638.

Nr. 266.

Nr. 626.

Ferner: **Neue Narren- und Karneval-Orden** **mit Nadeln zum anstecken.**

Nr. 672.
Max- und Moritz-Orden.
2 Buntdruckreliefs mit buntem Atlasband.
Dtzd. Mk. 1.20.
Gros „ 13.50.

Nr 670.
Pierrot-Orden
Clown mit Kreppapierkostüm, weiß mit farbigen Punkten.
Stück Mk. —.20.
Dtzd. „ 2.—.

Nr. 651. **Clownrelief**
auf Doppelstern in bunten Farben (ca. 9 cm groß, mit Atlasband und Schelle). Dtzd. Mk. 1.50, Gros Mk. 17.—.

Orden mit Nadeln zum anstecken für spezielle Zwecke.

Neu! Nr. 745. **Kaltgestellt.**
Rosettenstern mit Atlasschleife. **Eiskühler,** in letzterem ein kleines rotes **Herz.**
St. Mk. —.20, Dtzd. Mk. 2.25.

Nr. 734.
Zecher-Orden.
Geprägte Weinflasche mit Clownkopf, Kreppapier, Atlasband und Schelle.
St. Mk. —.20, Dtz. Mk. 1.80.

Nr. 287.
Kreuz der Ehelegion
aus Silber-Karton mit obiger Inschrift.
Dutzend Mk. 1.—,
Gros „ 11.—.

Nr. 689.
Orden: „Auf Freiers Füßen".
Kopfrelief mit Herz, Vergißmeinnicht, Atlasschleifen etc.
St. Mk. —.30, Dtzd. Mk. 3.—.

Nr. 688.
Orden: „Hahn im Korbe".
Der geprägte bunte Hahn sitzt in einem Korbe mit Goldstücken belegt; den Untergrund bildet ein Silberstern mit Messingschellen.
Stck. Mk. —.30, Dtzd. Mk. 3.—.

Nr. 618.
Orden: Club der Soliden.
Geprägter Kartonstern mit Atlasbandverzierung, mit Herrnrelief im Schlafrock mit Fez.
Stück Mk. —.30,
Dtzd. „ 3.—.

Nr. 691.
Herzensjäger.
Ein Jägerrelief mit Herzen, Gewehr und Atlasbändern auf Silberstern.
Stück Mk. —.25,
Dtzd. „ 2.50.

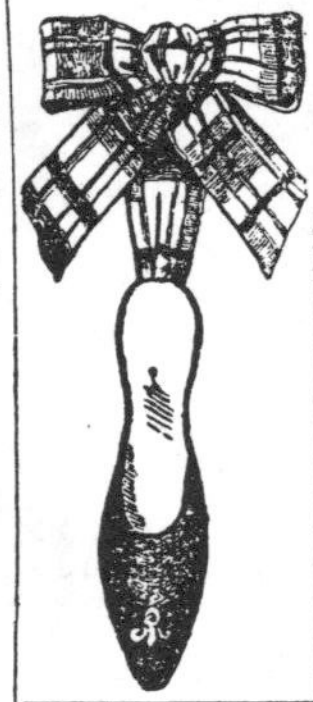

Nr. 285.
Pantoffel-Orden
mit Schleife ca. 17 cm.
St. Mk. —.30,
Dtz. Mk. 3.25.

Nr. 690.
Stützen der Hausfrau.
Zwei niedliche Pantoffeln an Atlasbandschleife.
St. Mk. —.25,
Dtz. Mk. 2.50.

Nr. 603.
Tugendbund-Orden.
Plastische weiße Täubchen, ca. $3^3/_4$ cm groß zum Anstecken.
Dtzd. Mk. —.50, Gros Mk. 5.75.

Für prompte und gute Lieferung schönsten Dank.
Verein kgl. preuß. Forstbeamten in P.

Nr. 547. **Nachtfalter-Orden**
mit Schmetterling, Mond, Hausschlüssel usw.
Stück Mk. —.30, Dtzd. Mk. 3.30.

Herz- und Glücks-Orden mit Nadeln zum anstecken.

Nr. 642. Herzorden.
Ein ca. 3 cm großes, plastisch geprägtes rotes **Herz** hängt an einer feinen Atlasschleife.
Dutzend Mk. **1.—**,
Gros „ **11.—**.

Nr. 60 a.
Silbernes Hufeisen
mit Atlasschleife mit Blumen und Druck: „**Für** flottes Tanzen“.
Dutzend Mk. **1.35**,
Gros . **15.—**.

Nr. 692.
Glückssträußchen.
2 Pilze mit Vierblättern.
Dutzend Mk. **1.—**,
Gros „ **11.—**.

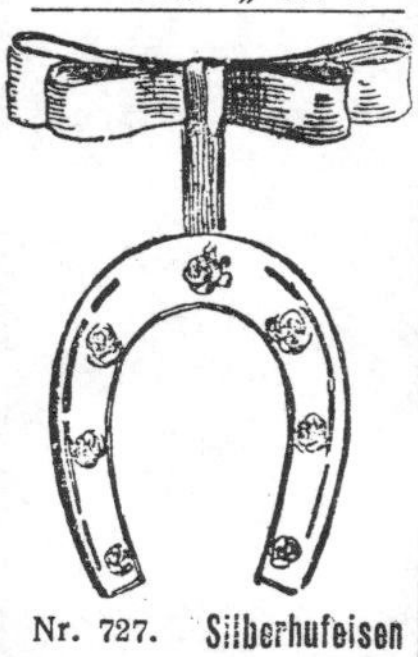

Nr. 727. **Silberhufeisen**
aus Karton mit farbigen Chenillenägeln mit Atlasschleife. Hufeisengröße ca. 6 cm.
2 Stück Mk. **—.25**,
Dutzend „ **1.35**.

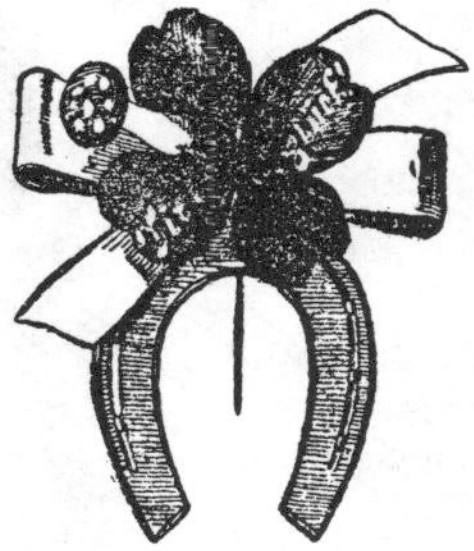

Nr. 623. **Fortuna-Orden.**
Atlasschleife mit Karton-Hufeisen, Pilz und Kleeblatt mit Inschrift.
Größe mit Kleeblatt gemessen ca. 9 cm.
St. Mk. **—.20**, Dtz. Mk. **2.—**.

Nr. 551.
Kleiner Stern
mit Kleeblatt auf farbiger Gelatine.
Dutzend Mk. **—.60**,
Gros Mk. **6.75**.

Nr. 621.
Hufeisen-Orden.
Kleines Metallhufeisen mit bunter Atlasband-rosette.
Dutzend Mk. **1.80**,
Gros Mk. **20.—**.

Nr. 728.
Orden: Bewohntes Herz.
Ein Herz aus rotem Karton geprägt mit Fenster und Tür und Feueresse und mit Aufschrift: Bewohntes Herz. Mit Atlasband. Herzgröße ca. 8 cm.
St. Mk. **—.20**, Dtz. Mk. **2.—**.

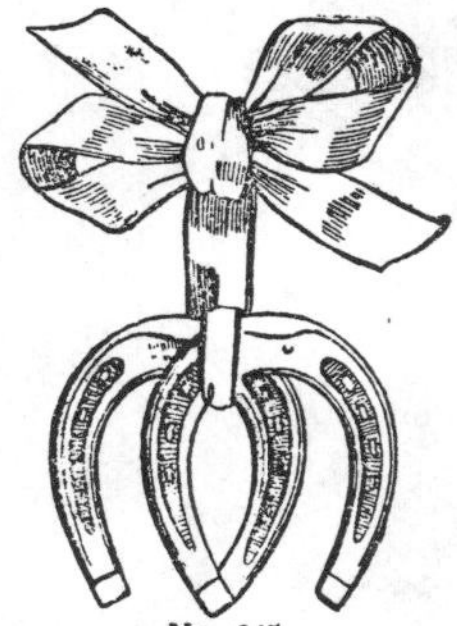

Nr. 645.
Doppelhufeisen-Orden
in Silberprägung mit Atlasbandschleife.
Hufeisengröße ca. 5 cm.
St. Mk. **—.20**, Dtz. Mk. **2.—**.

Nr. 746. **Glückspilz-Anstecker.**
Ein künstliches **Vierblatt** aus Stoff mit einem **rotköpfigen Glückspilz.**
Neu!
Dtzd. Mk. **—.60**,
Gros „ **6.50**.

Nr. 730. **Schlüssel-Orden.**
Goldener Schlüssel aus Karton geprägt mit farbiger Atlasschleife
Schlüsselgröße ca. 8 cm.
Stück Mk. **—.15**,
Dtzd. „ **1.50**.

Neu! Nr. 764.
Das dreie Herz;
rotes Kartonherz, plastisch mit Aufschrift: Ich bleibe Dir 3 (treu) 4 und 4 (für und für). Breite des Herzens ca. 8 cm.
2 Stück Mk. **—.25**,
Dutzend „ **1.40**.

Nr. 643. **Glück über Glück-Orden.**
4 Glückskleeblätter, aus Silberkarton geprägt, bilden den Untergrund, auf diesen sind Hufeisen, grüne Vierblätter, Goldstücke u. ein goldenes Glücksschwein angebracht.
Stück Mk. **—.30**, Dtzd. Mk. **3.25**.

Nr. 697.
Herz mit Schlüssel aus rotem Glanzfolien-Karton plastisch geprägt mit goldenem Schlüssel und Schild: Sofort zu vermieten. Nur ernstliche Reflektanten erfahren näheres durch **Amor & Co.**

Stück **Mk.** **—.25**, Dtzd. **Mk. 2.40.**

Neu! Nr 763.
Pfeilherz aus blauen **Samtvergißmeinnichtsternchen** mit goldenem **Pfeil** und Atlasbandrosette.
Stück Mk. **—.30**,
Dtzd. „ **3.—**.

Nr. 698.
Der Herzens-Clown
mit beflimmerten Reifen, Atlasbändern und Messingschellen.
Dutzend Mk. **1.75**,
Gros „ **19.50**.

Die Blumen sind sehr gut angekommen und bin ich sehr zufrieden damit gewesen. Auch die Orden haben meinen Schülern gefallen. Die Schleifen waren allgemein beliebt und recht schön.
Fr., Tanzschule, Fr.

Die gesandten Orden und Schleifen haben mir außerordentlich gefallen.
W. —d., Tanzlehrer, F.

Schleifen und Rosetten.

Nr. S/347.

Nr. S/348.

Nr. S/349

Schleifen.

Aus feinem, 25 mm breitem Atlasband in den Farben: **weiß,** gelb, rosa, hellblau, hellila, rot, maigrün.

	Nr. S/347	S/348	S/349
Dutzend Mk.	2.—	1.40	1.25
Gros Mk.	22.—	16.—	14.—

Nr. S/396.

Hoffnungsschleifen

aus farb. Atlasband in den Farb.: weiß, grün, rosa, rot, hellblau, mit geprägt. **Silberankerreliefs** (Bandbreite ca. 2 cm) Dutzd. Mk. **1.25**, Gros Mk. **14.—**

Nr. 565. **Strahlenstern-Orden** mit Atlasschleife. Dutzd. **90** Pfg., Gros Mk. **10.20.**

Nr. S/383.

Feine Seidenbandschleife,

2 farb., mit Brillantrosetten und Silberquästch. Bandbr. 10 mm. Stück Mk. —.**35**, Dtzd. Mk. **3.75.**

Nr. S/396.

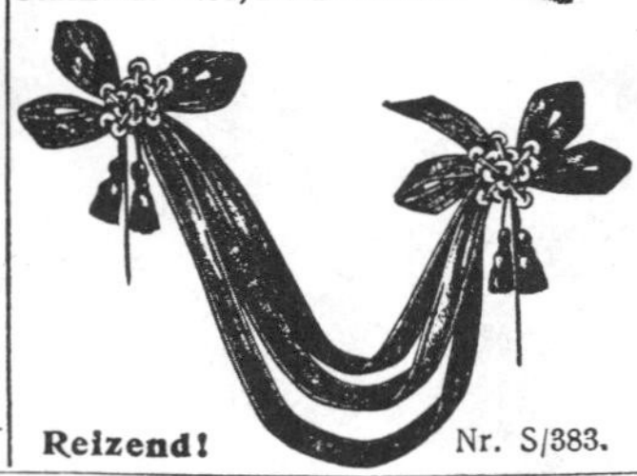

Reizend!

Nr. S/383.

Nr. 565.

Nr. S/393.

Glückskäferschleife

aus Prima Atlasband, **weiß,** mit **farbigem Metall-Marienkäfer** (Bandbreite ca. 12 mm). Dtzd. Mk. **1.85**, Gros Mk. **21.—.**

Nr. S/387.

Atlasschleife,

weiß, mit ganz natürlich nachgebildetem Schmetterling (Bandbreite ca 17 mm). Dutzend Mk. **1.35**, Gros Mk. **15.—.**

Prima Atlasband-Schleifen

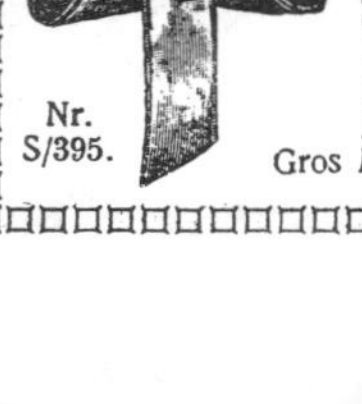

weiss mit farbigem **Metall-Kleeblatt,** goldberändert. (Bandbreite ca. 12 mm.) Dutzend Mk. **1.75**, Gros Mk. **20.—.**

Nr. S/395.

Sehr preiswert!

Nr. S/377.

(Ca. 23 cm lang.)

Nr. S/378.

Nr. S/379.

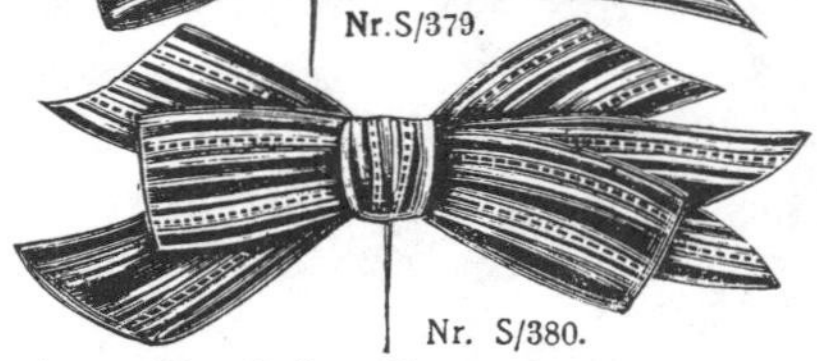

Nr. S/380.

Wunderschön! Sehr beliebt!

Gala-Schleifen

aus wunderschönem, zartgemustertem Alpakaband in verschiedenen Farben. Bandbr. ca. 25 mm.

	Nr. S/377	Nr. S/378	Nr. S/379	Nr. S/380
Dutzend Mk.	2.25	1.35	1.10	1.40
Gros ,,	25.—	15.—	12.—	15.50

Nr. S/374

Nr. S/375.

Nr. S/376.

(Bandbreite 15 mm.)

National-Schleifen

aus doppelseitigem **Taffet-Bande,** (Glanzbaumwolle) lieferbar in **Farben: schwarz-weiß-rot, schwarz-weiß, blau-weiß, rot-weiß, grün-weiß, schwarz-rot.**

Nr. S/374.	Dtzd. Mk. **1.10**,	Gros Mk.	**12.—**
,, S/375.	,, ,, **—.70**,	,, ,,	**7.75**
,, S/376.	,, ,, **—.85**,	,, ,,	**9.50**

Schleifen aus Atlas- und Seidenband etc. mit Nadeln zum anstecken.

Schleifen in Farbenzusammenstellungen nach Vorschrift extra angefertigt kosten 10 % mehr.

Goldlaub-Schleifen.

Vornehm wirkende Gold-Gaze-Blätter auf feinem weißem Atlasband.

Nr. S/367 a.

Bandbreite ca. 21 mm. **mit Veilchenlaub.**

Nr. S/367 b.

Bandbreite ca. 17 mm. **mit Weinlaub.**

Nr. S/367 c.

Bandbreite ca. 21 mm. **mit Rosenblatt.**

	Nr. S/367 a.	Nr. S/367 b.	Nr. S/367 c.
Stück Mk.	—.25	—.20	—.25
Dutzend „	2.40	2.—	2.40

Nr. S/381.

Gretchen-Schleife, prima Atlasband, in den Farben weiß, gelb, maigrün, rosa, blau, rot, mit feiner künstlicher Margaretenblume. Bandbreite ca. 22 mm. St. Mk. —.15, Dtzd. Mk. 1.50.

Nr. S/176.

Edelweiß-schleife mit Sträußchen aus **künstlichem Edelweiß,** Bandbreite ca. 12 mm, in den Farben rosa, hellblau, rot. Stück Mk. —.15, Dtzd. „ 1.75.

Nr. S/382.

Röschen-Schleife. Weißes prima Atlasband mit künstlichen Heckenröschen. Bandbreite ca. 22 mm. Stück Mk. —.15, Dutzend Mk. 1.70.

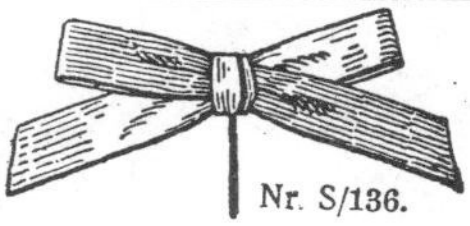

Nr. S/136.

Schleifen

aus Atlasband ohne Verzierungen, mit Nadeln zum anstecken, in feinen Farben sortiert.

Nr.		Bandbreite mm	Dtzd.	Gros
S/130	**Einfache Schleife, 2 farb.,** m. lang. End.	10	Mk. —.90	Mk. 10.—
S/131	„ „ „ „ „ „	15	„ 1.25	„ 14.—
S/136	„ „ „ „ „ „	17	„ —.75	„ 8.25
S/135	**Doppelschleife,** „ „ „ „	20	„ 2.40	„ 26.50

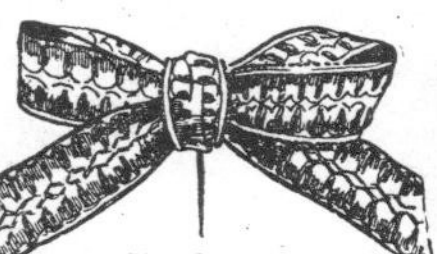

Nr. S/405.

Galafest-Schleifen aus gemustertem Alpakaband u. feingerändertem Seidenband. 2 farb., Bandbreite ca. 26 mm. Dtzd. Mk. 1.50, Gros Mk. 17.—.

Nr. S/415.

Weiße Atlasschleife mit Miniaturröschentuffs, Bandbreite ca. 16 mm. Stück Mk. —.25, Dtzd. „ 2.80.

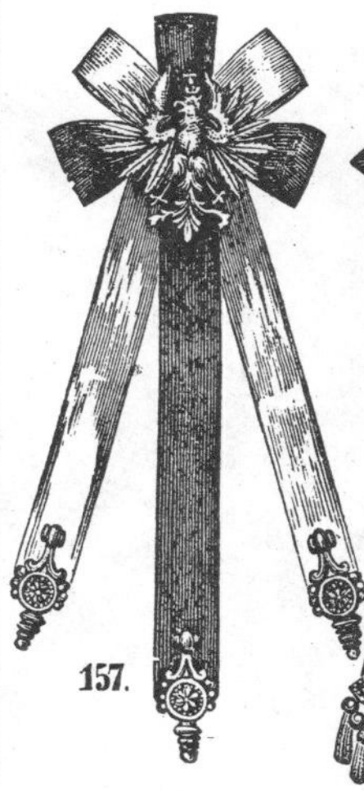

157.

160.

Nr. S/157.

Rosettenform mit 3 Enden, mit Adler und Quasten, Bandbreite ca. 15 mm, vorrätig in den Farben grün-weiß, schwarz-weiß, rot-weiß, blau-weiß, St. Mk. —.20, Dtz. Mk. 2.—.

Nr. S/160.

Schleife mit Lorbeerkranz, Krone und Quasten, Bandbreite ca. 15 mm, vorrätig in den Farben grün-weiß, schwarz-weiß, rot-weiß, blau-weiß. St. Mk. —.25, Dtz. Mk. 2.75.

S/411

Korallenschleife No. II aus weißem Atlasband mit imitierter roter Koralle. Bandbreite ca. 15 mm. Stck. Mk. —.15, Dtzd. Mk. 1.60.

Gesandte Gegenstände fanden vielen Beifall. Frau Oberst—r, C.

Ihre schöne Sendung in gutem Zustand erhalten, besten Dank dafür. Es sieht alles hübsch u. nett aus, auch mit den Blumen bin ich sehr zufrieden. Frl. L. von—n, Gr.

Muster von Cotillon-Orden können nicht abgegeben werden, da dieselben ein ungeübtes Einpacken bei der Retoursendung nicht vertragen.

S/410.

Korallenschleife No. I aus weißem Atlasband mit imitierter roter Koralle. Bandbreite ca. 17 mm. Stck. Mk. —.20, Dutzend Mk. 1.85.

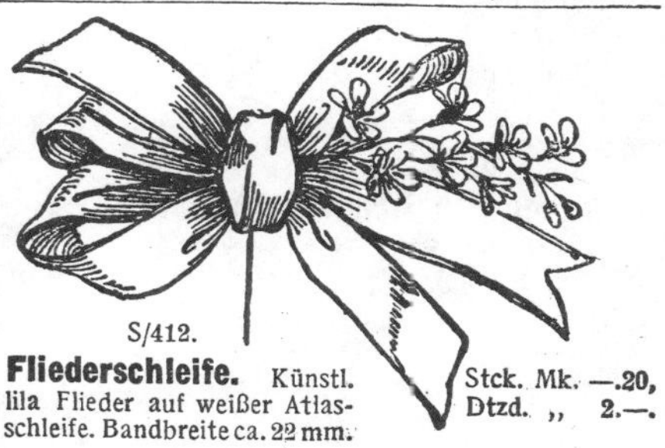

S/412.

Fliederschleife. Künstl. lila Flieder auf weißer Atlasschleife. Bandbreite ca. 22 mm. Stck. Mk. —.20, Dtzd. „ 2.—.

Verschiedene Schleifen mit u. ohne Verzierungen etc. mit Nadeln zum Anstecken.

Nr. S/414a. Karierte Schleifen aus Atlasband in den Farben: weiß mit lila, blau, heliotrop, türkis, rosa u. gelb. Bandbreite ca. 25 mm. Stück **Mk. —.20**, Dtzd. Mk. 2.30.

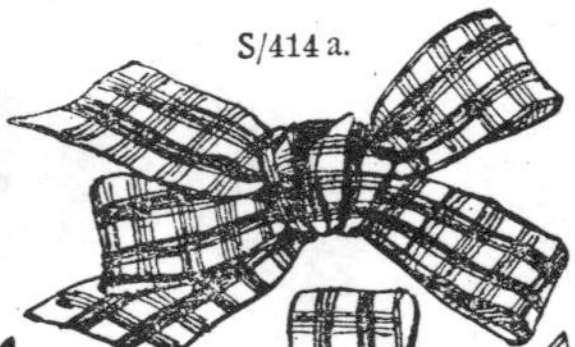
S/414 a.

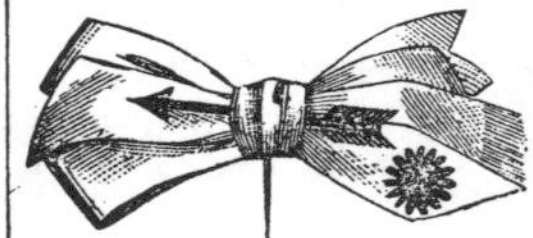

Nr. S/156.
Doppelschleife mit Pfeil und Stern. Bandbreite 20 mm. Stück Mk. —.20, Dtzd. Mk. 2.—.

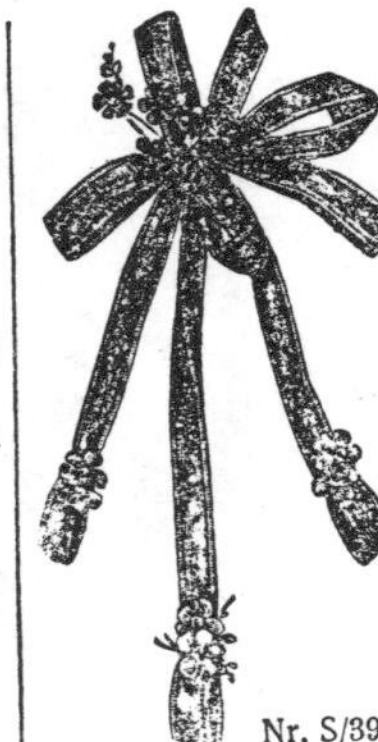

Nr. S/391.
Atlasbandschleife, hellblau (ca. 10 mm breit), mit künstlichem Vergißmeinnicht.
Stück Mk. —.29,
Dutzend „ 2.25.

Nr. S/413.

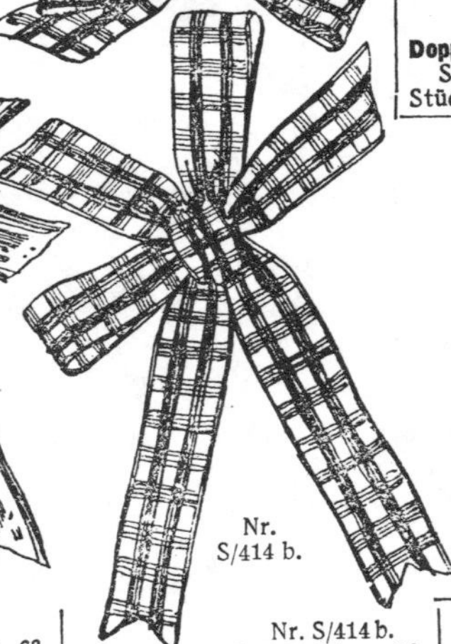
Nr. S/414 b.

Nr. S/408.
Abzeichenschleife
mit Enden aus 2farbigem Atlasband, ca. 4 cm groß, Bandbreite ca. 10 mm. Vorrätig in den Farben: schwarz-weiß-rot, grün-weiß, schwarz-weiß, rot-weiß, blau-weiß, schwarz-gelb
Dtzd. Mk. —.60,
Gros „ 6.75.

Nr. S/413. **Chinéschleife** aus Chinéband. Bandbreite ca. 28 mm.
Stück Mk. —.25, Dtzd Mk. 2.70.

Nr. S/414 b.
Stück Mk. —.30,
Dtzd. „ 3.25.

Nr S/327.

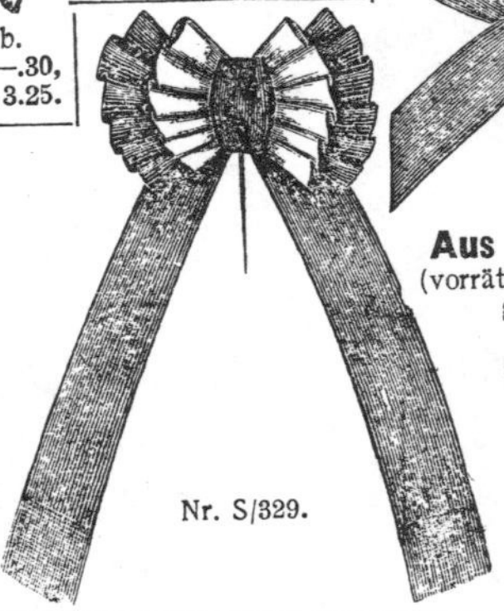
Nr. S/329.

Aus prima Atlasband,
(vorrätig in den Farben: weiß, gelb, rosa, blau, maigrün, rot.

Nr. S/327. Bandbreite ca. 20 mm.
Dutzend Mk. 1.20,
Gros „ 13.50.

Nr. S/329. Bandbreite ca. 17 mm.
Dutzend Mk. 1.80,
Gros „ 20.—.

Nr. S/137. **Nationalschleife** (Rosettenform) schwarz-weiß-rot mit Adler. Bandbreite ca. 10 mm, Dutzend Mk. 1.20, Gros Mk. 13.—.

Nr. S/138.
Nationalschleife, schwarz-weiß-rot mit 3 Enden. Bandbreite ca. 17 mm.
Dtz. Mk. 1.30, Gros Mk. 14.50.

Nr. S/407. **Abzeichenschleife** aus 2farbigem Atlasband, ca. 4 cm groß, Bandbreite ca. 15 mm.
Dutzend Mk. —.45, Gros Mk. 5.25.

Nr. S/419.
Schneeglöckchenschleife.
Aus Atlasband, in den Farben rosa und hellblau, mit künstl. Schneeglöckchen. Bandbreite ca. 14 mm.
Stück Mk. —.20, Dutzend Mk. 2.—.

Die letzte Sendung hat hier allgemein gut gefallen.
—e, Polizeikommissar, Barmen.

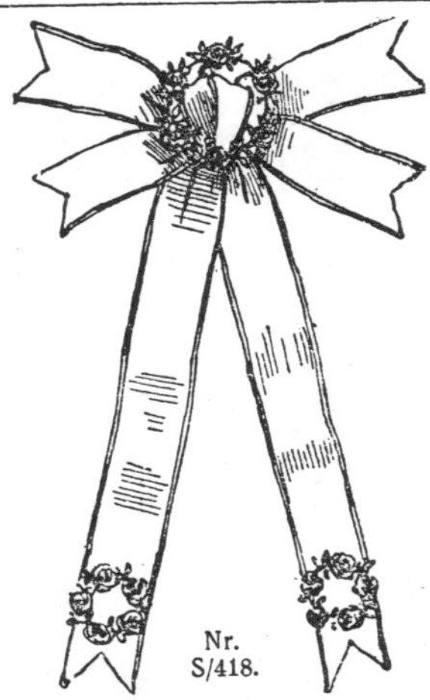
Nr. S/418.

Biedermeierschleife.
Weiße Atlasschleife, feine Qualität, mit farbig. Chenillekränzchen.
Bandbreite ca. 21 mm.
Stück Mk. —.25, Dutzend Mk. 2.50.

Nr. S/195.
Phantasieschleife
aus National-Atlasband, vorrätig in den Farben schwarz und weiß, rot und weiß, grün und weiß, blau u. weiß, schwarz-weiß-rot. Bandbreite ca. 20 mm.
Dtz. Mk. 1.50,
Gros „ 17.—.

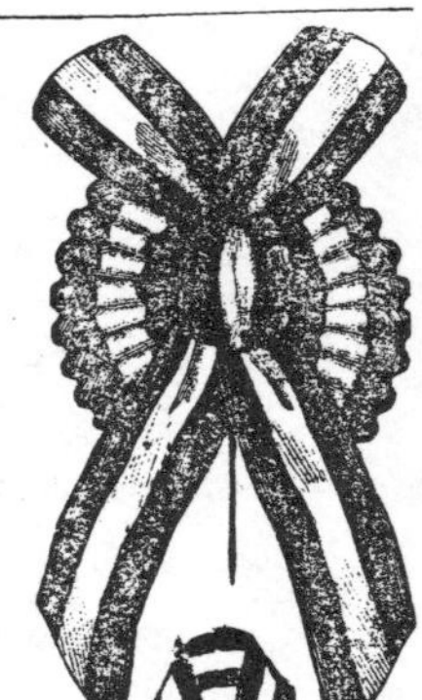

Nr. S/354.
Kaisernadel
in Emaille-Imitation auf National-Atlasschleife. Bandbreite ca. 10 mm.
Dtz. Mk. 1.85,
Gros „ 20.50.

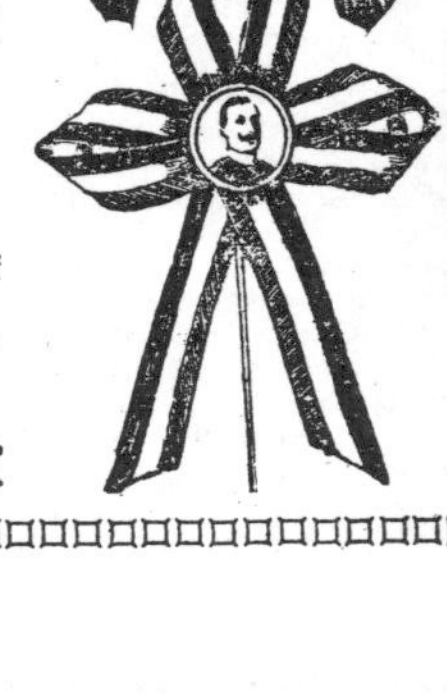

Verschiedene Schleifen und Anstecker etc. — Metall-Orden.

Nr. S/174. **Vereins-Schleife** aus feinstem extrastarken Ripsband, vorrätig in den Farben schwarz u. weiß, rot und weiß, grün und weiß, blau und weiß, schwarz-weiß-rot. Bandbreite ca. 14 mm.
Dutzend **Mk. —.75,** Gros Mk. **8.50.**

Nr. 102 p. **Reichsadler-Rosette** aus Atlasband in 2 Farben (Durchm. ca. 4½ cm.)
St. Mk. **—.25,**
Dtz. „ **2.50.**

Nr. 233. **Kaiser-sträußchen** aus künstlichen Kornblumen.
Dtzd. Mk. **1.10,**
Gros „ **12.—.**

Chrysanthemum-Orden
in schönen leuchtenden Farben sortiert.
Nr. 532 ☞ **aus Papier,** reich und voll, ca. 11 cm groß,
Dtzd. Mk. **—.90,** Gros Mk. **10.—.**
Nr. 532a ca. 15 cm groß, voller und reicher,
Dtzd. Mk. **1.10,** Gros Mk. **12.—.**
Nr. 735 **volle Phantasieblüte,** ca. 15 cm groß, aus Papier.
Dtzd. Mk **—.25,** Gros Mk. **2.75.**

Neu! Nr. 765.
Riesen-Margerite
aus Kartonpapier, farbig, ca. 11 cm groß,
Dutzend Mk. **—.65,**
Gros „ **7.—.**

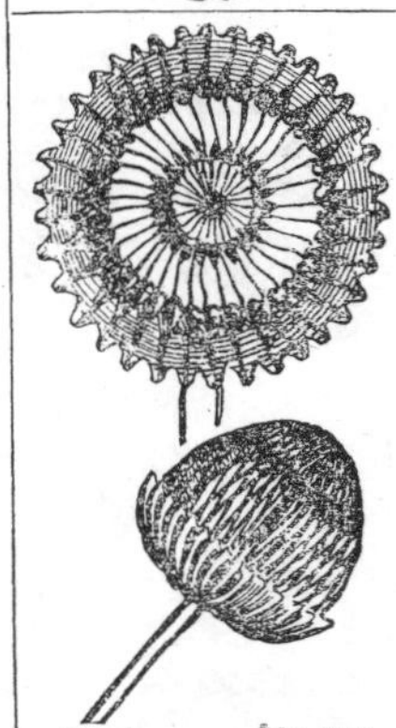

Neu! Nr. 766.
Wunderblume
aus buntem Wabenseidenpapier; ändert durch einen Ruck plötzlich Form und Farbe.
Dutzend Mk. **—.65,**
Gros „ **7.—.**

Achselschleifen
für Herren und Damen.

Nr. S/302.
Achselschleifen
mit 10 Enden, ca. 22 cm lang, aus **Kreppapier** in diversen Farben.
Dutzend Mk. **—.75,**
Gros „ **8.—.**

Nr. 686.
Vierfache Margerite.
4 verschiedenfarbige Margeritensterne sind übereinander gelegt, der größte hat einen Durchmesser von ca. 11 cm.
Dutzend Mk. **—.85,**
Gros „ **9.75.**

Nr. 687.
Farbiger Camillenstern
mit Adern, mit Silberflitter bestreut.
Dutzend Mk. **1.—,**
Gros „ **11.—.**

Nr. 701.
2 Glöcklein-Orden.
2 Metallglöckchen (ca. 26 mm Randdurchmesser) an Silberlametta mit weißer Atlasschleife (Bandbreite ca. 16 mm).
Stück Mk. **—.30,**
Dutzend „ **3.25.**

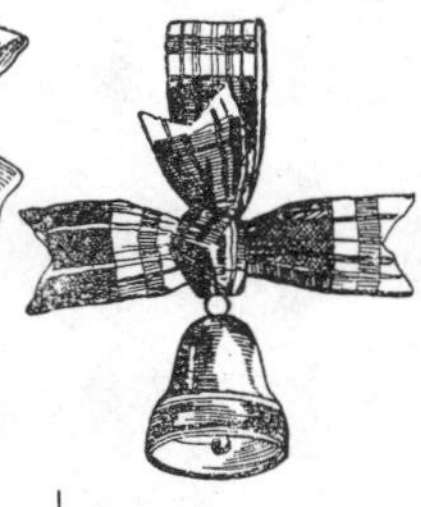

Nr. 702.
Glockenschleife
Eine ca. 37 mm (Randdurchmesser) große Metallglocke an schottischer Seidenschleife.
Stück Mk. **—.30,**
Dutzend „ **3.—.**

Nr. S/409.
Künstliche Heckenrosen
mit weißer Atlasschleife mit Schmetterling.
Stück Mk. **—.20,**
Dutzend „ **2.—.**

Neuheit! Nr. K/698.
Knall Bonbon-Orden
aus farbigem Kreppapier mit Reliefbild und Bastschleifen. Knallbonboninhalt: Verschiedene Scherzartikel. Länge ca. 14 cm.
Dtzd. Mk. **3.—,**
Gros „ **33.—.**

Metall-Orden

☞ in **Gold-** und **Silber-Bronze,** farbig verziert, in **sechs Dessins sortiert,** mit Nadeln zum Anstecken. ☜ ☞ Nr **224.** Dutzend Mk. **1.35,** Gros Mk. **15.—** (können nur **sortiert** geliefert werden). ☜

Karton-Orden-Sortimente

mit und ohne Verzierungen in den verschiedensten Dessins, hauptsächlich

Militär-Orden:

Nr. 101/0 .... Dutzend Mk. **1.—**, Gros Mk. **11.—**
,, 102/0 .... ,, ,, **1.50**, ,, ,, **16.50**
Nr. 103/0 .... Dutzend Mk. **2.50**, Gros Mk. **28.—**
,, 104/0 .... ,, ,, **3.50**, ,, ,, **39.—**

Folgende Schleifen-Sortimente

sind auf das Sorgfältigste gemischt und sehr zu empfehlen:

Ohne Verzierungen:

Nr. 110/0 .... Dutzend Mk. **1.25**, Gros Mk. **14.—**
,, 111/0 .... ,, ,, **1.50**, ,, ,, **16.50**
,, 112/0 .... ,, ,, **1.75**, ,, ,, **19.—**

Mit fein geprägten Karton- und anderen Verzierungen:

Nr. 116/0 .... Dutzend Mk. **1.50**, Gros Mk. **16.50**
,, 117/0 .... ,, ,, **2.—**, ,, ,, **22.—**
,, 118/0 .... ,, ,, **3.—**, ,, ,, **33.—**

Gemischte Orden und Schleifen.

Aus allen Klassen meines umfangreichen Sortiments zusammengestellt, bieten diese Orden eine ganz besonders schöne Auswahl und Vielseitigkeit.

Nr.	Dutzend	Gros
26 a	Mk. **1.—**	Mk. **10.—**
26	,, **1.50**	,, **16.—**
27	,, **2.25**	,, **25.—**
28	,, **3.—**	,, **33.—**
29	,, **4.50**	,, **50.—**

Alle Ordensortimente, welche ich bisher von Ihnen gehabt, haben großartigen Beifall gefunden. W. —l, Tanzlehrer, Hilden.

Abzeichen aus Atlasband.

Nr. 102 m

Nr. 102 n

Nr. 102 L

Nr. 102 r

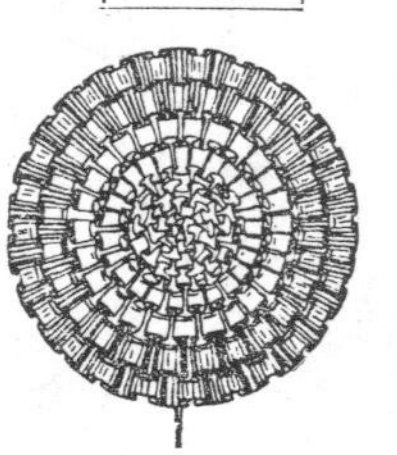

Nr. 102 f

Nr. 102 c

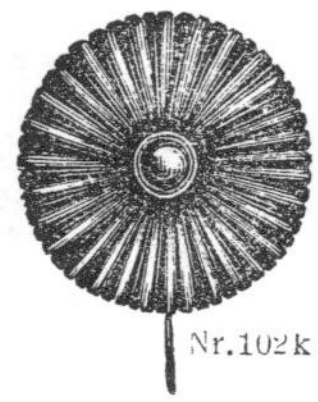

Nr. 102 k

Nr. 102 r. **Farbige Schleife** mit erhabengeprägter Aufschrift „Comité"
Dutzend Mk. **1.60**, Gros Mk. **18.—**.

,, 102 c. Kleine Atlas-Rosette mit goldenem Kreuz.
Dutzend Mk. **—.70**, Gros Mk. **8.—**.

,, 102 k. **Atlasband-Rosette** mit Wachsperle.
Dutzend Mk. **—.70**, Gros Mk. **7.75**.

,, 102 L. **Comité-Schleife** aus fein. Atlasband.
Dutzend Mk. **2.—**, Gros Mk. **22.—**.

,, 102 f. Rosette aus verschiedenfarbigem Atlasband, vollgarniert für Festordner etc.
Stück Mk. **—.35**, Dutzend Mk. **4.—**.

,, 102 m. **Rosette aus hochfeinem Seidenbändchen mit künstlicher Blume** in der Mitte.
Dutzend Mk. **1.60**, Gros Mk. **18.—**.

,, 102 n. **Rosette aus schwerem Atlasband mit seidenumsponnenem Knopf.**
Stück Mk. **—.40**, Dutzend Mk. **4.50**.

Form A. Form B.

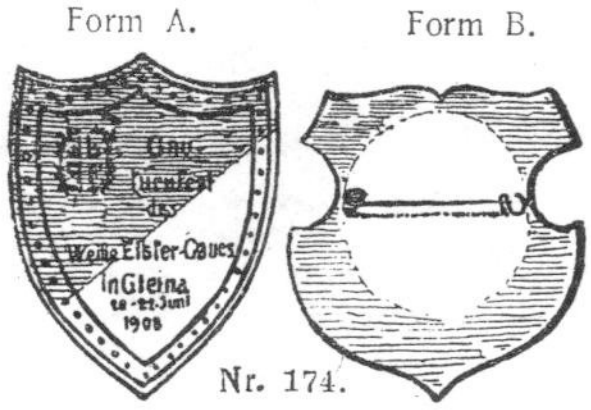

Nr. 174.

Fest- und Einlaß-Abzeichen

mit **Sicherheitsnadel**, praktisch, elegant, haltbar, billig. In jeder gewünschten Farbenzusammenstellung lieferbar mit Gold- oder Silber-Bronzedruck. Lieferzeit: 4—5 Tage.

	100	250	500	1000 Stück
Mk.	**3.75**	**9.25**	**16.50**	**31.—**

Nr. 175. Meine

Ideal-Kontroll- und Tanz-Abzeichen

schließen jeden Betrug aus, da sie aus dem Knopfloch nur durch Zerreißen entfernt werden können. Diese Abzeichen lassen sich mit Gummistempel bedrucken.
1 Stempel mit Text nach Angabe, 2—3 Worte, Mk. **2.—**.

	50	100	500	1000 Stück
Mk.	**1.25**	**2.25**	**10.75**	**20.50**

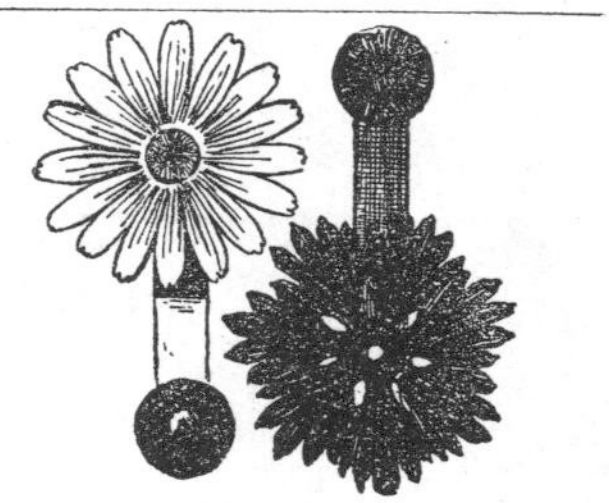

Nr. 179.

Neu! Blumen-Kontroller

wie nebenstehend beschrieben, aber mit **weiß. Margeriten** oder mit **blauen Kornblumen.**

	50	100	500	1000 Stück
Mk.	**1.50**	**2.75**	**13.25**	**25.—**

Abzeichen.

Hochfein aus Metall geprägt.

Für Vereine, Gesellschaften etc.

Die Ausführung der so prompt hergestellten Festabzeichen hat allseitig sehr befriedigt.
H. Z. U—a, Rossla a. H.

Nr. 133.

Bin mit Sendung sehr zufrieden, besonders die Abzeichen sind großartig.
M—r, Reichenbach i. Vogtl.

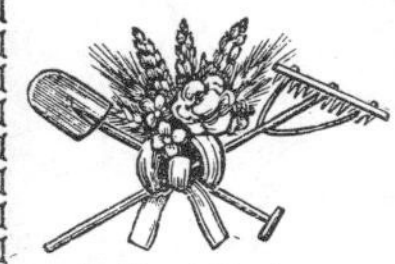

Nr. 140.

Nr. 134.

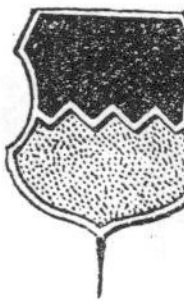

Nr. 117.

Nr. 142.

Sendung ist zu meiner gr. Zufriedenheit ausgefallen, auch die Abzeichen haben den vollsten Beifall gefunden.
E. —r, Reval.

Nr. 141.

Nr. 125.

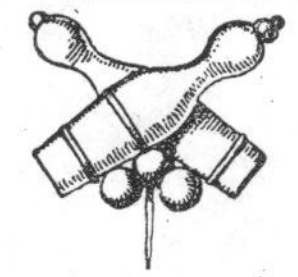

Nr. 116.

Nr.		Dtzd. Mk.	Gros Mk.
116	Für **Kegler,** blanksilber	1.10	12.—
117	„ **alle Vereine, Silber,** oberer Teil farbig	1.10	12.—
118	„ **Schützen,** bunt	1.—	11.—
119	„ **landwirtschaftl. Vereine,** blank mit mattsilber	1.40	15.50
120	„ **Musik- u. Gesangvereine,** blank mit mattsilber	—.75	8.25
121	„ „ „ „ mattsilber mit Gold	1.45	16.—
121a	„ „ „ „ nur die kleine Lyra als Krawattennadel, Gold	—.50	5.50
122	„ **Kriegervereine,** bunt	1.10	12.—
123	„ „ mattsilber mit schwarzem Kreuz	1.70	19.—
124	„ **Turner,** blanksilber mit rot	—.50	5.50
125	„ **Bergleute,** blanksilber	—.40	4.50
126	„ **Kaufleute,** mattsilber	1.20	13.50
130	„ **Eisenbahnbeamte,** mattsilber	—.65	7.—
131	„ **Feuerwehr,** blanksilber	—.75	8.25
133	„ **Militär- u. Kriegervereine,** gold	—.75	8.25
134	„ **Lawn Tennis-Spieler,** mattsilber	2.50	28.—
135	**2 verschlungene Hände mit Eichenkranz**	1.50	17.—
139	Für **Turner,** mattsilber	2.—	22.—
140	„ **Gärtner,** mattsilber	1.50	17.—
141	„ **Postbeamte,** mattsilber	1.75	19.25
142	„ **Kartenspieler,** mattsilber	1.35	15.—
143	„ **Telegraphen-Beamte,** mattsilber	2.—	22.—
144	„ **Pfeifen-Klubs,** mattsilber	1.10	12.—
145	„ **Post- u. Telegraphenbeamte,** mattsilber	1.75	19.25
146	„ **Stenographen,** mattsilber	1.75	19.—
163	„ **Münchner Bierfeste** usw.	—.80	9.—
164	„ **Automobilfahrer**	2.25	25.—

Nr. 119.

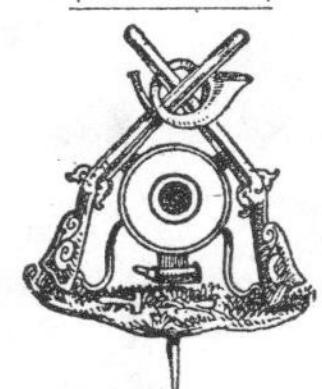

Nr. 118.

Nr. 120.

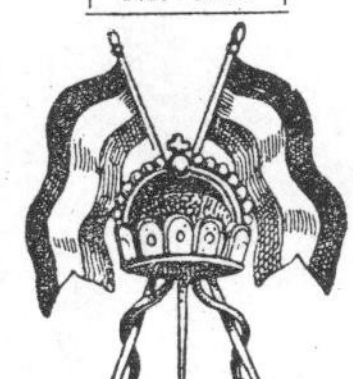

Nr. 122.

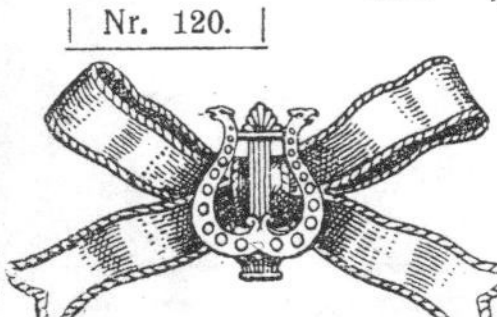

Nr. 121.

Die Abzeichen haben sich in unserem Verein sehr beliebt gemacht.
H. —d., Haulerode.

Ich war mit Ihrer Sendung sehr zufrieden.
—r., Wirkl. Geh. Ober-Reg.-Rat, Berlin.

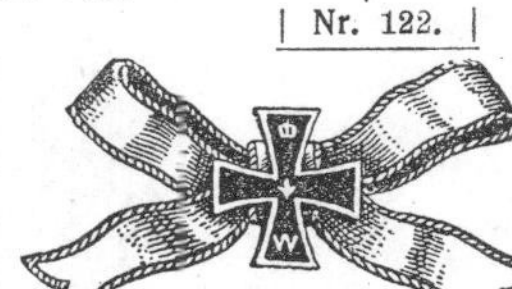

Nr. 123.

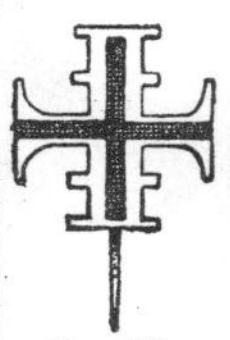

Nr. 124.

Nr. 135.

Nr. 143.

Nr. 139.

Nr. 144.

Nr. 145.

Nr. 126.

Nr. 163.

Nr. 164.

130.

131

Nr. 146.

Ferner:
Abzeichen Seite 132.

Ferner: Metall-Abzeichen etc.

Imitierte Emaillenadeln

Nr. 160. Nr. 157.

mit Metallrand, in Goldbronze,

ca. 3 cm groß. Dutzend Mk. 1.—, Gros Mk. 11.—.

Nr. 155 für **Turner.** Nr. 156 für **Schützen.**

Nr. 157 für **Krieger.** Nr. 158 für **Feuerwehr.**

Nr. 159 für **Kaufleute.** Nr. 160 für **Kegler.**

Geldsacknadel.

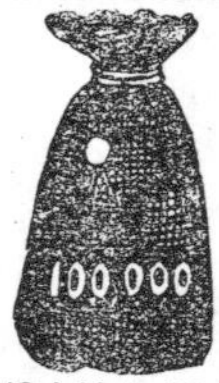

(Originalgröße)

Neu! Nr. 180 aus dunkelgrauem Metall mit rotem Siegel, Aufschrift in Gold 100,000.

Dutzend Mk. **1.10,**

Gros „ **12.50.**

Imitierte Emaillenadeln mit Metallrand,

☞ **sehr hübsch und preiswert** ☜

ca. 1 1/2 cm groß.

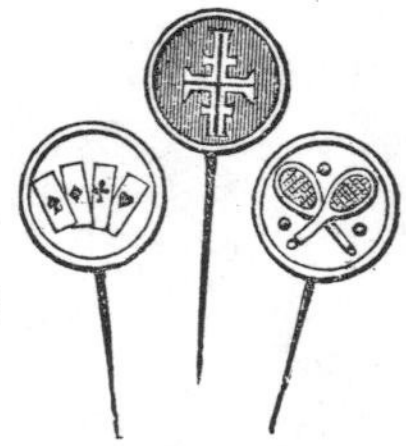

Es sind vorrätig:

Nr. 148 für **Turner.** Nr. 149 für **Karten-Klubs.**

Nr. 150 für **Lawn Tennis-Klubs.**

Nr. 151 für **Schützen.** Nr. 152 für **Billardspieler.**

Nr. 153 für **Sänger.** Nr. 154 für **Radfahrer.**

Dutzend Mk. **1.**—, Gros Mk. **11.**—.

Edelweiß-Blumen

Nr. 80 a.

aus Metall geprägt, mit Nadel,

Dtzd. Mk. -.**90,** Gros Mk. **10.-.**

Vierblatt,

Nr. 519.

aus Metall geprägt, mit Nadel,

Dtzd. Mk. **2.-,** Gros Mk. **22.-.**

Nr 178. **Tier-Anstecker.**

Neu!

6 Arten, aus Metall geprägt in Farben. Der Hund z. B. ist zirka 27 mm groß (ohne Nadel gemessen).

Dutzend Mk. **1.20,** Gros Mk. **13.**—.

Nr. 176.

Zeppelin-Abzeichen

aus Aluminium

Luftschiff-Länge ca. 48 mm mit der Photographie des Grafen unter Gelatine. Dtzd. Mk. —.**80,** Gros Mk. **9.**—.

Nr. 113 a.

Nr. 113.

Nr. 114 a.

Nr. 114.

Silberschilder aus Metall mit Inschriften

wie oben abgebildet. Dutzend Mk. **2.**—, Gros Mk. **22.**—.

Metallvierblätter und Metallglückskäfer mit Nadel.

Nr. 165.

Nr. 166.

ca. 1 1/2 cm. ca. 1 1/4 cm.

Nr. 165 Dutzend Mk. —.**40,** Gros Mk. **4.50.**

Nr. 166 Dutzend Mk. —.**45,** Gros Mk. **5.**—.

Nr. 177. **Glücks-Abzeichen** aus Metall,

rotes Siegel mit grünem Vierblatt, goldberändert. Durchmess. ca. 32 mm.

Dutzend Mk. **1.**—,

Gros „ **11.**—.

Hochfeine Abzeichen,

massiv, vergoldet oder altsilber

für Kegler, Sänger, Bergleute, Radfahrer, Schützen und Turner. Dutzend Mk. **3.**—, Gros Mk. **33.**—.

Kopf-Ehren-Kränze.

Nr. B/60.

Aus künstlichem Eichenlaub und Eicheln.

Stück Mk. —.**65,**

Dtzd. Mk. **7.25.**

Nr. B/61.

Desgl. mit Nationalband, durchwunden,

Stück Mk. -.**90**

Dtzd. Mk. **10.-**

Diese Kränze liefere ich auch z. B. für **Preisturnen mit Lorbeer durchstellt mit Druck** nach Vorschrift z. B.

I. Preis, Turnverein ......

(den Druck berechne ich zum Selbstkostenpreise).

Kopfkränze in einfachen Formen vorn offen (à la Römerkränze),

aus Eiche Nr. B/62 St. Mk. —.**60,** Dtzd. Mk. **6.75,**

aus Lorbeer Nr. B/63 St. „ —.**60,** Dtzd. „ **6.75.**

Turner-Eichen-Sträußchen.

Nr.

288 Grünes Eichenlaub aus Stoff mit grünen Eicheln (3 Blätter, 2 Eicheln) Dutzend Mk. **1.**—, Gros Mk. **11.**—.

289 Grünes Eichenlaub mit **Atlas**bandschleife, schwarz-weiß-rot (Bandbreite 10 mm) Dutzend Mk. **1.70,** Gros Mk. **19.**—.

290 Grünes Eichenlaub mit **Atlas**bandschleife, m. d. „**4 Turner F**", aus Goldkarton geprägt, Dutzend Mk. **2.**—, Gros „ **22.**—.

291 Grünes Eichenlaub aus Stoff wie 288, aber mit goldenen Eicheln, Dutzend Mk. **1.10,** Gros Mk. **12.**—.

292 Grünes Eichenlaub mit Atlasschleife (Band 10 mm) und goldenen Eicheln, Dutzend Mk. **1.75,** Gros Mk. **20.**—.

293 Grünes Eichenlaub wie 292 und mit den „**4 Turner F**" aus Goldkarton geprägt, Dtzd. Mk. **2.10,** Gros Mk. **23.50.**

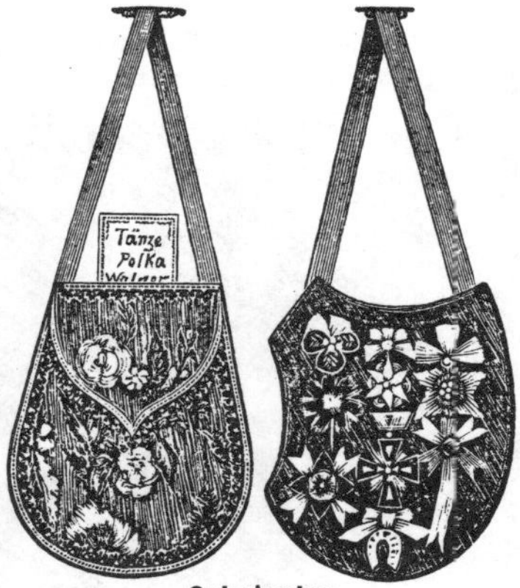

Ordentaschen.

Durch folgende

Requisiten

wird dem leidigen

Ordenkampf,

in welchem jede Dame sich bemüht, die schönsten und meisten Orden zu erstreiten, ein Ende gemacht.

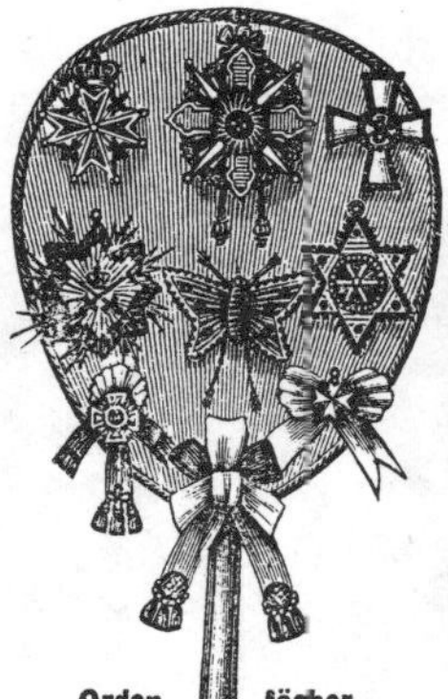

Orden- fächer.

Ordenschärpe

	Dtzd. leer
Die **Fächer** kosten	Mk. **1.75**
Die **Schärpen A** aus weißem Atlasband mit Goldfranse	„ **6.25**
Die **Schärpenbänder B** aus weißem Atlasband, von der Schulter bis zur Hüfte reichend	„ **2.40**

	Dtzd.
Fächer, besteckt mit 9 feinen Orden, wie abgebildet, in verschiedenen Dessins sortiert	Mk. **15.—**
Schärpen A, besteckt mit 9 feinen Orden, in versch. Dessins sortiert	„ **21.—**
Schärpenbänder B, besteckt mit 6 feinen Orden in verschiedenen Dessins sortiert	„ **12.50**

Selbstverständlich kann ich die **Ordenfächer und Ordenschärpen** auch billiger und auch teurer liefern, je nach Anzahl und Qualität der Orden, und bitte ich, die Auswahl der letzteren nach den vorhergehenden Seiten zu treffen.

Ein effektvoller Fächerständer für 28 Stück Ordenfächer kostet **Mark 4.—.**

Ordentaschen

mit geblümtem, feinem Kreppapier überzogen, an Atlasbändern mit Nadel zum Anhängen. Auf diese Taschen werden die Orden gesteckt und den Damen überreicht; auf der Rückseite befindet sich eine kleine Mappe für die Tanzkarte.

Form Gretchentasche, ca. 15 cm groß, leer, ohne Orden	Dutzend Mk.	**3.25**
„ do. mit 8 Orden	„ „	**16.50**
„ Wappenschild, ca. 15 cm groß, leer, ohne Orden	„ „	**4.—**
„ do. mit 8 Orden	„ „	**17.50**

Je nach Anzahl und Qualität der Orden wird der Preis niedriger oder höher.

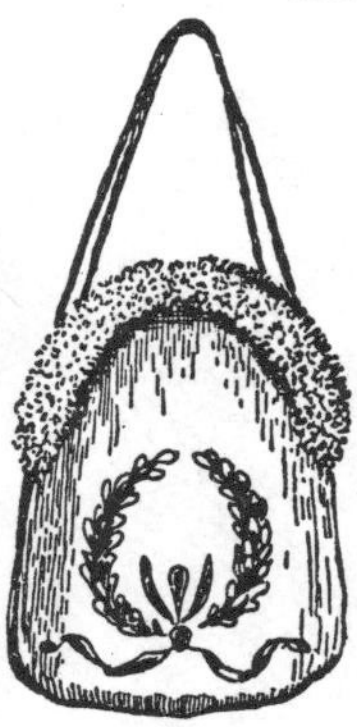

G.

Pompadour-Tasche A.,

haltbar, aus Kreppapier, innen mit Gaze angefertigt, mit silberdurchwirkter Gaze überzogen, mit feinen langen Seidenbändern. Länge der Tasche ca. 21 cm. Dutzend Mk. **4.50.**

Pompadour-Tasche E.,

aus fein gerippten Papier mit Buntdruckblumenranke mit Seidenschnur mit Papier gefüttert; **sehr hübsch!** Länge der Tasche ca. 22 cm. Dutzend Mk. **—.95.**

Pompadour-Tasche F.,

aus Kreppapier mit grünen Vierblättern und goldenen Hufeisen mit Kreppapierrosetten und Pompons an Atlasbändern. Länge der Tasche ca. 22 cm. Dutzend Mk. **5.—.**

J.

F.

Pompadour-Tasche G.,

aus zartem Kreppapier mit Rüschenbesatz mit goldumrändertem Lorbeerkranz mit Seidenschnur; fein gefüttert. Länge der Tasche ca. 23½ cm. Dutzend Mk. **3.50.**

Pompadour-Tasche H.,

(Indianertasche) aus Kreppapier — Lederimitation, fein — mit Fransen. Länge der Tasche ca. 23 cm. Dutzend Mk. **2.50.**

Pompadour-Tasche J.,

aus gemustertem Kreppapier mit weißen Schneebällen. Länge der Tasche ca. 17 cm. Dutzend Mk. **3.25.**

Die Tasche „E“ ist auch mit Widmung oder sonstigem Druck lieferbar.
Druck wird billigst berechnet.

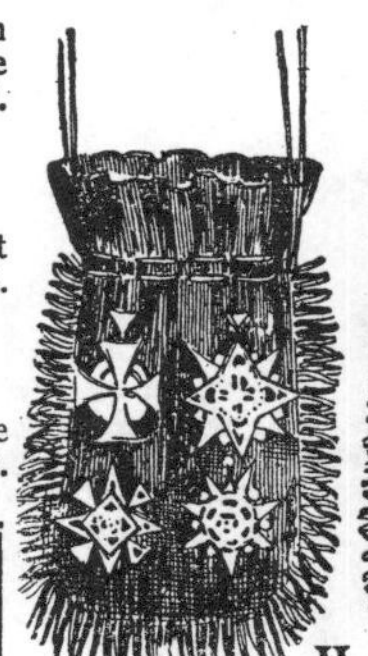

H.

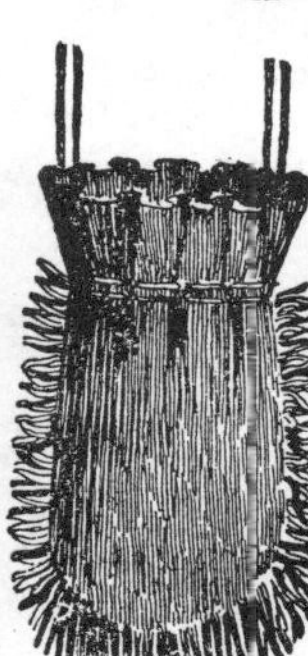

E.

Orden-Ständer.

Die Orden müssen an Ort und Stelle aufgesteckt werden, da die gefüllten Ständer etc. nicht versendbar sind.

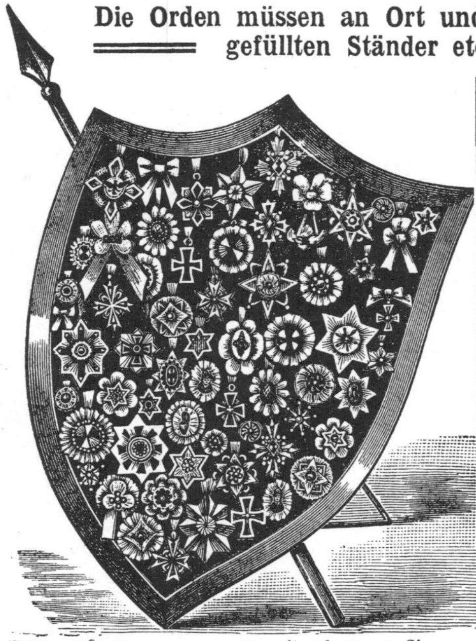

Orden-Wappen aus mit schwarzem Glanzpapier überzogener Pappe, mit Silberrand, mit **2** gekreuzten Speeren ca. 70 cm hoch, für ca. 100 Orden. Ohne Orden Stück Mk. **2.50.**

Orden-Stern, klein (48 cm) für ca. 40 Orden. Stück leer Mk. **1.—.**

Orden-Stern, groß (62 cm), für ca. 60 Orden. Stück leer Mk. **1.75.**

Orden-Kreuz, klein (40 cm), für ca. 40 Orden. Stück leer Mk. **1.—.**

Orden-Kreuz, groß (60 cm), für ca. 60 Orden. Stück leer Mk. **1.75.**

Zeltständer,
2 seitig, ca. 56×43 cm groß,
aus schwarz überzogener, extrastarker Pappe mit Silberrand für ca. 120 Orden (wenn **beide** Seiten bestekt sind). Stück leer Mk. **1.75.**

Ritter-Wappen
aus starkem Silber- und Goldkarton, fein geprägt **mit Samtkissen.** Mit Holzstütze zum Aufstellen. Höhe ca. 69 cm. Leer Stück Mk. 3.25.

Der Riesen-Clown besteht aus einem **Papiermachékopf** mit langem **Stoffkleid,** einem **Glacékartonkragen,** worauf die Orden gesteckt werden, und einer **Verlängerungsstange.** Der Clown kann sich von 1¾ Meter Größe sofort **auf 3 Meter** verlängern; wenn die Damen also seinen Orden-Reichtum **allzusehr** vermindern, so entzieht er sich diesem Tun durch schnelles Wachsen. Der **Riesen-Clown** ist auch ohne Orden ein immer **gern gesehener Gast,** denn er erregt durch sein Erscheinen stets die ☛ **größte Heiterkeit.** In das Kostüm schlüpft eine Person bequem hinein; die Verlängerung geschieht durch eine Stange.

1 Riesen-Clown ohne Ordenkragen Mk. 9.50, 1 Riesen-Clown mit Ordenkragen ohne Orden Mk. 10.50.
Der Kragen kann ca. 1 bis 2 Gros Orden tragen.

Orden- und Sträusschen-Ständer etc.

Die Sträußchen und Orden müssen an Ort und Stelle aufgesteckt werden, da die gefüllten Ständer etc. nicht versendbar sind.

Sträusschen-Lanze.

Ein Bambusstab mit silberner Karton-Spitze mit Fahne (ca. 170 cm lang). Der Schaft ist für 4 bis 6 **Cotillonsträußchen** eingerichtet, die durch breites Gummiband daran festgehalten werden. Die Lanzen werden kreuzweise aneinander gelehnt und im Saale aufgestellt. Jeder Herr wählt sich dann eine Sträußchen-Lanze, wodurch der leidige Kampf um die Sträußchen vermieden wird.

12 Sträußchen-Lanzen leer Mk. 5.—.

Sträußchen bitte Seite 136 zu ersehen.

Orden-Boa

aus farbigem Seidenpapier zum Aufstecken von 12 bis 18 Orden, Länge ca. 170 cm.

Orden-Boa ohne Orden, Dtzd. Mk. 2.—.

Das Cotillon-Schiff ist zu meiner vollen Zufriedenheit ausgefallen.
W. R. in Dessau.

Ich habe großartigen Effekt durch Ihre Lokomotive erzielt.
M. G. in Chemnitz.

Sträußchen-Pyramiden aus Draht.

Nr. 4554 45 cm hoch, für ca. 40 Sträußchen, Stück Mk. **5.—**, **leihweise** Mk. **2.—**.
Nr. 4555 60 cm hoch, für ca. 60 Sträußchen, Stück Mk. **6.—**, **leihweise** Mk. **2.50.**
Nr. 4556 75 cm hoch, für ca. 80 Sträußchen, Stück Mk. **8.—**, **leihweise** Mk. **3.—**.

Leihweise nur, wenn die Sträußchen bei mir bestellt werden.

Sträusschen- und Orden-Lokomotive,

zum Fahren eingerichtet.
mit Esse 1 Meter 15 cm hoch.

Großes effektvolles Schaustück,

für ca. 100 kleine Sträußchen u. ebensoviel Orden, Stück Mk. **15.—** (ohne Orden und ohne Blumen).

Leihweise Mk. 6.—, wenn die Sträußchen bei mir bestellt werden.

Sträußchen-Herz

aus Draht, ca. 70 cm hoch, für ca. 36 Cotillon-Sträußchen. Stück leer Mk. 2.50.

Ausnahmepreis, solange der Vorrat reicht.

Sträußchen- und Orden-Schiff

aus Draht.

Auf dem Schiffe finden ca. 150 kleine Cotillon-Sträußchen und ca. 100 Cotillon-Orden hinreichend Raum.

Stück leer Mk. 18.—.

Ganze Höhe ca. 150 cm, ganze Länge ca. 155 cm

Leihweise Mk. 8.—, wenn die Sträußchen bei mir bestellt werden.

Sträusschen- und Orden-Esel.

Das **Esel-Kostüm** ist aus gutem, dauerhaftem Stoff gefertigt und zum Hineinschlüpfen für eine Person eingerichtet.

Das Laufen ist durchaus **nicht** schwer und mühsam, da sich in den Füßen Stützen für die Hände befinden.

Das Esel-Kostüm ist leicht als Postpaket zu versenden, es wiegt 2 Kilo.

Die Körbe können mit ca. 60 kleinen Cotillon-Bouquets gefüllt und mit ca. 1½ Gros Orden besteckt werden.

Ungeheure Lachsalven ruft es hervor, wenn sich plötzlich die Flügeltüren des Ballsaales öffnen und **Freund Langohr** gemütlich hereingetrottet kommt.

Nach mehrmaligem Rundlaufe bleibt das **Eselein** in der Mitte des Saales stehen, der Vorstand faßt den Zügel und beruhigt das erhitzte Tier. Dann werden von Herren und Damen die reich mit Sträußchen und Orden gefüllten Körbe geplündert. Der Esel sträubt sich öfters dagegen, **läßt sein melodisches „IA“ ertönen und fährt schreiend zwischen die erschreckten Damen.**

Nachdem die Plünderung vor sich gegangen ist, nimmt der Führer dem armen Tiere die Körbe ab, der Esel erhebt sich mit Leichtigkeit auf seine **Hinterfüße und marschiert stolz, nach allen Seiten grüßend, mit tiefem Kompliment zum Saale hinaus.**

Dieses komische Intermezzo bereitet fraglos **allen Ballbesuchern einen Riesenspaß.**

Das Kostüm kann nicht verliehen werden.

Ich lasse diese Esel auch mit **beweglichen Ohren und Augenlidern** *und aus besserem Stoff anfertigen. Das Auf- und Niederschlagen der Augenlider, sowie das Wackeln der Ohren wirkt riesig komisch. Die Köpfe sind meisterhaft in der Modellierung.*

Höchst effektvoll.

Preis für 1 Esel-Kostüm Nr. I Mk. 13.50,
Eselkostüm Nr. II Mk. 22.—, 1 Paar Körbe mit Tragband, leer, Mk. 4.—.

Arrangements aus **lebenden** Blumen

versende ich über ganz Deutschland bis zu den äußersten Grenzen

unter Garantie pünktlicher und frischer Ankunft.

Meine Spezial - Preisliste über Arbeiten aus lebenden Blumen steht umsonst und postfrei zu Diensten.

Wir sind mit den uns gesandten Cotillonsträußchen sehr zufrieden, sie gefielen allgemein.
Frau Professor M., Halle a. S.

Die Cotillonsträußchen haben großes Aufsehen erregt und spreche ich Ihnen hierfür meinen besten Dank und meine vollste Anerkennung aus.
—r, Großdorf-Egg.

Bemerke noch besonders, daß die Sträußchen sehr schön gewesen sind und allgemein Beifall gefunden haben.
Oberzahlmeister —s. in H.

Ihre Ballsträußchen haben im vergangenen Jahre Anklang gefunden und hoffe ich auch dieses Jahr Ehre damit einlegen zu können.
Offiz.-Casino in M.

Tisch- und Cotillon-Sträusschen aus lebenden Blumen.

Sträußchen

ohne Manschetten nur aus einer Sorte Blumen gebunden, je nach der Jahreszeit: Maiblumen, Alpenveilchen, Rosen, gelbe und weiße Margeriten, Veilchen, Reseda, Hyazinthen, Anemonen etc.:

Nr. 846, 10 Stück Mk. 5.—
„ 847, 10 „ „ 7.50
„ 848, 10 „ „ 10.—

Sträußchen

ohne Manschetten, je nach Schönheit und Seltenheit der Blumen und je nach Größe:

Nr. 849, 10 Stück Mk. 2.50
„ 850, 10 „ „ 4.—
„ 851, 10 „ „ 5.—
„ 852, 10 „ „ 7.50
„ 853, 10 „ „ 10.—

Ansteck-Sträußchen

aus lebenden Blumen f. Herren je nach Größe und Seltenheit der Blumen.

Dutzend Mk. 2.40, 3.60, 4.80

Neu!

Kleine Glaskörbchen

mit lebenden Blumen gefüllt, ein **reizender Tafelschmuck** u. das Körbchen ein **niedliches Andenken.** Henkelhöhe ca. 12 cm. Die Körbchen Nr. D/729 kosten leer .... Dutz. Mk. 5.75
Füllungen aus Veilchen „ „ 4.80
Füllungen aus Veilchen und Maiblumen Dutz. Mk. 9.—
Füllungen aus gelben oder weißen Margeriten .... Dutz. Mk. 3.60
Füllung. aus Kornblumen „ „ 4.80

Sträußchen

mit Manschetten in verschieden. Formen sortiert, je nach Seltenheit der Blumen:

Nr. 854, 10 Stück Mk. 4.—
„ 855, 10 „ „ 5.—
„ 856, 10 „ „ 7.50
„ 857, 10 „ „ 10.—

Ball-Bouquets, Form mittelgroß,

rund und flach gebunden, mit oder ohne Manschette, von der einfachsten bis zur prachtvollsten Ausführung von Mk. **4.—** bis Mk. **20.—** das Stück.

Cotillon-Sträusschen aus künstlichen und trockenen Blumen.

Nr. 435.

Nr. 429.

Aus künstlichen Blumen:

Ohne Manschetten **flach**

Nr. 460 ca. 9 cm groß Dutzd. Mk. 2.—
„ 461 „ 10 „ „ „ „ 3.—
„ 462 „ 12 „ „ „ „ 4.—
„ 463 „ 15 „ „ „ „ 6.—
„ 464 „ 17 „ „ „ „ 9.—

Nr. 462.

Aus trockenen Blumen:

a) **ohne** Manschetten **flach**

Dutzd. Mk.
Nr. 434 ca. 12 cm groß 1.50
„ 435 „ 16 „ „ 2.50
„ 436 „ 18 „ „ .... 3.—

b) **mit** Papier-Manschetten

Nr. 428 ca. 9 cm Durchm. Dtzd. Mk. 1.—
„ 429 „ 10 „ „ „ „ 2.—
„ 430 „ 12 „ „ „ „ 3.—
„ 431 „ 15 „ „ „ „ 4.—

Künstliche Ansteckstraußchen für Herren.

Nr. 470. Dtzd. Mk. 2.—, 3.—, 4.—, **je nach Qualität der künstlichen Blumen.**

In meiner Blumenfabrik **täuschend nachgebildete Rosen und Nelken,** **Alpenveilchen, Edelweiß, Heckenröschen, Schneeglöckchen, Veilchen und Vergißmeinnicht (Stengel- oder kleine Sträußchen),** je nach Feinheit und Qualität der künstlichen Stoffblumen.

Nr.	466 a	466 b	466	467	468	469
Dutzend Mk.	2.—	3.—	4.—	6.—	9.—	12.—

Später als Vasensträußchen zu verwenden.

Eilgut-Waggons aus Porzellan mit lebenden Blumen gefüllt, bilden einen **reizenden und sehr originellen Tafelschmuck**, auch praktisch sind sie zugleich; denn nimmt man die Blumen heraus, so hat man die niedlichsten **Salz-** und **Pfefferständer**. — Ein Eilgut-Waggon aus Porzellan **mit** oder **ohne** Inschrift **„Eilgut-Erfurt“** kostet:

mit lebenden Blumen gefüllt: Nr. 6016 A Stück Mk. 1.80. | Nr. 6016 B leer Stück Mk. 1.20.

Mit künstl. Vergißmeinnicht gefüllt Mk. 2.—
„ „ Veilchen „ „ 2.25
„ „ Röschen „ „ 2.—

Die Waggons sind ohne Blumen 6 cm hoch und 10 cm lang.

Bei Bestellung bitte anzugeben, ob mit oder ohne Inschrift gewünscht wird.

Extra-Inschriften nach Aufgabe können innerhalb 6 Tagen geliefert werden.

Lokomotive

aus Porzellan.

ca. 15 cm lang, leer, Stück Mk. 2.25.

Mit lebendem oder künstlichem Blumen-Sträußchen Stück Mk. 2.50.

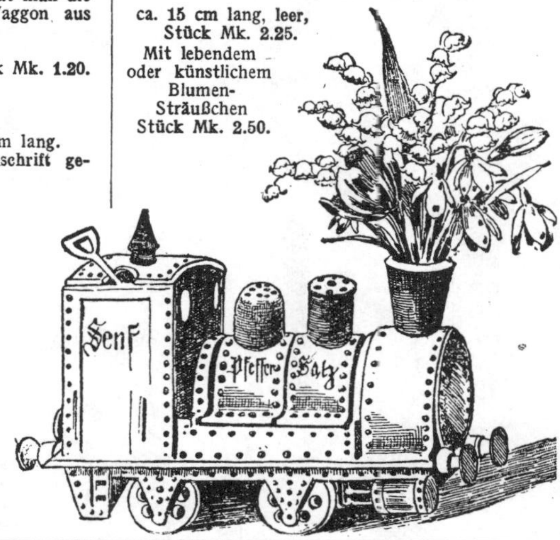

Die Eilgutwagen nebst der reizenden Lokomotive sind gut und frisch angekommen und haben große Freude gebracht und sehr gefallen. *F —d, Falkenstein i. V.*

Tisch-, Tanz- und Menu-Karten.

Ich führe nur das Neueste und Schönste, was es in dieser Branche gibt.

Es wird jedes Quantum abgegeben. — Der Druck der Tanzordnung (einseitig) oder Speisenfolge kostet auf 100 Karten und weniger ca. Mk. 2.—.

Folgende Sortimente sollen nur die Preislagen der Karten zeigen. Will man also bei Tischkarten z. B. nicht höher gehen als 6 Pfg. das Stück, so lasse man sich bitte das Sortiment Nr. T II franko zur Ansicht kommen.

Tischkarten - Muster - Sortimente.

Enthalten Karten in der Preislage von:	T I	T II	T III	T IV
	1½ bis 4 ₰ das Stück	4½ bis 6 ₰ das Stück	6½ bis 8½ ₰ das Stück	9 bis 16 ₰ das Stück

Tanzkarten - Muster-Sortimente.

Enthaltend Karten in der Preislage von:	Tz I	Tz II
	3½ bis 8½ ₰ das Stück	9 bis 25 ₰ das Stück

Menukarten- (2 seitig) Muster-Sortimente.

Enthaltend Karten in der Preislage von:	M I	M II	M III
	3 bis 9 ₰ das Stück	10 bis 13½ ₰ das Stück	15 bis 21½ ₰ das Stück

Menukarten- (4 seitig) Muster-Sortiment MM I.
Enthält Karten in der Preislage von: 6 bis 27 ₰ das Stück.

Bitte zur Ansicht kommen zu lassen, um danach auszuwählen.

Neue Tischkarten.

Diese neue Art humoristischer Tischkarten soll bezwecken, die Gäste von vorne herein zu beschäftigen und zum Scherzen anzuregen, damit die oft anfangs herrschende Steifheit schnell überwunden wird und der fröhlichen Laune Platz macht.

Reizende **Pierrette** in Farbendruck mit Baßgeige, die auf einem Quietscher angebracht ist; berührt man denselben, so gibt er Töne von sich. Der Hut des entzückenden Mägdeleins ist mit einer Naturfeder geschmückt.

Größe der Figur ca. 13½ cm.
Nr. 6312. 10 Stück Mk. 2.—.

Niedliche **Holländerin** in Farbendruck; die Arme werden durch Ziehen an einem Faden bewegt, wodurch das kleine Mädchen die weiße Schürze auseinander und wieder :: zusammen faltet. ::

Größe der Figur mit der — Karte unten ca. 11 cm. —
Nr. 6313. 10 Stück Mk. 1.15.

Ferner:

Ferner: **Neue Tischkarten.**

Neu! Sängerin in Farbendruck mit Wabenkleid aus Seidenpapier, das sich auf **2 mm** zusammenlegen und bis auf **32 cm** entfalten läßt. Nr. 6314. 10 Stück Mk. 1.40.
Neu! Kellner in Farbendruck mit Waben-Beinkleidern, auch so dehnbar, wie oben beschrieben. Nr. 6315. 10 Stück Mk. 1.70.

Sonnenschirme mit Blumenranken und m. Blumenstrauß, 3 Dessins, Durchmesser ca. 11 cm. Nr. 6289. 10 Stück Mk. **1.65.**

Neu! Tiroler Bua in Farbendruck, die Arme werden durch ziehen an einem Faden bewegt. Größe mit Karte ca. 12½ cm. Nr. 6317. 10 Stück Mk. **1.15.**

Blumenschalen auf goldberänderter Karte. 4 Dess. Nr. 6291. 10 Stück Mk. **1.10.**

Fliederdolden mit Schleifen und ausgebogter Karte mit goldenem Rande, 2 Dess., Kartenlänge ca. 11½ cm. Nr. 6294. 10 Stück Mk. **1.10.**
Dazu passend: **Menukarte,** Kartenhöhe ca. 16 cm. Nr. 6295. 10 Stück Mk. **2.70.**

Einzelblüten, rot, 3 Dessins; Länge mit Stiel gemessen ca. 10 cm. Nr. 6287. 10 Stück Mk. 1.—.
Dazu passend: **Menukarten** mit ca. 17 cm hoher Karte. Nr. 6288. 10 Stück Mk. 2.—.

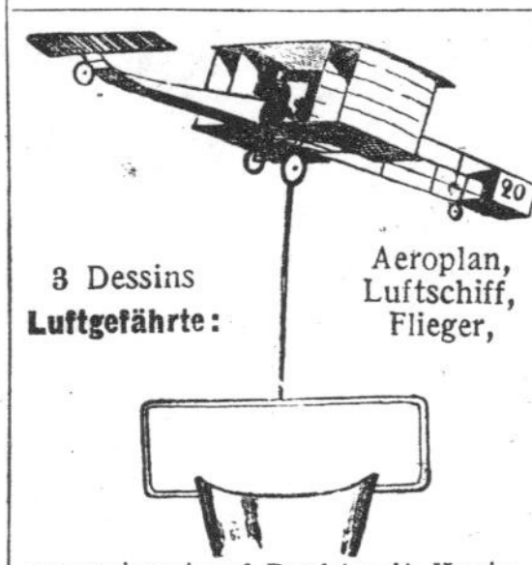

3 Dessins **Luftgefährte:** Aeroplan, Luftschiff, Flieger, ausgestanzt auf Draht mit Karte, die auf das Weinglas geklemmt wird. Länge des Aeroplans ca. 13 cm. Nr. 6297. 10 Stück Mk. 1.65.
Dazu passend: auf ca. 17 cm hoher **Menukarte,** 2 Dessins Aeroplan u. Flieger. Nr. 6298. 10 Stück Mk. 2.—.

Neu! Rodler
(Herr u. Dame = 2 Dessins) Figurengröße ohne Untergrund gemessen ca. 7 cm. Nr. 6330. 10 Stück Mk. **—.60.**

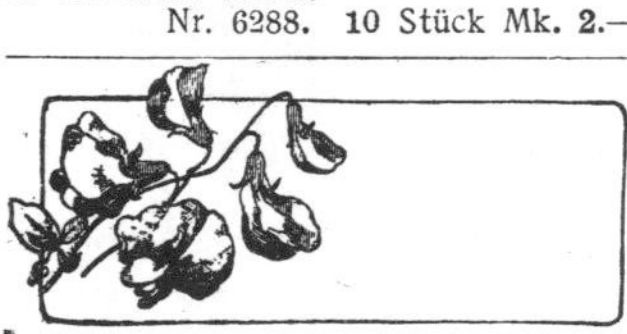

Weiße Karten, ca. 11½ cm lang, mit **Wickenblüten,** 2 Dessins. Nr. 6290. 10 Stück Mk. **—.85.**

Neu! Skiläufer (Herr u. Dame, 2 Dess.) Figurengröße ohne Untergrund gemessen ca. 9½ cm. Nr. 6331. 10 Stück Mk. **—.60.**

Servierender Diener mit beweglichem Oberkörper; der Diener vermag **sich tief zu verneigen.** Höhe ca. 9½ cm. Nr. 6296. 10 Stück Mk. **—.70.**

Aeroplan mit Blumen geschmückt, von einer Dame gelenkt, plastisch ausgestanzt, ca. 12½ cm lang. Nr. 6292. 10 Stück Mk. 2.—.

Neu! Chinese mit Wackelkopf in Farbendruck, Größe mit Kissen ca. 10 cm. Nr. 6316. 10 Stück Mk. **—.85.**

Blumen-Rackets, fein geprägt, 2 Dessins, Länge ca. 11½ cm. Nr. 6283. 10 Stück Mk. **—.35.**

☞ Die Kopfbedeckungen der Seiten 212 bis 224 wolle man auch hier wohl beachten; eine nette Auswahl getroffen und den Gästen ☞ im Empfangszimmer dargeboten, erheitert großartig. Wie stimmungsvoll wirkt der Anblick einer solch geschmückten ☞ Tafelrunde! Auch kann man die Paare sich finden lassen durch an den Kopfbedeckungen angebrachte Namen: ☞ so z. B. führt Lohengrin seine Elsa zu Tisch, Faust sein Gretchen und so fort.

Neue Tisch- und Menu-Karten, hochfeiner Buntdruck.

Neu! **Karten mit Veilchenhufeisen,** wie oben. Nr. 6324. 10 Stück Mk. **—.85.** Dazu passende **Tanzkarten,** Nr. 6325. 10 Stück Mk. 1.10.

Blumenkrüge, 3 Dessins, lassen sich 1 cm von der weißen Karte abbiegen und können infolgedessen **aufgestellt** werden. Höhe ca. 6 cm. Nr. 6278. 10 St. Mk. —.85. Dazu passend **Menukarten,** 17 cm. hoch. Nr. 6279. 10 Stück **Mk. 1.65.**

Neu! Karten mit **Jlexkranz** mit roten Beeren, wie oben. Nr. 6321. 10 Stück Mk. —.85. Dazu passende **Menukarten.** Nr. 6322. 10 Stück Mk. 1.65. Dazu passende **Tanzkarten.** Nr. 6323. 10 Stück Mk. 1.10.

Neu! **Rosenkranzkarten,** reizend. Kartenlänge ca. 12 cm, Nr. 6318. 10 Stück Mk. —.85. Dazu passende **Menukarten,** ca. 18 cm hoch. Nr. 6319. 10 Stück Mk. 1.65. Dazu passende **Tanzkarten,** Doppelformat, ca. 11 cm hoch. Nr. 6320. 10 Stück Mk. 1.10.

Blumenranken mit Goldrandkarten (ca. 9 cm lang). 3 Dessins — auf das Weinglas zu klemmen. Nr. 6301. 10 Stück Mk. 1.65. Dazu passend **Menukarten,** Kartenhöhe ca. 17 cm. Nr. 6302. 10 Stück Mk. **2.70.**

Blüten-Medaillons, 4 Dessins, wunderschön, **ca. 13½ cm** breit. **Nr. 6274.** 10 Stück Mk **1.10.** Dazu passende **Menukarten,** 17½ cm hoch. Nr. 6275. 10 Stück Mk. 1.65.

Karten mit Blütenkranz, 4 Dessins, Kartenlänge ca. 12 cm. Nr. 6276. 10 Stück Mk. —.85. Dazu passend **Menukarten,** 17½ cm hoch. Nr. 6277. 10 Stück Mk. **1.35.**

Rodelschlitten.

2 Dessins, z. Aufstellen, Schlittenlänge ca. 7 cm. Nr. 6281. 10 St. Mk. —.55.

Autler, 2 Dessins: Herr und Dame. Die Mützen mit Brille lassen sich aufklappen, so daß man den Kopf der Autler sehen kann; Größe ca. 10½ cm. Nr. 6284. 2 Dessins. 10 Stück Mk. —.85.

Kinder, ausgestanzt, zum Aufstellen, ca 10 cm groß mit aufklappbarem **Wabenhut** aus Seidenpapier.

☞ **Sehr effektvoll**
☞ **und nett.**

2 Dessins. Nr. 6303. 10 Stück Mk. **1.70.**

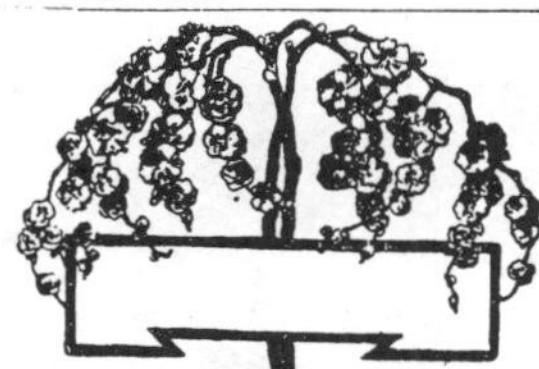

Blütenzweige, 4 Dessins, mit Goldrandkarten. Kartenlänge ca. 8 cm. Nr. 6261. 10 Stück Mk. **1.35.**

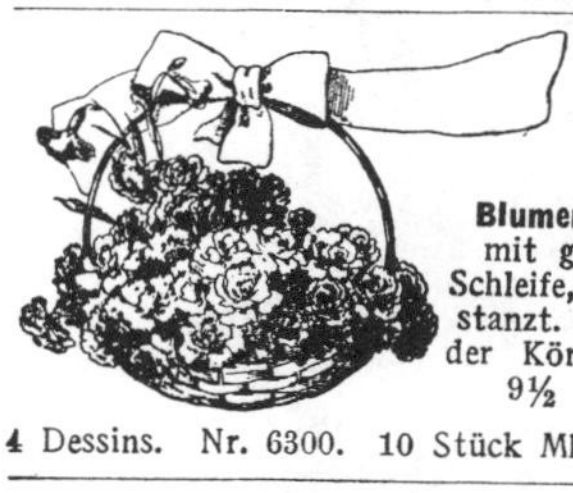

Blumenkörbe mit großer Schleife, ausgestanzt. Größe der Körbe ca. 9½ cm. 4 Dessins. Nr. 6300. 10 Stück Mk. **1.65.**

Automobile,

lassen sich 2 cm auseinanderschieben und aufstellen. Länge ca. 10½ cm. Nr. 6285. 10 Stück Mk. **2.—.**

Blumenkörbe, plastisch, aufzuklappen, Menukarten, 4 Dessins. Kartenlänge ca. 17 cm. Nr. 6269. 10 St. Mk. 1.65

Dazu passende **Tanzkarten,** (Doppelformat) Blumenkörbe nicht plast., 11 cm hoch. **Nr. 6270. 10 Stück Mk. 1.10.**

Ferner **Tischkarten,** Blumenkörbe mit Kärtchen am Henkel, Kartenl. 9½ cm. Nr. 6268. 10 Stück Mk. **1.35.**

Blumen-Fensterbretter, 2 Dessins, zum Aufstellen. Länge ca. 9½ cm. Nr. 6280. 10 Stück Mk. **—.55.**

Dackel, ca. 7 cm lang, **ausgestanzt mit Karte an Seidenschleifchen zum Aufstellen.** Nr. 6299. **10 Stück Mk. 1.35.**

Blumensträuße mit Schild, 4 **Dessins, entzückend schön! mit Stiel gemessen** ca. 10 cm groß. Nr 6273. 10 Stück **Mk. 1.65.**

Tisch-, Tanz-, Menu-Karten etc.

Hochfeiner Buntdruck! Wundervolle Dessins!

Grüne Myrtenbäumchen

mit Karte mit Schleife (hochf. Buntdruck) geprägt, 1 Dessin.
Nr. 6271. 10 St. Mk. —.95

Die kleinen Kübel werden vorgeklappt und sind dann plastisch, wodurch die Karte steht.
Dazu passende **Menu-Doppelkarten,** 16 cm hoch.
Nr. 6272. 10 Stück Mk. 2.50.

Borduren-Menukarten
in feinstem Farbendruck. Blüten: rosa Rosen, gelbe Rosen, Maiblumen, Veilchen, 4 Dess.
Nr. 6247.
10 Stck. Mk. 2.10.
Dazu passende **Tischkarten.**
Nr. 6248.
10 Stck. Mk. 1.40.

Für Taufen,

Kind im Steckkissen fein in Farbendruck ausgeführt, zum Aufstellen, 2 Dess.
Nr. 6234. 10 Stück Mk. —.95.
Dieselben Karten wie Nr. 6234, aber Hochformat **für Menu,** ca. 17 cm.
Nr. 6235. 10 Stück Mk. 1.65.

Hochzeitskarten.

Geprägte Myrtenkränzchen in hochfeinem Farbendruck auf mattem Grunde zum Aufstellen.
Nr. 6236. 10 Stück Mk. —.95.
Dieselben Karten wie Nr. 6236, Hochformat, aber nur mit 1 Kranz, ca. 17 cm **für Menu.**
Nr. 6237. 10 Stück Mk. 1.65.

Girlanden-Karten,

hochfeiner Buntdruck für Menu. 3 Dessins.
Nr. 6252.
10 Stck. Mk. 2.10.
Dazu passende **Tischkarten.**
Nr. 6253.
10 Stck. Mk. 1.10.

Tannenzweige mit Zapfen,

hochfein Buntdruck, ausgestanzt, aufstellbar, 3 Dessins. Nr. 6172. 10 Stck. Mk. —.60.

Geprägte Karten mit geripptem, breitem Goldrand und obigem Text.
Nr. 6156. 10 Stück Mk. —.30.

Buntdruckkarten: Jagdhorn mit Eiche, Hirsch und Karte, ausgestanzt, 2 Dessins.

Nr. 6154.
10 Stück Mk. —.60.
Dazu pass. **Menukarten**
Nr. 6167.
10 Stück Mk. 1.15.

Niedliche Doppelkärtchen
mit grünem Rand — geprägte Kleeblätter — mit Text: Herr..... wird gebeten, Fr.... zu Tisch zu führen.
Nr. 6230. 10 Stück Mk. —.70.

Seidenpapierblüten

in rot, rosa und gelb, ca. 12 cm groß, mit Samenboden aus weißem Karton für den Namen des Tischgastes.
Nr. 6215. 10 Stück Mk. 1.—.

Tisch-Rosen,

aus feinem Stoff hergestellt, der Blütenboden mit den Staubfäden läßt sich in die Höhe heben und auf die weiße Fläche darunter kommt der Name des Tischgastes. Die Rose ist mit Nadel zum Anstecken versehen; ca. 10 cm groß.
Nr. 6243.
10 Stück Mk. 2.—.

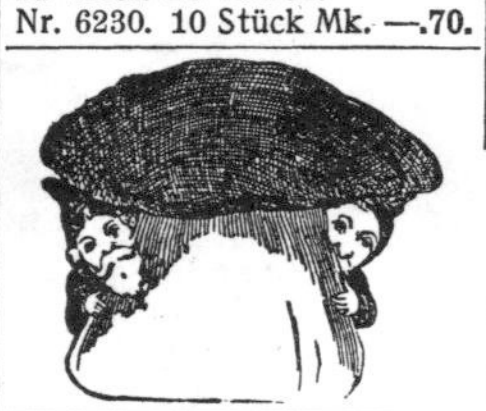

Pilzkarten mit Gnomen.

Buntdruck, ausgestanzt, 1 Dess.
Nr. 6209.
10 Stck. Mk. —.35.

Ihre reizenden Tischkarten fanden vielen Beifall.
Frau C. —r., Rostock i. Meckl.

Silhouetten
in Empire-Rahmen.
Nr. 6181. 10 St. Mk. —.55.
Dazu **Menukarten:**
Nr. 6192. 10 St. Mk. 1.05.

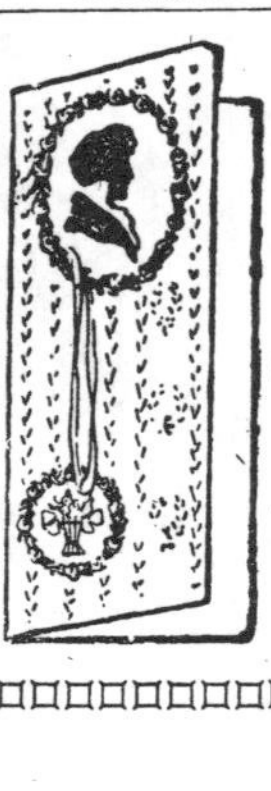

Doppelkarten mit Silhouettenbild
mit Empire-ausstattung, 2 Dess.
Nr. 6194.
10 Stück Mk. —.55.

Reizende Tischkarten: Kinder mit Tafeln, zum Aufstellen, 12 Dessins.
Nr. 6036. 10 St. Mk. —.70.

Jungen, Plakat tragend
4 Dessins. Nr. 6178.
10 Stück Mk. —.40.

Schwan-Tischkarten.
Nr. 6241.
10 Stück Mk. —.95.
Schwan-Menukarten.
Nr. 6242.
10 Stück Mk. 1.65.

Tisch-, Tanz- und Menukarten, Menu-Rosen etc.

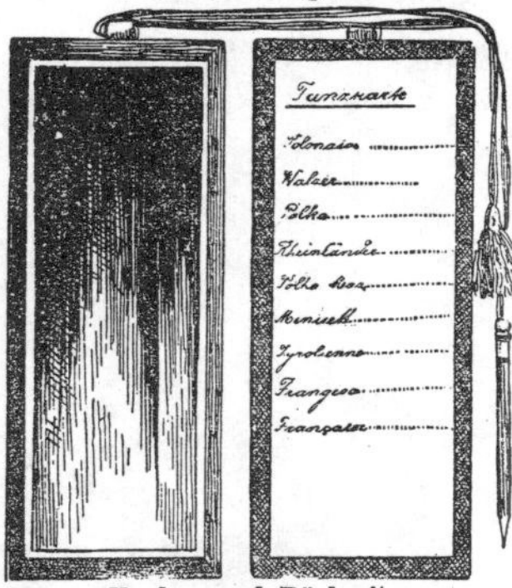

Vorder- und Rückseite.

Neu!
Spiegel-Tanzkarten, mit geschliffenem Rande mit Seidenschnur und Bleistift. Spiegelgröße ca. 4×10 cm.
Nr. 6329.
100 Stück Mk. **15.—**. Druck der Tanzordnung 100 St. Mk. **2.—**.
Diese **Spiegel-Tanzkarten** werden bei den Damen sehr schnell sehr beliebt werden, denn ab und zu einen Blick in den Spiegel geworfen, birgt für die Damen ein angenehmes, wohltuendes Gefühl.

Neu!

Clown.
Tisch- und Menukarten; die Buntdruckkarten sind ca. 13 cm groß; sie können aber den Hals weit hinausrecken; dieser dient dann als Tischkarte für den Namen des Tischgastes. Es werden 4 Dessins sortiert geliefert.
Nr. 6328. 10 Stück Mk. **—.35.**

Neu!

Ein paar junge **Gänse** (Farbendruck) mit Brett. 2 Dessins. Höhe ca. 11 cm.
Nr. 6327. 10 Stück Mk. **—.65.**

Neu!

Quietsch-Kater mit Monocle und Riesenkrawatte. Berührt man den Kater an der Brust, so quietscht er. Größe ca. 11 cm.
Nr. 6326. 10 Stück Mk. **1.70.**

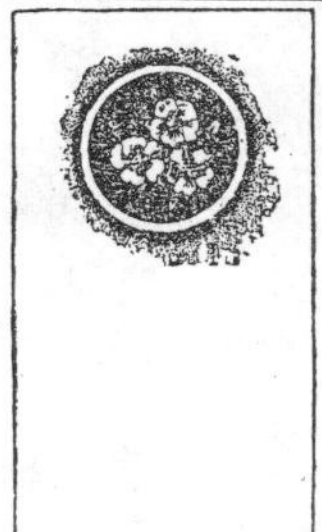

Nr. 6266.

Medaillonskarten mit Blütentuffs auf schwarz-grünem Grunde, 4 Dessins, für Menu, Kartenlänge ca. 17 1/2 cm.
Nr. 6266.
10 St. Mk. **1.10.**

Dazu passende **Tischkarten,** Länge 10 cm.
Nr. 6264.
10 St. Mk. **—.55.**

Ferner **Tischführungs-Doppelkärtchen,** Länge 7 1/2 cm.
Nr. 6265.
10 St. Mk. **—.70;**
sowie **Tanzkarten,** (Doppelformat), 10 1/2 cm. hoch.
Nr. 6267.
10 St. Mk. **—.95.**

Menukarten, mit Tannen-, Jlex- u. Mistel-Zweigen. 3 Dess.
Nr. 6189.
10 Stück Mk. **1.65.**

Dazu passende **Tischkarten** Nr. 6185.
10 Stück Mk. **—.95,**
sowie **Tanzkarten** Nr. 6195.
10 Stück Mk. **—.95.**

Nr. 6219.

Menukarten „Blumen im Glas" (ca. 9×18 1/2 cm groß).
Nr. 6219.
2 Dessins. 10 St. Mk. **1.65.**
Tischkarten dazu passend.
Nr. 6220. 10 St. Mk. **1.25.**

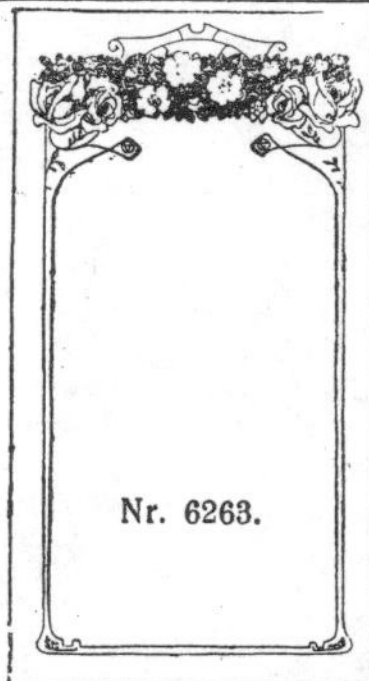

Nr. 6263.

Geprägte Karten mit **Rosen- und Myrtenrand,** für Menu, Kartenlänge ca. 17 1/2 cm. Nr. 6263.
10 Stück Mk. **1.35.**
Dazu passende **Tischkarten,** Länge 10 cm. Nr. **6262.**
10 Stück Mk. **—.70.**

Tanzkarten mit Dame und Herr (Biedermeier) mit geprägter Goldschrift „Tanzordnung", 2 Dessins.
Kartenlänge ca. 8 1/2 cm.
Nr. 6286.
10 Stück Mk. **—.70**

Die künstlichen Rosen und anderen Blüten sind aus feinem Stoff hergestellt. Der Text wird auf **Atlasband** gedruckt und vermittelst Kurbel hineinund herausgedreht.

Menu-		ohne Druck.	
Nr. 5816	**Rosen**	Dtzd. Mk.	**4.80**
„ 5816 A.	**Mohnblüten** .	„ „	**4.50**
„ 5816 B.	**Chrysanthemum**	„ „	**4.80**
„ 5816 C.	**Nelken** . . .	„ „	**4.80**

Der Druck wird billigst extra berechnet, 25—50 Stück (9 Gänge) ca. Mk. 2.—.

Nr. 6244.

Blütencoupé-Tanzkarten, Doppelformat, feinster Farbendruck, 4 Dessins in gelb, lila, rot und rosa sortiert.
Nr. 6244.
10 Stück Mk. **—.95.**
Dazu pass. **Tischkarten** Nr. 6245.
10 Stück Mk. **—.95.**

Dazu passende **Menukarten** Nr. 6246. 10 Stück Mk. **2.10.** aber nur 2 Dessins in gelb und rosa.

Veilchen Menukarten (ca. 9×17 1/2 cm groß).
Nr 6216.
10 Stück Mk. **1.35.**
Dazu passende **Tischkarten.** Nr. 6217.
10 St. Mk. **—.85,**
sowie **Tanz-(Doppel-)Karten** Nr. 6218.
10 Stück Mk. **—.85.**

Tisch-, Tanz- u. Menu-Karten, Kartenständer, Bleistifte etc.

Reizende Neuheit! Effekt-Tischkarten mit aufrecht ⊥ stehenden Pflanzen etc. in Prima Farbendruck! — Die Pflanzen etc. kommen flach zum Versand und werden an Ort und Stelle in die Höhe gebogen; es sieht dann aus, als ob die Pflanzen etc. aus dem gemalten Kartenboden herauswüchsen.

☞ **Hocheffektvoll!** ☜

Tischkarte mit Pflanze	Nr. 6334.	3 Dessins,	10 Stück	Mk. **1.10.**
Tischkarte m. Rosenstrauch	„ 6335.	3 „	10 „	„ **1.65.**
Tischkarte m. Fruchtschale	„ 6336.	3 „	10 „	„ **1.10.**

Herz-Tanzkarten

aus rotem Karton (weiß geprägt) gestanzt mit Aufschrift: „Tanzkarte" mit Seidenschnur und Bleistift. Nr. 6032. 100 St. Mk. **12.—**. **Aufprägen von Widmungen an Stelle der Aufschrift „Tanzordnung" kostet:** 20 St. Mk. **1.-**, 50 St. Mk. **2.-**, 100 Stück Mk. **3.—**. Druck der Tanzordnung 100 Stück Mk. **2.—**.

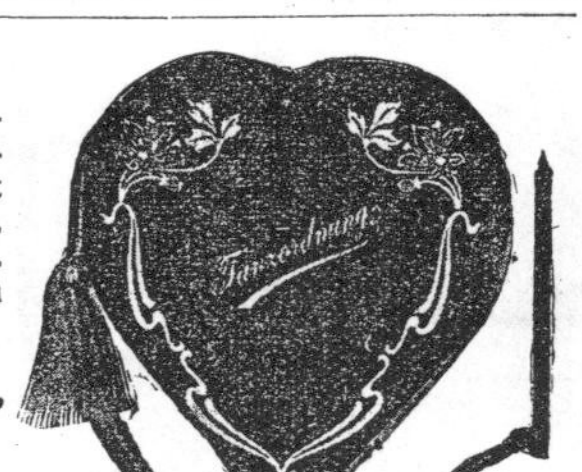

Rosen-Menukarten, hochfeinster Farbendruck. 3 Dessins, rote gelbe und rosa Rosen. Nr. 6249. 10 St. Mk. **2.10.**

Dazu passende **Tanzkarten** (Doppelformat) Nr. 6250. 10 Stück Mk. **1.10.**
Dazu passende **Tischkarten** Nr. 6251. 10 Stück Mk. **1.10.**

Doppelkarten

mit Glückskleeranke und Rosentuff. Kartenhöhe ca. 10½ cm.
Nr. 6304. 10 St. Mk. **1.25.**

Menukarten.

2 Dessins:

Clown mit Seidenpapierreif auf einer Mauer neben einer Laterne sitzend und Pierrette mit Champagnerglas und Fächer. Die Figur ist ausgestanzt und beweglich. Höhe der kompletten Karte ca. 22½ cm.
Nr. 6307.
10 Stück Mk. **1.40.**

Dazu passende

Tischkarten:

der Clown oder die Pierrette allein, auf das Weinglas zu setzen.
Nr. 6306.
10 Stück Mk. **1.—.**

Reizend sind meine Felicitas-Tanz- und Menukarten.

Die Kleeblätter sind 12½ cm groß, aus starkem Karton gestanzt und in Buntdruck wundervoll ausgeführt; es werden **2** verschiedene Dessins geliefert.

		100 Stück
Nr. 5964	**Felicitas-Karte**	Mk. **6.—**
„ 5964a	**do.** mit Bleistift u. Öse	„ **8.75**
„ 5964b	**do.** mit Bleistift und Seidenschnur mit Quaste .	„ **10.25**

Druck wird selbstkostend extra berechnet.

Doppelkarten

mit Maiblumenstrauß. Höhe ca. 11 cm.
Nr. 6305. 10 St. Mk. **—.95.**

Menu-Elefanten

aus starkem Karton geprägt, mit beweglichen Beinen, zum Aufstellen.

Nr. 5733. 10 St Mk. **—.85.**

Tanzkarten-Bleistifte.

Nr. I. **1. Qualität,** ohne Beinknopf, hellbraun (eignen sich nur für die Bleistiftösen), 100 Stück Mk. **2.—**

Nr. II. **1. Qualität,** mit Beinknopf, hellbraun . . . . 100 Stück Mk. **3.—**

Nr. III. **1. Qualität,** mit Ring, in Farben weiß, hellblau rosa, 100 Stück Mk. **4.50**

(Nr. II und III eignen sich für die Bleistiftösen und für die Seidenschnuren.)

Tischkarten-Ständer.

Schwarzlackierte Holzfüßchen mit Messingklammer, ca. 5 cm hoch.

Nr. **6171**.

10 Stück Mk. **—.80.**

Aus Draht, fein vernickelt, ca. 3½ cm hoch. Nr. 6077.
10 Stück Mk. **—.55.**

Bleistiftösen

zum Anheften obiger Bleistifte an die Tanzkarten. . . . . . . 100 Stück Mk. **—.75**

Seidenschnuren

mit Quasten zum Anhängen der Bleistifte **an die** Tanzkarten und letztere an **den** Gürtel . . . . 100 Stück Mk. **1.25**

Haken dazu. . . . . 100 Stück Mk. **1.—**

Hochorigineller Tafelschmuck.

Niedliche Andenken.

Neu!

Glückspilz-Arrangements.

Wenn diese kleinen und größeren **Pilzgruppen** Nr I—V (Höhe ca. 5—6 cm) auf der Tafel legère zwischen die Gedecke gestellt werden, so muß das ganze einen eigenartigen hochoriginellen Charakter erhalten und einen lieblichen Eindruck hervorrufen. — Die aus Watte geformten Pilze mit roten Kappen mit weißen Punkten sind auf Naturbaumrinde befestigt.

Glückspilz-Arrangement

Nr. I. 2 Pilze, verschieden groß. Dutzend Mk. **1.25.**	**II.** 3 Pilze, verschieden groß. Dutzend Mk. **1.55.**	**III.** 3 Pilze, verschieden groß, mit Farnen. Dutzend Mk. **1.65.**	**IV.** 1 Pilz mit Farnen und Schmetterling. Dutzend Mk. **2.25.**	**V.** 3 Pilze mit Farnen und Schmetterling. Dutzend Mk. **2.50.**

Nr. T P VIII. T P VI. T P VII.

Ferner zum dazwischenstellen wie oben abgebildet:
Künstl. Miniatur-Farne, ca. 8 cm hoch, mit 10 Blättern ... Nr. M. F. IX. Dtzd. Mk. **1.65**
Künstl. Miniatur-Tannen in roten Holzkübelchen, ca. 12 cm hoch .... Nr. M. T. X. Dtzd. Mk. **1.50**
Künstl. Miniatur-Tannen in weißen Porzellankübelchen, ca. 14 cm hoch. Nr. M. T. XI. Dtz. Mk. 3.—

Neu! **Tafel-Pilze** Neu!

an Stelle der Tischkarten. —

Nr. T P VI. 1 Pilz, ca. $4^1/_2$ cm groß, mit Farnen und mit Tischkarte ....Dtzd. Mk. **1.65**
Nr. T P VII. 1 Pilz, ca. $5^1/_2$ cm groß, mit Gesicht (der Name des Tischgastes wird auf den Pilz mit Tinte geschrieben) ......Dtzd. Mk. **1.—**
Nr. T P VIII. 1 Pilz, ca. $5^1/_2$ cm groß, mit Gesicht und Schmetterling (der Name wird auf den letzteren mit Tinte geschrieben). Dtzd. Mk. **1.70.**

Glückspilz-gruppe B.

Aus einem Untergrund von **Naturmoos** schießen die verschieden großen **Glückspilze** hervor, die wie nebenstehend beschrieben hergestellt sind; es wachsen dabei auch künstliche **Vierblätter** und **Grashalme**. Als Geschenk zu allen Gelegenheiten, als Tafelschmuck, vor allem bei Hochzeiten vor den Gedecken des Brautpaares aufgestellt, eignen sich diese **Glückspilz-Gruppen** ganz vorzüglich. Höhe des größten Pilzes ca. 14 cm. Länge des Untergrundes ca. 20 cm. Stück Mk. **1.75.**

Glückspilz-Sortiment A.

Die der Natur täuschend (aus gerieftem Papier) nachgebildeten **Pilze** werden in verschiedenen Größen sortiert geliefert. Dieselben haben einen mit Naturagrostis beklebten beschwerten Fuß, so daß sie fest stehen. Höhe 6—10 cm, Schirmgröße ca. 3—7 cm. 1 Sortiment (12 Stück) Mk. **3.—**.

Konfekt-Blüten-Rosen.

Aus Kreppapier nachgebildet, mit Hülse, zum Füllen eingerichtet; auch für Tafellieder.

Nr. 6204.
Dtz. Mk. **1.75.**

Nr. 6205.
Gefüllt mit Schokoladenplätzchen.
Dtz. Mk. **2.90.**

Rosen-Attrappen

aus Seidenkreppapier mit Schachtel zum Oeffnen und Füllen eingerichtet. Schachteldurchmesser ca. $5^1/_2$ cm, Rosendurchmesser ca. 14 cm.

Nr. 6227. Dutzend Mk. **4.—**.

Tafelschmuckgegenstände, zum Füllen eingerichtet.

Reizende Tafel-Konfekt-Körbchen aus Karton, Seidenpapier und Seidenkreppapier etc.

Niedliche Fest-Andenken.

Neuheiten!

Nr. 6201 N mit **Veilchen**, nur in mattlila lieferbar, ca. 19 cm hoch. Dutzend Mk. **5.25.**

Nr. 6201 P mit **Myrte**, nur in weiß lieferbar, ca. 19 cm hoch. Dutzend Mk. **5.25.**

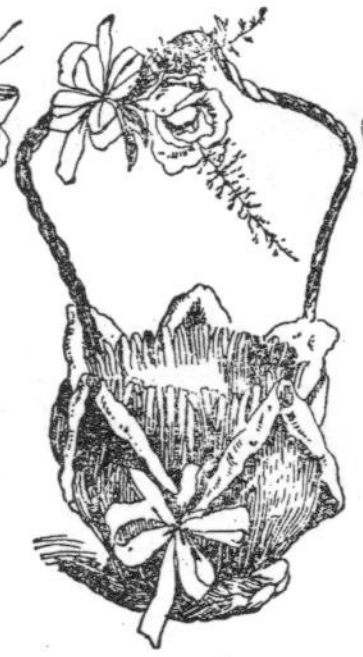

No. 6201 Q mit **Seemoos**, nur in mattrosa lieferb., ca. 19 cm hoch. Dutzd. Mk. **4.25.**

Nr.6201 R m. Margerite u. Schmetterling, nur in hellgrün lieferbar, ca. 20 cm hoch. Dutzend Mk. **4.50.**

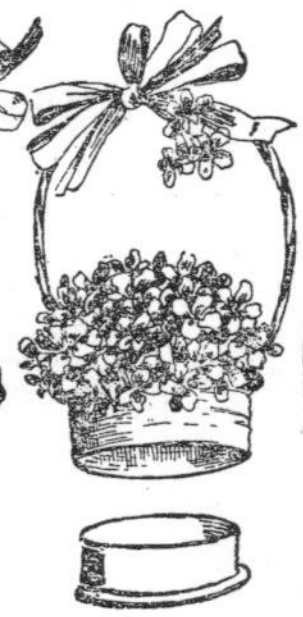

Nr. 6201 S weiß mit **lila Veilchen**, ca. 17 cm hoch. Dtzd. Mk. **2.75.**

Nr. 6201 M. **Blütentuffkörbchen** aus Kreppund Seidenpapier in 2 Farb. Höhe ca. 18 cm. Dutzend Mk. **3.—.**

Nr. 6201 K. „**Beutelkörbchen**", zweifarbig, a. Kreppap. m. Seidenschnur, ca. 16 cm hoch. Dutzend Mk. **3.—.**

Nr. 6201 L. Form „**Roter Mohn**", ca. 17 cm hoch, Dutzend Mk. **3.—.**

Nr. 6201 a. Form „**Biedermeier**", ca. 15 cm hoch. Dutzend Mk. **3.—.**

Nr. 6201 b. Form „**Rose**", ca. $12^1/_2$ cm hoch. Dutzend Mk. **3.50.**

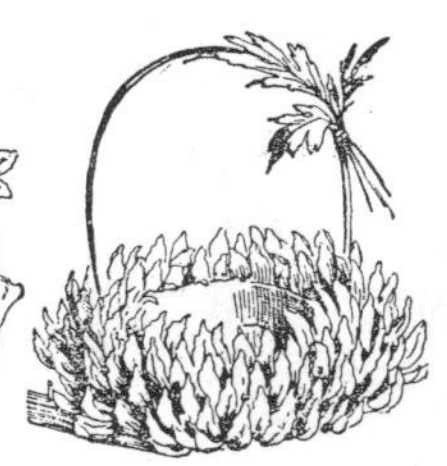

Nr. 6201 c. Form „**Chrysanthemum**", ca. 13 cm hoch. Dutzend Mk. **3.25.**

Nr. 6201 g. Form „**Heckenrose**", ca. 15 cm hoch. Dutzend Mk. **2.25.**

Konfekt-Pompadours

aus Kreppapier, in matten feinen Farben, **ca. 14 cm groß.**
Pompadours L Nr. I, leer Dtzd. Mk. **2.40.**

aus feinem weißen Kreppapier in Biedermeierstil, bemalt mit Blüten, Lorbeer und Goldkettchen, ca. 14 cm groß.
Pompadours K Nr. II, leer Dutzend Mk. **2.40.**

Neu!

Herzform aus fein gemustertem Kreppapier in feinen Farben, ca. 15 cm groß.
Pompadours Nr. III, Dutzend Mk. **1.25.**

Konfekthüllen

aus einer feinen Papierserviette zusammengefaltet mit Atlasband.
Nr. Kr. 32.
Dtzd. leer Mk. **1.20,**

Pralinés zum Füllen,
Pfund Mk. **1.—**
(reicht für 6 bis 8 Hüllen).

Entzückende Neuheit!

Tafel-Konfekt-Hüllen „Exquisit"

in untenstehender Form; aus weißem Karton mit **reizenden** Blütenranken in **vornehmstem** Farbendruck m. Seidenband. Es werd. 3 Dessins geliefert: **Exquisit I** mit Rosenranken (rosa); **Exquisit II** m. Veilchenranken (blau-lila); **Exquisit III** mit Myrtenranken (grün mit gelbweißen Blüten). Die Hüllen sind ca. 7½ cm hoch. 10 Stück Mk. **3.50.**

Neu!

Neu! Konfekthüte **aus Wasserkrepp mit Beutel innen,** ca. 10—11 cm groß, in den drei Dessins sortiert in verschiedenen Farben. Nr. 1575. Dtz. Mk. **1.50.**

Ferner: Tafelschmuck.

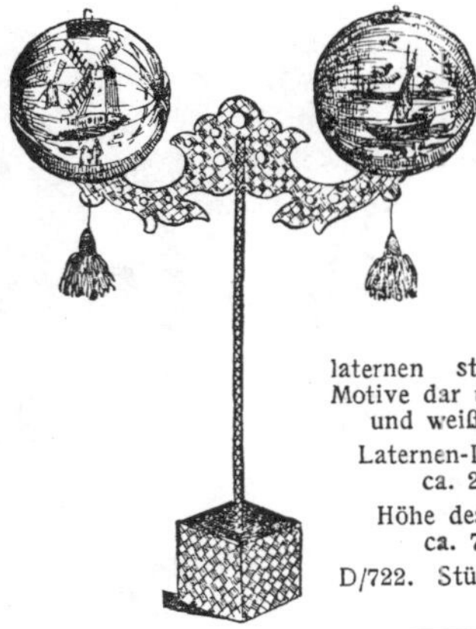

Laternenständer A aus Pappe geschnitten mit Holzstab und Holzfuß, mit glänzendem Silberpapier überzogen. Die Ballonlaternen stellen Delfter Motive dar und sind blau und weiß gehalten.

Laternen-Durchmesser ca. 20 cm.

Höhe des Ständers ca. 70 cm.

D/722. Stück **Mk. —.75.**

Laternenständer B wie **A,** aber mit bunten Zuglaternen (ca. 18 cm groß).

Höhe des Ständers ca. 60 cm.

D/723. Stück **Mk. —.65.**

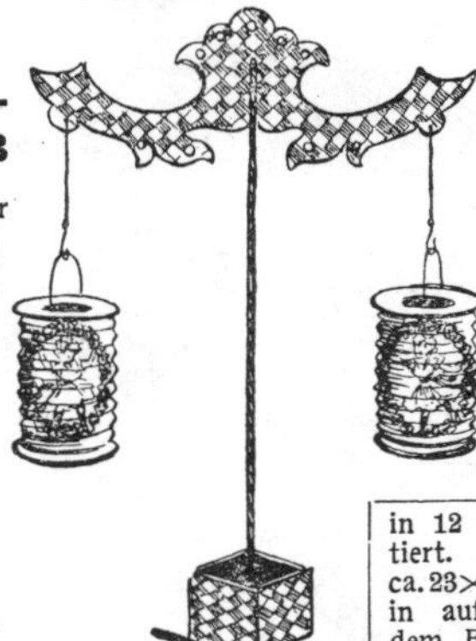

Neu!

Ulk-Flaggen in 12 Dessins sortiert. Flaggengröße ca. 23×29 cm in auffallendem Farbendruck, 2 seitig. 12 Vereine, wie z. B. Klub der Sonntagsreiter, Klub: Bis früh um fünfe, Verein der Süßholzraspler usw., alles auffallend karikiert. Die Ulk-Flaggen werden mit Stab und schwerem Fuß geliefert.

Nr. D/730. Dtzd. **Mk. 1.20.**

Ceresin-Kerzen, 1 Karton à 20 Stück **Mk. —.50.**

Eigenartig!

Miniatur-Tafel-Fackeln in bronzierten Drahtspiralen.

Höhe ca. 26 cm, mit Blechklammern für Kerzen.

D/725. Dtzd. **Mk. 2.80.**

Kerzen dazu 1 Karton à 20 Stück **Mk. —.50.**

Ein imponierender Tafelschmuck!

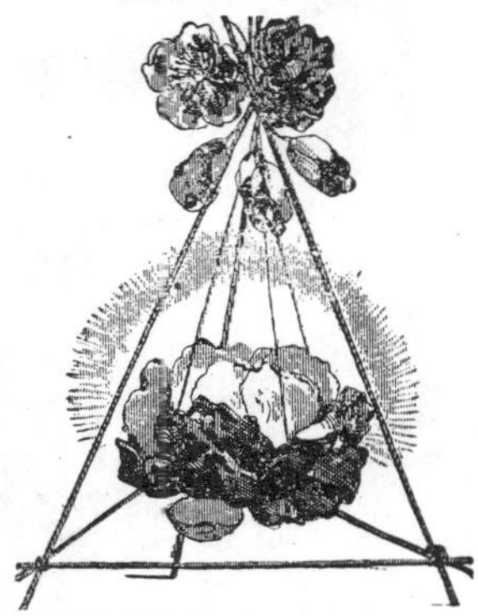

Glühende Tafelrosen

aus nicht entflammbarem Krepppapier mit Stofflaub in gewöhnlichem Tontopf; lieferbar in den Farben: rot, rosa und gelb.

In der Rosenblüte ist ein Blechnäpfchen mit Brennwachs befestigt, das angebrannt, die Rose erglühen macht. **Der Rosenstock ist ca. 40 cm hoch.**

Nr. D/724. Dtzd. **Mk. 5.60.**

Die **Einsatzlämpchen** allein Dtzd. **Mk. —.45.**

Deltaständer

mit glühendem Mohn, mit Blechnäpfchen, wie nebenstehend beschrieben. Der Ständer ist aus umwickeltem **Draht hergestellt,** die Mohnblüten aus Papier (nicht entflammbar); lieferbar in den Farben: rot, rosa und gelb.

Höhe ca. 38 cm.

Nr. D/726. Dtzd. **Mk. 5.—.**

Die **Einsatzlämpchen** allein Dtzd. **Mk. —.45.**

Biedermeier-Laternenbäumchen, zu erleuchten,

ein origineller Tafelschmuck. Die Laternen sind ca. 20 cm groß im Durchmesser; die Kübel sind aus Holz und Papier in Biedermeierart.

Ganze Höhe des Laternenständers ca. 65 cm. D/697.

Dtzd. **Mk. 3.50** oh. Kerzen.

Ceresin-Kerzen extra.

1 Karton à 20 St. **Mk. —.50**

Soeben Karton erhalten, alles sehr entsprechend. Kgl. Kurh. E. —r, Bad Kissingen.

Herz-Laternenständer

aus goldbronziertem Draht, ca. 42 cm hoch, für 1 Japanlaterne oder für 3 Japanlaternen geeignet; die Laternen sind ca. 14 cm lang.

1 Herz-Laternenständer D/727 leer **Mk. —.35.**

Japan-Laternen L/141 1 Dtzd **Mk. 1.70.**

Ceresin-Kerzen, 1 Karton à 30 Stück **Mk. —.50.**

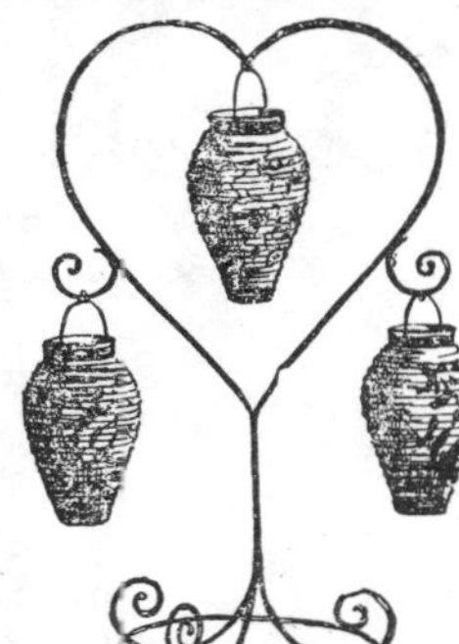

Papierfalten-Girlanden

zur Verbindung, wie abgebildet, grün, mit farbigen Blumen in Längen von ca. 1 m. Nr. D/698. Dtzd. Mk. **1.30.**

Glücksstreu auf Festtafeln.

Kleine (ca. 2 cm) **Vierblätter** (grün), **Hufeisen** (silber), **Herzen** (rot), **Sterne** (silber und gold) aus dünnem Karton geprägt.

Nr. 4084. **4 Schachteln à 250 Stück** von den 4 Dessins **Mk. 1.40.**

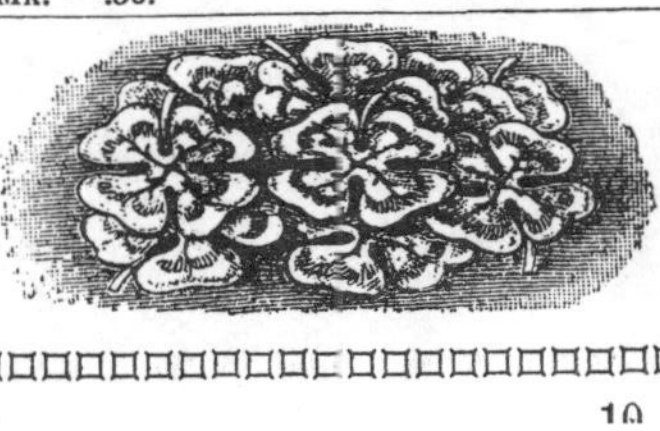

Originell!

Ferner: Tafelschmuck.

Biedermeier-Bäumchen

aus einem Seidenpapier-Blütenball geformt, ein- und zweifarbig in effektreichen Zusammenstellungen, in offenem Pappkübel mit Brandverzierung mit Stickwolle zusammengebunden. **Der Kübel wird mit Konfekt gefüllt. Reizender Tafelschmuck!** Der Name des Tischgastes wird auf den Kübel geschrieben. Höhe ca. 20 cm.

Nr. 6203. Dutzend Mk. **4.20.**

Prunusbaum P.

mit rosa Blüten aus Seidenpapier in gewöhnl. Tontopf mit Kreppapiermanschette, Höhe ca. 40 cm. Stück Mk. **—.60.**

Tafel-Pyramidenbäumchen,

ca. 23 cm hoch, aus grün. Seidenpapier in Wabenausführung. Der Kübel ist aus Karton; Kübel sowohl als der Baum lassen sich **ganz flach** zusammenlegen; für den Versand sehr vorteilhaft.

Nr. 6310.

Dutzend Mk. **1.25.**

Wimpel-Standarten mit Festons.

Vornehmer Tafelschmuck!

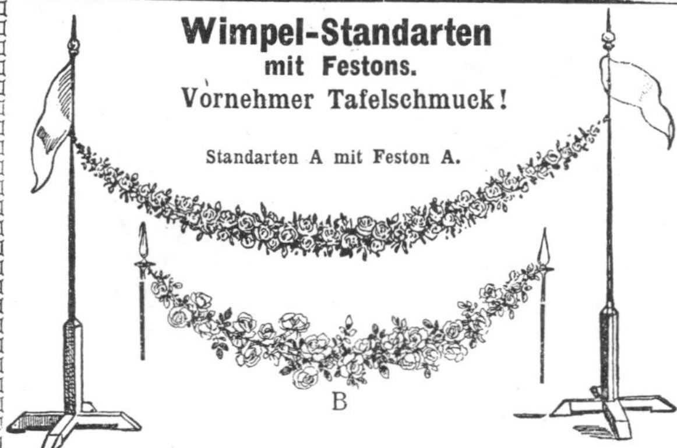

Standarten A mit Feston A.

B

Die Ständer sind mit Metallgold **bronziert** und ca. 66 cm hoch. Die Wimpel aus Atlas, in den Farben: rosa, weiß, gelb, rot, lila. **Die Standarten-Festons A** aus Seidenpapier-Blättern und Blüten, letztere in denselben Farben wie die Wimpel. Länge der Festons **ca.** 80 cm.

Die **Standarten A** kosten das Paar Mk. **1.40.**
Die **Festons A** „ „ Stück „ **—.60.**

Die **Standarten-Festons B** sind auch aus Seidenpapierblüten und Heckenrosenlaub, aber leichter gebunden wie A und kosten das Stück nur Mk. **—.45.**

Internationale Tischfahnen

aus Seide, ca. 17 cm lang, japanisches Fabrikat, mit schwarzem Stab. Nr. 6228 **sortiert.** Dtzd. Mk. **4.50.**

Goldbronzierte **Drahtgetelle** (wie Abbild.), ca. 11 cm hoch. Nr. 6228 a. Dtzd. Mk. **2.40.**

Die Fahnen waren auf der Tafel beim Kaiserdiner, das S. Kaiserl. Hoheit Erzherzog Eugen gegeben, aufgestellt u. haben überaus gut gefallen.
M. —s., Brizen.

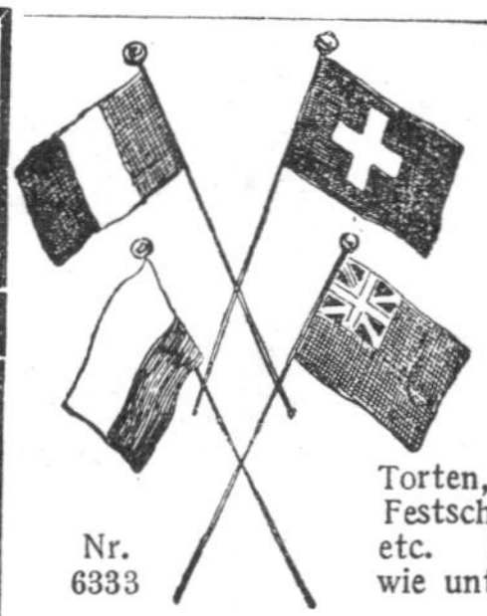

Nr. 6333

Neu! Miniatur-Fähnchen

aus Seide, ca. 4×5 cm, an Messingnadeln (ca 10 cm lang) zum aufstecken auf Weinflaschenkorke, auf Braten, Torten, auf Blumen-Arrangements usw. zum Festschmuck für Paneele, Spiegel, Bilderrahmen etc. Lieferbar in denselben Länderfarben wie unten Nr. 100.

Nr. 6333. Dutzend Mk. **—.95.**

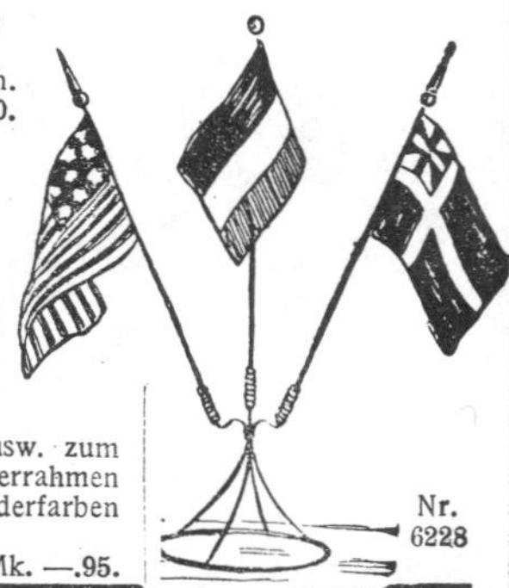

Nr. 6228

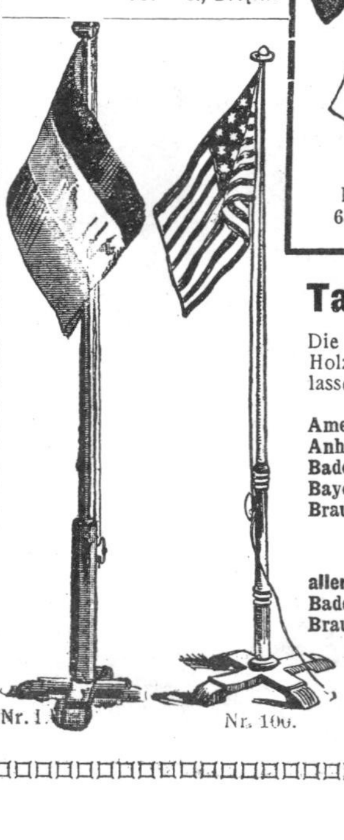

Nr. I Nr. 100.

Tafel-Festflaggen.

Eine imponierende Dekoration, die den festlich gedeckten Tisch prächtig belebt und dem ganzen Arrangement ein feierliches Gepräge gibt.

Die Fahnen sind aus Seide hergestellt, ca. 12½×21 cm groß; die Stange ist aus hartem Holz gedreht, eiche lackiert und wenig mit Gold verziert. Höhe ca. 57 cm. Die Fahnen lassen sich an einer Schnur, die durch einen Hornknopf läuft, auf und nieder ziehen.

Folgende Flaggen können geliefert werden:

Amerika	**Belgien**	**England**	**Holland**	**Oesterreich**	**Sachsen-Weimar**
Anhalt	**Deutschland**	**Elsaß**	**Italien**	**Oldenburg**	**Schleswig-Holstein**
Baden	National	**Frankreich**	**Lothringen**	**Preußen**	**Schweden**
Bayern	Kriegsflagge	**Hannover**	**Mecklenburg**	**Rußland**	**Schweiz**
Braunschweig	**Dänemark**	**Hessen**	**Norwegen**	**Sachsen**	**Württemberg**

Tafel-Festflaggen Nr. 100. Stück Mk. **1.60.** Dutzend Mk. **18.50.**

Ich führe noch eine andere Sorte **Tisch-Festflaggen** und zwar aus **schwerem Seidenrips allerbester Qualität,** ca. 15½×24 cm groß und die Stangen ca. 63 cm hoch, von folgenden Ländern:

Baden	**Deutschland**	**Hessen**	**Mecklen-**	**Norwegen**	**Oldenburg**	**Rußland**
Braunschweig	**Elsaß**	**Holland**	**burg**	**Oesterreich**	**Preußen**	**Sachsen**

Diese Tisch-Festflaggen Nr. I werden zu nebenstehendem enorm billigen Preise **ausverkauft.** } Stück Mk **1.20.** Dutzend Mk. **14.—.**

Wenn das gewünschte in dieser Nr. I nicht mehr am Lager ist, bitte ich mir im Voraus zu gestatten, Ersatz von **Nr. 100** zu senden.

Miniatur-Tannenbäumchen

als **Tafelschmuck** (für **Festlichkeiten** in den **Weihnachtswochen**) aus Stoff, der Natur täuschend nachgebildet und mit kleinen **Früchten,** goldenen Beeren und glitzernden **Eiszapfen und Lamettafäden** behängt. Auf das lack. Holzkübelchen, in welches die Tanne gepflanzt ist, kann der Name des Tischgastes geschrieben werden. Als

Puppen-Christbäumchen

erweckt dieses Bäumchen bei unseren lieben Kleinen große Freude. Höhe ca. 21 cm.
St. Mk. —.90, Dtzd. Mk 10.—
Mit Inschrift:
„Fröhliche Weihnachten",
ein sinniger Weihnachtsgruß.

In nettem Karton als Muster ohne Wert oder als Brief versendbar.

Flaschenkorke mit künstlichen Blumensträußchen

in 6 verschiedenen Ausführungen sortiert, ein höchst **origineller, reizender Tafelschmuck.**
Nr. 6037.
Dtzd. Mk. 2.70.

Nr. 5862.

Flaschenkorke

mit reizenden künstlichen **Weintrauben-Bouquetchen.**
Stück Mk. —.30,
Dutzend Mk. 3.50.

Nr. 1545. **Tafellieder - Silberfische**

aus Karton, fein geprägt, mit abnehmbarem Kopf. Länge ca. 17 cm.

Dutzend ohne Lieder, leer Mk. 1.25.

Tannenzweige

mit Glückspilzen en miniature; die Zweige werden legère auf die Festtafeln gelegt und geben denselben einen stimmungsvollen Charakter. Die Zweige sind ca. 26 cm lang.

Zweig Nr. **7** aus frischer Tanne, . . Dtzd. Mk. **2.—**
„ „ **6** „ **künstlicher** Tanne, . . „ „ **4.50**

Flaschen-Fähnchen.

Aus japan. Seide in den verschiedenst. Farben u. Nationalitäten.

Nr. 6199.
10 Stück
Mk. —.40.

Tafel-Püppchen mit Kreppapierkleidch., sehr niedlich zum Füllen und Aufstellen eingerichtet f. Konfekt oder Tafellieder. ca. 13 cm groß. Nr. 6028 leer Dtz. Mk. 2.75.

Neuheit! Hühnerköpfe, doppelt aus Karton, in Farbendruck prächtig ausgeführt, zum Überstülpen über Flaschen, Gläser, Eierbecher usw. und in, zu einem Nest geformte, Servietten zu setzen. **Sehr originell!** 3 Dessins, grau, gelb und schwarz. Größe ca. 13 cm. Nr. 6332. 10 Stück Mk. —.60.

Cigarren-Etuis,
Leinenimitation, grau.
Nr. 1573 a aus Karton geprägt, für 5 Cigarren, 100 Stück leer Mk. 17.—.
Dieselben können auch mit Widmung versehen werden in Gold- oder Schwarzdruck zum Selbstkostenpreis. Bei Hochzeiten und sonstigen festl. Gelegenheiten werden die Etuis gefüllt und neben die Herren-Kuverts gelegt oder später herumgereicht.

Harmlose Scherze

für die Tafel auf die Dessertschalen.

Nr.		Dutzend Mk.
2506	**Schmalzbrezeln**	1 35
2507	**Schmalzkräpfel**	1.25
2446	**Hörnchen**	1.30
2584	Kleines Gebäck als: **Brötchen, Brezeln, Hörnchen** usw. in 8 Sorten, glatt und mit Salz und Mohn bestreut.	1.30
2217	**Fondants** in kleinen Papierhülsen	1.20

Nr.		Dutzend Mk.
1993	**Pralinés** aus guter Schokolade	—.90
1995	**Nüsse, echte Naturschalen**	—.90
1992	**Knackmandeln, echte** Naturschalen	—.90
2214	**Imit. Äpfel, Birnen und Mandarinen,** sort.	1.50
2312	„ **Kirschen**	—.50
2313	„ **Erdbeeren**	1.—
2314	„ **Pflaumen**	1.—
2213	„ **Radies, Gurken und Rüben,** sortiert	75

☞ Obiges Konfekt etc. ist mit ganz verschiedenen Einlagen versehen, als: Glücksschweinchen, Spiegel, Salonbälle, Herzen, ☞ Schmetterlinge, Ansteckblumen etc. etc. Man ist riesig verblüfft, wenn man an Stelle der Mandel oder an Stelle von ☞ Crême u. dergl. Scherzeinlagen vorfindet.

Knallscherze als Tafelschmuck.

Enthaltend Scherzartikel.

Künstlicher Tannenzweig (ca. 21 cm lang) mit **Schneeball** mit **Eisflimmer** und **Schnee** bedeckt. Nr. K 719. Dutzend Mk. 5.50.

Knall-Flunder aus Gold-karton geprägt, ca. 9 cm lang, Nr. K 665, Dutzend Mk. 1.50.

Knall-Hase aus farbigem Karton geprägt, ca. $6^1/_2$ cm groß, Nr. K 666, Dutzend Mk. 1.35.

Knallsekt. Flasche aus Karton geprägt, Größe ca. $8^1/_2$ cm. Nr. K 611, Dutzend Mk. 2.50.

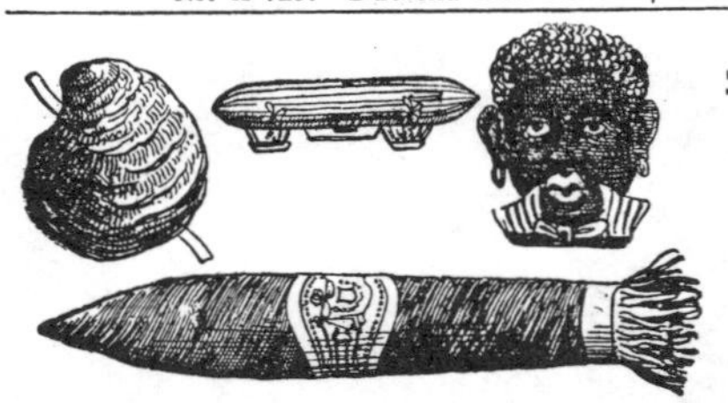

Muschel, silberfarb.-grün, aus Karton geprägt, ca. 7 cm groß. Nr. K 709, Dutzend Mk. 1.75.
Luftschiff Z. 2, aus Karton geprägt, ca. 10 cm lang. Nr. K 710, Dutzend Mk. 2.—.
Negerkopf, farbig, aus Karton geprägt, ca. 7 cm groß. Nr. K 711, Dutzend Mk. 3.—.
Riesen-Cigarre aus Karton, mit Gelatinefeuer, ca. 22 cm lang. Nr. K 712, Dutzend Mk. 3.25.

Knall-Schwein, aus Gold-Karton geprägt, ca. $5^1/_2$ cm lang. Nr. K 601, Dutzd. Mk. 1.50.

Knall-Apfelsine. Nr. K 613, Dutzd. Mk. 2.25.

Knall-Herz aus Karton geprägt, ca. $5^1/_2$ cm groß. Nr. K 602, Dutzend Mk. 1.40.

Knall-Nuß aus Karton geprägt, ca. 5 cm groß. Nr. K 603, Dutzend Mk. 1.40.

Hahnkopf, aus Karton geprägt, in den Farben gold und rot, ca. $7^1/_2$ cm groß. Nr. K 713, Dtz. Mk. 2.50.

Schneemann aus Watte mit Seidenpapier-Cylinder, ca. 11 cm groß. Nr. K 720, Dtz. Mk. 4.—.

Knall-Revolver aus Karton geprägt, Länge ca. $10^1/_2$ cm. Nr. K 612, Dutzend Mk. 3.25.

Dessert-Schokolade, täuschend imit., ca. $10^1/_2$ cm lang. Nr. K 715, Dtz. Mk. 1.50.

Schneemannattrappe aus Watte mit Eisflimmer für 6 Cigarren. Höhe ca. 24 cm (mit Hut). Nr. 1574, Dutzend Mk. 6.75.

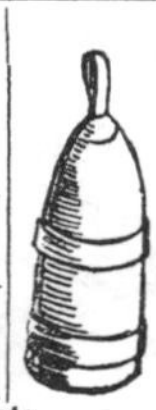

Knall-Granate aus Silber-Karton geprägt, ca. 6 cm groß. Nr. K 664, Dutzend Mk. 2.—.

Neu! Knall-Gurke aus Karton, plastisch geprägt, ca. 8 cm lang. Nr. K 751, Dutzend Mk. 1.50.

Doppel-Knallbonbons. Feingemustertes Kreppapier mit Seidenpapierfransen und Farbendruck-Relief; es sind immer 2 Knallbonbons zusammengebunden und diese 2 enthalten je **2 Scherzartikel,** einen für Herren und einen für Damen. Nr. K 732, Dutzend Mk. 4.—.

Tischkarten-Knallbonbons.

Mit farbig. Kreppapier, mit weißen Spitzen u. weißen Fransen, mit reizend. Buntdr.-Reliefs. Inhalt: Kopfbedeck. Nr. K 702, Dutzend Mk. 3.75.

Doppelkarte. **Luftschiff-Knallbonbons** aus Goldkarton mit Gelatinefransen mit Inhalt: Kopfbedeckungen. Nr. K 662, Dutzend Mk. 3.75.

Mit weißen Schneeballen mit Silberflitter, mit weißen Fransen, mit Naturmoos und mit humoristischen Reliefs. Inhalt: Kopfbedeckungen. Nr. K 701, Dutzend Mk. 3.75.

Knallbonbons aus Seidenpapier in 4 Farb. lieferb.: rosa, lila, maigr., gelb m. Blütenrelief mit **Miniaturpostkarte.** Inhalt: Kopfbedeckungen. Nr. K 733, Dutz. Mk. 3.75.

Neuheit! Breite Form mit farbigem Kreppapier mit durchbrochener Seidenschleife. Auflage: 1 Postkarte. Inhalt: 1 Fangkopf wie auf Seite 194 unter Nr. 2607 abgebildet. Nr. K 752, Dutzend Mk. 6.—.

Mit farbigem Kreppapier mit Flitterpunkten mit Reliefbild. Inhalt: Kopfbedeckungen. Nr. K 604, Dutzd. Mk. 4.50.

Ferner:

Knallbonbons

Das Neueste, was es gibt.

K 653 Seite 150

Das Neueste, was es gibt.

in den **neuesten** und **geschmackvollsten** Formen, Umhüllungen und Mustern **mit**

scherzhaften Einlagen

zu **Cotillongeschenken, Diners, Soupers, Maskenscherzen** und sonstigen geselligen Vergnügungen.

K 703 siehe unten — K 616 siehe unten — K 617 siehe unten

Auch zur Ausschmückung des Christbaumes sehr zu empfehlen!

Es werden auch halbe und viertel Dutzende abgegeben.

Die mit ★ bezeichneten Knallbonbons enthalten an Stelle der bisher üblichen Verschen **gediegene Sinnsprüche und goldene Worte.**

Große Neuheit! ☛ Die mit 2 ★★ bezeichneten Knallbonbons enthalten an Stelle der Verschen **kurzgefaßte, lachreizende, dezente** **Witze,** die dazu angetan sind, die Gäste schnell in eine **brillant - heitere** Stimmung zu versetzen. Wenn die Witze vorgelesen werden, so wird eine Lachsalve nach der anderen ertönen und das Fest zu einem urfidelen gestalten.

Inhalt	Umhüllung	№	Dutzd. ℳ	₰	Gros ℳ	₰
Kopfbedeckungen aus Seidenpapier für Herren oder Damen	gewöhnliche Form mit bunter Gelatine und Gold- und Silbersternen	K 102a	—	35	3	60
do.	gewöhnl. Form, farb. m. Gold bedruckt. Kanten	K 526	—	60	6	60
do.	gewöhnliche Form, weiß mit buntgewürfelten Kanten	K 138	—	70	8	—
do.	gewöhnl. Form, mit gewellten Fransen und Kinderpärchenrelief	K 527	1	—	11	—
do.	täuschend nachgeb. **Krebse** in natürl. Größe	K 140a	2	50	28	—
do.	imitierte Kohlköpfe, Gurken, Rettiche (Abbildung Seite 150)	K 374	2	—	22	—
do.	gewöhnliche Form, Kreppapier mit Blütendekor mit farbigen Fransen	K 437	1	50	16	50
do.	niedliche Kinderfiguren mit Seidenpapier-Kostümen, Höhe ca. 21 cm. (Abbildung oben)	K 616	4	50	51	—
do.	Max und Moritz mit Seidenpapier-Anzügen. Höhe ca. 21 cm. (Abbild. oben)	K 617	3	—	33	—
do.	gewöhnl. Form, Kreppapier mit Flimmer, Goldkarton-Tennisschläger mit Bällen	K 631	2	—	22	—
do.	gewöhnliche Form, weiß mit Seidenpapier-Fransen; Auflage: Stiefmütterchen aus Kreppapier und Stiefmütterchen-Reliefs mit Kinderköpfen	K 650	2	25	25	—
do.	gewöhnl. Form, weiß m. lang. gewellt. Seidenpapierfransen, Auflage: künstl. Tannenzweig mit Watteschneeball, weiß beflimm. u. mit weißer Schleife aus Gazeseidenband	K 688	4	50	51	—
do.	Hänsel und Gretel als Knallbonbonpuppen zum Aufstellen (Abbildung Seite 150)	K 699	3	75	43	—
do.	Autler u. Autlerin m. Seidenpapierkostümen, Höhe ca. 21 cm (Abbildung oben)	K 703	4	—	45	—
do.	gewöhnliche Form, Ripspapier zart geblümt mit farbigen Gelatinefransen	K 729	1	60	18	—
do.	gewöhnliche Form, Tulapapier, farbig mit Gelatine und gewellten Seidenpapierfransen. Auflage Kinderreliefs	** K 767	1	50	16	50
do.	Reizende Knaben und Mädchen als Knallbonbonpuppen, zum Aufstellen, mit Sport-Kostümen aus weißem Kreppapier mit Stäben, mit grünem Erikamoosbuschen	** K 768	4	—	45	—
Echt chinesische Kopfbedeckungen	gewöhnliche Form, chines. Kreppapier in feinen matten Farben u. China-Relief	* K 289	2	—	22	—
Kopfbedeckungen in Form von Tierköpfen	gewöhnliche Form mit karierten Kanten und Tierreliefs	K 103	1	20	13	—
Studentenmützen	gewöhnliche Form, weiß mit schwarz-weiß-rot. Seidenpapierfächer. — Auflage mit Flimmer mit Studenten-Reliefs	K 649	3	—	33	—
Japanmützen aus Seidenpapier	gewöhnliche Form, gemustertes Kreppapier mit Seidenpapierfransen u. Papierspitzen	* K 646	1	35	15	—
Musikinstrumente	gewöhnliche Form, mit Noten und Bild	K 173a	1	40	15	50
Schreckmäuschen, zum Anhängen	gewöhnliche Form, mit gemust. Gelatine und Goldfransen	* K 205	1	60	18	—
Maikäfer, zum Anhängen	gewöhnliche Form, Silber mit bunten Fransen und Kinderreliefs	* K 206	1	60	18	—
Liebesthermometer	gewöhnliche Form, hochfein, Gold- u. Silber-Enveloppe mit Reliefs	K 237	3	—	33	—
Japanische Salonbälle zum Aufblasen	gewöhnliche Form, aus echtem chinesischen Kreppapier mit China-Reliefs	* K 277	1	50	16	50
Fangbecher mit Ball	gewöhnliche Form, buntes Papier	* K 278	1	80	20	—
Luftschlangen	gewöhnl. Form, mit buntem Rand und kom. Reliefs	K 287	—	90	10	—
Sonnenschirme	gewöhnl. Form, Gold mit Gelatineauflage	* K 330	1	40	16	—
Nasen, zum Aufsetzen	gewöhnliche Form, goldbedrucktes Papier	* K 345	2	—	22	—
Lufttorpedos	gewöhnl. Form, m. bunt. Kant. u. Kinderreliefs	* K 362	1	85	21	—

> *Die Knallbonbons haben bei meinen Gästen wunderbar. Effekt gemacht, die Sachen waren aber auch zu nett.*
> *Frau O. —ch., Falkenberg i.O.-S.*

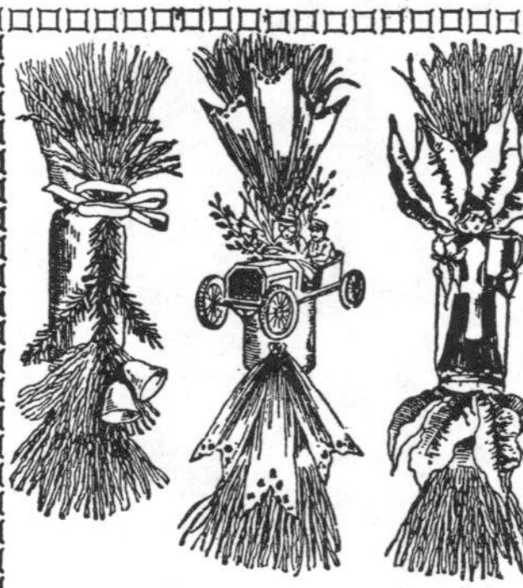

K 651 K 654 K 652

Seite 150 u. 151.

K 757 (Seite 152)

Ferner: Knallbonbons.

Das Neueste, was es gibt.

Es werden auch halbe und viertel Dutzende abgegeben.

K 374 (Seite 149)

K 722 (Seite 151) K 760 (Seite 152) K 597 (s. unten)

K 699 (Seite 149)

Inhalt	Umhüllung	№	Dutzd. ℳ	Dutzd. ₰	Gros ℳ	Gros ₰
Scherzschilder mit Nadeln mit diversen Inschriften z. B. „Ich suche eine Frau" usw.	gewöhnliche Form, buntes Kreppapier mit Papier- und Gelatinefransen und Goldzacken	K 380a	1	70	19	—
Japanische Ausziehfächer	gewöhnliche Form mit großen Chinesenreliefs mit aufgespanntem Schirm aus geblumtem Kreppapier	K 384	3	75	43	—
Japanische Küken, niedlich	gewöhnl. Form, m. Gold- u. Gelatineverzierung	*K 421	1	50	17	—
Im Dutzend 12 verschiedene Scherz-Gegenstände	bunte Seidenpapiertüten mit scherzhaften Kinder-Reliefs	K 424	2	50	28	—
Jap. Teespiele, sehr interessant	gewöhnl. Form, Figurenpapier mit Goldfransen	*K 462	2	10	23	50
Parfümfläschchen	Pantoffel a. Karton m. Kreppapier überzogen	K 479	3	40	37	50
Japanische Haar-Laternchen	gewöhnl. Form, geblumtes Papier mit Gold- u. Seidenpapierfransen, Vollmondrelief	*K 515	1	40	16	—
Cigarrenspitzen und Kopfbedeckungen	gewöhnl. Form, m. 2 Fähnchen u. origineller Auflage	K 522	4	—	45	—
Glückssymbole	gewöhnl. Form, Kreppapier m. Kleeblätt. bedruckt, Relief: Köpfchen mit Kleeblättern	K 532	1	35	15	—
Max und Moritz, originell, zum Aufblasen	gewöhnl. Form, beflimmerte Seidenpapierverzierungen, orig. Max u. Moritzreliefs mit Papierkrawatten	K 561	3	25	37	—
Sterbende Teufel, wie Seite 205 beschrieben	gewöhnl. Form, mit Kreppapier und Teufelrelief	K 581	2	50	28	—
Originelle Tierköpfe, Pilze usw. mit Kletten zum Anwerfen	gewöhnliche Form, Seidenpapier mit Gelatinefransen mit Kinderpärchenreliefs	K 585	2	65	29	50
Schulsortiment: Hefte, Federhalter usw.	gewöhnliche Form, Kreppapier mit Goldpapierauflage und Kinderrelief	K 594	3	75	43	—
Tennisschläger mit Bleistift	gewöhnl. Form, Seidenpapier mit beflimmerten Kreppapierschlingen, Silberkartonschläger u. Ball (Abbild. siehe oben)	K 597	4	—	45	—
Weintraubenbroschen	gewöhnl. Form, Goldpapier mit Fransen, Gelatine-Auflage und Papageirelief	*K 610	2	25	25	—
Verschiedene Scherzgegenstände	gewöhnl. Form, Seidenpapier rot, Auflage: Rotkäppchen-Relief, Röckchen und Schürzchen aus Kreppapier	K 621	3	75	43	—
Schwalben, zum Anstecken	gewöhnl. Form, mit Seidenpapierfransen, Kreppapier-Auflage mit Papierblütchen und Schwalbenrelief	K 624	3	75	43	—
Verschiedene Anhänger (Herz usw.)	gewöhnliche Form mit Seidenpapier- und Gelatine-Fransen, Auflage: Fächer aus chin. Seidenpapier und Damenrelief	K 626	4	—	45	—
Kleeblätter mit Glückskäfer zum Anstecken	gewöhnl. Form, Kreppapier m. Kleeblättern bedruckt mit Seidenpapier-Fransen	K 632	1	50	17	—
Gartengeräte aus Holz	gewöhnl. Form, Kreppapier mit Kinderrelief	*K 633	2	25	25	—
Japanische Mundharmonika	gewöhnliche Form, Seidenpapier mit Notenstreifen und Reliefs	*K 642	1	35	15	—
Japanische Hornkreisel	gewöhnliche Form, geblümtes Kreppapier m. Fransen und Papierspitze	*K 644	1	20	13	50
Japanische Bambusflöte	gewöhnliche Form, farbige Gelatine mit Seidenpapierfransen und Relief	*K 645	1	45	16	50
Originelle Zungenstrecker	gewöhnliche Form, geblümtes Kreppapier mit Goldabschluß und Seidenpapierfransen	*K 647	1	10	12	—
Japanische Klappfächer	gewöhnliche Form, geblümtes Kreppapier mit Goldabschluß und Seidenpapierfransen	*K 648	1	45	16	50
Tannenzweig mit Zapfen aus Metall, zum Anstecken	gewöhnl. Form, weiß mit gewellten Seidenpapierfransen und Flimmer, mit künstl. Tannenzweig mit Blattschleife u. beflimmerten Watteglöckchen (Abb. oben)	K 651	4	—	45	—
Nippes: Münchner Kindl	gewöhnliche Form, farbiges Seidenpapier mit gewellten Fransen, mit Blätterauflage aus grünem Seidenpapier und Münchner Kindl-Relief (Abbildung oben)	K 652	4	50	51	—
Japanische Masken, zum Aufblasen	gewöhnliche Form, weiß mit gewellten Seidenpapierfransen mit Auflage aus roten und hellblauen Seidenpapier-Pompons, beflimmertem Kreppapierreif u. Pierrot-Relief (Abbild. Seite 149)	K 653	3	30	36	50

Das Neueste, was es gibt. **Ferner: Knallbonbons.** **Das Neueste, was es gibt.**

Inhalt	Umhüllung	№	Dutzd. ℳ	₰	Gros ℳ	₰
Töff-Töff-Pfeife aus Pappe	gewöhnliche Form, farbiges Seidenpapier mit Fransen, Kreppapierenden beflimmert, Automobil aus Silberkarton geprägt, mit Naturblättern und Gräsern verziert (Abbildung Seite 150)	K 654	4	50	51	—
Kleine Kähne, zum Anhängen	gewöhnl. Form, weiß m. gew. Seidenpapierfransen, blau. Kreppapierenden, Rudern aus Karton geprägt und Matrosen-Relief	K 655	1	90	21	—
Schneebälle aus Watte	gewöhnliche Form, weiß mit Fransen, Seidenpapier-Pompons, Rodler aus Watte geformt auf Schlitten	K 658	6	50	73	—
Japanische Püppchen	gewöhnl. Form, farb. Seidenpaier mit Fransen, Papierspitzen-Auflage m. Bastbandschleifen u. Chromos, Kinder darstellend	K 660	3	75	43	—
Japan. Haarfächer	feine flache Form, aus farb. Kreppapier mit feinen Gazebandschleifen; Auflage: Damenbild (Chromo) im Rahmen	K 682	4	50	51	—
Geduldspiele und Kopfbedeckung	gewöhnl. Form, Auflage: geblümtes Seidenpapier fächerartig gelegt und Reliefs: Japanlaterne mit Japanerin und Blumen	K 683	4	—	45	—
Originelle Metallfiguren, zum Anstecken	gewöhnl. Form, frab. Seidenpapier mit langen Fransen und Rüschen aus geschnittenem Seidenpapier, Auflage: Damenkopfreliefs	K 686	4	—	45	—
Täubchen auf Herz und Pantoffel aus Porzellan	gewöhnl. Form, grünes Seidenpapier mit lang. Fransen, Aufl.: Herz a. farb. Chenilleblüten zusammenges., Gräser und weißes Täubchen	K 689	5	—	57	—
Wahrsagen	gewöhnl. Form, farbiges Seidenpapier mit gewellten Fransen, Kreppapierschlingen mit Goldflimmer und Amorettenreliefs	K 692	3	75	43	—
Portemonnaies	gewöhnl. Form, grünes Seidenpapier mit langen Fransen, Auflage: Kleeblattstrauß mit Glückspilzen, Agrostis und Bastschleife	K 693	4	50	51	—
Kegler-Embleme aus Metall, zum Anstecken	gewöhnl. Form, farb. Seidenpapier mit gewellten gold. Fransen, Auflage: Kegler-Embleme aus Karton in Goldprägung	K 694	2	25	25	—
Hampelmänner	gewöhnl. Form, farb. Seidenpapier mit gewellten Fransen und Goldborde, Auflage: Clownreliefs	K 695	1	90	21	—
Frosch-Kri-Kri	gewöhnl. Form, grün. Seidenpapier mit langen Fransen, Auflage: Frösche aus Watte, kostümiert	K 696	5	25	60	—
Sort.: Meteorballons, Japanbälle, Luftschiffanhänger	gewöhnl. Form, farb. Seidenpapier m. gewellt. Fransen, Bastschleifen, Silberverzierungen und Luftschiffrelief mit Blumen (Abbild. Seite 152)	K 697	3	30	36	50
Seidene Fähnchen	gewöhnl. Form, weiß. Seidenpapier m. gewellten Frans. Auflage: Matrosenkopf, Fahnen u. Rettungsring in blau mit Goldflimmer (Abb. Seite 152)	K 700	3	75	43	—
Sirenen	gewöhnl. Form, farbiges Kreppapier, Auflage: Musikantenrelief	K 708	1	20	13	50
Japanische Küken	gewöhnl. Form, gelbes Seidenpapier mit gewellten Fransen. Auflage: Seidenpapierblätter, Agrostis (Naturgräser) u. Hahnrelief mit bunten Naturfedern (Abbildung Seite 152)	K 718	4	50	51	—
Hampelmann, zum Anstecken	gewöhnl. Form, farbiges Seidenpapier mit gewellten Fransen, beflimmerter Kreppapier-Auflage und Clownrelief (Abbildung Seite 152)	K 721	5	—	57	—
Eskimo aus Porzellan	gewöhnl. Form, weißes Seidenpapier mit gewellten Fransen. Auflage: beflimmerte Seidenpapier-Pompons u. Gold- und Silber-Relief: Eskimo mit Flagge auf der Erdkugel. (Abbild. Seite 150)	K 722	6	—	68	—
Japanische Salonbälle, zum Aufblasen	gewöhnl. Form, farb. Seidenpapier mit gewellten Fransen, verz. mit Bastschleifen u. Papierblütchen, mit Damenreliefs (Abbild. Seite 152)	K 723	4	—	45	—
Maus mit Stimme	gewöhnl. Form, farbig. Seidenpapier m. gewellten Fransen, beflimmerter Kreppapier-Auflage und Hänsel und Gretel-Reliefs	K 724	4	50	51	—
Blumenfächer	gewöhnl. Form, farb. Seidenpapier mit langen Fransen, Papierspitzen-Auflage u. Bastschleifen, m. reizenden Damenkopfreliefs	K 725	3	30	36	50
Der blaue Anton. (Abbild. Seite 200)	gewöhnl. Form, farbiges Seidenpapier mit langen Fransen und beflimmerten Kreppapierschlingen und -Schleifen. Auflage: Kinderköpfe (Chromo) im Rahmen	K 726	3	75	43	—
Aeroplan, zum Anstecken	gewöhnl. Form, farbiges Seidenpapier mit langen Fransen u. Kreppapierschlingen. Auflage: Naturgräser (Agrostis) u. Natur-Seemoos mit Aeroplan aus Goldkarton	K 727	3	75	43	—
Zauber-Photographie	gewöhnliche Form, geblümtes Kreppapier mit Gelatinefransen	K 728	1	35	15	—
Eau de Colognefläschchen	gewöhnl. Form, farb. Seidenpapier m. gewellten Fransen, Rosenblütenblättern, Seidenpapierschleife mit Goldstern und Rosenrelief	K 730	3	30	36	50
Luftschiffanhänger	gewöhnliche Form, weißes Seidenpapier mit Fransen. Auflage: Zeppelin-Relief auf schwarz-weiß-rotem Kreppapier	K 731	2	—	22	—
2 Verlobungsringe	gewöhnl. Form, farb. Seidenpapier m. gewellt. Fransen und Täubchenrelief mit Amorette	K 736	2	50	28	—
Japanischer Haarschmuck	gewöhnliche Form, geblümtes Kreppapier m. farbigem Gelatineabschluß	*K 741	1	60	18	—

K 721 (Seite 151) K 723 (Seite 151) K 718 (Seite 151)

Die Cotillongegenstände sind wieder ganz prachtvoll ausgefallen.
Frau Kommerzienrat —l, Leipzig.

K 697 (Seite 151)

K 758 (s. unten)

K 753 (s. unten) K 700 (S. 151)

Inhalt	Umhüllung	№	Dutzd. ℳ	Dutzd. ₰	Gros ℳ	Gros ₰
Cigarettenfächer (japanisches Fabrikat)	gewöhnliche Form, Gelatine, farbig mit gewellten Seidenpapierfransen und Relief	*K 742	2	—	22	—
Japanische Bambusflöte mit Kette	gewöhnliche Form, farbiges Kreppapier mit gewellten Fransen und Relief	*K 743	1	25	14	—
Japanische Papierschlange, zum Aufblasen	gewöhnl. Form, farb. Kugelpapier m. Gelatinefransen und Goldzacken und Relief	*K 744	1	70	19	—
Japanischer Harmonikaquietscher	gewöhnliche Form, geblümtes Kreppapier m. Gelatineabschluß u. gewellten Seidenpapierfransen	*K 745	1	50	17	—
Cigarren mit Musik	gewöhnl. Form, geblümtes Papier mit gewellten Fransen u. Goldzacken, mit Kinderreliefs	*K 746	1	25	14	—
Glasmonocle mit Rand	gewöhnliche Form, maigrünes Seidenpapier mit gewellten Fransen. Auflage: Herrenköpfe mit Cylinder und 3 rote Herzen. Abbildung oben	**K 753	4	—	45	—
Kleine Katzen, zum Anhängen	gewöhnliche Form, rotes Seidenpapier mit Fransen u. roten Bastschleifen mit Goldsternchen. Auflage: Katzen aus schwarzem Samt mit rotem Halsband	**K 754	5	—	57	—
Kater, beweglich, zum Anstecken	gewöhnliche Form, goldgelbes Seidenpapier mit gewellten Fransen und Schleifen aus Seidenpapier mit Goldsternchen. Auflage: Kater aus schwarzem Karton geprägt. **Sehr originell!**	**K 755	4	50	51	—
Frage und Antwort und 12 verschiedene Scherzgegenstände	**Doppel-Knallbonbons,** feines geblümtes Kreppapier, ausgefranst und mit langen farbigen Gelatinefransen umlegt; es sind immer 2 Knallbonbons zusammengebunden	K 756	2	25	25	—
Verschiedene Scherzgegenstände	Schneemann aus Watte, mit Glimmer, zum Aufstellen (Abbildung Seite 150)	**K 757	3	—	33	—
do.	gewöhnliche Form, farbiges Seidenpapier mit gewellten Fransen. Auflage: Staffelei mit Rokokobild in Goldrahmen und Gräser. Als Tischkarte verwendbar. (Abbildung oben)	**K 758	3	30	36	50
Radläufer	gewöhnliche Form, farbiges Seidenpapier mit gewellten Fransen und geprägten Goldkanten mit Dienstmannkopfrelief	**K 759	3	—	33	—
Verschiedene Scherzgegenstände	Schirmchen aus geblümten Kreppapier mit farbigen Seidenpapierspitzen. (Abbildung Seite 150)	**K 760	3	—	33	—
Japanisches Sortiment und Kopfbedeckungen	gewöhnliche Form, jap. Kreppapier, ausgezackt, mit weißen gewellten Fransen. Auflage: Lampionreliefs mit Japanerinköpfen	**K 761	2	—	22	—
Musikinstrumente und Kopfbedeckungen	gewöhnliche Form, farbiges Seidenpapier mit Notenstreifen und Fransen. Auflage: Harlekinköpfe	**K 762	1	50	16	50
2 Seidenfähnchen, japanisches Fabrikat	gewöhnliche Form, Fantasiepapier mit goldenen und weißen Fransen	**K 763	1	60	18	—
Japanische Figürchen, zum Aufstellen	gewöhnliche Form, Tulapapier in farbig mit Seidenpapierfranzen	**K 764	1	60	18	—
Japanisches Fächerspiel	gewöhnliche Form, gemustertes Pergamyin-Papier mit gewellten Seidenpapierfransen	**K 765	1	35	15	—
Japanische Klapper	gewöhnliche Form, farbiges Glanzpapier mit Gold bedruckt, mit Gelatine-Abschluß und gewellten weißen Papierfransen	**K 766	1	20	13	20
☛ **Mandeln mit Schokolade**	einfach gemustertes Papier } Gewöhnliche Form.	K 221	—	60	6	75
☛ **do.**	feinere verschiedene Dessins } Gewöhnliche Form.	K 222	1	—	11	—
☛ **Pralines**	hochfeine verschied. Dessins } Gewöhnliche Form.	K 222a	2	—	22	—
	Miniatur-Knallbonbons.					
Kleine Scherzartikel	gewöhnliche Form, **ca. 10 cm lang,** aus farbigem Seidenpapier, Kreppapier und Gelatine in 6 Dessins sortiert	K 735	1	—	11	—
do.	gewöhnliche Form, **ca. 9 cm lang,** aus farbigem Seidenpapier (jede Farbe **dutzendweise** mit Schleif. u. künstl. Blumen **zusammengebunden**)	K 546	1	10	12	—

Hülsen-Knallbonbons.

Gold und Silber mit Gelatine mit leerer Kartonhülse. Hülsenlänge ca. 5½ cm, Durchmesser ca. 3 cm.
Zum Selbstfüllen. Nr. K 667. Dutzend Mk. —.90.

Ferner: **Knallbonbons-Sortimente:**

Sehr zu empfehlen!

Überall beliebt sind meine auf das Allersorgfältigste ausgewählten

Knallbonbons-Sortimente.

Inhalt	Umhüllung	№	Dutzd. ℳ	Dutzd. ₰	Gros ℳ	Gros ₰
		Sortiment				
Kopfbedeckungen	einfach ausgestattet	KP	—	60	6	75
do.	in Biedermeierart	KJ	2	—	22	—
Musikinstrumente	einfach ausgestattet	KM	—	80	9	25
do.	verschieden ausgestattet	KH	1	35	15	—
Verschied. Japanartikel u. Kopfbedeckungen	verschieden ausgestattet	KN	2	40	27	—
Verschiedene Kautschuksachen zum Aufblasen	verschieden ausgestattet	KK	3	25	37	—
Verschiedene dezente Hochzeitsscherze	einfach ausgestattet mit Myrtenreliefs	KO	2	40	27	—
Verschiedene Hochzeitsscherze wie: Pantoffel, Trauring, Kochlöffel usw.	weiß mit künstlicher Myrte u. Myrtenreliefs	KL	4	—	44	—

Uni-Sortimente:

Umhüllung: **rosa, lila, maigrün** oder **gelb.**
Inhalt: Verschiedene **Scherzartikel.**

Nr.	KS	KG	KD	KE	KF
Dtzd. Mk.	1.25	1.50	2.—	3.—	4.—
Gros „	14.—	17.—	22.—	33.—	44.—

Nr. KR. Wie oben, aber Inhalt: **Musikinstrumente.**
Dutzend Mk. **1.75,** Gros Mk. **19.50.**

Umhüllung:

Gold mit roter Gelatine:

Inhalt: **Scherzartikel.**
Nr. GK 101
Dutzend Mk. **2.—,** Gros Mk. **22.—.**

Sortiment Nr. KAA.

Aus den verschiedensten Klassen zusammengestellt.		Nr.	KAIV.	KAIII.	KAII.	KA.	KAA.	KB.	KC.
	Dutzend	Mk.	—.80	1.—	1.50	2.—	3.—	4.—	5.—
	Gros	„	9.—	11.—	16.50	22.—	33.—	44.—	55.—

Neueste Knallbonbons-Ständer.

Neu! Der Knallbonbons-Strauß besteht aus 12 Knallbonbons mit Stoffblütenauflage, die an einem Stab befestigt sind; die Knallbonbons sind mit Naturgräsern durchstellt und werden von einer Spitzenmanschette umhüllt, unten schließt den Strauß eine große Kreppapierschleife ab.
Bei Tafel geht ein Herr herum und läßt die Gäste aus dem „Knallbonbons-Strauß" unter Knalleffekt je ein oder mehrere Bonbons ziehen. Die letzteren enthalten Scherzgegenstände. Der Strauß ist ca. 48 cm lang. Lieferbar in **rosa, lila, maigrün und gelb. Nr. K 747. Stück Mk. 2.50.**

Neu! Venetianische Knallbonbons-Gondel — gesetzlich geschützt — mit 12 kleinen Knallbonbons, enthaltend: Scherzsachen. Die Gondel ist aus Karton hergestellt und mit Chenilleröschen geschmückt. Länge ca. 30 cm. Lieferbar **in rosa, lila, maigrün und gelb. Nr. K 749. Stück Mk. 3.—.**

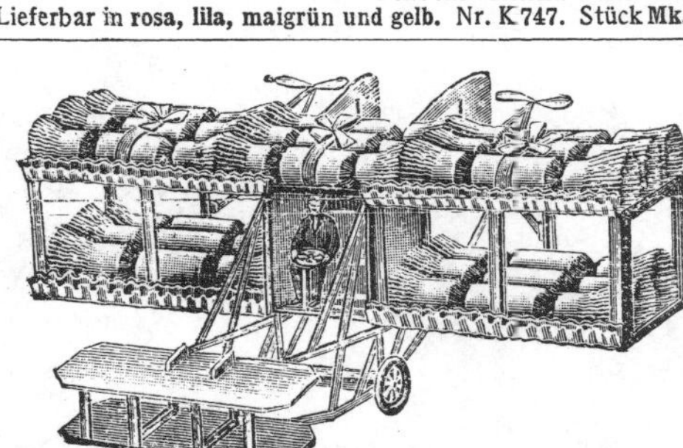

Neu! Knallbonbons-Aeroplan — gesetzlich geschützt — mit **15 Knallbonbons. Inhalt:** Scherzgegenstände. Der Aeroplan ist aus Karton gefertigt und ca. 38 cm lang. Lieferbar in **rosa, lila, maigrün und gelb. Nr. K 748. Stück Mk. 4.—.**

Neueste Knallbonbons-Ständer.

Hoch originell!

Knallbonbons-Damen.

Niedliche Puppen in großer Toilette aus farbigem Krepp- und Seidenpapier mit Hüten und anderem Kopfschmuck, mit **reizenden Porzellanköpfchen** mit Flachshaar. Die Damen umhüllen mit ihren Gewändern à 12 Knallbonbons aus Gold- und Silberpapier mit Gelatine. Inhalt: Kopfbedeckungen.

Die Knallbonbons-Damen werden geliefert in 6 Dessins:

Nr. K 716/1. Damen mit Feststab.
„ K 716/2. „ „ Boa.
„ K 716/3. „ „ Biedermeierhut.
„ K 716/4. „ „ Pelz.
„ K 716/5. „ aus Japan, mit weiß und farbigen Kimono, mit farbigen Chrysanthemumblumen im Haar.
„ K 716/6. Weihnachtsengel ganz in weiß mit Stern als Kopfschmuck und mit Flügeln.

Die Damen sind ca. 35 cm groß und haben sämtlich den gleichen Preis.
1 Dame mit 12 Knallbonbons Mk. 3.—.

Neu! Ges. geschützt.

Knallbonbons-Eskimohütte

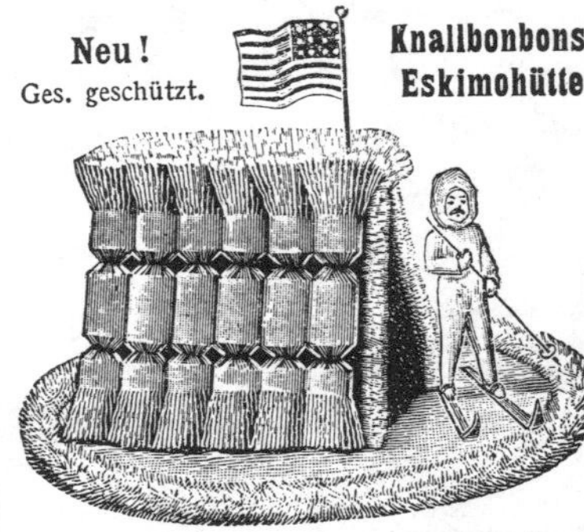

aus 12 weißen Knallbonbons mit Seidenflagge; vor der Hütte steht ein Eskimo (aus Watte) mit Skis; der Boden ist aus Karton hergestellt, mit weißem Kreppapier überzogen und weißer Seidenpapier-Bordüre; die Hütte ist ca. 15 cm hoch; die Knallbonbons enthalten 12 verschiedene Scherzartikel.

Nr. K 739. Stück Mk. 2.40.

Knallbonbons-Rodelbahn

aus weißem Krepp- und Seidenpapier

mit Naturmoos mit Rodler; mit 6 Knallbonbons, enthaltend: Scherzartikel.
Länge der Rodelbahn ca. 21 cm.

Nr. K 677. Stück Mk. 2.20.

Gesetzlich geschützt.

Neu! **Knallbonbons-Güterwagen**

Knallbonbons-Lokomotive

aus Karton mit Kreppapier überzogen (4 Farben sind lieferbar: rosa, lila, maigrün, gelb) mit 12 Knallbonbons, enthaltend 12 verschiedene Scherzartikel. Länge der Lokomotive ca. 23 cm.

Nr. K 738. Stück Mk. 2.60.

mit 12 Knallbonbons, enthaltend 12 verschiedene Scherzartikel. Ausführung wie nebenstehend und auch in 4 Farben; die Wagen können an die Lokomotive angehängt und auch unter sich leicht zusammengehängt werden. Länge ca. 15 cm.

Nr. K 737. Stück Mk. 2.20.

Knallbonbons-Skibahn

wie Nr. K 677, nur an Stelle des Rodlers ein Skiläufer.

Nr. K 676. Stück Mk. 2.20.

Neu! **Knallbonbons-Rose**

aus Glas mit Einsatzlämpchen mit Wachskompositionsfüllung mit 12 kleinen Knallbonbons aus Gelatine mit Scherzeinlagen. Die Knallbonbons und die Rose sind auf einem Tablett aus Karton (mit Kreppapier überzogen) befestigt. Dies Arrangement wird nur in rot geliefert.

Höhe der Rose ca. 15 cm.

Nr. K 740.

Stück Mk. 3.—.

Knallbonbons-Auto

aus Karton mit farbigem Kreppapier, mit **Herr** oder mit Dame, mit 12 Knallbonbons, enthaltend; Scherzartikel.
Lieferbar in den Farben rosa, lila, maigrün, **gelb**. Länge ca. 24 cm.

Nr. K 678. Stück Mk. 3.—.

Knallbonbons-Ständer.

Knallbonbons-Schiff
aus goldbronziertem Draht, ca. 60 cm hoch, für ca. 4 Dutzend Knallbonbons. Stück leer Mk. 3.—.

Fontainen-Knallbonbons
in Tütenform aus Goldpapier mit **Gelatinebusch** in prachtvollen Farben: rot, rosa, grün, lila und gelb. Inhalt: Scherzgegenstände. Nr. K/734. Dtzd. Mk. **2.50.**

Auf nebenst. **Ständer** aus goldbronziertem Draht aufgesteckt, bilden diese Fontainen-Knallbonbons eine **effektvolle Tafelzierde.** Höhe des Ständers ca. 50 cm. Der Ständer kostet extra Mk. **1.50.**

Die Knallbonbons etc. gefallen uns sehr gut. Frau Maj. v.—e. Meiningen.

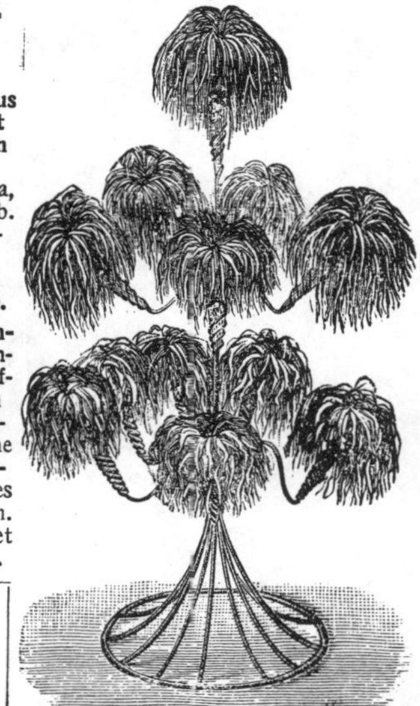

Knallbonbons-Pyramide
aus goldbronziertem Draht, ca. 43 cm hoch, für ca. 3 Dtzd. **Knallbonbons** eingerichtet. . . . . . Leer Stück **Mk. 1.50**

Knallbonbons-Karre
aus goldbronziertem Draht, ca. 57 cm lang, für ca. 3 Dutzend Knallbonbons . . . . Leer Stück **Mk. 1.50**

Automobil für Knallbonbons

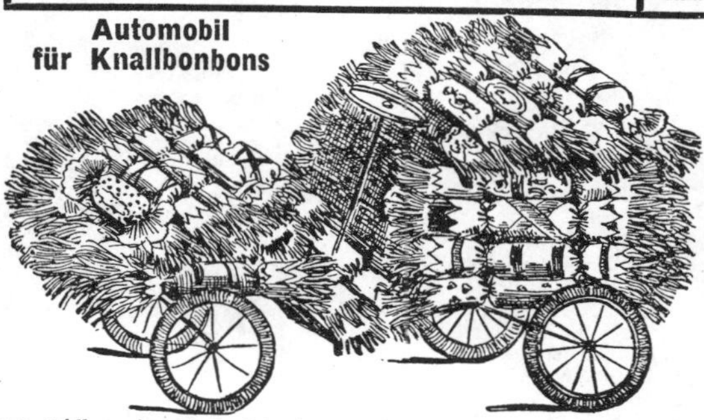

aus goldbronziertem Draht mit Gummirädern. Länge ca. 42 cm für ca. 3 Dutzend Knallbonbons . . . . Stück leer Mk. 3.50

Die Sendung Knallbonbons ist sehr nett ausgefallen. Elis. —n, geb. v. F., Lindenhaus.

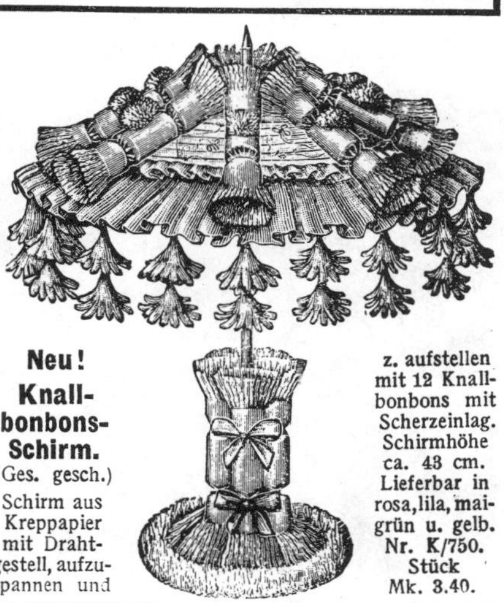

Neu! Knallbonbons-Schirm. (Ges. gesch.)
Schirm aus Kreppapier mit Drahtgestell, aufzuspannen und z. aufstellen mit 12 Knallbonbons mit Scherzeinlag. Schirmhöhe ca. 43 cm. Lieferbar in rosa, lila, maigrün u. gelb. Nr. K/750. Stück Mk. 3.40.

Knallbonbons-Schaukel
aus farbigem Seiden- und Kreppapier mit Blüten und Moos verziert, mit 6 Knallbonbons an Seidenbändern mit Porzellan-Amorette. Inhalt der Knallbonbons: 6 verschiedene Scherzartikel. — **Ein allerliebster Tafelschmuck.** — Schaukelhöhe ca. 24 cm. Lieferbar in rosa, lila, maigrün, gelb.
Nr. K/669. Stück Mk. **2.50.**

Knallbonbons-Doppelleiter.
Die 12 Knallbonbons sind verschieden lang und mit Seidenband an die Leiter gebunden, die Spitze ist mit Kreppapierschleifen und mit Blüten verziert. Inhalt 12 verschiedene Sorten Scherzgegenstände. Höhe ca. 31 cm. Lieferbar in rosa, lila, maigrün und gelb.
Nr. K/606. Stück Mk. **3.75.**

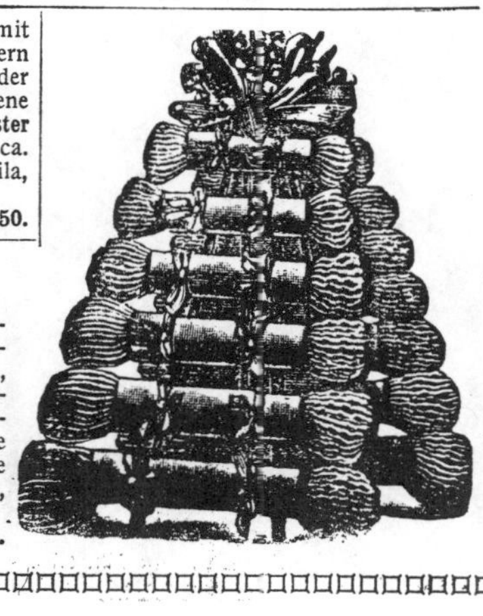

Knallbonbons-Ständer.

Ich bin mit Ihrer Sendung außerordentlich zufrieden gewesen. Die Knallbonbons fanden ungeteilten Beifall.

Oekonom R.—ck, Altmünsterberg.

Knallrosenbaum.

Ein **Rosenhochstamm** mit 18 Stück **Krepppapier-Knallrosen**, die in Drahtspiralen stecken und leicht herauszunehmen sind.

Die Knallrosen enthalten: Scherzartikel **und** Kopfbedeckungen sortiert.

Der Stamm steckt in einem braunglasierten **Tontopf.** Höhe des Rosenstocks ca. **64** cm.

Die Rosenblumen sind lieferbar in rot, rosa und gelb.

Knallrosenbaum Nr. K 674. St. **Mk. 3.75.**

Die Rosen einzeln

Nr. K 674a. Dtzd. **Mk. 1.50.**

Nett und reizend wurden die niedlichen Knallbonbons-Arrangements gefunden und war ich mit der Sendung sehr zufrieden.

Naumburg, 21. 2. 11. Frau C —r.

Knallbonbons-Gondel

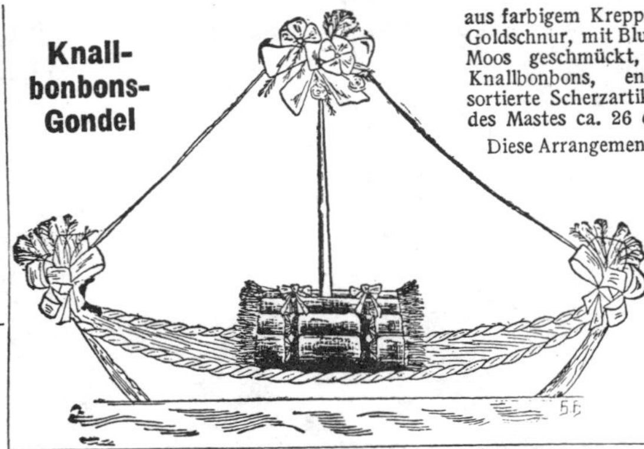

aus farbigem Kreppapier mit Goldschnur, mit Blumen und Moos geschmückt, mit 12 Knallbonbons, enthaltend: sortierte Scherzartikel. Höhe des Mastes ca. 26 cm.

Diese Arrangements werden ganz in lila, rosa, maigrün oder gelb geliefert.

Nr. K 679.

Stück Mk. **2.50.**

Knallbonbons-Korb

aus 12 Knallbonbons geformt mit Kreppapierhenkel, Schleife und Rose. Inhalt der Knallbonbons: 12 verschiedene Scherzartikel. Körbchenhöhe mit der Henkelschleife gemessen ca. 32 cm; lieferbar in den Farben rosa, lila, maigrün, gelb. Nr. K 672. St. **Mk. 3.60.**

Knallbonbonspilz mit Gnom aus Krepp- u. Seidenpapier in hellgrün und rot mit 6 Knallbonbons, enthaltend Scherzartikel. Pilzhöhe ohne Gnom gemessen ca. 12 cm. Nr. K 675. Stück **Mk. 1.10.**

Knallbonbons-Bündel.

12 Stück Miniatur-Knallb. Länge ca. 11—13 cm) übereinandergeschichtet u. mit Seidenband zusammengebunden; die Knallb. sind aus Silberpapier hergestellt und ganz mit Gelatine überzogen. Inhalt: Scherzart. Nr. K 668. St. Mk. 1.—

Knallbonbons-Körbchen.

6 Knallbonbons sind übereinandergelegt zusammengebunden, mit einem **blütenberankten** Henkel versehen, wodurch ein Körbchen geschaffen, wie Abbild. Die Knallbonbons-Körbchen werden in rosa, lila, maigrün und gelb geliefert. 1 St.

Nr. K 607 A enthält **Kopfbedeckungen** Mk. **1.30.**
1 St. Nr. K 607 B enthält **diverse Scherzsachen** Mk. **1.50.**

Die Kotillonartikel und Knallbonbonarrangements haben hier ungeteilten Beifall gefunden. Die Lieferung war pünktlich, die Gegenstände sehr geschmackvoll und originell, dabei außerordentlich preiswert. Rastatt, 8. 1. 11. G—r, Hauptmann u. Komp.-Chef.

Knallbonbons-Rodelschlitten

aus Kreppapierkarton mit 6 Knallbonbons. Inhalt: 6 verschiedene Scherzartikel. Schlittenlänge ca. 18 cm. Der Schlittenlenker ist aus Watte geformt. Lieferbar in den Farben rosa, lila, maigrün, gelb.

Nr. K 671. Stück **Mk. 1.75.**

Kinder-Knallbonbons.

Länge ca. 14 cm, dutzendweise in feinen Glacékartons mit entsprechendem Buntdruckbild.

Nr. K 704.
Gold- und Silberpapier mit Reliefs; Inhalt: Kopfbedeckungen Dtzd. **Mk. —.75.**

Nr. K 705.
Farbige Gelatine mit Reliefs; Inhalt: 12 versch. Scherzgegenstände. Dtz. **Mk. —.90.**

Nr. K 706.
Farbiges Seidenpapier mit Reliefs; Inhalt: Gesichtsmasken. Dtzd. **Mk. 1.—.**

Nr. K 707.
Gemustertes Glanzpapier mit Reliefs; Inhalt: 12 verschied. Scherzgegenstände. Dtzd. **Mk. —.75.**

Attrappen zum Füllen mit Blumen, Konfekt und Geschenken u. zum Verbergen v. Tafelliedern.

Nr. 1565.

Nr. 1541.

Kleine Sektflaschen-Attrappen aus Holz mit Stimme; in der Höhlung kann ein **Tafellied** Aufnahme finden.
Nr. 2311.
Dtzd. Mk. **1.50.**

Ich bin mit Ihrer schönen sorgfältigen Sendung sehr zufrieden.
Frau Direktor —r. Gustavseck.

Nr. 1554.

Nr. 1543.

Nr. 1524. **Schneemann** aus Watte mit Eisflimmer, mit Rute und mit Laterne, mit Hut gemessen ca. 10 cm groß, Dtz. Mk. **2.50.**

Nr. 1518 **Cigarre** (Länge ca. 11 ½ cm) Dutzend Mk. **1.30.**
„ 1541 **Postpaket** (ca. 10 ½ cm) mit Adresse Dutzend Mk. **3.50.**

Nr. 1543. **Pantoffel,** silbern, mit Atlasbeutel (Länge ca. 15 cm). Dutzend Mk. 5.—.

Nr.		Dtz. Mk.
1566	**Matrosenmütze** . . . ca. 10 cm. Deckeldurchm.	3.25
1556	**Postmütze** . . . . „ 10 „ „	3.25
1558	**Eisenbahnmütze, rot** . „ 10 „ „	3.25
1565	**Schachtel,** farbig, rund, oval und viereckig, mit Holländer Bild . . . (ca. 7 ½ cm Deckeldurchm.)	2.10

Nr.		Dtzd. Mk.
1554	**Schachtel,** Hufeisenform, mit Bild (Deckel ca. 9 × 11 ½ cm)	2.60
1569	**Bilderrolle** (ca. 15 ½ cm lang)	2.25

Nr. 5892. **Plakatsäulen** aus Karton, **niedlich,** mit **Buntdruck-Plakaten** mit sehr humorvollen, lachreizenden Texten. Höhe ca. 10 cm . . . . Stück Mk. —.35, Dutzend Mk. 4.—

Cotillon-, Ball- und Theater-Fächer,

Reizende Neuheiten! **auch als Wandschmuck sehr effektvoll!** **Das Modernste!**

Papierfächer, deutsches Fabrikat, zum zusammenfalten.

Neu!

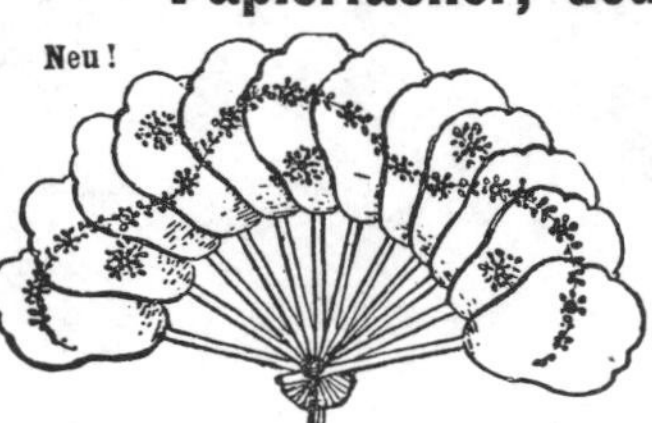

Niedlicher Fächer mit weißem Holzgestell und weißem Kreppapier mit farbiger Ranke mit glitzernden Metallpunkten (entfaltet ca. 29 cm).
Nr. F. 506.
Stück Mk. —.35,
Dutzend „ 3.75.

Neu!

Weißgestrichenes Holzgestell mit weißem Kreppapier mit farbigen Blütenballen mit grünen Blättern, die mit Gold erhaben umrandet und geadert sind (entfaltet ca. 37 cm)
Nr. F. 508. Stück Mk. —.55, Dutzend Mk. 6.—.

Neu!

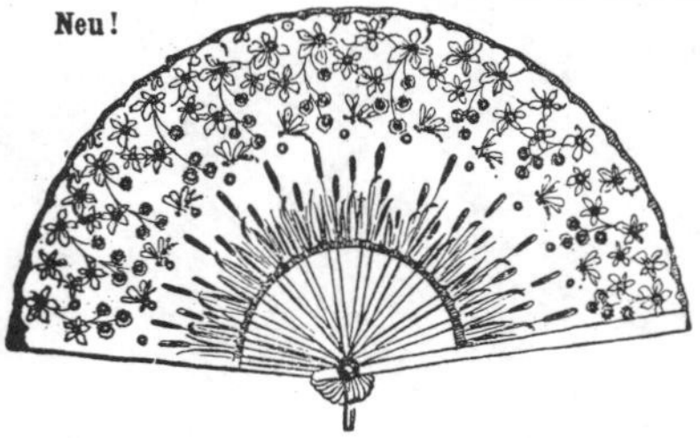

Weißgestrich. Holzgestell mit Satinpapier mit reichem Goldbronzedruck und schillernden Metallsternchen (entfaltet ca. 38 cm).
Nr. F. 507.
Stück Mk. —.60,
Dtzd. „ 6.50.

Neu!

Braunes Holzgestell mit dunkelgrünen Stengeln mit großen lila Blüten — Handmalerei — (entfaltet ca. 31 cm).
Nr. F 509.
Stück Mk. —.80,
Dutzend „ 9.—.

Ich spreche Ihnen großen Dank für die so schöne als prompte Übersendung der bestellten Gegenstände aus.
Frau Hofrat —n., München.

Vielen Dank für die prompte Zusendung, die Sachen sind sehr hübsch. Fr. Oberlandgerichtsrat H.—l., Hamm i. Westf.

Neu! **Hochoriginell!**
Figurenfächer, japanisches Fabrikat.

Braunpoliertes Gestell mit Silberdruck, das 17 Japanfräulein in Farbendruck trägt (entfaltet ca. 40 cm).
Nr. F. 510. Stück Mk. —.45, Dutzend Mk 5.—.

Ferner Japanfächer Seite 163.

Ferner:

Papier-Fächer, deutsches Fabrikat, zum Zusammenfalten.

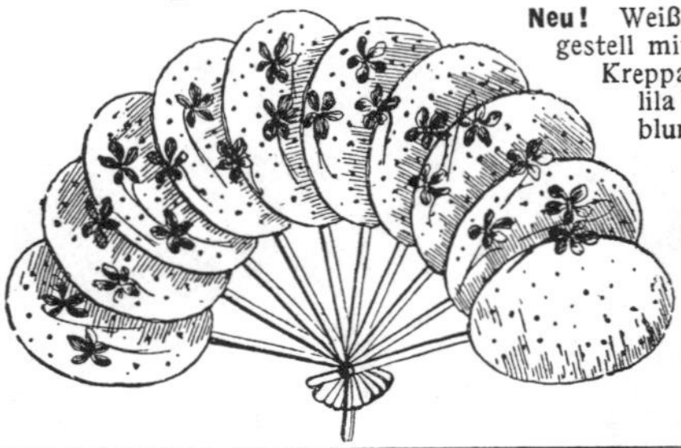

Neu! Weißes Holzgestell mit weißem Kreppapier mit lila Veilchenblumen mit Silberflimmer (entfalt. ca. 37 cm) Nr. F 481. Stück Mk. —.35, Dutzend Mk. 3.80.

Neu! Weißes Holzgestell mit weißem Kreppapier mit roten Blütenranken mit Goldarabesken (entfalt. ca. 36 cm). Nr. F 482. Stück Mk. —.55, Dutzend Mk. 6.—.

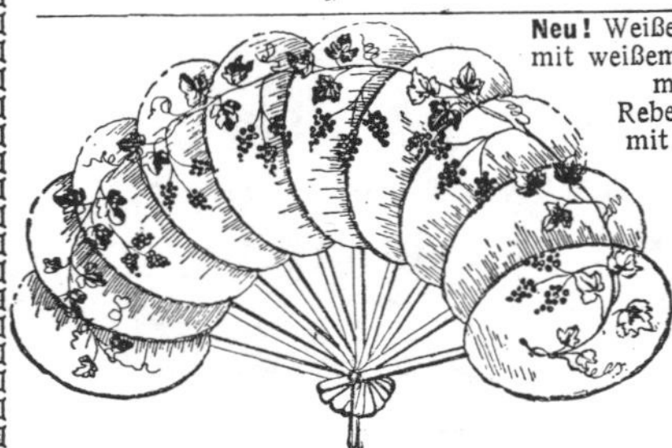

Neu! Weißes Holzgestell mit weißem Kreppapier mit grünen Rebenranken, die mit Silberflitter schattiert sind. Die Trauben sind aus silberglänzenden Metallblättchen hergestellt (entfaltet ca. 37 cm). Nr. F 483. Stück Mk. —.45, Dutzend Mk. 4.75.

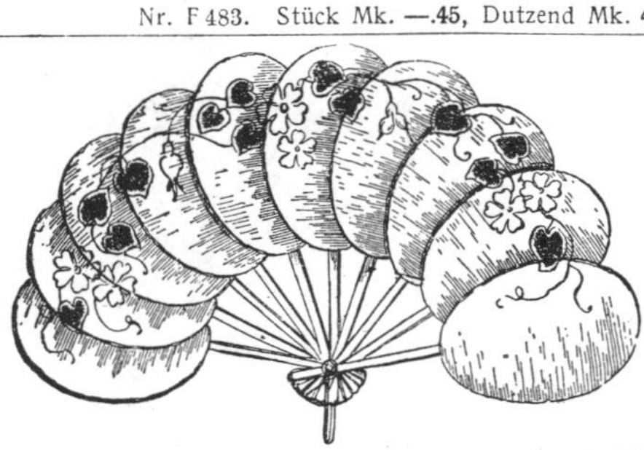

Neu! Weißes Holzgestell mit weißem Kreppapier mit Blütenranken aus Silberflimmer mit goldbronzierten Blättern (entfaltet ca. 36 cm). Nr. F 484. Stück Mk. —.30, Dutzend Mk. 3.25.

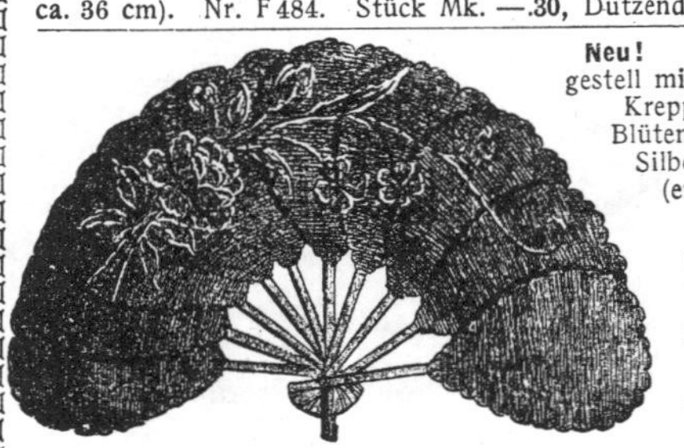

Neu! Naturholzgestell mit farbigem Kreppapier mit Blütenranke aus Silberflimmer, (entfaltet ca. 34 cm). Nr. F 485. 2 Stück Mk. —.20, Dutzend Mk. 1.10.

Die Fächer auf dieser Reihe Nr. F 467 bis F 471 sind 10teilig, nicht 9teilig wie irrtümlich abgebildet, sämtliche 5 Stück sind entfaltet 37—38 cm groß.

Weißes Holzgestell mit farbigem Kreppapier. Nr. F 467. 2 Stück Mk. -.30, Dtzd. Mk. 1.65.

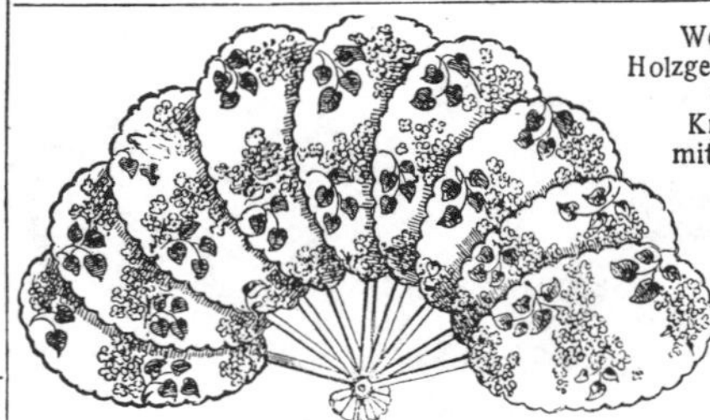

Weißes Holzgestell mit weißem Kreppapier mit farbigen Fliederdolden. Nr. F 468 a. Stück Mk. —.20, Dtzd. Mk. 2.25.

Weißes Holzgestell mit weißem Kreppapier mit grünen Lorbeerkanten, reich mit Goldbronze berandet, m. Rokokobild mit goldenem Rahmen. Nr. F 469. Stück Mk. —.60, Dtzd. Mk. 6.50.

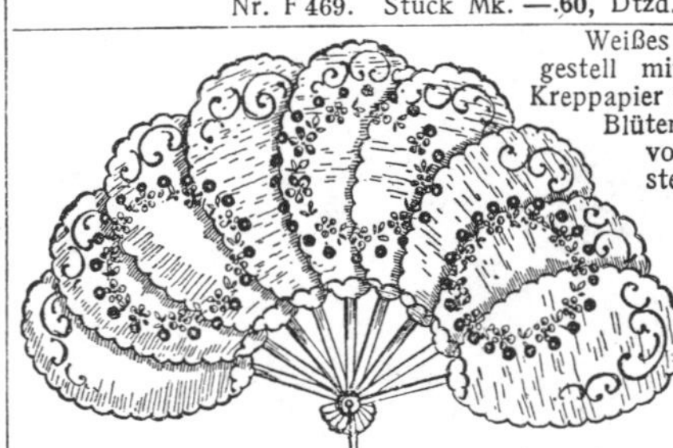

Weißes Holzgestell mit weißem Kreppapier m. bunten Blütenkränzen von Metallsternchen u. kleinen Rosetten umrahmt, mit Arabesken-Verzierung, aus Silberflitter. Nr. F 470. Stück Mk. —.50, Dtzd. Mk. 5.25.

Weißes Holzgestell mit weißem Kreppapier m. Kirschzweigen; die 7 Kirschen sind aus rot. vollem Glase (haltbar) und das Ganze ist mit Metallsternch. und mit Goldbronze verziert. Nr. F 471. Stück Mk. —.50, Dtzd. Mk. 5.25.

Der Wunderfächer aus grellbuntem Seidenpapier, wabenartig zusammengeklebt und gefalzt, verändert sich durch einen Ruck in eine **Kugel mit 3 Rosetten,** durch einen zweiten Ruck in **3 verschiedene Hüte,** durch einen dritten in eine **Kugel mit 2 Hüten** etc. **Höchst originell und wunderbar!** Nr. F 505. 2 Stück Mk. -.20, Dtzd. Mk. 1.10.

Ferner: **Papierfächer,** deutsches Fabrikat.

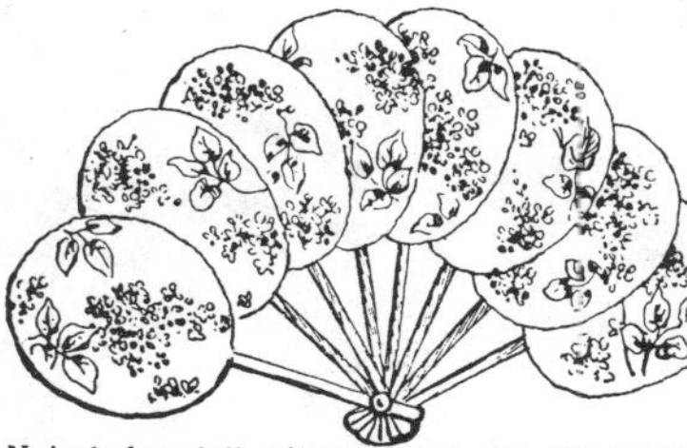

Naturholzgestell mit reizendem, lila Flieder-Dekor (entfaltet ca. 35 cm).
Nr. F415. Stück Mk. **—.20,** Dutzend Mk. **2.—.**

Weißlackiertes Holzgestell mit weißem Krepppapier mit farbigen Blüten- und Flimmerarabesken mit **10** Fächerteilen (entfaltet ca. 37 cm).
F 454.
Stück Mk. **—.45,**
Dtzd. „ **4.75.**

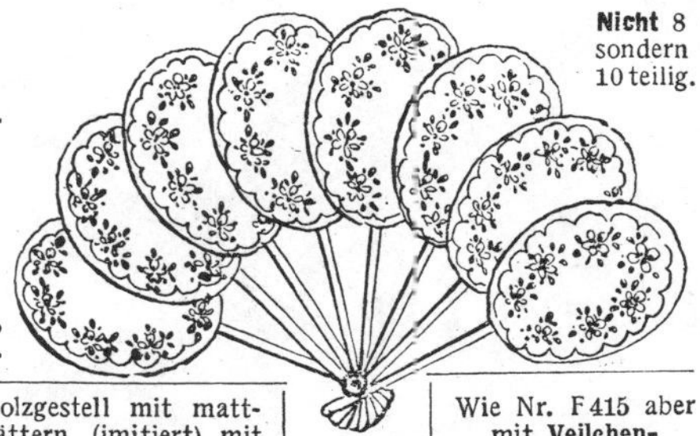

Nicht 8 sondern 10 teilig.

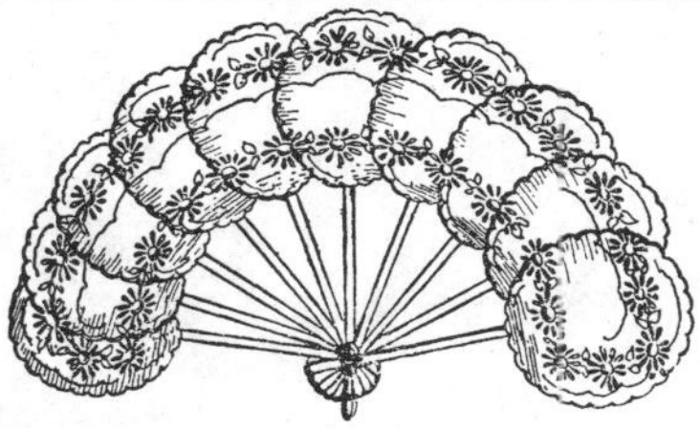

Neu! Weißgestrichenes Holzgestell mit weißem Kreppapier mit farbigen Sternblumen mit Goldflimmer (entfaltet ca. 34 cm).
Nr. F511. Stück Mk. **—.35,** Dutzend Mk. **3.75.**

Weißlackiertes Holzgestell mit mattfarbigen Atlasblättern (imitiert) mit farbigen Beerendolden, alles reich beflimmert (entfaltet ca. 39 cm).

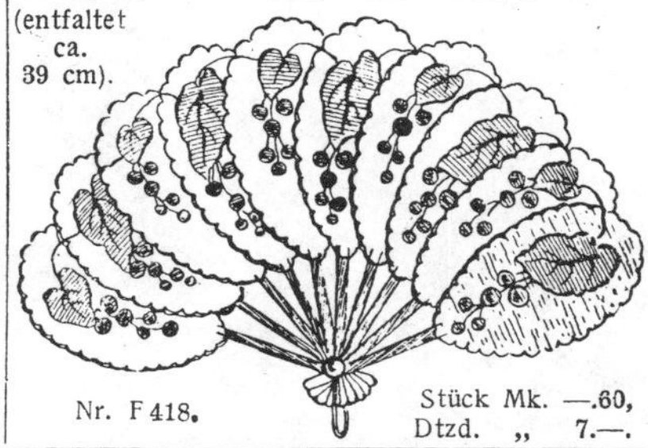

Nr. F 418. Stück Mk. **—.60,**
Dtzd. „ **7.—.**

Wie Nr. F 415 aber mit **Veilchensträußchen-Dekor. 6 teilig. Sehr hübsch!** (entfaltet ca. 30 cm).
Nr. F 416.
Stück Mk. **—.20,**
Dtzd. „ **2.—.**

Naturholzgestell mit Buntdruckbild (entfaltet ca. 60 cm).
Nr. F 289.
2 Stück Mk. **—.45,**
Dutzend „ **2.50.**

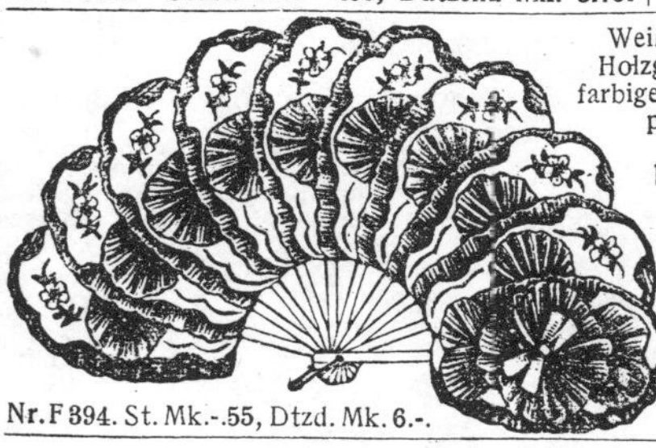

Weißlackiertes Holzgestell mit farbigem Krepppapier mit Einzelblüten auf Chagrin-Pergamentpapier mit Goldflitter (entfaltet ca. 37 cm).
Nr. F 394. St. Mk. -.55, Dtzd. Mk. 6.-.

Mattgraugrünes Holzgestell mit Kirschendekor in dunkelgrün auf mattgrünem Grunde (entfaltet ca. 38 cm).
Nr. F 421. Stück Mk. **—.60,**
Dutzend Mk. **6.75.**

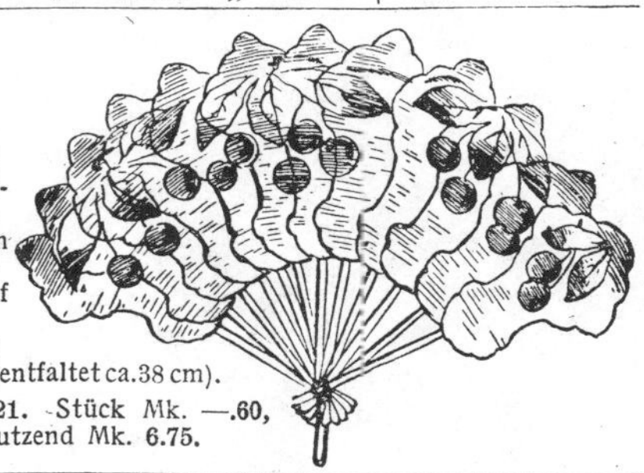

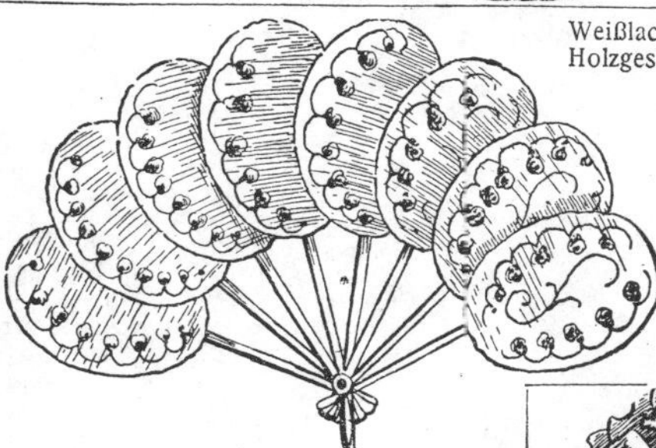

Weißlackiertes Holzgestell mit weißem Kreppapier mit farbigen Blüten an Flimmerstengeln (entfaltet ca. 34 cm).
Nr. F 453.
Stück Mk. **—.35,**
Dtzd. „ **3.75.**

Weißlackiertes Holzgestell mit Chagrin-Pergamentpapier m. dunkler Schattierung mit rosa Weinblättern, Trauben und Flitterschmuck (entfaltet ca. 37 cm). Nr. F 370.
St. Mk. **—.55,** Dtzd. Mk. **6.25.**

Weißlackiertes Holzgestell mit weißem Kreppapier mit Goldähren und bunten Schmetterlingen, alles reich beflimmert (entfaltet ca. 38 cm). Nr. F 452.
St. Mk. **—.55,** Dtzd. Mk. **6.—.**

Naturholzgestell mit Silberpressung mit **Riesencamillen** (entfaltet ca. 38 cm).
Nr. F 367.
Stück Mk. **—.50,**
Dutzend „ **5.50.**

Weißlackiertes Gestell mit **Blumenkrepppapier** (entfaltet ca. 30 cm).
Nr. F 364. Stück Mk. **—.20,** Dtzd. Mk. **2.25.**

Die Fächer können auch mit Text (Widmungen etc.) versehen werden.

Schleifen aus Atlasband, Dutzend Mk. 1.50. **Schlingen** (an den Arm zu hängen) **mit Schleife,** Dutzend Mk. 3.—, auch billiger, je nach Qualität. (Der Druck wird **selbstkostend** angerechnet.)

Ferner: **Papierfächer,** deutsches Fabrikat.

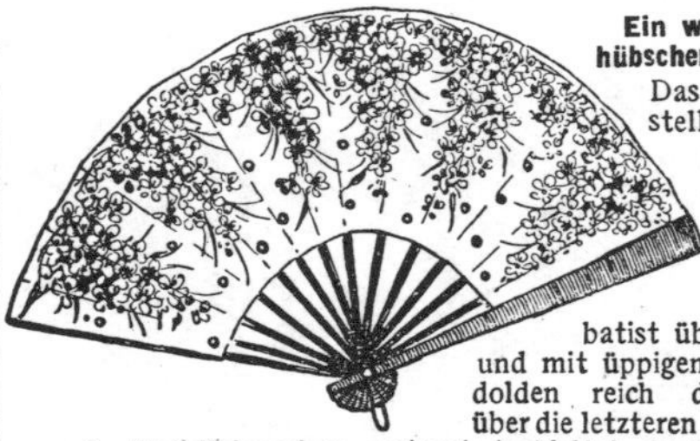

Ein wunderhübscher Fächer. Das Holzgestell ist metallartig bronziert, mit weißem Mullbatist überspannt und mit üppigen Blütendolden reich dekoriert; über die letzteren sind glitzernde Metallsternchen gestreut (entfaltet ca. 39 cm).
Nr. F 465. Stück Mk. 1.20, Dutzend Mk. 13.50.

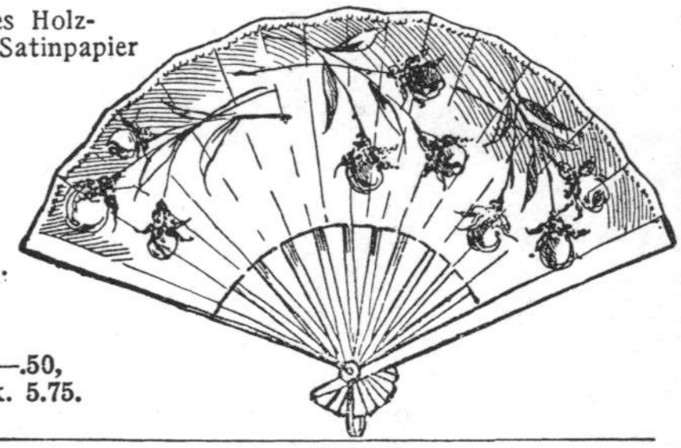

Weißlakiertes Holzgestell mit Satinpapier mit rosa Hauch, mit Moosrosenknospen mit Bortenrand. (entfaltet ca. 34 cm).
Nr. F 456.
Stück Mk. —.50,
Dutzend Mk. 5.75.

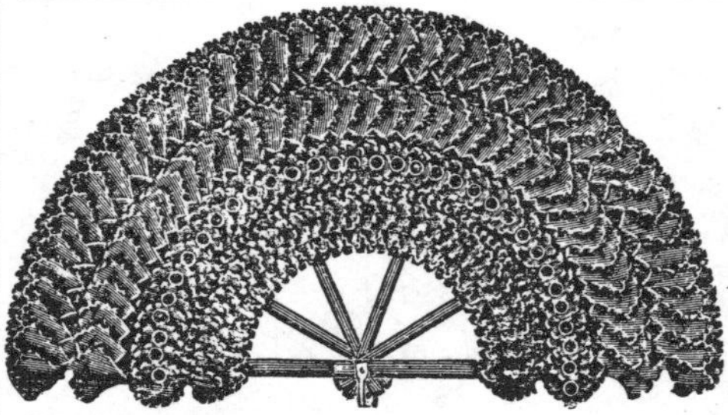

Naturholzgestell mit farbigem Seidenpapier zum Zusammenfalten (entfaltet ca. 48 cm). Nr. F 353.
Stück Mk. —.20, Dutzend Mk. 2.—, Gros Mk. 22.—.

Neu!

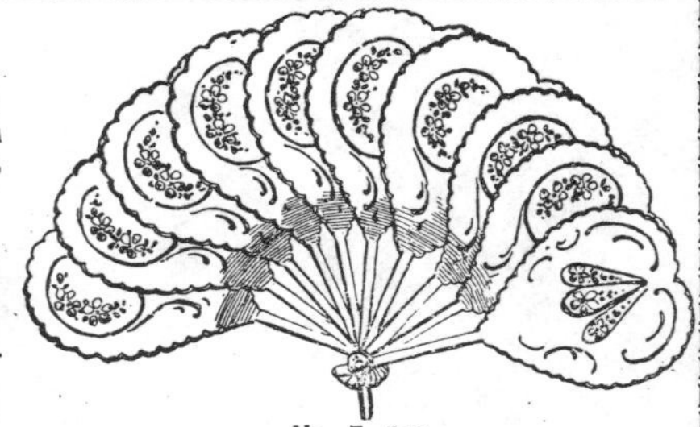

Weiß gestrichenes Holzgestell mit weißem Kreppapier, mit aufgeklebten Blumen-Medaillons aus Satinpapier mit reicher Verzierung in Goldbronze (entfaltet ca. 40 cm.)
Nr. F. 512.
Stück Mk. —.55, Dutzend Mk. 6.—.

Weißlackiertes Holzgestell mit Chagrin-Pergamentpapier mit aufgemalten Fliederdolden (entfaltet ca. 39 cm).
Nr. F 345. Stück Mk. —.90, Dutzend Mk. 10.—.

Weißlackiertes Holzgestell mit Silberpressung mit Satinpapier mit gemalter Blütenranke (Handmalerei) (entfaltet ca. 39 cm).
Nr. F 487. Stück Mk. —.85, Dutzend Mk. 9.50.

Hahnfächer.

Gewöhnl. Holzgestell mit Buntdruck und Wabenpapier (entfalt. ca. 52 cm).
Nr. F 457.
2 Stück Mk. —.25,
Dutzend Mk. 1.20,
Gros Mk. 13.50.

Geschlossen.

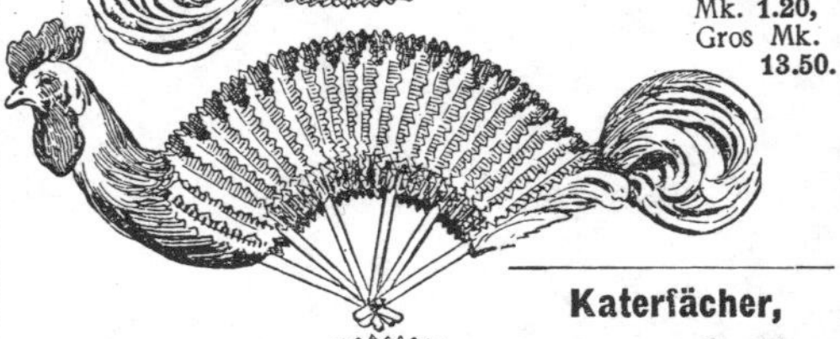

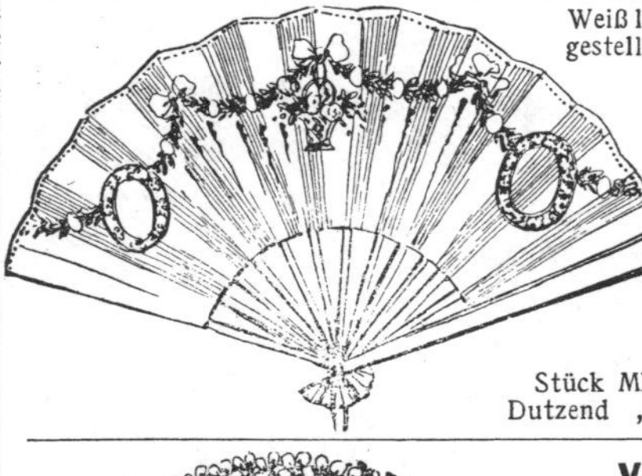

Weiß lackiert. Holzgestell mit Satinpapier mit farbigen Biedermeiergirlanden mit Bortenrand (entfaltet ca. 39 cm).
Nr. F 455.
Stück Mk. —.60,
Dutzend „ 6.50.

Katerfächer,

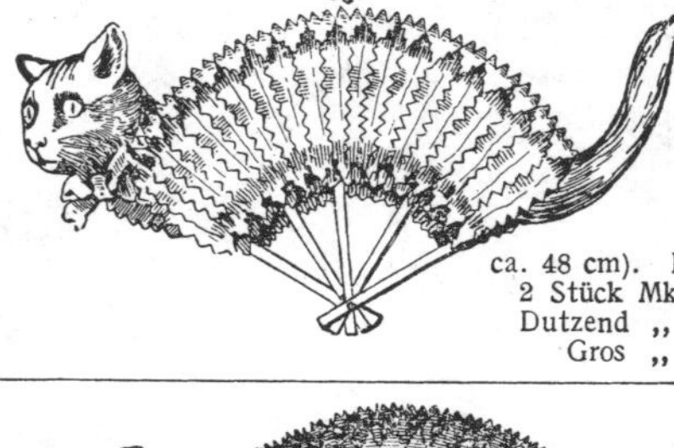

wie F 457, nur Katerkopf und Schwanz (entfalt. ca. 48 cm). Nr. F 458.
2 Stück Mk. —.25,
Dutzend „ 1.20,
Gros „ 13.50.

Veilchenfächer.

Gewöhnliches grünes Holzgestell mit Veilchenrand aus Wabenpapier (entfalt. ca. 31 cm).
Nr. F. 459.
3 Stück Mk. —.35,
Dutzend „ 1.10,
Gros „ 12.50.

Mopsfächer,

wie oben, nur **Mopskopf** und Schwanz (entfalt. ca. 45 cm).
Nr. F 486. **2** St. Mk. —.25, Dtzd. Mk. 1.20, Gros Mk. 13.50.

Die Fächer können auch mit Text (Widmungen etc.) auf Schleifen versehen werden.

Preise der Schleifen Seite 159. ☛ **Der Druck wird selbstkostend berechnet.** ☚

Verschiedene Fächer.

Neu! Echter Japanfächer
in Gestalt einer Puppe
mit Armen, Kopf mit Glasaugen und Haar; der ca. 19 cm große Papier-Radfächer in Buntdruck faltet sich in den Körper der Puppe zusammen.
Länge der Puppe ca. 18 cm. Nr. F 513.
Stück Mk. —.30,
Dutzend „ 3.—.

Riesenblumen-Fächer,
lieferbar in 6 Dessins, aus starkem Papier, in **Buntdruck** ausgeführt, mit Holzstiel. Blütengröße ca. 21 cm.
Nr. F 311.
3 St. Mk. —.20,
Dtz. „ —.75,
Gros „ 8.50.

Einfacher Fächer
aus buntem Papier mit Holzstiel, ca. 22 cm Durchmesser, mit verschiedenen Bilder-Dessins.
Nr. F 329.
4 St. Mk. —.25,
Dtzd. „ —.60,
Gros „ 6.50.

Trompeter-Fächer
aus farbigem Seidenpapier (Zusammenstellung regenbogenartig) mit Clownkopf mit Trompete aus Karton; die Trompetenstimme befindet sich auf der Rückseite des Fächers. Fächer-Durchm. ca. 31 cm.
Nr. F 473.
2 Stück Mk. —.25,
Dutzend „ 1.20.

Die uns gesandten Fächer fanden großen Beifall.
Kempten (Allgäu), 17. 3. 11.
Dt. Bankbeamten-Ver.

Neu!
Sonnenblumenfächer. Höchst effektvoll! Aus gelbem Wabenpapier mit braun. Samenboden; ganz flach zusammenlegbar. Durchm. ca. 30 cm.
Nr. F 488.
2 Stück Mk. —.20,
Dtz. Mk. 1.—,
Gros „ 11.50.

Duft-Postkarten-Fächer.

Diese Fächer spenden mit der **Kühlung** zugleich lieblichen **Wohlgeruch,** und ihre **auswechselbaren Teile** — die einzelnen Postkarten — tragen **duftende Grüße** an die Freunde in die Ferne, oder sie kehren mit Erinnerungszeilen und Widmungen bedeckt zu dem Fächer zurück, der dann als wertvolles **Andenken** aufbewahrt wird. Die Fächer werden in acht verschiedenen Dessins sortiert geliefert mit Blumenranken, mit Kinderköpfen, reizenden Mädchengestalten usw.
Nr. F 390.
Stück Mk. —.60, Dutzend Mk. 7.—.

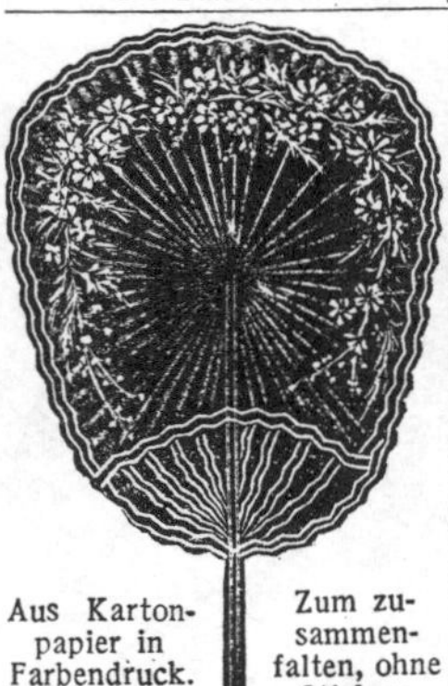

Aus Kartonpapier in Farbendruck. Zum zusammenfalten, ohne Stiel gemessen ca. 24 cm.
Nr. F 355.
3 St. Mk. —.20, Dtz. Mk. —.60.

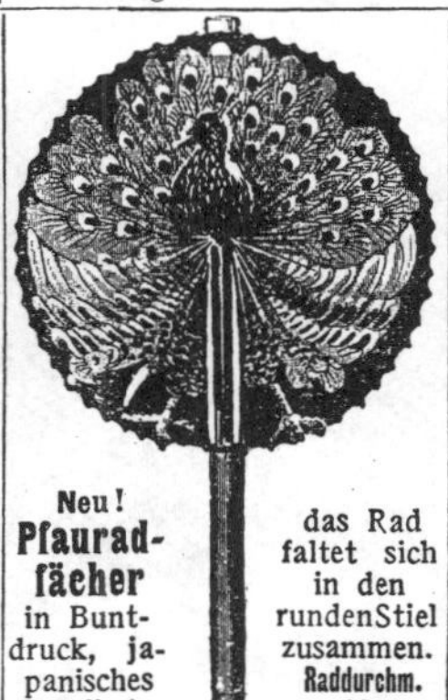

Neu!
Pfauradfächer
in Buntdruck, japanisches Fabrikat; das Rad faltet sich in den runden Stiel zusammen. **Raddurchm.** ca. 18 cm.
Nr. F 489. 3 Stück Mk. —.20,
Dtz. Mk. —.75, Gros Mk. 8.75.

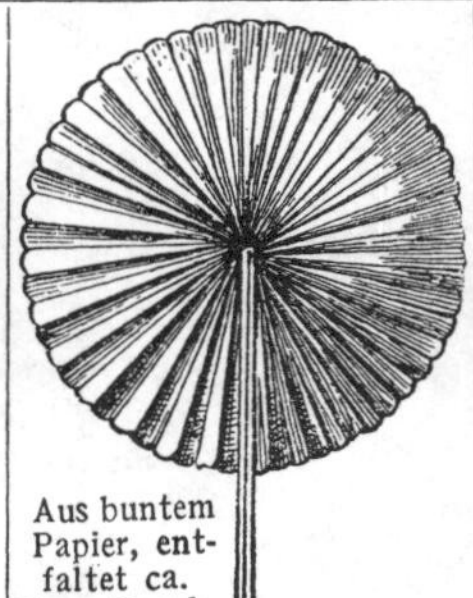

Aus buntem Papier, entfaltet ca. 21 cm Durchmesser, zum zusammenfalten.
Nr. F. 200.
3 St. Mk. — 25, Dtz. Mk. —.75.

Blätter- u. Blüten-Fächer

aus Pergament-Waben-papier, grün mit rosa; ganz flach zusammenlegbar. Durchmesser ca. 31 cm.
Nr. F 462. 2 Stück Mk. —.25,
Dtz. Mk. 1.20, Gros Mk. 13.50.

Blüten-Fächer.

Aus Seidenpapier hergestellt in den Dessins: Rose, Sonnenblume, Nelke, Stiefmütterchen, Mohn, Wasserrose; mit Stiel gemessen ca. 40 cm lang.
Nr. F 460.
Stück Mk. —.40.
Dutzend „ 4.25.

Spanischer Fächer. Sehr beliebt.
Braunlackiertes Holzgestell mit Silberpressung, mit modernen Buntdruckbildern, mit Brillantflimmer (entfaltet ca. 43 cm).
Nr. F 299. Stück Mk. —.70, Dutzend Mk. 8.—.

Fächer aus Holz.

Neu! Brauner Naturholzfächer, fein durchbrochen, mit 2 aufgemalten fliegenden Schwalben, die eine Blumengirlande tragen (entfaltet ca. 33 cm). Nr. F 475. Stück Mk. **1.10,** Dtzd. Mk. **12.—**

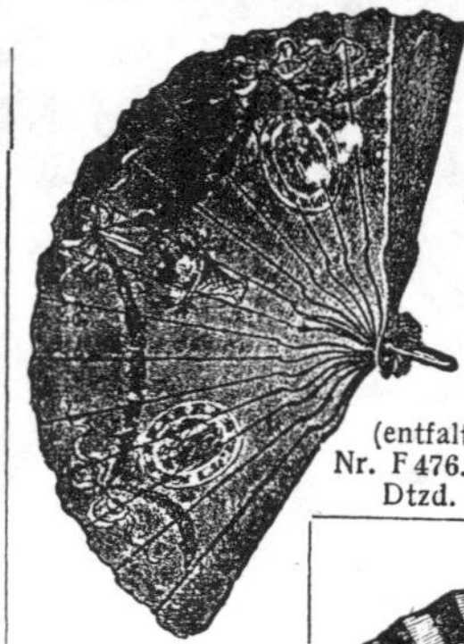

Neu! Brauner Naturholzfächer mit aufgemalten Girlanden und Biedermeier-Medaillons (entfalt. ca. 33 cm). Nr. F 476. St. **90 Pf,** Dtzd. Mk. **10.—.**

Neu! Brauner Naturholzfächer mit zarten, aufgemalten Beeren-Ranken in farbig und in Goldbronze, die Blätter teils durchbrochen, mit Metallflittereinlage, (entfaltet ca. 33 cm). Nr. F 477. Stück Mk. **1.35,** Dtzd. Mk. **15.—.**

Stielfächer, Gestell mit Stiel aus schwarzem Holze mit Stoff, mit Metallsternchen (entfaltet ca. 34 cm). Nr. F 438. Stück Mk. **1.25,** Dutzend „ **14.—.**

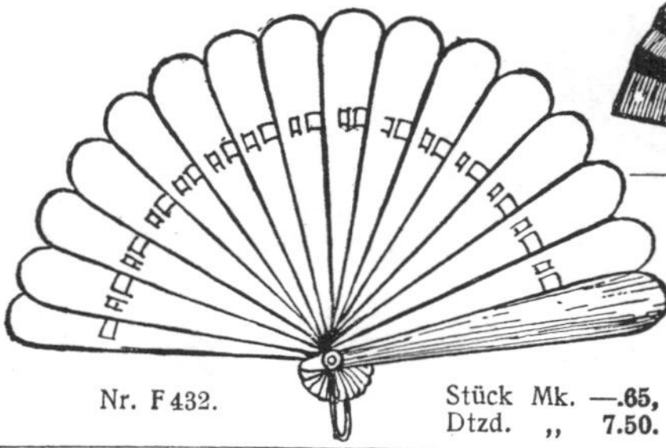

Heller Naturholzfächer mit polierten Außenteilen (entfaltet ca. 33 cm).

Nr. F 432. Stück Mk. **—.65,** Dtzd. „ **7.50.**

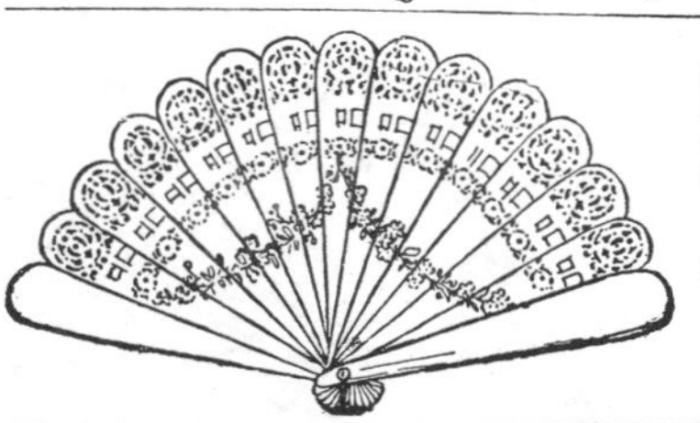

Derselbe Fächer wie Nr. **F 432,** aber fein durchbrochen, mit aufgemalten, feinen farbigen Blütenranken (entfalt. ca. 33 cm). Nr. F 433. Stück Mk. **1.10,** Dtzd. „ **12.—.**

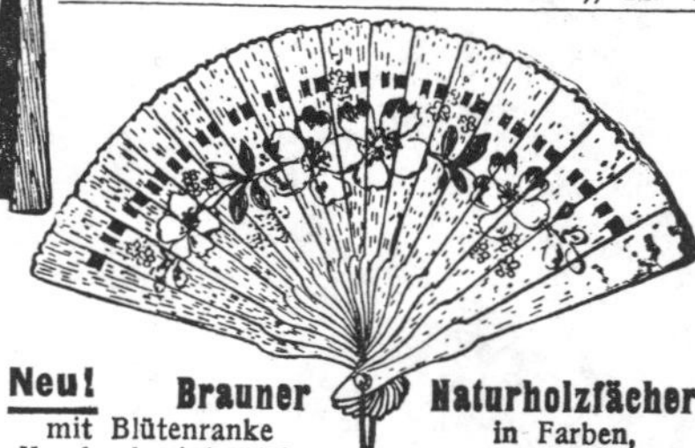

Neu! Brauner Naturholzfächer mit Blütenranke in Farben, Handmalerei (entfaltet ca. 30 cm). Nr. F 491. Stück Mk. **—.45,** Dtzd. Mk. **5.25.**

Brauner Naturholzfächer

mit polierten Außenteilen, fein durchbrochen (entfaltet ca. 33 cm). Nr. F 434. Stück Mk. **—.60,** Dtzd. „ **6.50.**

Derselbe Fächer wie vorstehender, nur kleiner und **nicht** durchbrochen (entfaltet ca. 28 cm). Nr. F 435. Stück Mk. **—.40,** Dtzd. Mk. **4.50.**

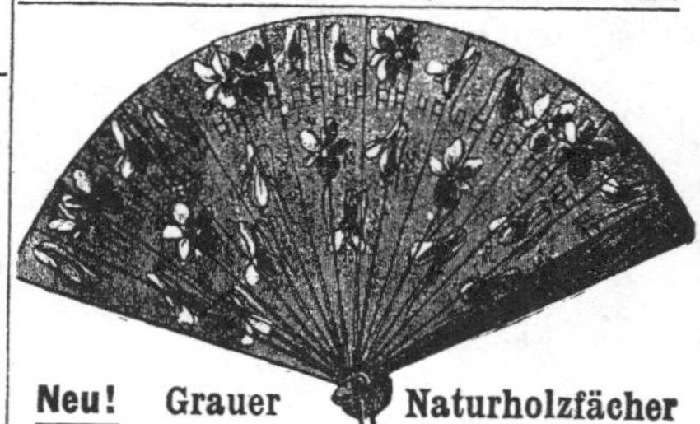

Neu! Grauer Naturholzfächer mit polierten Außenseiten, mit aufgemalten (Handmalerei) Veilchenblumen (entfaltet ca. 33 cm). Nr. F 490. Stück Mk. **—.90,** Dtzd. Mk. **10.—.**

Brauner Naturholzfächer

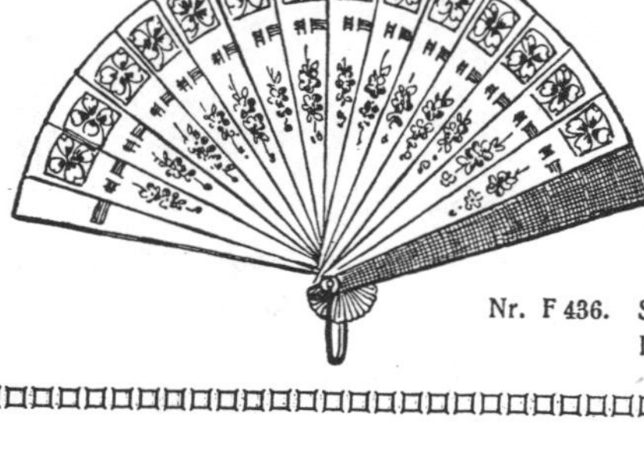

mit polierten Außenseiten, Rand durchbrochen (Glücks-Kleeblätter gemalt), mit gemalten blauen Vergißmeinnichtstengeln (entfaltet ca. 34 cm).

Nr. F 436. Stück Mk. **1.50,** Dtzd. „ **16.50.**

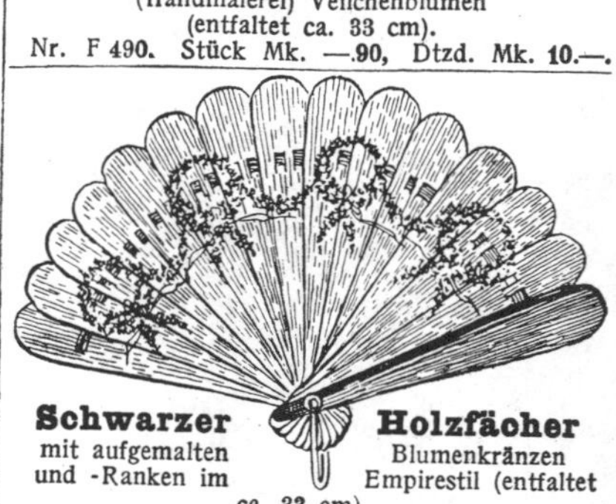

Schwarzer Holzfächer mit aufgemalten Blumenkränzen und -Ranken im Empirestil (entfaltet ca. 33 cm). Nr. F 439. Stück Mk. **1.60,** Dtzd. Mk. **18.—.**

Wie Nr. F 439, aber aus braunem Holze. Nr. F 440. Stück Mk. **1.40,** Dutzend Mk. **15.—.**

Die 9 braunen Naturholzfächer werden sehr gern in Tanzstunden als „Erinnerungsfächer" benutzt, insofern sich die Stäbe zum Aufschreiben von Gedenk-Worten, Sprüchen und Versen eignen.

Japan-Fächer zum zusammenfalten.

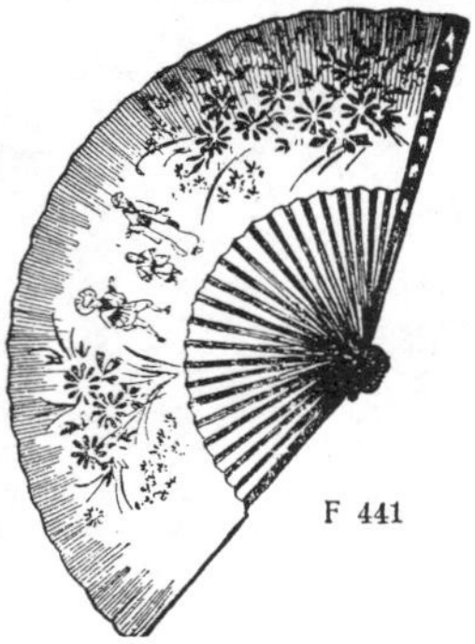

F 441

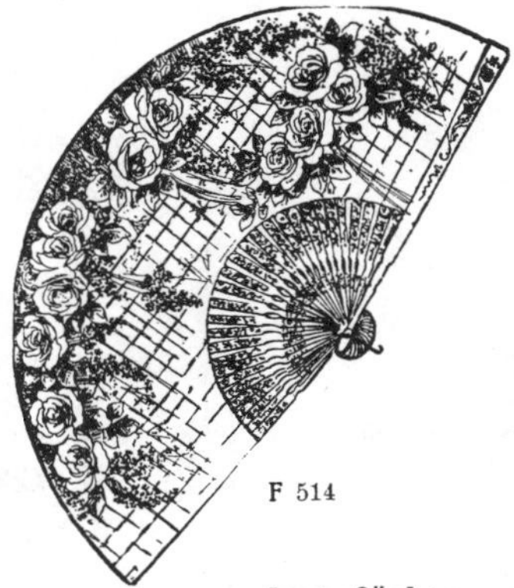

F 514

F 515

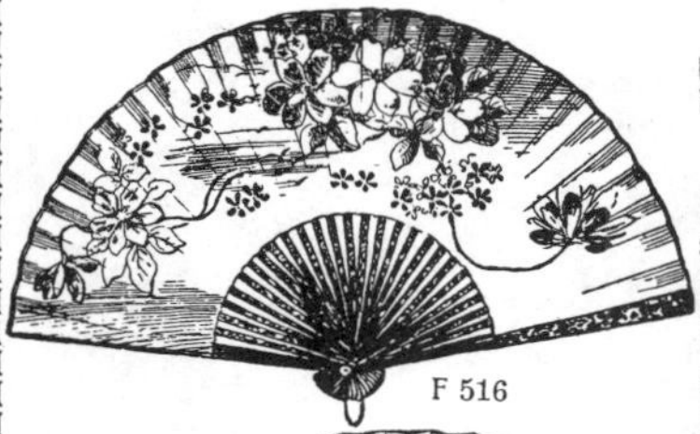

F 516

F 517

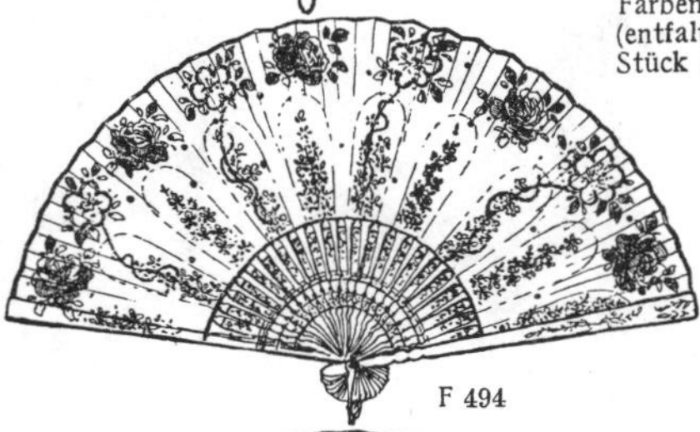

F 494

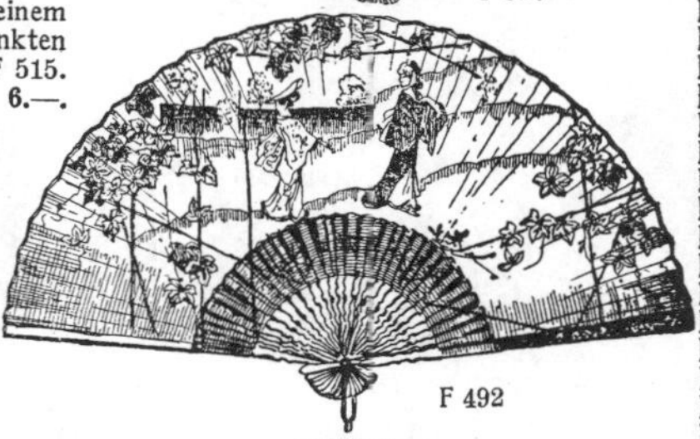

F 492

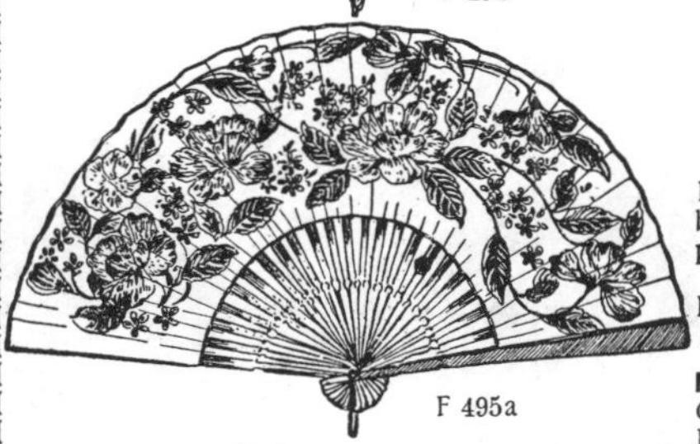

F 495a

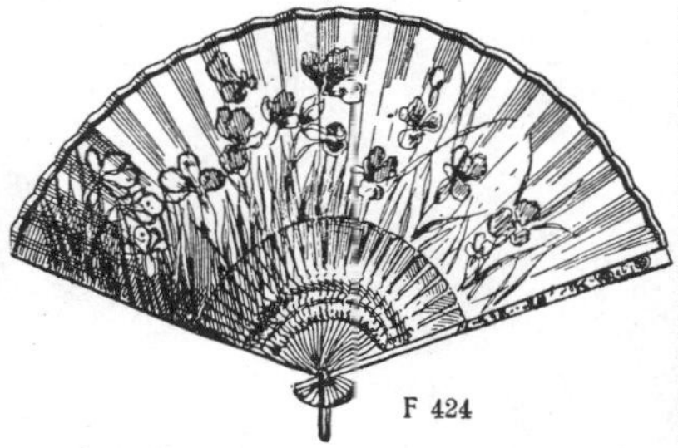

F 424

Neu! Einfacher **Japanf..cher** mit bunten Bildern (entfaltet ca. 44 cm). Nr. F 441. Stück **Mk. —.20,** Dtzd. **Mk. 2.—.**

Eleganter Japanfächer mit silberbedrucktem Bambusgestell mit Satinpapier und Handmalerei (entfaltet ca. 41 cm). Nr. F 514. Stück **Mk. —.90, Dtzd. Mk. 10.—.**

Neu! Japanfächer mit feinem Farbendruck mit Silberpunkten (entfaltet ca. 37 cm). Nr. F 515. Stück **Mk. —.55,** Dtzd. **Mk. 6.—.**

Neu! Japanfächer mit poliertem Gestell mit Silberdruck mit niedlichen Blütenranken in Farbendruck (entfaltet ca. 38 cm). Nr. F 516. St. **Mk. -.40,** Dtzd. **Mk. 4.40.**

Neu! Japanfächer mit grellem Farbendruck und japanischen Bildern (entfaltet ca. 35 cm). Nr. F 517. St. **Mk. —.20,** Dtzd. **Mk. 2.25.**

Japan-Fächer. Rotlila Blüten auf Silbergrund. Gestell braunpoliert und bemalt (entfaltet ca. 39 cm). Nr. F 431. St. **Mk. —.60,** Dtzd. **Mk. 7.—.**

Neu! Japanfächer. Gestell grau mit farbigen Blüten und Silberfiguren und Blumen in bunt auf mattem Grunde (entfaltet ca. 40 cm). Nr. F 492. St. **Mk. —.60,** Dtzd. **Mk. 7.—.**

Neu! Japanfächer. Naturholzgestell mit Silberstaub. Das farbige Blumen-Arrangement ist reich mit Silber umrandet und schattiert (entfaltet ca. 39 cm). Nr. F 495a. Stück **Mk. —.30, Dtzd. Mk. 3.—.**

Japan-Fächer, vornehm abgetönt mit lila Irisblüten mit Silberflimmer. Gestell aus fein bemaltem Naturbambus (entfaltet ca. 42½ cm). Nr. F 424. Stück **Mk. 1.20, Dtzd. Mk. 13.75.**

Neu! Japanfächer. Graufarbiges Gestell mit Silber-Arabesken. Gemalte Blumen und solche aus buntem Flimmer auf mattfarbigem Grunde (entfaltet ca. 39 cm). Nr. F 494. Stück **Mk. —.70,** Dutzend **Mk. 8.—.**

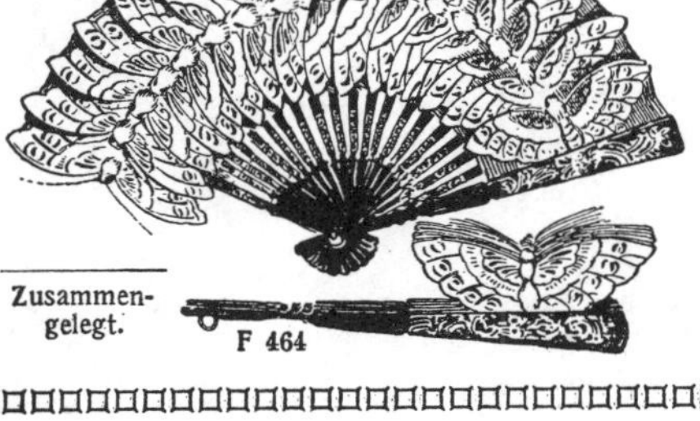

Zusammengelegt.

F 464

Nr.	
F 217a	**Miniatur-Japanfächer,** farbig mit Bildern (entfaltet ca. 20 cm) 4 Stück **Mk. —.25, Dtzd. Mk. —.60.**
F 464	**Japan-Falterfächer,** schwarzpoliertes Holzgestell mit Silberarabesken mit **20** bunten Faltern mit reicher Silberverzierung (entfaltet ca. 37 cm) . . . Stück **Mk. —.70, Dtzd. Mk. 8.—.**
F 210a	**extragroß, sehr schön, enorm billig (entfaltet ca. 83 cm)** Stück **Mk. —.55, Dtzd. Mk. 6.—.**
F 352	feines resedafarbiges, silberverziertes Gestell mit Blumendekor auf zartem Grunde (entfaltet ca. 38 cm) Stück **Mk. —.50, Dtzd. Mk. 5.50.**
F 356	einfacher Fächer mit farbigem Holzgestell und Kornblumendekor (entfaltet ca. 34 cm) 3 Stück **Mk. —.40, Dtzd. Mk. 1.40.**

Japanfächer, feststehend, Seite 164/165.

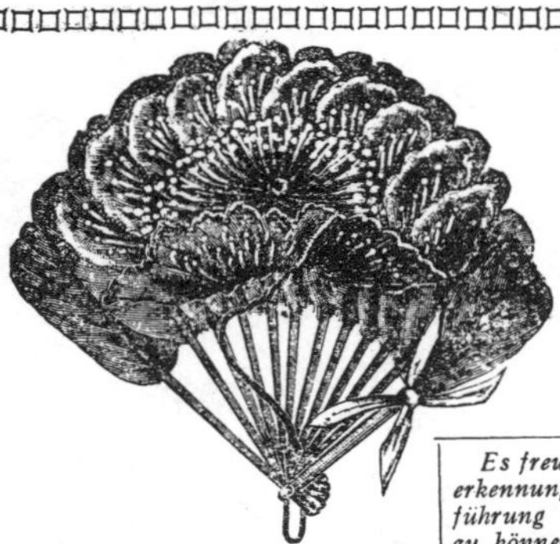

Feder-Fächer.

Mit **Malerei und reichem Silberdekor,** mit lackiertem Holzgestell (entfaltet ca. 28 cm).

Nr. F 339.

Stück Mk. —.80,
Dutzend „ 9.—.

Es freut mich, Ihnen meine Anerkennung über die schöne Ausführung der Fächer aussprechen zu können usw. W. —n, Linden.

In matten Farben mit Metallsternchen, mit lackiertem Holzgestell (entfaltet ca. 20 cm).

Nr. F 463.

St. Mk. —.60,
Dtzd. „ 6.75.

Die wunderhübschen Fächer haben den lebhaftesten Beifall gefunden und große Freude hervorgerufen.
E—e, Chemnitz.

Feststehende Japan-Fächer, teils aus Seide nicht zum zusammenfalten.

Die gesandten Cotillongegenstände haben großen Anklang gefunden, besonders die kleinen japanischen Seidenfächer. Halle a. S. A. —l.

Neu! Seidenfächer, rund, mit schwarzpoliertem Stiel mit Quasten mit feiner Malerei; Durchmesser ca. 23 cm (ohne Stiel gemessen). Nr. F 496. Stück Mk.-.75, Dtzd. Mk. 8.50

Neu! Seidenfächer, weiß mit Blütenstengel mit Vogel, **durchsichtig gewebt,** ganz reizend in der Ausführung, mit schwarzpoliertem Stiel mit Quaste (ca. 22 cm ohne Stiel gemessen). Nr. F 519. St. Mk. -.75, Dtzd. Mk. 7.50.

Neu! Seidenfächer mit Schwarzdruck und Handmalerei in dicken Lackfarben, sehr effektvoll mit schwarzpoliertem Stiel mit Quaste. (ca. 22 cm ohne Stiel gemessen). Nr. F 518. Stück Mk. —.65, Dutzend Mk. 7.20.

Seidenfächer in verschied. Formen mit ausgemalten Photographien in verschied. Dessins: Figuren, Landschaften usw., mit poliertem Stiel (ca. 20½ cm lang ohne Stiel gemess.) Nr. F406. St. Mk. —.60, Dutzd. Mk. 6.50.

Neu! Seidenfächer mit schwarzpoliertem Stiel m. Quasten m. ausgemalten Photographien in verschieden. Dessins (ca. 17 cm lang ohne Stiel gemessen). Nr. F 497. St. Mk. —.40, Dtz. Mk. 4.50.

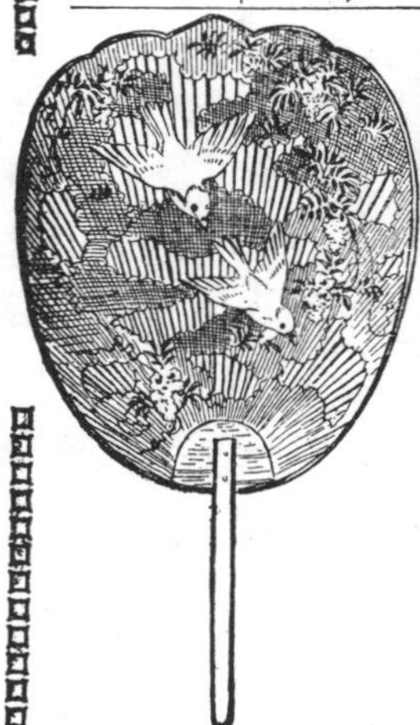

Durchbrochen mit Vögeln und Zweigen auf mattem Grunde (ca. 27 cm lang ohne Stiel gemessen).

Nr. F 499.

Stück Mk. —.25,
Dutzend „ 2.80.

Durchbrochen mit farbigem Untergrund mit aufgeklebten Japanbildern (ca. 28 cm lang mit Stiel gemessen).

Nr. F 500.

Stück Mk. —.35,
Dutzend „ 4.—.

Durchbrochen in bunt mit verschiedenen Blumen (ca. 27 cm lang ohne Stiel gemessen).

Nr. F 498.

Stück Mk. —.15,
Dutzend „ 1.70.

Mit schwarzpoliert. Stiel, 6 verschied. Fächerformen m. 6 verschied. japanischen Bildern (ca. 23 cm lang ohne Stiel gemess.) Nr. F 501 St. Mk. —.30, Dtz. Mk. 3.30.

Feststehende Japan-Fächer etc. (nicht zum zusammenfalten).

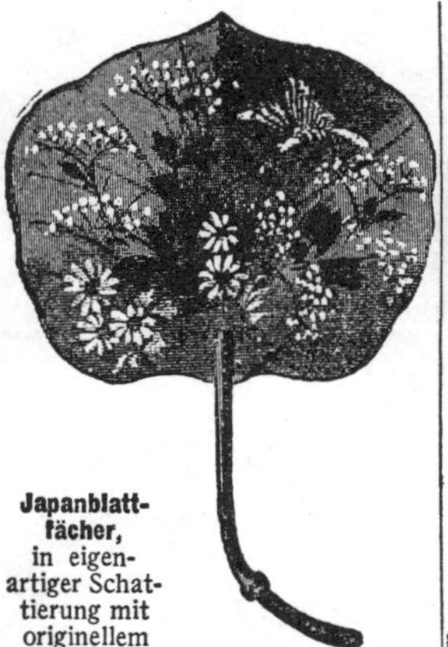

Japanblattfächer, in eigenartiger Schattierung mit originellem Bambusstiel. 25 cm breit. Nr. F 313. **Stück Mk. —.25,** Dtzd. **Mk. 2.50.**

Japanfächer, ganz apart, mit gemalten Photographien, von Silberblüten rings umgeben, verschiedene Dessins (ca. 26½ cm ohne Stiel gemess.) Nr. F 405. St. Mk. —.45, Dutzend Mk. 5.25.

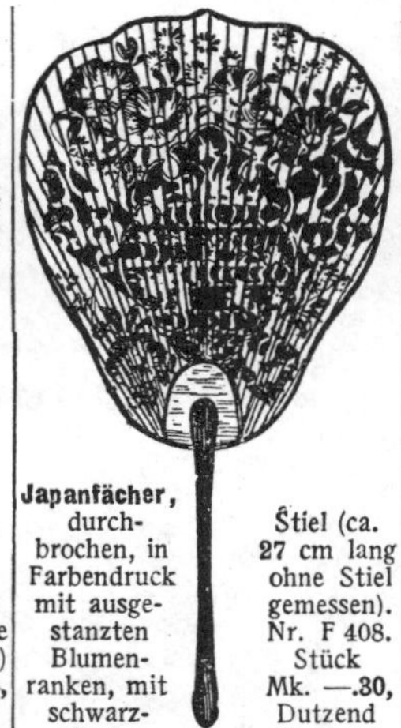

Japanfächer, durchbrochen, in Farbendruck mit ausgestanzten Blumenranken, mit schwarzpoliertem Stiel (ca. 27 cm lang ohne Stiel gemessen). Nr. F 408. Stück Mk. —.30, Dutzend Mk. 3.25.

Japan-Fächer für Herren, buntgestreift, mit **Blumen,** mit langem Stiel, ohne Stiel gemessen ca. 18 cm lang. Nr. F 388. 3 Stück Mk. —.35, Dutzend „ 1.20.

Japanfächer, versch. ovale Formen mit bunt. Blumen, Gold- u. Silberauflage, durchbroch. (ca. 26 cm ohne Stiel gem.) Nr. F 444. St. Mk. —.25, Dtzd. Mk. 2.60.

Japanfächer, mit Landschaftsbild auf gold. Grunde, mit Silberstäbchen (ca. 27 cm ohne Stiel gemessen), versch. Formen. Nr. F 379. Stück Mk. —.35, Dutzend Mk. 4.—.

Japanfächer, eckige Form, mit bunt. Blumen, durchbroch., mit gebog. Bambusstiel (ca. 26½ cm ohne Stiel gemess.) Nr. F 409. St. Mk. —.30, Dtzd. Mk. 3.25.

Vornehmer Japanfächer, in 5 verschied. feinen Dessins, durchbrochen mit Riesenblüten, Vögeln und Schmetterlingen in bunt, Silber- und Gold-Schattierung (ca. 30 cm lang ohne Stiel gemessen). Nr. F 503. Stück Mk. —.50, Dtzd. „ 5.50.

Japanfächer, Silbergrund mit Blumen und durchbroch. Arabesken (ca. 26½ cm ohne Stiel gemessen). Nr. F 410. Stück Mk. —.30, Dtzd. Mk. 3.25.

Wunderschöner Fächer in 6 Formen und 6 verschiedenen Blumenbildern, eines effektvoller wie das andere, mit ganz kleinen Silberpunkten und Silbersternchen und teils mit Eisflimmer (ca. 26 cm lang ohne Stiel gemessen). Nr. F 502. Stück Mk. —.35, Dtzd. Mk. 4.—.

Die Papierfächer sind zur vollen Zufriedenheit ausgefallen.
Wanfried, 24. 2. 11. *Frl. A —r.*

Natur-Palmblatt-Fächer.

Natur-Palmblatt mit Rand, Durchmesser ca. 23 cm.
Nr. F 286 A mit leb. Blumen mit Kreppapierschleife. Stück Mk. —.80, Dutzend Mk. 9.—.
Nr. F 286 B mit künstl. Blumen mit Kreppapierschleife. Stück Mk. —.80, Dutzend Mk. 9.—.
Nr. F 286 C Fächer ohne Blumen mit Kreppapierschleife. Stück Mk. —.25, Dutzend Mk. 2.50.

Natur-Palmblatt, nur ca. 17 cm groß.
Nr. F 323 A mit lebenden Blumen und Schleifen. St. Mk. —.55, Dtzd. Mk. 6.25.
Nr. F 323 B mit künstl. Blumen und Schleifen. St. Mk. —.55, Dtzd. Mk. 6.25.
Nr. F 323 C ohne Blumen u. Schleifen. St. Mk. —.20, Dtzd. Mk. 1.75.

Natur-Palmblatt-Fächer mit duftenden Kartenbildern, mit künstlichen Blumenranken. Nr. F 445. Stück Mk. —.60, Dutzend Mk. 6.75.

Geprägte Kartonfächer.

Reliefs-Fächer

Nr. F 273.

mit glatt. Schild zum Aufdruck der Tanzordnung oder Speisenfolge etc. mit Blumenreliefs. Mit Stiel gemessen ca. 29 cm. Nr. F 272. Dtzd. Mk. 2.20, Gros Mk. 25.—.

Dieselben Fächer, aber **ohne** das glatte Schild mit Buntdruckreliefs. Nr. F 273. Dtzd. Mk. 2.30, Gros Mk. 26.—.

Nr. F 272.

Mit Atlasbandschlinge am Stiel kosten die Fächer das Dutzend Mk. —.75 **mehr,** mit Schlinge und Schleife aus feinem Atlasband Dutzend **Mk. 2.— mehr,** mit dünner Seidenschnur und Quästchen das Dutzend Mk. —.20 **mehr,** als oben angegeben.

Druck nach Aufgabe besorge ich zum Selbstkostenpreise (auf 100 Fächer ca. Mk. 2.—).

Fächer-Ständer für 28 Stück obenstehender Karton-Fächer (und weniger), **ohne** Fächer Stück **Mk. 4.—.**

Fächer in Attrappenform zum zusammenfalten.

Nr. F413.
2 Stück Mk. —.25,
Dutzend „ 1.40.

Lorgnon-Fächer

aus Pergament-Seidenpapier.

Stiellänge ca. 31 cm.

Cigarren-Radfächer
aus Stoff, zusammengezogen in Form einer Cigarre, entfaltet ca. 17 cm Durchmesser. Nr. F176.
Stück Mk. —.20, Dtzd. Mk. 2.25.

Aus Papier (japanisches Fabrikat) mit internationalem Flaggenrand (entfaltet ca. 10 cm).
Nr. F504. 3 Stück Mk. —.15, Dutzend Mk. —.50.

Verschiedene Schirme.

Japanische Schirme.

Die bekannte, allgemein beliebte Qualität in bunten Farben.

Nr. 194 A
ca. 30 cm Durchmesser.
Dutzend Mk. —.75.

Nr. 194 B
ca. 48 cm Durchmesser,
Dutzend Mk. 1.90.

Nr. 194 D
ca. 60 cm Durchmesser,
Dutzend Mk. 3.—.

Nr. 194 C
ca. 75 cm Durchmesser,
Stück Mk. —.70,
Dutzend „ 7.75.

Nr. 194 E
Extrafeiner haltbarer Japanschirm mit starkem Gestell in matten Farben.
Durchmesser ca. 75 cm.
St. Mk. 1.20, Dtzd. Mk. 13.50.

Nr. 194 F
Puppenschirm,
ca. 20 cm Durchmesser,
Dutzend Mk. —.50.

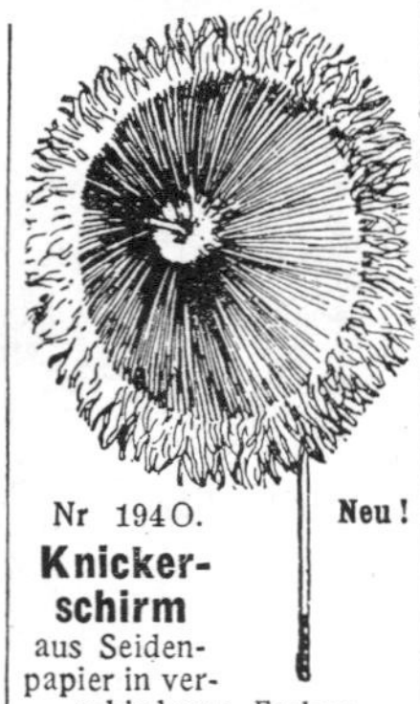

Nr 194 O. **Neu!**

Knicker-schirm
aus Seidenpapier in verschiedenen Farben, **horizontal und seitlich,** wie abgebildet zu tragen.

Durchmesser ca. 48 cm.

Stück Mk. —.40,
Dutzend „ 4.25.

Glückspilzschirm
aus rotem Seidenpapier mit weißen Punkten.
Durchmesser ca. 63 cm.

Nr. 194 M.

Stück Mk. —.50.
Dutzend „ 5.50.

Neu!

Waben-schirm
aus farbigem Seidenpapier mit Spritzschattierung, aufgespannt ca. 43 cm Durchmesser; ganz flach zusammenlegbar wie unten der Rosettenschirm.

Nr. 194 Y
Stück Mk. —.35.
Dutzend Mk. 4.—.

Nr. 194 W.
Aus weißem Seidenpapier mit bunten Rosetten und bunten Fransen in den Farben blau-rot-gelb.
Durchmesser ca. 80 cm.
St. Mk. —.80,
Dtz. „ 9.—.

Schirme aus farbigem Kreppapier mit Draht und Holzgestell

zum auf- und zumachen.

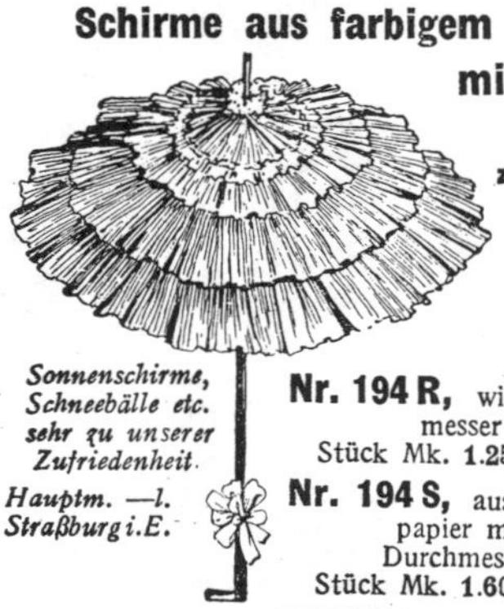

Nr. 194 Q, aus geblümtem Kreppapier mit einfarbig. Volant.
Durchm. ca. 64 cm.
Stück Mk. 1.—,
Dutzend „ 11.—.

Sonnenschirme, Schneebälle etc. sehr zu unserer Zufriedenheit.
Hauptm. —l. Straßburg i. E.

Nr. 194 R, wie Nr. 194 Q, Durchmesser ca. 87 cm.
Stück Mk. 1.25, Dutzend Mk. 14.—.

Nr. 194 S, aus einfarbigem Krepppapier mit 3 Volants.
Durchmesser ca. 83 cm.
Stück Mk. 1.60, Dutzend Mk. 18.—.

Nr. 194 V. Miniaturschirm
(wie 194 Q). Durchmesser ca. 35 cm.
Stück Mk. —.40, Dutzend Mk. 4.50.

Nr. 194 Z.
Aus weißem Seidenpapier mit bunten Figuren mit buntfarbigen Seidenpapierbüscheln.
Durchmesser ca. 80 cm.
Stück Mk. —.70, Dtzd. Mk. 8.—.

Die Fächer und Japanschirme usw. sind großartig und hatten großartigen Erfolg. Carl—r. Direktor. Rom.

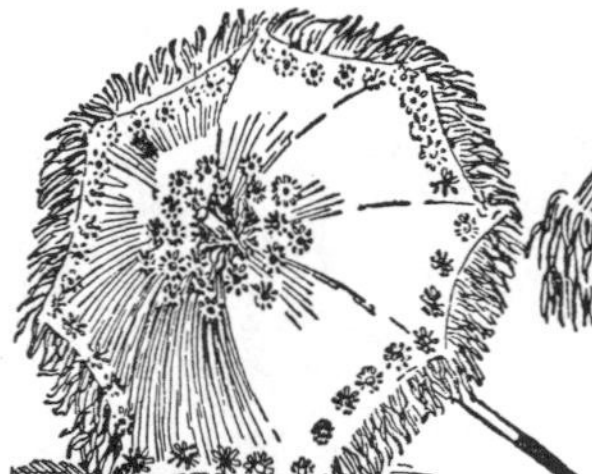

U.

P.

Nr. 194 U, maigrün mit weißen Sternblumen besetzt, mit üppigen Seidenpapierfransen. Durchmesser ca. 73 cm.
Stück Mk. —.80, Dutzend Mk. 9.—.

Nr. 194 P, gelb mit schwarzen Punkten mit üppigen, schwarz und gelben Seidenpapierfransen. Durchmesser ca. 73 cm.
Stück Mk. —.70, Dutzend Mk. 7.80.

Rosetten-schirme.

Aus farbigem Waben-Seidenpapier, Riesenrosettenform, aufgespannt ca. 71 cm Durchmesser; ganz flach zusammenlegbar wie abgebildet. Nr. 194 K.
Stück Mk. —.80,
Dutzend „ 9.—.
Nr. 194 X.
ca. 38 cm Durchmesser,

2 Stück Mk. —.25,
Dutzend „ 1.25.

Entzückende Geschenke für Damen.

! Lotterie-Gegenstände, Attrappen, Nippes aus Leder, Perl- :: mutter, Atlas, Seide, Karton, Porzellan etc. :: !

Es wird alljährlich von den Neuheiten aller geeigneten Branchen das Geschmackvollste, Feinste u. Beste ausgewählt und eingereiht

:: 12 Stück verschiedene reizende Geschenke sortiert ::

4/0 Mk. 6.— 5/0 Mk. 9.— 6/0 Mk. 12.— 7/0 Mk. 15.— 8/0 Mk. 18.— 9/0 Mk. 24.—

Reizende Andenken!

Habe die Cotillon-, sowie Geschenkgegenstände erhalten, wofür ich Ihnen meine Zufriedenheit ausspreche. Dr. —y in Lom.

Die übersandten Geschenk- u. Scherzartikel gefallen ausgezeichnet. —r, Lehrer, Bolkenhain.

Dekorations-Girlanden, Ketten etc.

Die Girlanden sind auch feuersicher imprägniert lieferbar mit 10 % Aufschlag.

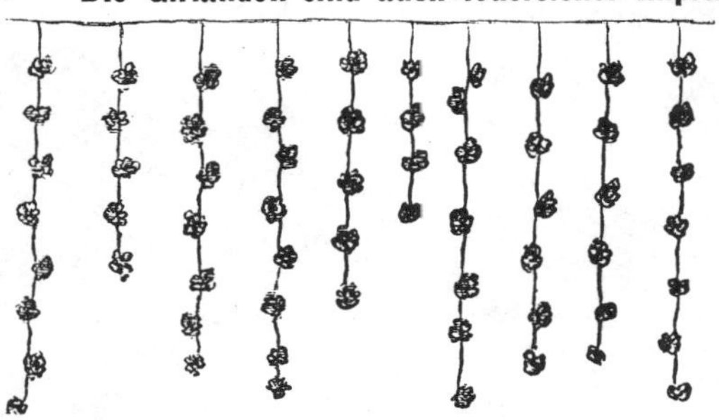

Blütenketten.

Diese neuen, sehr dekorativen Blütenketten werden durch kleine Seidenpapierblüten gebildet, die an 5 Meter lange Drahtfäden unregelmäßig gereiht sind; diese Ketten werden je nach Bedarf zerschnitten und in verschiedenen Längen an einem Strick befestigt, so wie die Abbildung zeigt.

Als Wandgehänge oder in Verbindung mit Boagirlande (Seite 168) von der Decke des Saales herabfallend, wirkt dieser neue Schmuck **feenhaft**, gleich wie ein **Blütenregen im Frühling**. Es werden folgende Farben geliefert:

rosa, gelb, rot, hellblau, hellila, weiß, maigrün.

Nr. D 696. 10 Stück à 5 m Mk. 3.—.

100 Stück à 5 m Mk. 28.50, 500 Stück à 5 m Mk. 138.—.

Das Effektreichste und Geschmackvollste, was es gibt.

Für große Saal-Dekorationen, für Restaurants, für Bierfeste usw.

Boablüten-Girlande,

wie Boa-Girlande (Seite 168) nur noch mit Riesenblumen aus Seidenpapier durchstellt. Lieferbar in den Farben gelb und rot, creme mit rosa oder blau etc., gelb und blau etc.

Nr. D 686. 10 Meter Mk. 3.50,

100 Meter Mk. 32.—, 500 Meter Mk. 155.—.

Wir waren überrascht u. entzückt von den schönen Girlanden. Frau Dr. —e, Tiegenhof.

Latanien-Bouquets

aus konservierten Naturlatanienblättern mit farbigen Mohnblüten aus Seidenpapier.

Rieseneffektvoll!

Höhe ca. 1,50 Meter (ohne Stiel gemessen). Stück Mk. 4.75.

Schneeball-Ampeln,

aus Draht mit farbigen Schneebällen gefüllt.

Höhe vom Ring bis zum Endschneeball ca. 85 cm.

Stück Mk. 4.—.

Blütentuffs-Girlande

aus Seidenpapier.

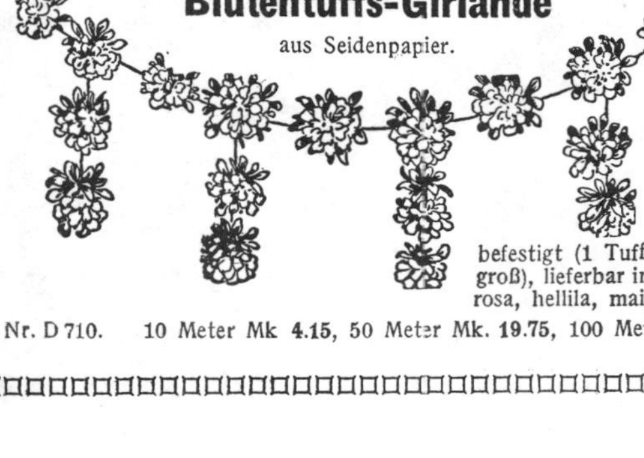

An grünem Bindfaden sind immer abwechselnd, wie abgebildet, 1 und 3 Blütentuffs befestigt (1 Tuff ist ca. 14 cm groß), lieferbar in: creme, gelb, rosa, hellila, maigrün.

Nr. D 710. 10 Meter Mk 4.15, 50 Meter Mk. 19.75, 100 Meter Mk. 38.—

Dekorationsbälle

aus verschiedenfarbigem Seidenpapier, waffelartig zusammengeklebt von ganz großartigem Effekt.

Durchmesser ca. 23 1/2 cm, ganz flach zusammenlegbar.

Nr. D 666 St. Mk. —.25, Dutzend Mk. 2.75.

Ferner: **Billige Girlanden.**

Die Seidenpapier-Girlanden sind auch feuersicher imprägniert lieferbar mit 10% Aufschlag.

Besten Dank für pünktliche Lieferung der Girlanden; der Saalinhaber und dessen Gäste sind entzückt von der Dekoration. G.—r, Dekorat., Breslau.

Die gesandten größeren Posten Riesenblumen-Girlanden sind von wirklich prächtiger allgemein ansprechender Wirkung. M. R., Weißenburg.

Riesenblumen-Girlande aus farbigen **Seidenpapierblumen** (ca. 18 cm groß) mit grünen **Seidenpapierblättern.** Nr. D 647. 10 Meter Mk. 3.—, 100 Meter Mk. **28.—**, 500 Meter Mk. **134.—.**

do. aus farbigen **Seidenpapierblumen** (ca. 12 cm groß), mit grünen **Seidenpapierblättern.** Nr. D 648 10 Meter Mk. **2.75,** 100 Meter Mk. **26.—**, 500 Meter Mk. **125.50.**

Girlande aus farbigen Seidenpapierblumen (ca. 7 cm groß) mit naturähnlichen **Rosenblättern.** Nr. D 649 10 Meter Mk. **4.50,** 100 Meter Mk. **42.75,** 500 Meter Mk. **207.—.**

Faltenrosen, wie zu diesen Girlanden verwendet, **in sortierten Farben:** A (ca. 18 cm groß) 100 Stück Mk. **2.—**, B (ca. 12 cm groß) 100 Stück Mk. **1.50,** C (ca. 7 cm groß) 100 Stück Mk. **1.20.** In rot: **A** Mk. **2.50, B** Mk. **1.85, C** Mk. **1.50, D** (3½ cm groß) 100 Stück Mk. **—.85.**

Ballen-Girlande. Die blütenähnlichen Seidenpapierballen haben einen Durchmesser von ca. 20 cm und sind an 2 Seiten mit grünen Blättern besetzt; die Blütenballen sind in den Farben rosa, creme, gelb, lila und hellblau lieferbar.

Nr. D 683.
10 Meter Mk. **2.35,** 100 Meter Mk. **22.75, 500** Meter Mk. **110.—.**
Rot: Nr. D 683a.
10 Meter Mk. **2.75,** 100 Meter Mk. **26.—**, 500 Meter Mk. **125.50.**

Boa-Girlande. **Eine großartige Dekoration von vornehmer Wirkung.**

Die Girlande gleicht den modernen Feder-Boas, nur daß sie aus Seidenpapier hergestellt und dicker und voller gebunden ist, um auch in der Ferne Effekt zu machen. Durchmesser ca. 15 cm, in den Farben rosa, lila, creme, gelb, maigrün, grün od. hellblau lieferbar: Nr. D 684. 10 Meter Mk. **2.10,** 100 Meter Mk. **20.—**, 500 Meter Mk. **96.—**, Rot: Nr. D 684a. 10 Meter Mk. **2.40,** 100 Meter Mk. **23.25,** 500 Meter Mk. **112.—.**

Nr. D 684b.
Abschattierte Boa - Girlande
hocheffektvoll,
von hellrosa bis dunkelbraun, zu **gleichen** Preisen wie die einfarbige Boa-Girlande.

Velvet-Girlande. Die **Velvet-Girlande** ist wie folgt zusammengestellt: Um einen Strick ist das überall beliebte, ripsähnliche **Velvet-Kreppapier** legère gewunden und hin und wieder große **Seidenpapierblüten** angesetzt. Die Girlande wird in folgend. Farbenzusammenstellungen geliefert: Velvet grün mit Blüten **in rot,** gelb, rosa oder lila.

Nr D 695.	10	100	500 Meter
Mark	**1.75**	**16.75**	**79.—**

Auch feuersicher (imprägniert), lieferbar mit 10% Aufschl.

Die Rosengirlanden sind sehr wirkungsvoll.
Heilbronn. Rich. —r.

Die Velvet-Girlanden haben sehr gut gefallen und die Saaldekoration hat einen imposanten Eindruck gemacht.
Paderborn. H—n, fr.

Neu! **Farben-Effekt-Girlande.**

Die **Riesen-Seidenpapierblüten** sind in matten prachtvoll harmonierenden abschattierten Farben zusammengestellt, und wird hierdurch ein ganz besonderer **großartiger Effekt** erzielt.

Nr. D 719.	10	100	500 Meter
Mk.	**2.35**	**22.—**	**107.—**

Auch imprägniert lieferbar mit 10% Aufschlag.

Eichenlaub-Girlanden.

Diese sind auch **gestanzt** und legen sich **ganz flach** zusammen wie die Seite 170 beschriebenen Netzgirlanden; sie sind **rund** und üppig und dekorieren

höchst effektvoll!

Nr. D 651.
1 Eichenlaub-Girlande
2 Meter lang, Mk. —.45.
10 Eichenlaub-Girlanden,
à 2 m lang, Mk. 4.—.

Ferner: ☞

Neu! **Feston-Girlanden**

aus grünem Papier mit rosa bis dunkelrot abgetönten Blüten.
Nr. D 702. 10 St à 2½ Met. Mk. 9.—,
50 „ à 2½ „ „ 43.50.

Hierzu senkrecht herabhängende Girlanden — Keulen — auch alleinhängend sehr dekorativ, ca. 68 cm lang.
Nr. D 702a. 10 Stück Mk. 3.—.
50 „ „ 14.—.

Nr. D 667. Eichenlaub-Girlanden, einfacher,
10 Stück à 4 Meter Mk. 3.25.
Nr. D 671, wie D 667, mit National-Fahnen,
10 Stück à 4 Meter Mk. 7.50.
Nr. D 672, wie D 667, mit internationalen Fahnen,
10 Stück à 4 Meter Mk. 7.50.

Nr. D 674, **Phantasielaub-Girlanden,**
10 Stück à 4 Meter Mk. 3.75.

Wand-Girlande,

halbrund, gezackte grüne Blattrosetten mit bunten Blütennetzballen.
Nr. D 688.
10 Stück à 4 Meter Mk. 5.—

Papier-Tannen-Girlande

in sehr schöner Schattierung, rund
Nr. D 689.
10 Stück à 4 Meter Mk. 5.—.

Säulengirlande,

halbrund, grüne Blätter mit bunten Blumen.
Nr. D 682.
10 Stück à 4 Meter Mk. **5.60,**
50 Stück Mk. 27.—.

Dieselben ohne Blumen.
Nr. D 681
10 Stück à 4 Meter Mk. 4.—,
50 Stück Mk. 19.—.

Die gesandte Eichenlaubranke ist sehr lobend anerkannt worden.
Kurhotel Webers-Berg
Direktor —r, Weilburg.

Die Flaggenketten, international,

japanisches Fabrikat, werden in 3 Größen: Kettenlänge ca. 1,60 m, Flaggenlänge ca. 8 cm, Kettenlänge 2 m, Flaggenlänge ca. 11 cm, Kettenlänge ca. 2¼ m, Flaggenlänge 17 cm, **sortiert geliefert.**

Nr. D 694. **12 Ketten** sortiert Mk. **1.40.**

Flaggenketten, 5 m lang, **zwei- und dreifarbig sortiert** (zweiseitig Buntdruck), (auf jeder Kette 24 Stück ca. 23 cm lange Flaggen). Nr. D 662. 10 Stück à 5 m lang Mk. **5.—**, 50 Stück à 5 m Mk. **24.—**.

Fahnenketten

in zweiseitigem Buntdruck mit Buchstaben **„Willkommen"** auf der Vorderseite und **„Wiedersehen"** auf der Rückseite. Kettenlänge ca. 2¼ m, Fahnenlänge ca. 35 cm.
Nr. D 675. Stück Mk. —.30.

Internationale Fahnenketten

in zweiseitigem Buntdruck. Kettenlänge ca. 5 m, mit 24 Fahnen.
Fahnenlänge ca. 22 cm.
Nr. D 676. 10 Stück Mk. **9.—**.

National-Fahnenketten

ebenso wie D 676.
Nr. D 677. 10 Stück Mk 9.—.

Bier-Festketten

in zweiseitigem Buntdruck. Kettenlänge ca. 5 m, mit 24 Fahnen.
Fahnenlänge ca. 28 cm.
Nr. D 678. 10 Stück Mk. **5.50.**

Nr. D 675

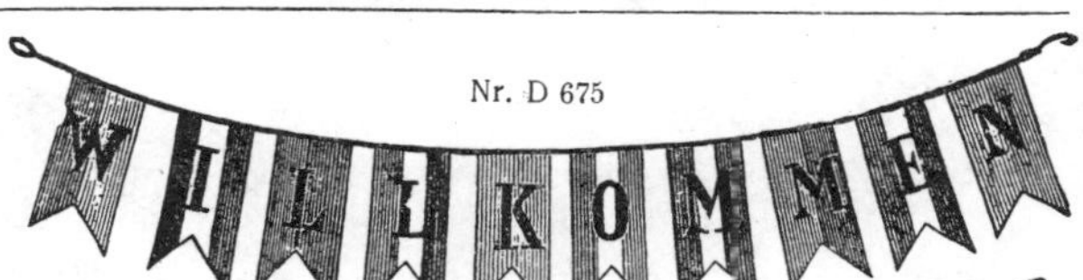

Nr. D 676

Nr. D 678

Netz- und Waben-Girlanden (ganz flach zusammenlegbar und ganz leicht).

Die Girlanden sind gestanzt und netzartig zusammengeklebt; sie dehnen sich harmonikaähnlich aus und legen sich ganz flach zusammen. Das allzuweite Dehnen wird durch angebrachte Fäden verhindert.

D 703.

D 704.

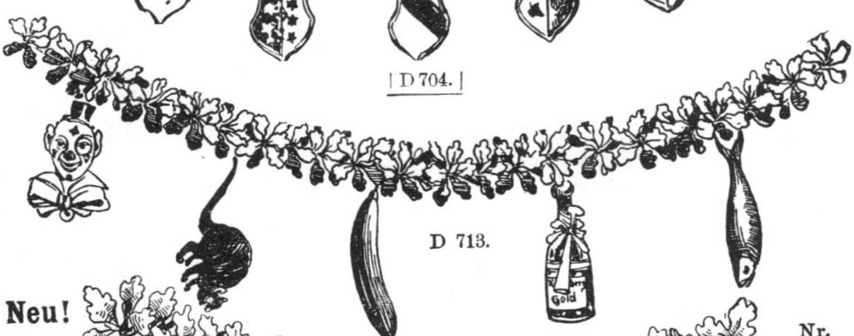

D 713.

Neu!

Nr. D 731.

D 715.

D 717.

D 718.

D 716.

Nr. D 716. **Doppelgirlande.** Grüne Rosetten verbunden mit farbigen Seidenpapiergirlanden mit Hängebogen mit Quasten.
10 Stück à 4 Meter **Mk. 10.—**, 50 Stück à 4 Meter **Mk. 48.—**.

Zusammengelegt. Bequem zu versenden.

Nr. **D 703.**
Schattiertes Eichenlaub mit farbigen Blüten.
10 Stück à 4 Meter **Mk. 5.50**
50 „ „ 4 „ „ **26.50**

Nr. **D 704.**
Grünes Eichenlaub mit international. Fähnchen u. Wappen, doppelseit. Buntdruck.
10 Stück à 4 Meter **Mk. 5.60**
50 „ „ 4 „ „ **27.—**

Nr. **D 705.**
wie D 704 aber mit Fähnchen statt Wappen.
10 Stück à 4 Meter **Mk. 5.60**
50 „ „ 4 „ „ **27.—**

Nr. **D 713.**
Grün mit ulkigen Anhängern in Buntdruck.
10 Stück à 4 Meter **Mk. 6.—**
50 „ „ 4 „ „ **29.—**

Nr. **D 731.**
Eichenlaub-Girlande, hell- und dunkelgrün hocheffektvoll schattiert und geadert.
10 Stück à 4 Meter **Mk. 6.—**
50 „ „ 4 „ „ **29.—**

Nr. **D 715.**
Grün mit bunten Vögeln im Ring.
10 Stück à 7 Meter **Mk. 5.—**
50 „ „ 7 „ „ **24.—**

Nr. **D 646.**
Aus farbigem Seidenpapier in Stücken à 7 Meter lang.
10 Stück à 7 Meter **Mk. 1.70**
50 „ „ 7 „ „ **8.—**
D 646a wie 646, aber mit 10 Fähnchen an der Girlande.
10 Stück à 7 Meter **Mk. 2.50**
50 „ „ 7 „ „ **12.—**

Nr. **D 656 a.**
Aus grünem Papier mit anhängenden **größeren Wappen** (mit Pantoffel und Herzen).
10 Stück à 4 Meter **Mk. 12.—**
50 „ „ 4 „ „ **58.—**

Nr. **D 717.**
Schattierte Rosetten aus **starkem Papier mit farbigen** Seidenpapierblüten.
10 St. à 3 ½ Meter **Mk. 5.—**
50 „ „ 3 ½ „ „ **24.—**

Nr. **D 718.**
Schattierte Blätterrosetten aus starkem grünen Papier mit farbigen Seidenpapierblüten.
10 Stück à 4 Meter **Mk. 7.50**
50 „ „ 4 „ „ **36.—**

Blüten-Rosetten-Girlande,
extra dick, Rosettengröße ca. 19 cm; um die grün. Rosetten herum sind farbige Blüten gesetzt.
Nr. **D 711.**
10 St. à 5 Meter **Mk. 9.—**
50 „ „ 5 „ „ **43.—**

Verschiedene Dekorationsstücke.

Wandschmuck.

Aus Pappe erhaben geprägt, reich bronziert und bemalt. Nr. D 690. **Sonne,** ca. 50 cm groß, Stück **Mk. 1.—.** Nr. D 691. **Mond** (Vollmond), ca. 33 cm groß, Stück **Mk. 1.—.** Nr. D 692. **Stern,** ca. 54 cm groß (mit Schweif gemessen), Stück **Mk. 1.—.**

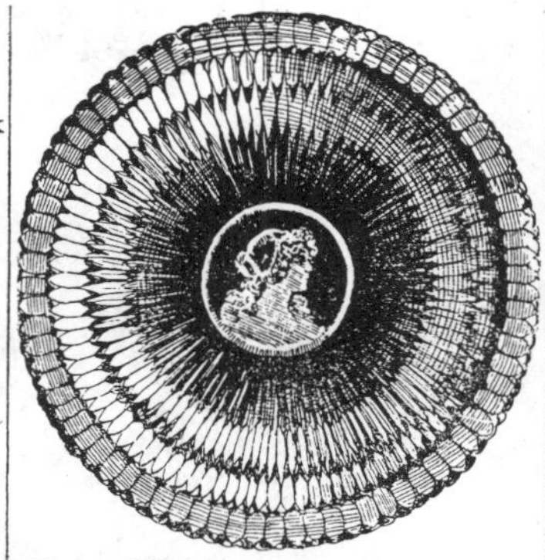

Riesen-Wandrosette aus farbigem Seidenpapier effektreich gefaltet — ganz flach zusammenlegbar — mit wundersch. Mädchenkopf in feinster Buntdruckausführung. Durchmesser ca. 56 cm. Nr. D 706. St. **Mk. —.50,** Dtzd. **Mk. 5.75.**

Japan-Wandläufer in bunten Farben, sehr dekorativ, ca. 42 cm breit u. ca. 100 cm lang. Nr. D 693. Stück **Mk. —.65,** Dutzend „ **7.50.**

Neu! Ampelgehänge, grün mit bunten Blumen, werden auch, wie der Eichenkranz (Nr. D 687 Abbildung rechts) an Rohrreife geschoben und können ganz flach zusammengelegt werden. Das Ampelgehänge ist vom Schnurende oben bis zu dem unteren Reifen gemessen, ca. 55 cm lang. Nr. D 721. Stück **Mk. —.75,** Dutzend **Mk. 8.50.**

Eichenkranz mit bunten Blüten, die Papier-Girlande wird auf einen zusammenlegbaren Rohrreifen geschoben. Durchmesser des Kranzes ca. 68 cm, zusammengelegt nimmt Girlande und Reif nur einen Raum von 29×29×2 cm ein (wie nebenstehend). Nr. D 687. Stück **Mk. —.40,** Dutzend **Mk. 4.50.**

Wandschmuck-Riesen-Rosetten
aus Seidenpapier
in höchst effektreichem Farbenspiel.
ca. **47** cm Durchmesser. Nr. D 664. Stück **Mk. —.35,** Dutzend **Mk. 4.—.**

Kernsprüche auf starkem Kartonpapier.

Größe 60×88 cm — Preis für 1 Serie à 5 Sprüche Mk. 2.—.

Nur serienweise abgebbar. — Jede Serie enthält 5 verschiedene Sprüche.

Serie I **für Turner.**
5 verschiedene Kernsprüche, darunter z. B.:
„Willkommen, seid willkommen
Ihr Turner froh und frei."

Serie II **für Schützen.**
5 verschiedene Kernsprüche, darunter z. B.:
„Ein echter Schütze hilft sich selbst."

Serie III **für Krieger.**
5 verschiedene Kernsprüche, darunter z. B.:
„Wir Deutsche fürchten Gott,
Sonst Niemand in der Welt."

Serie IV **für Gesangvereine.**
5 verschiedene Kernsprüche, darunter z. B.:
„Herz und Lied, frisch, frei, gesund,
Wahr' Dirs Gott, Du Sängerbund."

Serie V **für Radfahrer.**
5 verschiedene Kernsprüche, darunter z. B.:
„Zu jeder Zeit, zu jeder Weil'
Erschall ein herzliches „All Heil!"

Serie VI **für Kegelklubs.**
5 verschiedene Kernsprüche, darunter z. B.:
„Im Leben wie im Kegelspiel
Halt' stets im Aug' das rechte Ziel."

Serie VII **für Handwerker.**
5 verschiedene Kernsprüche, darunter z. B.:
„Hast Du Arbeit, frisch daran:
Fleiß und Kunst liebt Jedermann."

Hochfeine Ausführung!

Kernsprüche fürs Haus.

Größe 28×43 cm. — Preis für 1 Serie à 5 Sprüche Mk. —.75.

Serie IX A. Darunter z. B.:
„Wenn Du gehst aus diesem Haus,
Was Dir vertraut, nicht plaudre aus."

Serie IX B. Darunter z. B.:
„Schaffen und Streben
Allein ist Leben."

Sinn- und Trinksprüche für Restaurationszimmer etc.

Größe 43 × 70 cm. — Hochfeine Ausführung. — Preis für 1 Serie à 5 Sprüche Mk. 2.—.

Serie VIII A. Darunter z. B.:
„Wer kneipt, darf keine Eile haben,
Ein gutes Ding will Weile haben."

Serie VIII B. Darunter z. B.:
„Dieses Hauses höchste Zier
Ist reiner Wein und gutes Bier."

Serie VIII C. Darunter z. B.: *„Gott segne Deinen Eingang, wenn Du Durst hast,*
Und Deinen Ausgang, wenn Du bezahlt hast."

Merksprüche für Restaurants etc.

Serie VIII D. Darunter z. B.
„Ich borge nicht! dies bitt' ich zu beachten.
Die irren sich, die etwa anders dachten."
Größe 36×43 cm. 1 Serie = 4 Stück **Mk. —.50.**

Serie VIII E. Darunter z. B.:
„Hunde, große, wie kleine,
Die führ' man bitte an der Leine."
Größe 36×43 cm. 1 Serie = 4 Stück **Mk. —.50.**

Fest-Dekorations-Bilder, Wappen usw.

Nr. 913 H. Bayern.

Kaiser-Bilder

auf starkem Papier in **effektvollen** Farben ausgeführt.
Nr. 909. Kaiser }
Nr. 909a. Kaiserin } Größe 73×90 cm. Stück Mk. **—.50.**

Wappen-Schilder

zur Dekoration von Sälen, Vereinszimmern und im Freien. Heraldisch richtig und in **hochfeinem Farbendruck** ausgeführt. Größe 73×90 cm.

Vorrätig sind von Form 913:

Nr. 913 A **Deutschland,**	Nr. 913 D **Anhalt,**	Nr. 913 G **Braunschweig,**	Nr. 913 K **Elsaß-Lothringen,**
„ 913 B **Sachsen,**	„ 913 E **Preußen,**	„ 913 H **Bayern,**	„ 913 L **Österreich.**
„ 913 C **Hessen,**	„ 913 F **Württemberg,**	„ 913 J **Baden,**	

Auf starkem Papier, Preis Stück Mk. —.50, **auf Pappe aufgezogen,** Preis Stück Mk. **—.90.**

Wappen in heraldischer Schildform.

Erhabene Prägung in Silber-Bronze mit farbigen Wappen.
Getriebenes Metall sehr schön nachgebildet. Größe 34×48 cm.

Vorrätig sind von Form 911:

Nr. 911 A **Deutschland,**	Nr. 911 D **Anhalt,**	Nr. 911 G **Braunschweig,**	Nr. 911 K **Elsaß-Lothringen,**
„ 911 B **Sachsen,**	„ 911 E **Preußen,**	„ 911 H **Bayern,**	„ 911 L **Österreich.**
„ 911 C **Hessen,**	„ 911 F **Württemberg,**	„ 911 J **Baden,**	

Ferner Vereinswappen: Nr. 911 M **Schützen,** Nr. 911 N **Turner,** Nr. 911 S **Sänger,** Nr. 911 P **Kegler,** **Nr. 911 Q Ruderer** und Nr. 911 R **Radfahrer.** Preis Stück Mk. **—.50**

Dekorationskronen

aus Papiermaché reliefartig geprägt, Gold und farbig.

D 668. **Kaiserkrone,**
ca. 40 cm breit, Stück Mk. **—.50.**

D 669. **Königskrone,**
ca. 43 cm breit, Stück Mk. **—.50.**

D 670. **Papstkrone,**
ca. 48 cm hoch, Stück Mk. **—.75.**

Extragroße Wappen,

60×100 cm in Buntdruck.
Vorrätig sind:
Deutschland und **Österreich.**
Auf starkem Papier.
Nr. 912 A
Stück Mk. **—.60.**

Plakate in Farbendruck

mit Eichenkranz und Nationalschleife und Text auf rotem Untergrund. Größe 36×45 cm. 2 Stück Mk. **—.15.**

Nr. 907 A **Willkommen!**

Nr. 907 B. **Herzlich Willkommen!**

Nr. 907 C. **Glück und Segen den Neuvermählten!**

Nr. 907 F. **Gottes Segen zum Einzug!**

Wandschilder,

rund, mit imitierten Bronzerahmen in feiner Prägung.
Folgende Wappen sind vorrätig:
Deutschland, Preußen, Sachsen.
Durchmesser 63 cm.
Aus starker Pappe geprägt.
Nr. 912 B.
Stück Mk. **1.25.**

Plakate aus starkem Papier.

Nr. 910. **Für patriotische und andere Feste.**
Größe 73×90 cm. à Stück Mk. **—.50.**

Für Jubiläen, silberne und goldene Hochzeiten.
Größe 70×85 cm. **In Silberdruck:**
Nr. 907 D auf starkem Papier Stück Mk. **—.50.**
Auf Pappe gezogen Stück Mk. **—.90.**
In Golddruck: „50"
Nr. 907 E auf starkem Papier Stück Mk. **—.50.**
Auf Pappe gezogen Stück Mk. **—.90.**

Plakate aus starkem Papier.

Größe 73×90 cm. Stück Mk. **—.50.**

Nr. 900. **Für Turner.** Nr. 901. **Für Schützen.**
Nr. 902. **Für Kriegervereine.**
Nr. 903. **Für Gesangvereine.**
Nr. 911. **Für Radfahrer.**
Je 4 Dessins lieferbar.

Willkommen!

Riesenplakat
45×135 cm groß, für alle Feste passend.
Nr. 907 St. Mk. **—.40.**

Bockbierplakate

in Buntdruck: Fröhliche Zecher mit Ziegenböcken und niedliche Mädchen, dem Beschauer zutrinkend. Auf Pappe aufgezogen mit gestreiften Rändern (62×48 cm).
Nr. 914 = 3 verschiedene Dessins, Stück Mk. **—.60.**

Die alten Deutschen tranken noch eins usw., Krieger mit Trinkhorn, Tiroler Mädchen mit Bock, kämpfende Böcke. (73×90 cm).
Nr. 915 = 4 verschiedene Dessins, Stück Mk. **—.50.**

Humoristische, sehr gelungene, komische

Charakterköpfe

zum Aufhängen in Sälen, Klublokalen etc.
Eine Wanddekoration, die jedermann erheitert.
Es sind erschienen: **2 Serien Männerköpfe und 2 Serien Weiberköpfe,** jede Serie mit 4 Blatt, also zusammen **16** verschiedene Bilder.
1 Serie mit 4 Blatt kostet Mk. 2.25.

Das Mitbringen schlechter Laune ist verboten.

Plakate (Schwarzdruck) aus starkem Papier
Größe 36×45 cm.
Nr. 916 2 Stück Mk. **—.25,**
Dutzend Mk. **1.35.**

☛ ***Dekorations-Fähnchen bitte Seite 179 nachzusehen.*** ☚

Ihre Lieferungen zu Dekorationen des Ballsaales, sowie besonders zum Cotillon haben ebenso wie in früheren Jahren unseren größten Beifall gefunden.
Schützenverein, Groß-Umstadt.

Mit den mir gesandten Dekorations-Gegenständen bin ich sehr zufrieden, dieselben haben allgemeinen Beifall gefunden.
G. —r, Szasz-Regen.

Germania mit eichengeschmückter Krone auf dem Haupte und Lorbeerkranz in der Hand, **sehr schön ausgeführt.** Nr. 905. Stück Mk. 1.—.

Ein Friedensengel mit Lorbeerkranz und Palme ist von Fahnen, Wappen und Kanonen umgeben mit Inschrift:
„Vereinter Mut in starker Hand,
Sind sicherer Schutz dem Vaterland!“
Nr. 913. Stück Mk. 1.—.

Lorelei. Ein schönes Weib auf dem Felsen sitzend und die Leier schlagend; unten der Schiffer im leichten Kahne. Für Gesang- und Musik-Feste. Nr. 903 a. Stück Mk. 1.—.

Gambrinus, König von Brabant, auf einem Fasse sitzend, Scepter und Kelchglas in der Hand, mit Hopfenranken umgeben. Nr. 906. Stück Mk. 1.—.

Schützen-Liesl (wie Abbildung). Nr. 912. Stück Mk. 1.—.

Prinz Karneval mit dem Narrenscepter und Römerglas auf dem Thronsessel. Nr. 908. Stück Mk. 1.—.

Riesen-Plakate in sehr effektvollen Farben ausgeführt. Größe 90×145 cm.

Nr. 912.

Luftballons.

Aus Seidenpapier, nur I. Qualität, werden durch verdünnte Luft (mittelst Spiritusflamme — **Anweisung liegt jedem Ballon bei** —) zu hohem Steigen gebracht.

Für Jung und Alt hochinteressant.

Nr. L I	ca. 100 cm groß	. . . .	Stück Mk.	—.60
„ L II	„ 160 „ „	. . . .	„ „	1.—
„ L III	„ 190 „ „	. . . .	„ „	1.50

Gewöhnliche Form wie nebenstehend abgebildet.

An sämtlichen größeren Ballons, gleichviel welcher Form, lassen sich **Luftschlangen** oder **Konfetti** (Papierschnitzel) oder ein **Fallschirm** mit Figur anbringen (Beschreibung liegt bei), die sich in entsprechender Höhe auf- resp. ablösen und herabschweben. **Ein effektvoller Anblick.**

Hierzu vorgerichtete Luftschlangen kosten . . . Stück Mk. —.20.
Konfettibeutelchen Stück Mk. —.20. Fallschirm „ „ —.25.

L II mit Fallschirm.

Die bisher gesandten Luftballons haben hier viel Aufsehen erregt, wofür ich Ihnen bestens danke.
Dietr.—z, Thedinghausen b. Br.

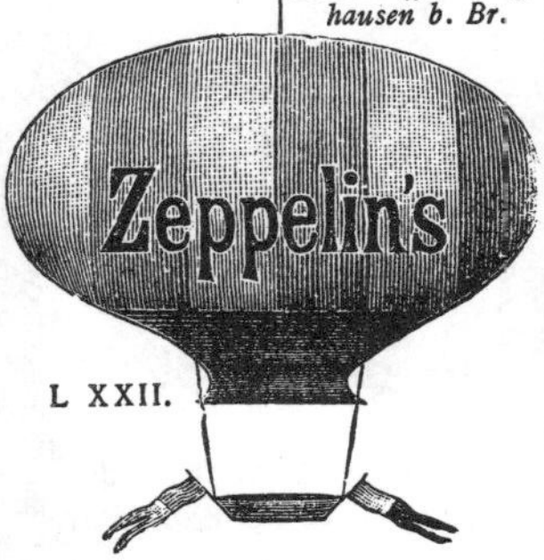

L XXII.

Gesandter Luftballon hat über Erwarten große, unbeschreibliche Freude gemacht.
E.—r—i, Pfunzen (Schweiz).

Neuheit!

Gasluftballons,

können auf jedem Gashahn leicht gefüllt werden, steigen imponierend hoch und sind ganz ungefährlich (Anweisung liegt jedem Ballon bei).

Nr.	GL 1	GL 2	GL 3
lang ca.	1 Mtr.	1½ Mtr.	2 Mtr.
Stück Mk.	—.60	1.—	1.50

Figuren-Luftballons aus dünnem Papier in Menschen- u. Tierform etc.

Sehr originell u. effektvoll wirken diese Figuren wenn sie hoch in der Luft umherfliegen.

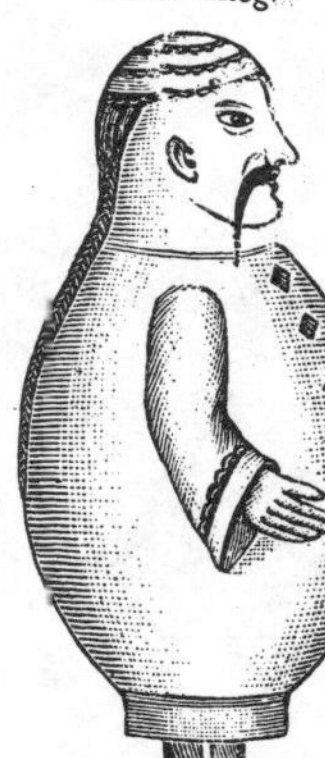
L XIX.

Nr. L IV	Form	**Neger,** ca. 160 cm groß	. . . .	Stück Mk.	1.60
„ L VI	„	**Elefant,** ca. 175 cm lang	. . . .	„ „	2.—
„ L VII	„	**Mann und Weib** (mit den Rücken aneinanderhängend), ca. 140 cm groß	. . . . .	„ „	2.—
„ L IX	„	**Ziegenbock,** ca. 120 cm lang	. . . .	„ „	1.60
„ L XII	„	**Radler,** „ 175 „ groß	. . . .	„ „	3.—
„ L XVII	„	**Clown,** „ 160 „ „	. . . .	„ „	1.60
„ L XVIII	„	**Schutzmann,** „ 125 „ „	. . . .	„ „	1.20
„ L XIX	„	**Chinese,** „ 120 „ „	. . . .	„ „	1.20
„ L XX	„	**Gans,** „ 200 „ lang	. . . .	„ „	2.40
„ L XXI	„	**Eule,** „ 200 „ „	. . . .	„ „	2.40
„ L XXII	„	**Zeppelin-**Ballon, ca 144 cm lang	. . . .	„ „	1.20

Illuminations-Papierlaternen,

(Lampions), in sauberer, eleganter Ausführung. Neueste Formen.

Zur Dekoration von Sälen, Gärten, Eisbahnen und zur Aufführung von Polonaisen.

Die Preise verstehen sich ohne Kerzen u. ohne Stöcke. Die Laternen lassen sich flach zusammenlegen.

Viereckige Buchstaben-Laternen.

In Farben sortiert (Breite 16 cm, Höhe ca. 25 cm).

Nr. L 91. **1 Satz „Willkommen" wie abgebildet = 10 Stück Mark 1.85.**

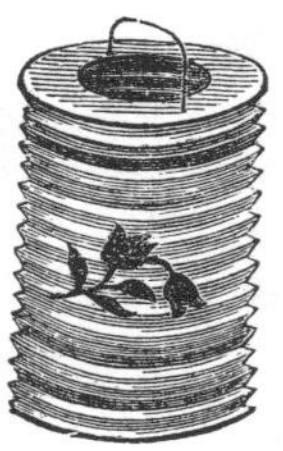

Nr. L 91a.	**All Heil**	7 Stück	Mk. **1.30**
„ L 91b.	**Gut Heil**	7 „	„ **1.30**
„ L 91c.	**Grüß Gott**	9 „	„ **1.65**
„ L 91D.	**Gut Holz**	7 „	„ **1.30**

Extra-Inschriften sind nicht lieferbar.

Extra-farben erfordern 4 Tage Lieferzeit.

Runde Zug-Laternen.

Buntfarbig sortiert, mit Streifen, Blumen, Früchten und Sternen etc. bedruckt.

Nr.	L 1	2	3	4	5	
ca.	20	27	34	38	41	cm hoch (ganz ausgezogen)
„	10	13	16	18	21½	„ breit
Mk.	—.40	—.65	—.90	1.20	1.80	Dutzend

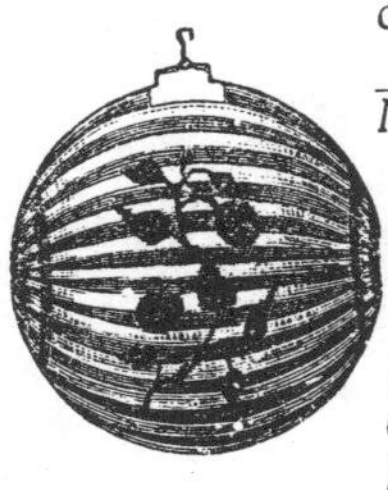

Ballon-Laternen (Lampions).

Buntfarbig sortiert, mit Streifen, Blumen, Früchten und Sternen bedruckt.

Nr.	L 10	11*)	12*)	13*)	14*)	15	
ca.	14	18	21	25	32	37	cm hoch
Mk.	—.60	—.75	1.10	1.50	2.25	3.50	Dutzend
mit Stockhülse: „	—.—	—.85	1.30	1.80	2.60	—.—	„

*) Die Nr. 11, 12, 13 und 14 sind auch in der **beliebten intensiv roten Farbe** am Lager und kosten

	Nr. L 11 a,	12 a,	13 a	und 14 a.
Dutzend Mk.	—.85	1.20	1.80	2.75
mit Stockhülse: „ „	—.95	1.40	2.10	3.10

(Stöcke Seite 178.)

Imitierte Japan-Laternen

(Deutsches Fabrikat.)

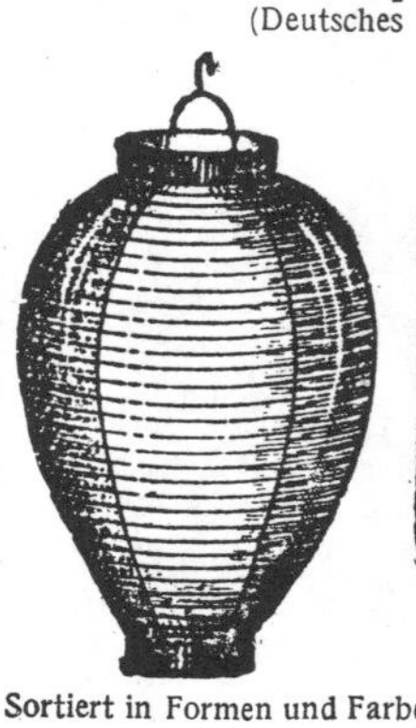

Sortiert in Formen und Farben, gestreift und geblumt.

Nr.	L 108	L 109	L 110
ca. lang	22 cm	26 cm	30 cm
Dutzend Mk.	**2.50**	**3.—**	**4.50**

Echt japanische Laternen

in der bekannten, soliden haltbaren Ausstattung, **nur** in der abgebildeten Form und **nur** in der beliebten intensiv roten Farbe.

Nr. L 116 a. ca. 16½ cm Durchm., Dtzd. Mk. **2.75.**

Nr. L 117 a. ca. 21 cm Durchm., Dtzd. Mk. **4.25.**

Nr. L 118 a. ca. 28 cm Durchm., Dtzd. Mk. **6.—.**

Ferner:

Ferner: Jlluminations-Papierlaternen etc.

Regenbogen-Rosette
in den Regenbogenfarben,
ca. 35 cm groß.
Nr. L 121. Dutzend Mk. 3.—.

Nachthimmel,
schwarz mit gelb, prachtvoll dekorativ.
ca. 29 cm groß.
Nr. L 123. Dutzend Mk. 2.75.

Entree-Laterne,
extragross
weiß mit grünem Kranz und rotschwarzer Schrift mit 2 Inschriften (auf beiden Seiten): „Herzlich Willkommen!“ „Auf Wiedersehen!“
ca. 44 cm lang, 32 cm hoch.
Nr. L 125. Stück Mk. —.40.

Imitiert Japan,
bunt; mit Wollquasten,
ca. 33 cm hoch.
Nr. L 120. Dutzend Mk. 6.—.

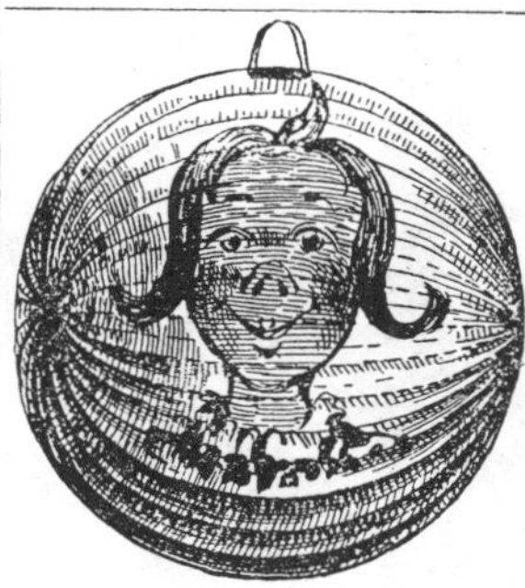

Max und Moritz.
Weiß mit farbigen Köpfen,
ca. 30 cm groß.
Nr. L 122. Dutzend Mk. 3.—.

Clownkopf,
bunt,
ca. 39 cm lang.
Nr. L 128.
Dutzend
Mk. 7.50.

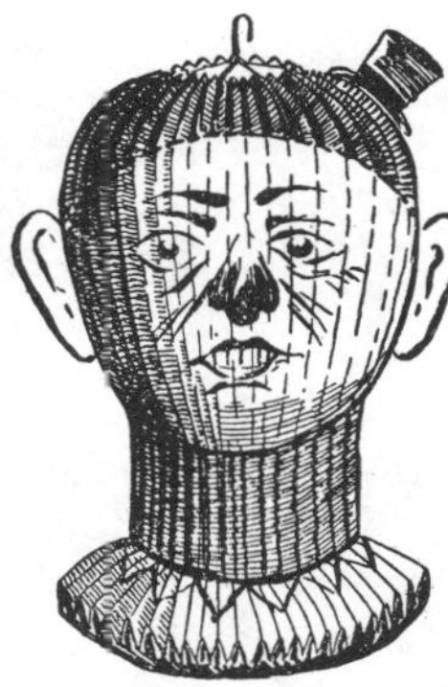

Karikaturen, bunt:
Rotkäppchen, Negergigerl, Clown, Gestiefelter Kater, sortiert, Höhe ca. 48 cm. Nr. L 126. Dutzend Mk. 1.50.

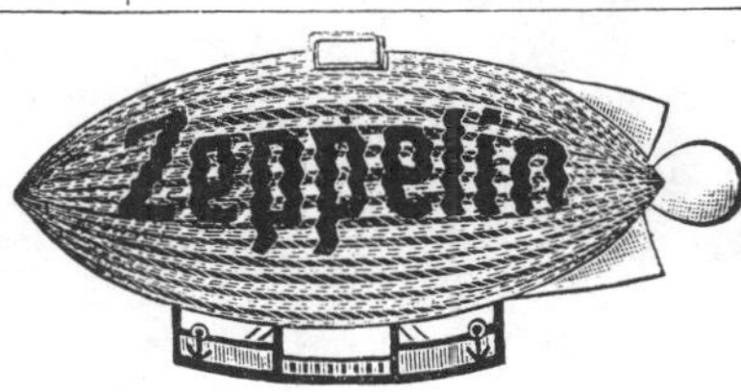

Neu!

Luftschiff-Laterne,
Nr. L 132 bunt, ca. 32 cm groß
Dutzend Mk. 1.20.
Nr. L 133 bunt, ca. 38 cm groß
Dutzend Mk. 2.50.

Façon-Laternen.

Nr.		ca. cm groß	Dtzd. Mk.
L 20	dreieckige Form	32	1.50
L 39	Nußform mit transparenten Sternen	25	5.50
L 40	Phantasieform mit Karikaturen	32	6.—
L 41	Ballonform, spitz zulaufend	26	1.60
L 45	Phantasieform, 4 farbig	33	5.—
L 47	Form eisernes Kreuz	34	4.—
L 48	Phantasieballonform	30	4.50
L 49	Krone mit transparenten Verzierungen	25	9.—
L 106	originelle Form mit Vögeln auf beiden Seiten	34	2.75

Delfter Zuglaternen,
blau und weiß, ca. 30 cm.
Nr. L 124. Dutzend Mk. 1.10.

Pilz,
rot mit weißen Punkten,
ca. 22 cm groß.
Nr. L 129.
Dutzend
Mk. 5.—

Ferner: Jlluminations-Papierlaternen etc.

Elektrische Bogenlampe.
Höhe ca. 30 cm, Breite ca. 40 cm.
Nr. L 113. Dutzend Mk. **8.—.**

Faßform
mit Inschrift, wie abgebildet, ca. 33 cm lang.
Nr. L 92. Dutzend Mk. **4.80.**

Nistkasten.
Höhe ca. 35 cm.
Nr. L 112.
Dutzend Mk. **2.40.**

Kopf-Laternen Neu!
mit Mütze und Quaste in 6 verschiedenen Dessins.
Länge ca. 20—24 cm.
Nr. L 137.
Dutzend Mk. **3.50.**

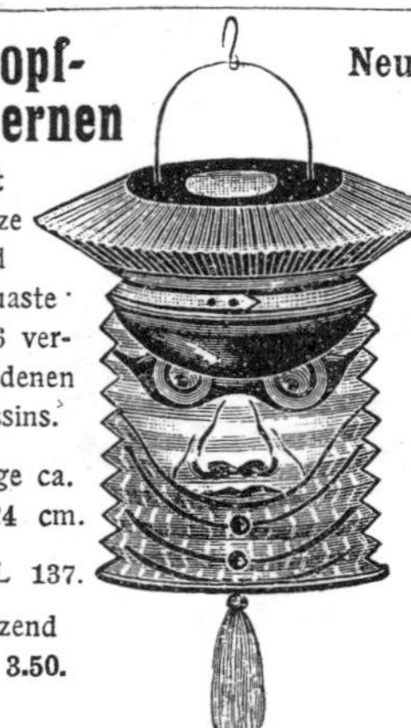

Tiere, bunt.

Folgende 12 Formen: **Katze, Ente, Schaf, Affe, Brieftaube, Kanarienvogel, Papagei, Hahn, Hund, Kuh, Kamel, Fasan** werden in 1 Dutzend sortiert geliefert.
Nr. L 127. Dutzend Mk. **1.50.** Länge der Katze z. B. ca. 34 cm.

Stocklaterne in Tulpenform
aus farbigem Transparentpapier, intensiv leuchtend, ca. 17 cm hoch.
Nr. L 138. Dutzend Mk. **1.60.**

Neu! Kometen - Laterne
mit leuchtenden Himmelskörpern auf dunklem Grunde. Durchmesser ca. 25 cm.
Nr. L 142. Dtz. Mk. **1.20.**

Neu! Stern-Laternen
mit hellblauem Grunde und gelben Sternen.
Länge ca. 24 cm.
Nr. L147. Dtz. Mk. **-.90.**

Neu! Neu!
Transparent-Laterne

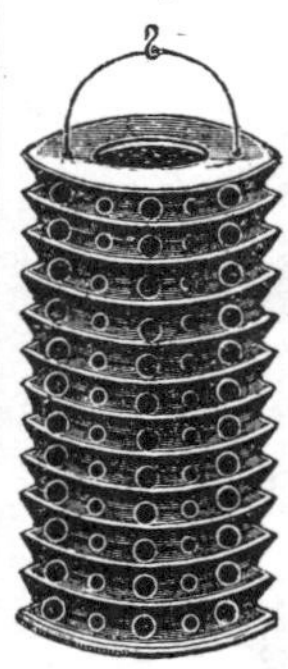

aus 2 verschieden-farbigen Papieren gefaltet; das obere ist durchlöchert und läßt das untere leuchtend durchscheinen.
Sehr effektvoll!
Länge ca. 25 cm.
Nr. L 136.
Dtz. Mk. **2.—.**

Papier - Laternen - Sortimente
aus den verschiedenen ::
Dessins zusammengestellt.

AA.	**Kleine Sorten,**	Dtzd. Mk.	**1.—**
A.	**Etwas größere Sorten**	„	**1.60**
B.	**Mittlere Sorten**	„	**3.—**
C.	**Große Sorten**	„	**5.—**

Neu!
Phantasie-Laterne
mit Kreppapier unten und oben.
Länge ca. 40 cm.
Nr. L 134.
Dutzend Mk. 3.50.

Die gesandten Lampions waren sehr schön. G. —n, Barntrup.

Wir haben schon seit 7 Jahren nur von Ihrer werten Firma alle unsere Cotillonsachen bezogen, sind sehr mit Ware und Bedienung zufrieden und können Ihre Firma besonders unseren Mitgliedern des Bundes deutscher Tanzlehrer sehr empfehlen. Tanz-Institut R. —n, Hameln.

Ich war mit Allem außerordentlich zufrieden und kann ich Ihnen nur Lob spenden. Frau Hofrat —n., R.

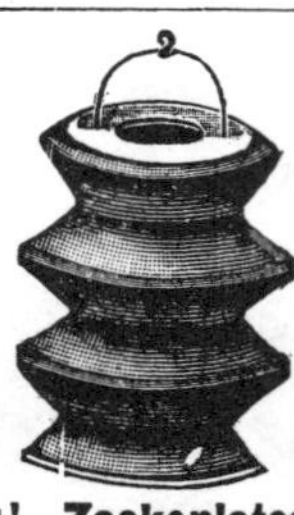

Neu! Zackenlaterne
aus rotem **Kreppapier.**
Länge ca. 21 cm.
Nr. L 135. Dtzd. Mk. **3.—.**

Stocklaternen,

Ballonform, **mit Blätteransatz,** Durchmesser ca. 19 cm.
Nr. L 104 mit Stab,
Dutzend Mk. **2.40.**

Bierseidel,
22 cm hoch,
Nr. L 114.
Dutzend Mk. **6.—.**

Ferner:

Jlluminations-Papierlaternen.

Kerzen Seite 178.

Neu! Laternenkronen

aus Pappe geschnitten mit glänzendem Silberpapier überzogen, mit gelben Seidenpapierquasten. Die Ballonlaternen stellen Sonne, Mond und Sterne dar, leuchtend gelb auf schwarzem Grunde. Laternendurchmesser ca. 19 cm. Größe der Krone (vom Hänger oben bis zur Quaste unten gemessen) ca. 60 cm. Nr. L 144. Stück Mk. —.60.

Neu!
Ovale Sonnen-Laternen.
Gelbes Strahlengesicht, effektvoll schattiert auf schwarzem Grunde. Länge ca. 24 cm. Nr. L 149. Dtzd. Mk. 1.10.

Neu!
Wandschmuck
„Schlafender Nachtwächter"
mit Hellebarde mit **Zuglaterne.** Der Nachtwächter ist aus Pappe geschnitten und in **Farbendruck** ausgeführt, die Nachtwächterfigur ist ca. 45 cm groß. Die Laterne ist ca. 16 cm lang. Nr. D 728.
Stück Mk. —.50,
Dutzend Mk. 5.50.

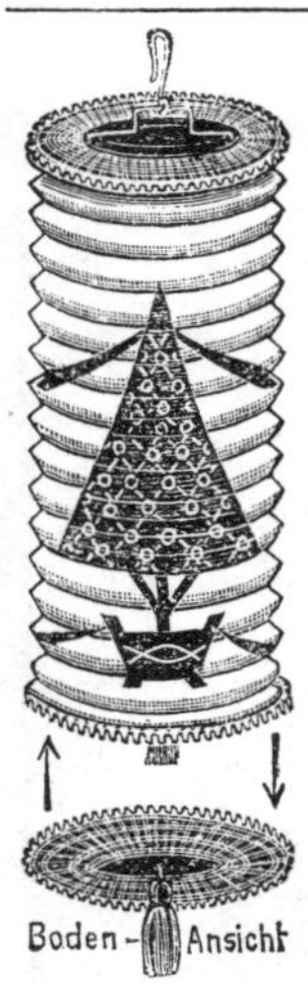

Neuheit!
D. R. G. M.
Luna-Laternen
haben an Stelle des Pappbodens und -Deckels **durchsichtiges** Papier wie an den Seiten. Die Luna-Laternen leuchten infolgedessen auch unten und oben.

Bunte Bilder auf weißem Grunde. Durchmesser oben ca. 16½ cm, Länge ca. 26 cm. Nr. L 152. Dtzd. Mk. 1.20.

Regenbogenfarbig oben ca. 18 cm, Länge ca. 30 cm Nr. L 153. Dtzd. Mk. 1.60.

Neu! Flaggenstablaternen.

Eine bunte Ballonlaterne (ca. 23 cm Durchmesser) hängt an einem farbigen Flaggenstab; die Schnuren sind mit bunten Seidenpapierbällen verziert. Nr. L 151. Dutzend Mk. 2.—.

Neu!
Plakat-säulen-Laternen.
Fester Rand, oben und unten, mit bunten Plakaten in Farbendruck. Länge ca. 43 cm. Nr. L 150. Dutzend Mk. 4.20.

Neu! Chantecler-Laternen.

Hahn, bunt, ca. 40 cm lang, und Fasanenhenne, ca. 35 cm lang. Nr. L 145 in den 2 Dessins sortiert. Dutzend Mk. 2.—.

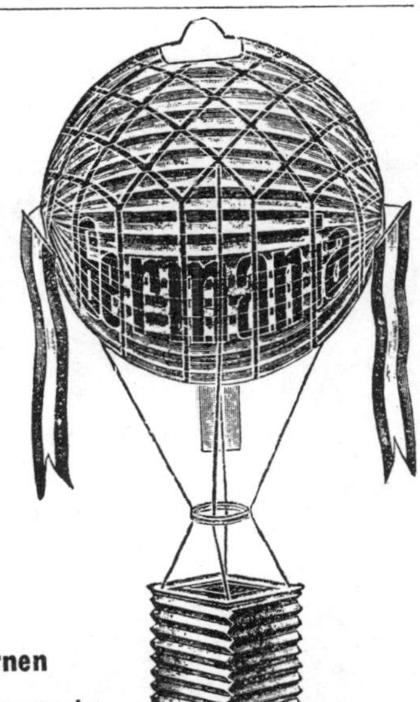

Neu! Luftballon-Laternen
mit Wimpeln.
Mit verschied. Inschriften. Durchmesser des Ballons ca. 30 cm. Nr. L 146. Dtzd. Mk. 5.40.

Die Ausführung meiner Bestellung hat mich in Freude versetzt; was die Girlanden anbetrifft, so habe ich eine solche Ausführung für diesen Preis noch nicht erhalten. Ich spreche Ihnen hiermit meinen herzlichsten Dank aus. W. —z, Zossen.

Die Girlanden sind gut angekommen und gefallen mir sehr gut. Frau Dr.-g, Cassel.

Bezugnehmend auf die hier ausgeführte Dekoration im Restaurant G. K. erregt dieselbe allgemeine Bewunderung.
Joh. —e, Leipzig-Schleußig.

Verschiedene Fackeln, Laternen, Lichte etc.

Papier-Fackeln

mit starkem Kartonstiel und Blechhülsen für Kerzen.

I. Qualität, extrastark.
Nr. L 51. ca. 75 cm hoch.
Dutzend **Mk. 1.60,** Gros **Mk. 18.—.**

II. Qualität aus transparentem Pergamentpapier.
Nr. L 111. ca. 60 cm hoch.
Dutzend **Mk. 1.20,** Gros **Mk. 14.—.**

III. Qualität, aus gewöhnlichem Papier.
Nr. L 119. ca. 48 cm hoch.
Dutzend **Mk. —.55,** Gros **Mk. 6.—.**

Wachs-Fackeln,

I. Qualität, von großer Leuchtkraft, mit Holzstielen zum Tragen.
Nr. **L 62.** ca. 1 Stunde Brenndauer, 10 St. **Mk. 4.60,** 100 St. **Mk. 43.50.**
Nr. L 63. ca. 2 Stunden Brenndauer, 10 St. **Mk. 8.50,** 100 St. **Mk. 82.—.**

Ich war mit Ihrer Sendung sehr zufrieden, die Fackeln machten sich großartig, auch die duftenden Postkarten fanden großen Anklang.
E. H—dt., Hannover.

Schaukel-Laterne

aus Lederpappe mit Pergamentpapier mit 50 cm langem Stab. Die Laterne hängt, wie die Abbildung zeigt, in einer Drahtschaukel und balanziert; sie muß infolgedessen, **was sehr wichtig ist, immer senkrecht hängen** und kann nie schief getragen werden.
Laternenhöhe ca. 16½ cm. Nr. L 131. Dutzend **Mk. 1.60.**

Die Cotillonsachen haben großen Beifall gefunden.
E. —t., Lehrer, Kiel.

Laternen- und Baumkerzen.

Ceresin

in Kartons à 12, 20 und 30 Stück, je nach Stärke und Brenndauer, weiß.
1 Karton **Mk. —.50.**
12 „ „ **5.50.**

Paraffin

in Kartons à 15, 24, 30 und 40 Stück. 1 Karton **Mk. —.40.**
12 „ „ **4.50.**

Ungefähre Brenndauer der Kerzen bei ruhigem Wetter:

Ceresin	12	20	30 er	
	2½	1½	1	Stunde,
Paraffin	15	24	30	40 er
	1¾	1½	1	½ Stunde.

Magnesium-Fackeln,

erzeugen ein feenhaftes Licht von rötlichem oder weißlich-grünem, prachtvoll leuchtendem Schein.
Nr. L 64. Brenndauer ca. 5 Minuten . . Stück **Mk. —.70**
„ L 65. „ „ 25 „ . . „ „ **2.60**

Neu! Perfekt-Laternen

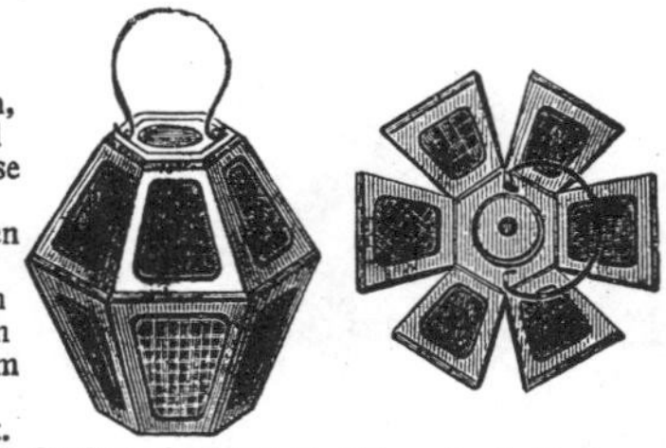

aus **Messing-Scharnier-Rahmen** mit **Gelatinescheiben,** gemustert und in Farben; diese äußerst praktischen Laternen klappen sich selbsttätig flach und hoch, wenn mann sie an dem Drahthenkel hebt und senkt.
Ich offeriere 2 Größen: Geöffnet ca. 9½ cm hoch, flach zusammengelegt ca. 13½ cm Durchmesser, mit Einsatzlämpchen.
Nr. L 139. Dutzend **Mk. 3.60.**
Geöffnet ca. 10 cm hoch, flach zusammengelegt ca. 15½ cm Durchmesser, mit Einsatzlämpchen.
Nr. L 140. Dutzend **Mk. 4.60.**
Einsatzlämpchen zu den Perfektlaternen kosten allein:
Nr. L 139 a Dutzend **Mk. —.35,** Nr. L 140 a **Mk. —.50.**

Farbige Gelatine-Becher

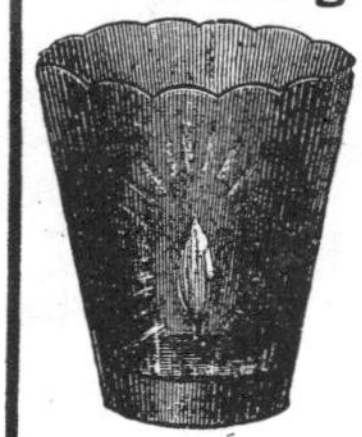

Nr. L 58.

mit Drahthenkel oder mit **Drahtring an** die Wand zu hängen, und zum Stellen eingerichtet, in äußerst dekorativen Farben sortiert.
Nr. L 58, ca. 9 cm hoch, mit **Einsatzlämpchen mit Wachskompositionsfüllung.**
(Brenndauer ca. 2 Stunden.)
Dutzend **Mk. 1.70,** Gros **Mk. 19.50.**
Die Einsatzlämpchen allein kosten
Nr. L 58a
Dutzend **Mk. —.55,** Gros **Mk. 6.—.**

Jlluminations-Blechnäpfchen

zum Aufstellen

Nr. L 59.

ca. 6½ cm Durchmesser, mit **Wachskompositionsfüllung.**
Brenndauer ca. 2—3 Stunden.
Nr. L 59. Dutzend **Mk. —.65,** Gros **Mk. 7.25.**

Zum Aufhängen

halbrund mit erhöhter Rückwand mit Loch.
Nr. L 102. Dutzend **Mk. —.70,** Gros **Mk. 8.—.**

Lampion-Stäbe

mit Drahthaken zum Tragen der Lampions im Festzuge.
Dutzend **Mk. —.45,** Gros **Mk. 4.80.**

Buntfarbige Stöcke

ohne Haken für Laternen mit Hülse.
Dutzend **Mk. —.45,** Gros **Mk. 5.—.**

Bambus-Stäbe

ohne Drahthaken Dutzend **Mk. —.40,** Gros **Mk. 4.50.**
mit „ „ „ **—.65,** „ „ **7.50.**

Jlluminations-Ketten aus verzinntem Doppeldraht.

Sehr praktisch!

Die Lampions usw. werden in die Drahtösen der Ketten gehängt (in Abständen von ca. 17 cm), ein Zusammenschieben bei Windstoß oder schiefer Steigung ist ausgeschlossen. Die Laternen usw. hängen immer in gleichen Abständen voneinander. Die Ketten lassen sich leicht zusammenhängen und auseinandernehmen.
10 Bund Ketten **(ohne Laternen)** à 10 Meter = 100 Meter **Mk. 3.—.**

Feuerwerk-Sortimente.

Auf das Sorgfältigste und Effektreichste zusammengestellt.

Sehr beliebt! ◈◈ **Modern!** ◈◈ **Sehr beliebt!**

Da der Versand von Feuerwerkskörpern per Post unzulässig ist, so kann derselbe nur per Bahn erfolgen; ich bitte hierauf bei Bestellung Rücksicht zu nehmen und den Termin der Ankunft nicht zu kurz zu bemessen.

Zu jeder Nummer Anleitung zum Aufstellen und Abbrennen.

Der Versand erfolgt direkt ab Fabrik.

No. 0. Feuerwerk für 10 Mk.

1 Kanonenschlag
3 Raketen mit Knall
1 elektrisches Silbersternlicht mit Silberkometen
2 Goldregenlichter, Kometensterne auswerfend
1 Rakete mit bunten Leuchtkugeln
1 Rakete mit Knall
1 Feuerrad mit dreimaliger Verwandlung und Farbenspiel
2 Feuerräder mit dreimaliger Verwandlung
1 Rakete, feurige Schlangen auswerfend
1 Pot à feu, Frösche auswerfend
1 Rakete mit Knall
1 Horizontal-Kaskade mit 3 Brändern in Brillantfeuer
2 römische Lichter, farbige Sterne auswerfend
2 Raketen mit Knall
1 Lichterfächer, farbiges Kugelspiel auswerfend
3 Raketen mit Knall
2 bengalische Zylinderflammen, rot und grün leuchtend
6 Zündlichter.

Das gelieferte Feuerwerk hat allen Anwesenden sehr gut gefallen usw.
P. —n, Hanau-Kesselstadt.

No. 1. Feuerwerk für 15 Mk.

1 Kanonenschlag
3 Raketen mit Knall
1 elektrisches Silbersternlicht mit Silberkometen
2 elektrische Silbersternlichter, etwas kleinere Ausführung
1 Rakete mit bunten Leuchtkugeln
2 Raketen mit Knall
1 Pracht-Doppelstab-Umläufer mit Farbenspiel u. zweimaliger Verwandlung
2 Pracht-Doppelstäbe-Umläufer, mit Knall endigend
1 Rakete mit Silberschlangen
1 Pot à feu, feurige Schwärmerschlangen auswerfend
1 Brillantfächer, in Brillantfeuer ausgeführt
2 Brillantfontänen, mit Knall endigend
1 Sternrakete mit blauen Kugeln
2 Raketen mit Knall
1 Kometenkasten mit Goldregenbukett
1 Horizontal-Kaskade mit 3 Brändern in Brillantfeuer
2 Goldregenröhren, Goldkometen auswerfend
1 Rakete mit Kreiselsonnen
1 Sternrakete mit grünen Kugeln
1 Pot à feu mit Fröschen
1 elektrischer Silbersternfächer aus 3 Brändern
2 Knallraketen
2 bengalische Zylinderflammen, rot und grün leuchtend
6 Zündlichter.

No. 2. F[illegible]werk für 20 Mk.

1 Kanonenschlag
3 Raketen mit Knall
1 Brillantfontäne, mit Knall endigend
2 elektrische Silbersternlichter mit Silberkometen
2 Raketen mit Knall
1 Rakete mit grünen Leuchtkugeln
1 Transparentstab-Sonne mit farbigem Feuerkreis
2 Pracht-Doppelstäbe-Umläufer mit zweimaliger Verwandlung
1 Pot à feu, ein Bukett Schwärmer auswerfend
1 Rakete mit fliegendem Goldregen
2 Knallraketen
1 Brillantfächer, aus 3 Brillantbrändern mit Knall
2 Brillantfontänen, mit Knall endigend
1 Rakete mit gelben Sternen
1 Sternrakete mit farbigem Bukett
2 Raketen mit Knall
1 Pot à feu, ein Bukett Leuchtkugeln auswerfend
1 Horizontal-Kaskade mit blauem Brillantfeuer
2 Blumenfontänen, mit Knall endigend
1 Rakete mit Schlangenregen
1 Rakete mit weißen Sternen
1 Pot à feu mit Froschregen
3 Raketen mit Knall
1 Kometenbukett-Pot à feu
1 elektrischer Silbersternfächer, aus 3 Brändern
2 Raketen mit Knall
1 Kanonenschlag
2 Zylinderflammen, rot und grün leuchtend
6 Zündlichter.

Grössere Sortimente: No. 4 Mk. 25.—, No. 5 Mk. 30.—, No. 6 Mk. 40.—, No. 7 Mk. 50.—, No. 8 Mk. 75.—, No. 9 Mk. 100.—, No. 10 Mk. 150.—, No. 11 Mk. 200.—.

Fähnchen aus Stoff

zur Dekoration von Vergnügungslokalen etc. und für Kinder zum Tragen bei patriotischen Festen.

Nr. **1** schwarz-weiß-rot mit Adler, Stoffgröße ca. 18×23 cm. Dutzend Mk. **1.—**.
„ **1 a** in verschiedenen Farbenzusammenstellungen, Stoffgröße ca. 18 × 23 cm. Dutzend Mk. **1.—**.
„ **2** schwarz-weiß-rot mit Adler, Stoffgröße ca. 25×33 cm. Dutzend Mk. **2.80**.

Nr. **2 a** in verschiedenen Farbenzusammenstellungen, Stoffgröße ca. 25×33 cm. Dutzend Mk. **2.80**.
„ **3** schwarz-weiß-rot mit Adler, Stoffgr. ca. 32×37 cm. Dutzend Mk. **3.75**.
„ **3 a** in verschiedenen Farbenzusammenstellungen, Stoffgröße ca. 32×37 cm. Dutzend Mk. 3.75.

Aus Papier, doppelseitig bedruckt, national und international, 22×13 cm groß. Nr. **6073 a** Dutzend Mk. **—.35**, Gros Mk. **3.60**.

Schärpen in den Farben schwarz-weiss-rot.

Aus Stoff: A. 75 cm lang, Dtzd. Mk. 4.—. B. 100 cm lang, Dtzd. Mk. 5.50.

Krepp-Papierschärpen in den Farben: schwarz-weiss-rot.

C. 100 cm lang, Dutzend Mk. **—.85**.

(Die Maße sind für die **halbe** Länge — da die Schärpen doch doppelt liegen — angegeben.)

Musik-Instrumente und Radau-Gegenstände.

Nr. 7018 a. Nr. 7018 b. Nr. 7040. Nr. 7041.

Nebelhörner aus buntbemaltem Blech,
ca. 40 cm lang. Nr. 7030. Stück Mk. —.20, Dutzend Mk. 2.25.

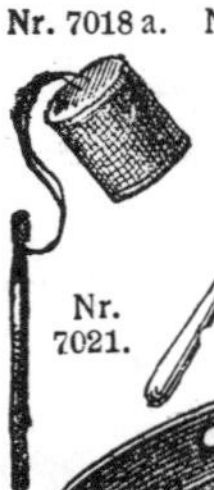

Nr. 7021.

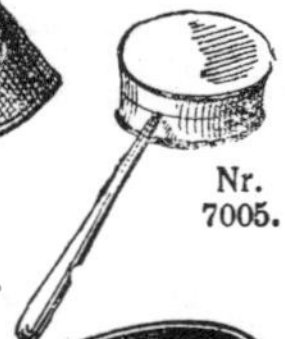

Nr. 7005.

Nebelhörner aus Karton mit bunten Bildern mit Blechmundstück in 6 Größen sortiert (ca. 20 bis 60 cm lang) Nr. 7035 A Dutzend Mk. 1.—. Bitte Seite 20.

Nr. 7035	**Nebelhörner aus Pappe,** ca. 36 cm lang	Dtzd. Mk.	—.50
„ 7043	„ „ „ „ 33 „ „ mit Doppelruf	„ „	—.70
„ 7044	„ „ „ „ 17 „ „	„ „	—.35

			Stück Mk.	Dtzd. Mk.
Nr. 7045	**Autohorn** aus Blech, ca. 13 cm lang		—.20	1.80
„ 7001	**Chinellen,** bessere Qualität	das Paar	—.65	7.20
„ 7005	**Erbsentrommeln**		—.10	—.90
„ 7012	**Mandolinen**		—.50	5.50
„ 7018a	**Querpfeifen** (Mirlitons) aus Pappe	Gros Mk. 2.50	—.—	—.25
„ 7018b	**Querpfeifen** (Mirlitons) aus Holz	„ „ 10.—	—.10	—.90
„ 7019	**Schnarren, 6** Rad		—.10	1.—
„ 7021	**Waldteufel**		—.10	—.75
„ 7024a	**Tambourins,** 22 cm		—.60	6.75
„ 7040	**Radautrompete** aus goldbronzierter Pappe (ca. 32 cm groß)		—.25	2.40
„ 7041	**Bigotphontrompete** aus goldbronzierter Pappe (ca. 32 cm groß)		—.25	2.40

Nr. 7024 a. Stück Mk. —.60.

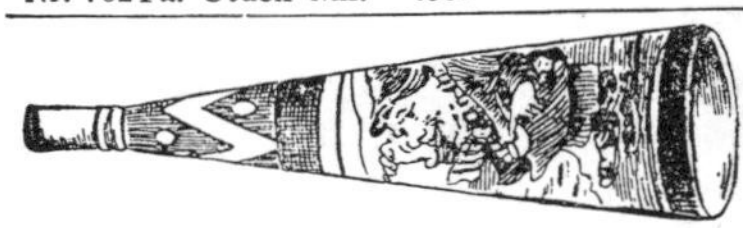

Sirenenhörner

aus Karton mit Buntdruckbildern mit **Sturmwindstimme,** ca. 23 cm lang.
Nr. 7052. 3 St. Mk. —.25, Dtzd. Mk. —.90.

Castagnetten,

wie die Abbildung (also auch von jedem Unkundigen sofort zu handhaben), ca. 15 cm lang.

Nr. 7050. Stück **Mk.** —.30, Dutzend **Mk.** 3.—.

Die Automobilpfeife

ist aus Blech hergestellt und ca. 7 cm groß; durch kurzes Hineinblasen ertönt das bekannte Töff-Töff.

Nr. 2175.
3 Stück **Mk.** —.30, Dutzend **Mk.** 1.10.

Neu! Der Trommelfeller

macht einen Höllenlärm; die federnden Klopfer schlagen mit großer Schnelligkeit an die Holzröhre an. Länge mit Stiel gemessen ca. 16 cm.
Nr. 7057.
Stück Mk. —.15,
Dutzend Mk. 1.50.

Dudelsäcke

mit Pfeife aus Holz, poliert, m. bunt. Streif. m. Kautschukballon. Rohrl. ca. 17 cm.
Nr. 7053. Stück Mk. —.60,
Dutzend „ 6.75.

Tam-Tam,

wie Abbildung, läßt ein castagnettenartiges Geräusch ertönen, ca. 10 cm groß.
Nr. 7051.
2 Stück Mk. —.20,
Dtzd. Mk. 1.10.

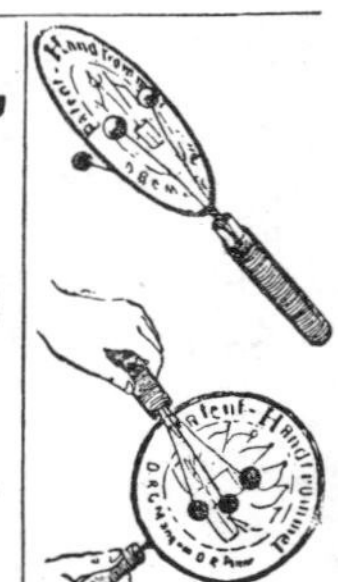

Die Patent-Handtrommeln

bestehen aus einer ca. 15 cm großen Scheibe und 3 Kugeln; ferner einem Doppelstiel, dessen äußerer Teil mit den 3 Kugeln an vibrierendem Draht abgezogen werden kann und auch als Trommelschläger, wie abgebildet, verwendet wird. Nr. 7048.
2 Stück Mk. —.25,
Dutzend Mk. 1.20.

Ges. gesch.

Neu! Japanische Wunderglocke

Alt u. Jung lauscht staunend den herrlichen Akkorden, die durch einfaches Herumschwingen ertönen. Zu Anfang hört man erst einen Ton, lieblich singend wie eine Aeolsharfe, dann schließen sich die andern Töne harmonisch an, um dann in eine Sphärenmusik auszuklingen.
Nr. 7056.
Stück Mk. —.50,
Dtzd. Mk. 5.75.

Kautschuk-Ballons

mit Musik zum Aufblasen.

Nr. 7023 B I. **Form einer Gurke** (aufgeblasen ca. 25 cm lang),
4 St. **Mk.** —.25, Dtzd. **Mk.** —.90.

Nr. 7023 B II. **Form einer Gurke** (aufgeblasen ca. 80 cm lang),
2 St. **Mk.** —.35, Dtzd. **Mk.** 1.90.

Schellentrommel,

ein durchdringendes Radau-Instrument.
Nr. 7034. St. Mk. —.30, Dtzd. Mk. 3.40.

Bigotphons in hochoriginellen Formen.

Selbst die einfachsten Vorträge mit diesen Instrumenten sind immer höchst effektvoll! ☞

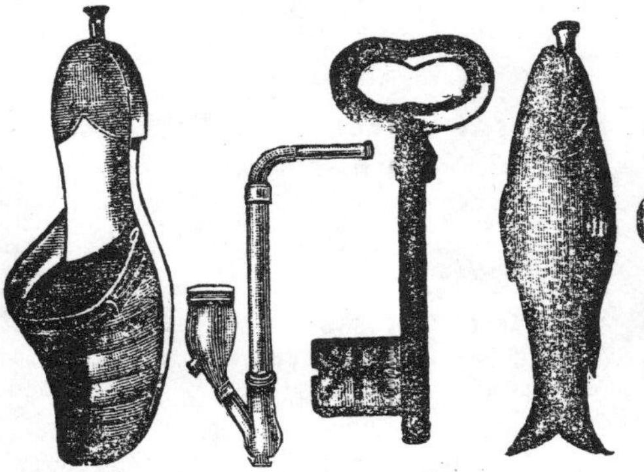

W. RR. X. R.

Y Z

Lit.			Größe ca.		Stück Mk.
Y.	Saugstöpsel	Größe ca.	29 cm	Stück Mk.	—.50
„ Z.	Zange	„ „	41 „	„ „	—.85
„ VV.	Kamm	„ „	39 „	„ „	—.50
„ UU.	Handbesen	„ „	53 „	„ „	—.85
„ TT.	Teppichbesen	„ „	74 „	„ „	1.20
„ SS.	Rechen	„ „	108 „	„ „	—.75

Lit.			Stück Mk.
H.	Trichter	Größe ca. 34 cm	—.35
J.	Gießkanne	„ „ 36 „	1.—
K.	Kaffeekanne	„ „ 35 „	—.85
L.	Kehrichtschaufel	„ „ 44 „	—.50
M.	Kasserole	„ „ 43 „	—.50
N.	Quirl	„ „ 38 „	—.40
O.	Weinflasche	„ „ 31 „	—.35
P.	Stiefelknecht	„ „ 33 „	—.60
Q.	Kohlenschaufel	„ „ 44 „	—.35
R.	Fisch	„ „ 43 „	—.60
S.	Gurke	„ „ 35 „	—.50
T.	Brezel	„ „ 30 „	—.55
U.	Kochtopf	„ „ 20 „	—.60
V.	Ofenrohr	„ „ 98 „	1.10
W.	Pantoffel	„ „ 36 „	—.90
X.	Schlüssel	„ „ 35 „	—.50
RR.	Tabakpfeife	„ „ 32 „	—.90
ZZ.	Bügeleisen	„ „ 27 „	—.60
YY.	Nagel	„ „ 44 „	—.50
XX.	Beil	„ „ 39 „	—.80
WW.	Hammer	„ „ 39 „	—.80

Bigotphons

mit beweglichen Ventilen und Klappen.

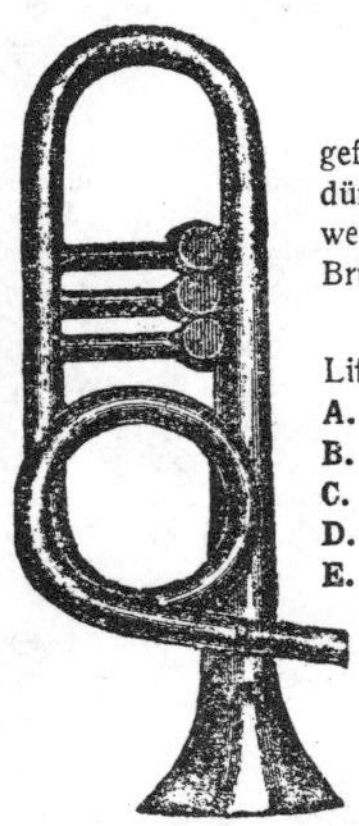

Die Bigotphons sind aus bronzierter Pappe geformte Musikinstrumente; durch die mit einem dünnen Häutchen überzogenen Mundstücke werden **durch Hineinsingen** starke klangvolle Brumm-Töne erzeugt.

Lit.		Stück Mk.	Dtzd. Mk.
A.	**Kleine Trompete,** 30 cm lang	—.45	5.—
B.	**Klarinette,** 60 cm lang	—.50	5.50
C.	**Große Trompete,** 40 cm lang	—.65	7.25
D.	**Großes Tenorhorn,** 50 cm lang	—.90	10.—
E.	**Waldhorn,** 40 cm Durchmesser	1.25	14.—
F.	**Große B-Tuba** (sog. Brummbaß), 95 cm lang	1.75	20.—
G.	**Posaune,** nicht ausgezogen ca. 85 cm lang	1.—	11.—

Sortiment AF = 6 Stück (von A bis F à 1 Stück) Mk. 5.50.

Zwei neue Bigotphons

Lit. PP. **Spaten,** ca. 90 cm lang . . Stück Mk. —.70.
Lit. NN. **Türkenpfeife,** ca. 68 cm lang, Stück Mk. 1.—.

Musikalischer Knopfstock

aus starkem Karton; bei jedem Druck auf den Knopf entsteht ein Ton.
Nr. **4062.**
Stück Mk. **—.60,**
Dtzd. „ **6.75.**

Buntgestreifter Gigerlstock

mit schmetterndem **Trompetenton.**
Nr. **2128.**
Stück Mk. —.50,
Dtzd. Mk. 5.50.

Mit gelieferten Bigotphons sind wir sehr zufrieden.
A. —a, Bukarest.

Gesandte Bigotphons haben uns sehr viel Vergnügen gemacht.
E. —z, Eisenberg in Böhmen.

Der Knallfächer

soll an die Stelle der **hölzernen Pritsche** treten; der Knallfächer ist aus **starkem Karton hergestellt, unverwüstlich** und Verletzungen, wie solche mit der Holzpritsche vorkommen, sind hier ausgeschlossen. Nr. **1846.** 2 Stück Mk. **—.25,** Dutzend „ **1.25.**

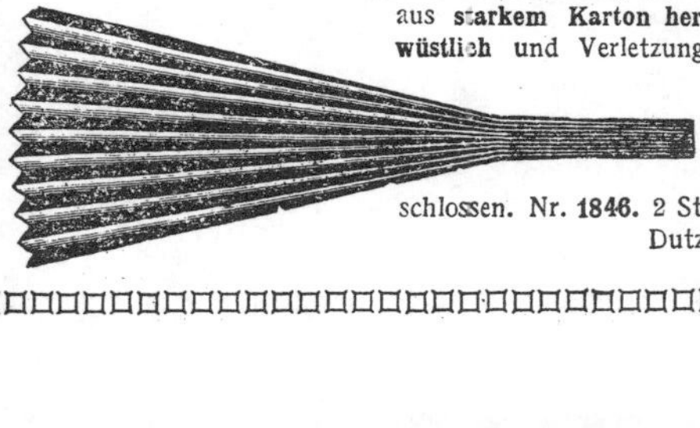

Autohuppe aus Blech mit Spiralfeder, Länge ca. 16 cm.
Nr. **7055.**
Stück Mk. **—.45,**
Dtzd. „ **5.—.**

Autlertrompete
aus Karton geprägt, mit Autlerkopf in Buntdruck, mit Chagrinmütze. Länge ca. 16 cm.
Nr. **7054.** Stück Mk. **—.20,** Dtzd. Mk. **2.—.**

Scherz-Literatur etc.

Allotria.

300 Vexierscherze, Streichholzaufgaben, Kartenkunststücke, Salonmagie, Schattenspiele, Zeichen-, Zahlen-, Papierstreifen-Scherze, Wetten-, Buchstaben-, Bilder-, Wörterrätsel, Unterschiede, Ähnlichkeiten, Geheimschrift mit vielen Illustrationen. Herausgegeben von Herm. Seyffert. Mk. 1.50.

500 unsterbliche Witze und Anekdoten

und andere famose Kleinigkeiten. Zum besten gegeben von Paul Oppermann. Mk. 1.—.

Wahrsagekarten

der berühmten Madame Lenormand aus Paris, genau nach den Originalkarten. Gebrauchsanweisung und Erklärung liegen bei. Mk. —.60.

Neueste Auslese frappanter

Scherz-Fragen.

Was für ein Unterschied? — Vexierfragen. — Zungen-Exerzitien. — Küchenlatein. — Klassiker-Konfusionen. Mk. —.60.

Der Tausendkünstler.

Leicht ausführbare, interessante und überraschende Taschenspieler-Karten-Kunststücke etc. (Belustigungen aus der Chemie und Arithmetik etc. von W. Frikelli.) Broschiert Mk. 1.—.

Der Festredner.

Über 200 Fest- und Tischreden, Trinksprüche, Tafellieder, Prologe von Helmerstein. **Broschiert** Mk. 1.50.

Buntes Hochzeits-Allerlei.

Sammlung wirkungsvoller **Aufführungen, Toaste, Reden und Gedichte zu Polterabend und Hochzeit für Kinder und Erwachsene** von Rob. Hertwig. Mk. —.60.

213 humoristische und ernste Vorträge

zu 10-, 25-, 50-, 60 jährigen Jubiläen, besonders zu silbernen und goldenen Hochzeiten etc. von J. G. Albers. Mk. —.75.

Der moderne Vereinsredner.

Eine Auswahl neuer und eigenartiger Reden für das moderne Vereinsleben von Gerhard Günther. 48 Seiten. Mk. —.30.

Der Fest- und Tafelredner.

Eine reichhaltige Sammlung von **Ansprachen, Reden und Toasten** für das Familien-, Vereins- und öffentliche Leben von Wilh. Eick. Mk. 1.—.

Tausend Geistesblitze.

Eine systematische Anleitung, jedes Gesprächsthema durch allerhand frappante Redewendungen, Wortspiele, Vergleiche, Sarkasmen und andere tollaunige Einfälle zu würzen und den Nimbus des Geistreichen und Überlegenen in der Gesellschaft zu erwerben. **Eine unerschöpfliche Fundgrube feinsten und originellsten Witzes.**
Band I, II, III, IV, V, VI à Stück Mk. 1.—.

Meisterwerke komischer Deklamation.

Für Herrenabende.

Die einzige, wirklich auf der Höhe der Zeit stehende Sammlung echt komischer Kabinettstücke von packender Originalität und nie versagendem Lacherfolg. Alle Gattungen des deklamatorischen Genres sind vertreten. **Mk. 1.—.**

Nr. I Der unerschöpfliche Gesellschafter als Deklamator von Alb. Fürst.

Humoristische Deklamationen, komische Vorträge, ernste Gedichte. Mk. —.60.

Nr. II Der unerschöpfliche Gesellschafter als Coupletsänger von Alb. Fürst.

Sammlung launiger Couplets. Mk. —.60.

Nr. III Der unerschöpfliche Gesellschafter als Komiker von H. Müller, Wien.

nebst einem Vorwort: Wie trägt man vor.

Humoristische Dichtungen für Einzelvorträge und für mehrere Personen. Mk. —.60.

Großes Wunschbuch.

Sammlung von Gratulationsgedichten zu Hochzeiten (Polterabend), Geburtstagen, Weihnachten, Neujahr, Jubiläen. Glückwunschbriefe, Stammbuchverse. Mk. 1.—.

Der Hochzeitsgast als Dichter, Redner und Deklamator.

Eine reiche Auswahl von Original-Tafelliedern, Material für Hochzeitskladderadatsche, Toaste, Glückwünsche, Original-Polterabendvorträge etc. Mk. 1.—.

Büchlein „Knalleffekte". Humoristische Effekt-Lektüre

und zum Vortrag in geselligen Kreisen von C. Bauermann, herzogl. Hofschauspieler. Mk. 1.—.

Wenn Du in Gesellschaft gehst, nimm das Büchlein mit und Du trägst durch Vorlesen der humorvollen, witzigen Gedichte viel zur Unterhaltung bei.

50 Schlager. Humoristische Original-Gedichte zum Vortrag im fröhlichen Kreise.

Verlag von **J. C. Schmidt,** Erfurt. — **Preis Mk. —.60.** (Taschenformat.)

Diese 50 Originalgedichte üben eine großartige Wirkung auf die Lachmuskeln aus und sind ein unschätzbares Hilfsmittel, um Gesellschaften heiter und fröhlich zu gestalten.

Die Gedichte werden abgelesen, ohne Mühe großer Erfolg!

Dieses Büchlein sollte sich jeder kaufen. Für nur 60 Pfg. kann man ganze Gesellschaften erheitern.

128 neueste und alte beliebteste Volks- und Festlieder.

Ein Taschenbüchlein. Mk. —.10.

Notenheft mit feinem Buntdruckbild.

Ein Lieder-Blumenstrauss,

gebunden von J. C. Schmidt, Erfurt.

8 Frühlingslieder, 9 Sommerlieder, 4 Herbstlieder, 3 Winterlieder, lauter Blumen-Melodien, für Klavier zu 2 Händen arrangiert. **Mk. —.50.**

Tanz-Literatur usw.

Wie man tanzen soll!

Neue und alte moderne Tänze.

Ein Lehrbuch der Tanzkunst in leicht faßlicher Darstellung durch Abbildung erläutert, darunter:

Washington-Post, Menuet à la reine, *Frangesa, Marquis et Marquise, Kreuzpolka usw.

von Paul Mürich, Königl. Tänzer, Berlin. Mk. 1.50.

*) Musik für Klavier zur Frangesa Mk. 1.50.

Das Kommando zur Quadrille à la cour.

Mk. —.15.

Contredanse und Quadrille à la cour

von A. Handt. **Mk. —.40.**

Polonaise, Contretanz, Cotillon.

Ein Tanz-Vademecum für Ballvorsteher, Tanzlehrer und Freunde des Tanzes von Edmund Wallner. Broschiert **Mk. 2.—.**

Für den Weihnachtsbaum.

Christbaum-Geläut

mit drei harmonisch abgestimmten Glocken; dasselbe erzeugt die wunderbare Illusion eines in der Ferne ertönenden friedlichen Geläutes.

Nr. 5507 A.

Mk. —.50.

Christbaum-Lichthalter

mit Spiralenring zum Einklemmen, sitzt fest auf dem Zweige und ist nach allen Seiten stellbar. Prima Qualität mit extragroßem Tropfteller.

Sehr praktisch!

Nr. 5016 B.

Dutzd. Mk. —.50, Gros Mk. 5.75.

Christbaum-Kerzen.

I. Qualität Ceresin-**Lichte** in Paketen à 12, 20, 30 Stück. 1 Karton Mk. —.50.

Praktischer Baumlicht-Anzünder und Auslöscher.

Zwischen einer Spirale aus **extrastarkem** Messing-Draht ist ein Wachsstock befestigt und am Ende der Spirale ist ein starkes Messinghütchen,

unbedingt dauerhaft

(nicht abschmelzend), zum Auslöschen der Kerzen angebracht. Die Spirale kann auf jeden beliebigen Stab oder Spazierstock leicht aufgesteckt werden.

Nr. 4016.

Stück Mk. —.90.

Perlblech,

bunt, zum Anhängen von Baumverzierungen, in Bunden à 25 Stück.

Nr. 5023. Dutzend Bund Mk. —.20.

Kerzenhalter „Fix".

Die Klammer mit Zähnen sitzt äußerst fest am Zweig; die konisch zulaufende Lichtklammer mit Tropfteller paßt für verschiedene Lichtstärken und der biegsame Träger des Lichtes gibt dem letzteren sofort eine vollkommen senkrechte Stellung.

Nr. 5017.

Dutzend Mk. —.55. Gros Mk. 6.—.

Christbaum-Schneebälle

aus Watte an Goldschnur hängend, enthaltend

Scherzartikel.

Nr. 5509.

Dutzend Mk. 1.75.

Christbaum-Schnee

aus **unentzündbarer Watte.** Die Zweige des Baumes werden mit der Watte belegt und letztere mit **Eisflimmer** bestreut.

Nr. 5021.

3 Pakete à 20 Gr. Mk. —.25.
12 Pakete „ —.90.

Christbaum-Eisflimmer

nur I. Qualität, in kleinen Schachteln.

Nr. 5022. 3 Schacht. Mk. —.20, 12 Schacht. Mk. —.75.

Nr. 5504. Eiszapfen aus Glas, ca. 6—7 cm lang, sortiert, Dtzd. Mk. —.20, Gros Mk. 2.—.

Nr. 5505. Eiszapfen aus Glas, ca. 9 cm lang, sortiert, Dutzd. Mk. —.25, Gros Mk. 2.40.

Nr. 5506 a. Eiszapfen aus Glas, ca. 11 cm lang, Dutzd. Mk. —.35, Gros Mk. 3.60.

Lametta oder Engelshaar

aus ganz dünnen, zarten Metallfäden, gold-, silber-, kupfer- und regenbogenfarbig.

Nr. 5099. In Strähnen à 10 Gramm.

4 Strähne in Farben sortiert . . . . . . Mk. —.40
8 „ „ „ „ . . . . . . „ —.75
50 „ = 1 Pfund in Farben sortiert „ 4.50

Baumhänger-Sortiment III und IV.

Baumhänger-Sortimente.

Dieselben enthalten verschiedene kleine Tiere, sehr sauber aus Karton geprägt, naturfarben und in Silber.

BS I enthält 6 Tiere (ca. 9—10 cm groß), naturfarben. 1 Sortiment Mk. —.40.
BS II Dieselben Tiere wie I in Silber . . . . 1 „ „ —.70.
BS III enthält: 10 Tiere (ca. 6—8 cm groß), wie abgebildet naturfarben. 1 Sortiment Mk. 1.10.
BS IV Dieselben Tiere wie III in Silber . . . . 1 „ „ 1.25.

Unseren Kleinen machen diese Tiere am Christbaum großen Spaß.

Neu!

Moderner Christbaumbehang.

Luftschiffe, Luftballons, Aeroplane aus Silberkarton in tadelloser plastischer Prägung.

Das Zeppelin-Luftschiff ist z. B. 14 cm lang, wonach die anderen Dessins leicht beurteilt werden können

1 Sortiment Ch. B. VII enthält 6 Dessins wie abgebildet Mk. 2.25.

Ferner:

Ferner: **Für den Weihnachtsbaum.**

Neu! **Moderner Christbaumbehang**

aus farbigem und aus Silberkarton musterhaft geprägt; sämtliche Gegenstände sind plastisch und entzücken durch ihre tadellose Ausführung Jung und Alt. Der Fisch ist z. B. $10^1/_2$ cm lang, wonach die anderen Größen leicht zu beurteilen sind.

1 Sortiment Ch B VIII enthält 12 Gegenstände wie abgebildet. Mk. 2.50.

Für den Weihnachtstisch.

Parfümkörbchen

für ein Semester; jeden Monat ein anderes Parfüm.

Das niedliche Körbchen ist mit roten Miniaturstoffröschen und mit Atlasband garniert und trägt in seinen Fächern 6 kleine Glasfläschchen mit tadellosem **Schraubverschluß** aus Metall. Jedes Fläschchen enthält ein anderes feines Parfüm. Höhe des Körbchens ca. $13^1/_2$ cm. Die Fläschchen sind ca. $5^3/_4$ cm groß. 1 Parfüm-Körbchen gefüllt Mk. 2.—.

Briefkarten-Schatullen für kurze Korrespondenz.

Neu!

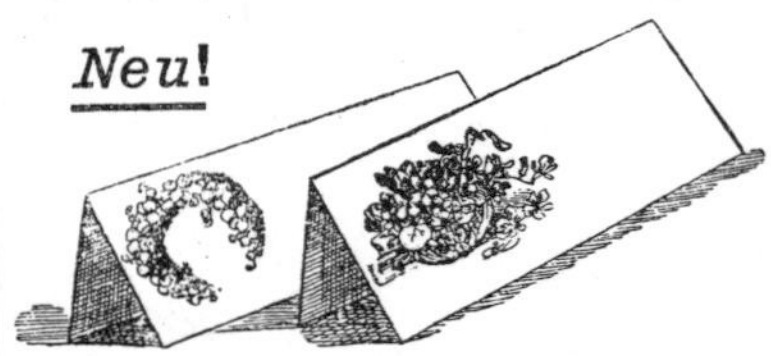

Blumen-Entwürfe u. Farbendruckausführung in denkbar feinster und vornehmster Art; unübertroffen schön.

Die Schatullen sind ca. 2×13×14 cm groß und enthalten à 10 Doppelkarten wie oben abgebildet und 10 Kuverts.

Schatulle Nr. 66, mit Einzelrosen mit Knospen, **mit Rosenduft.**
„ „ 83, „ Veilchenschalen, **mit Veilchenduft.**
„ „ 52, „ Feldblumen, **mit Blütenduft.**
„ „ 114, „ „ in Kannen und Töpfen, **mit Blütenduft.**
„ „ 115, mit Blumen-Hufeisen, **mit Blütenduft.**
Preis für 1 Schatulle Mk. 1.—.

Duftrose mit Glasflacon,

der beliebten dunkelroten **Venusrose** künstlich nachgebildet in ganzer Naturtreue mit tadellos imitiertem Laub.

Die Blütenblätter der Rose umhüllen ein **Glasflacon mit herrlichem Rosenduft,** das mit einem **Tautropfen** aus Glas verschlossen ist.

Zu dieser Rose wird eine hochfeine **Glasvase** geliefert und alles in einem dauerhaften Karton, fertig zum Versand. Jede Empfängerin wird entzückt sein von solch einer sinnigen Spende, die eine liebliche Zierde bildet für den Schreibtisch etc., nicht nur wohltuend für das Auge, sondern auch herzerquickend durch den angenehmen Duft. Höhe der Rose mit der Vase gemessen, wie abgebildet, ca. 27 cm.

Duftrose mit Vase im Versandkarton Stück Mk. 2.—.

1 Karton Blütenduftende Herzen.

Die 6 Herzen sind aus Glas mit Schraubverschluß, ca. 6 cm groß, und enthalten 6 verschiedene **Blumendüfte, prima Qualität;** die 6 Herzen sind mit feinen Etiketten versehen und in einem feinen Karton (ca. 2×11×13 cm groß) nett arrangiert.

1 Karton Mk. 2.—.

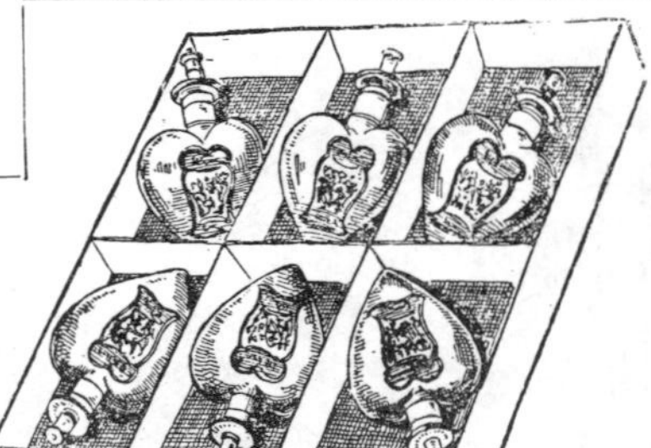

Beschäftigungskasten, Spiele etc.

Neuheit! Arbeitskasten für Tafel-Konfektkörbchen.

Beutelkörbchen. Mohnkörbchen.

Der Kasten selbst ist innen u. außen **reich und vornehm ausgestattet** mit prächtig. Papier überzogen, das **mit Glücksklee gefüllte Körbchen** darstellt, in hochfeinem dezenten Farbendruck; die Deckelaufschrift in **feiner Goldpressung** lautet:

„Arbeitskasten für Tafel-Konfektkörbchen".

Der Kasten enthält **außer** folgenden **4 reizenden Modellen**

- Körbchen in Form einer **Mohnblüte** (rot)
- „ „ „ „ **Heckenrose** (rosa)
- „ „ „ eines **Chrysanthemum** (gelb)
- „ „ „ eines **Beutels** (lila und grün),

das Material für **12** (4×3) **Tafel-Konfektkörbchen** und zwar: **Seidenpapier, Kreppapier** (gleich die fertigen Schläge), **Umwickelpapier, Staubfäden, Goldschnur, Gummiplatte, Pinzette, Leim, Stäbchen, Draht, Rohr, Stoffblätter, Laubästchen** und die 12 rohen **Kastenformen** für die Körbchen; außerdem eine klar gefaßte **Anweisung**, wie die Anfertigung bewerkstelligt wird.

Die Herstellung dieser reizenden Arbeit bereitet Alt und Jung großes Vergnügen, da sie leicht und lohnend ist.

Von den fertigen Tafelkörbchen ist jedermann hochentzückt; sie schmücken nicht nur eine **Festtafel** in lieblicher Weise, sondern sind auch sonst als **Zimmerschmuck** schön und praktisch verwendbar. Der Kasten ist ca. 30×33×18 cm groß und kostet Mk. 5.25.

Blumen-Basar.

Das nett ausgeführte Holzgestell ist mit resedagrünem Krepp-Papier bedeckt und trägt vorn das Schild: „Blumen-Basar". Die Waren, die in dem Verkaufsstand feilgeboten werden, bestehen aus **7 Blumentöpfchen, 2 Wandgehängen, 4 Ampeln, 4 Körben, 2 Makartbouquets, 1 Vase** und **2 Rinden-Jardinieren,** alles mit künstlichen Blumen und Früchten und mit Naturgräsern und Moosen gefüllt in **gediegener, sehr netter,** ☛ **nicht ordinärer und geschmackloser** ☚ Ausführung. Höhe ca. 37 cm.

— **Jedes Kind ist entzückt.** —

Zusammengelegt in einem Karton nimmt der Verkaufsstand nur ca. 35×23×10 cm ein.

Stück Mk. 4.—.

Das Wurfspiel.

Der elegante Kasten ist ca. 2½×20×20 cm groß und in **8 Würfelfelder** eingeteilt; in der Mitte befindet sich ein **Kasten mit Öffnung,** nach welcher mit einer sehr leicht und sicher **fliegenden Federhornscheibe** geworfen wird. Eine Spielanweisung liegt bei.

Nr. 1039. Stück Mk. —.60.

Puppenpark

mit **Grassamen** und **aus-wechselbaren** Pflanzen.

Der Grassamen wird auf das präparierte Tonbeet laut Anweisung von den Kindern gesät und geht in wenigen Tagen auf; in ca. 8 Tagen ein üppig grünender Rasen-Teppich.

Die Kinder sind entzückt.

Sämtliche Bäume, Palmen, Pflanzen etc. sind in den Boden eingesteckt und können umgepflanzt werden, wodurch der Park immer wieder ein anderes Aussehen erhält.

Für die Kinder sehr interessant und geschmackbildend!

Umzupflanzen!

Mit Naturrasen!

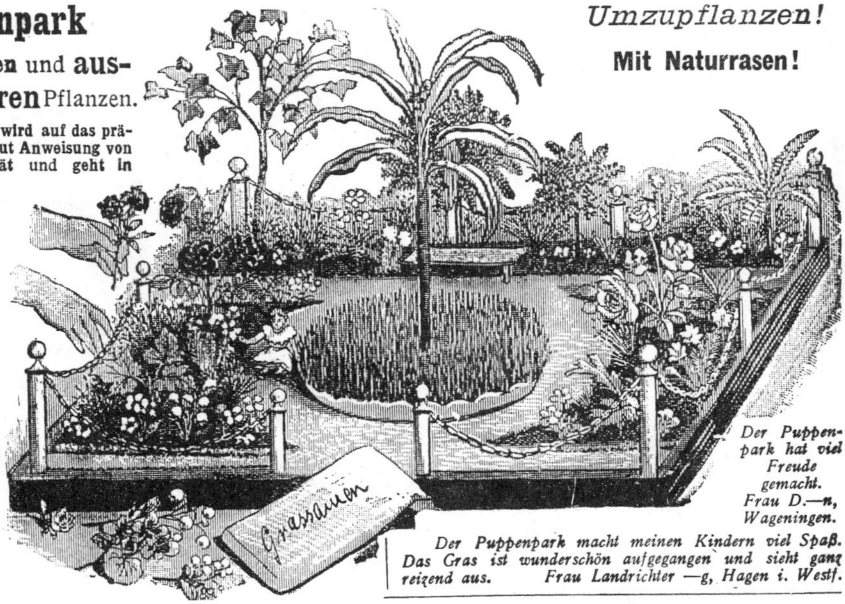

Der Puppenpark hat viel Freude gemacht.
Frau D.—n, Wageningen.

Der Puppenpark macht meinen Kindern viel Spaß. Das Gras ist wunderschön aufgegangen und sieht ganz reizend aus. *Frau Landrichter —g, Hagen i. Westf.*

Der Park ist ca. 30×37 cm groß und mit **weißlackierten Holzsäulen** umgeben, die mit **Metallketten** verbunden **sind.** Die Bäume, Palmen und Pflanzen etc. **sind** aus **feinstem** Material gefertigt (**nicht** ordinär) und **ganz naturgetreu. Inhalt 50 Pflanzen etc.**
1 kompletter Puppenpark kostet

Mk. 5.50

in einem Karton, ca. 38×31×11 cm groß, verpackt.

Ich bin mit der Sendung außerordentlich zufrieden. Alles hat ungeteilten Beifall gefunden. *Frau Dr. —n, Nortorf.*

Ihre Sachen haben alle sehr befriedigt.
—n, Ehrenamtmann, Amt H.

Die Sachen sind richtig eingetroffen und vollkommen nach Wunsch ausgefallen.
v. —g, Oblt. u. Adj.

Blumenhalle „Flora"

enthält ☞ **40** ☜ verschiedene Artikel in ganz reizender und geschmackvoller Ausführung, bestehend aus **künstlichen Palmen, Bäumen, Topfpflanzen, Blumenkörbchen, Makart- und Gräser-Bouquets, Blumensträußen, Ampeln, Wandschmuck etc.;** ferner gehört dazu außer den **Regalen, eine Leiter, ein Schemel, ein Spiegel.** Das zusammenlegbare Budengestell ist weiß lackiert und die **Leinenplane rot ausgebogt.** Die aufgestellte Blumenhalle ist ca. 50 cm hoch und zusammengelegt in einem 9×30×44 cm großen Karton verpackt.

Eine ausgestattete Blumenhalle „Flora" kostet Mk. 7.50 (ohne Puppe).

Alles war stets zu unserer vollsten Zufriedenheit.
Frau Hauptmann —l, Straßburg.

Die Orden sind zu meiner vollsten Zufriedenheit ausgefallen und haben großen Anklang gefunden.
A. —g, Bankbeamter, Straßburg.

Mit der inhaltreichen Sendung waren wir sehr zufrieden.
Frau Hofrat —n, München.

Neu!

Gute Freunde.

Ein Legespiel.

Der feine Kasten (2×20×24 cm groß) enthält **inkl.** Deckelbild noch drei ganz reizende Buntdruckbilder **als** Vorlagen und die zerschnittenen Copien aus starkem Karton (viel haltbarer als die bisherigen aus Holz).

Nr. 1125. Stück Mk. 1.—.

Neu! Das Kaffeekränzchen. Ein sehr originelles Spiel mit 4 großen in Farben ausgeführten Karten (ca. 11×20 cm), je ein Zimmer mit gedecktem Kaffeetisch darstellend, mit à 6 Stühlen; zwischen Tisch und Stühlen ist soviel Raum, daß die kleinen Gäste auf den Stühlen Platz nehmen können. Es werden 24 kleine Mädchenfiguren in Buntdruck geliefert. Wessen Kaffeetisch zuerst voll besetzt ist, gewinnt das Spiel; Anweisung liegt bei; außer den Karten und Figuren werden auch noch Spielmarken geliefert. Der Kasten mit niedlichem Deckelbild in Farben ist ca. 3×19×27 cm groß. Nr. 1121. Stück Mk. —.50.

Hoko, ein neues Geschicklichkeitsspiel.

Es werden hierzu 5 verschiedene Buntdruckköpfe aus starker Pappe geliefert und besteht nun die Kunst darin, den Hund die Wurst in der Schnauze fangen zu lassen (siehe Abbildung) oder den Clown den Ring mit der Nase, oder die Negerin den Ring mit dem Pfeifchen etc.

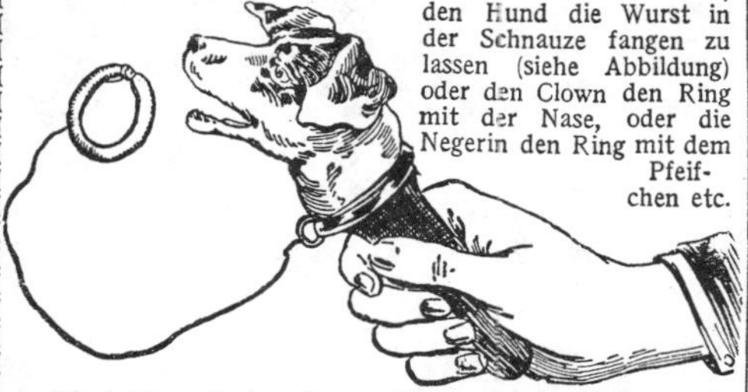

Die beiliegende Anweisung gibt verschiedene interessante Spielarten an, die das Hoko schnell überall beliebt machen. Die Köpfe mit Griff sind ca. 20 cm lang. Nr. 1109. St. Mk. —.50.

Neu! Unsere Schule. Der ca. 4½×26×38 cm große Kasten mit feinem Buntdruckbild — Mädchen im Schulzimmer darstellend — birgt einen großen Inhalt; zuerst eine Schultafel auf Staffelei (ca. 35 cm groß), dazu die Kreide und den Schwamm, eine Rechenmaschine mit Perlen, ferner eine Schelle und eine Brille für die Lehrerin und dann für die Schülerinnen alles en miniature: Stundenplanformulare, Landkarten, Atlas, Anschauungsbilder, Schiefertafeln, Reißbrett, Reißschiene, Zeichenwinkel, Zwecken, Metermaß, Federkasten, Bleistift mit Spitzer, Federhalter mit Federn usw. Nr. 1127. Stück Mk. 3.—.

Neu! Die Automobilfahrt. Der feine Buntdruck-Spielplan ist ca. 41 × 60 cm groß und auf starke Pappe aufgezogen; es werden ferner geliefert: 6 Automobilfahrer, ein Würfelbecher mit Würfeln, Karten 1—6 und Spielerklärung. Der Farbendruckkasten hat eine Größe von 3½×27×38 cm. Nr. 1114. Stück Mk. 2.—.

Die Tierschnitzkunst.

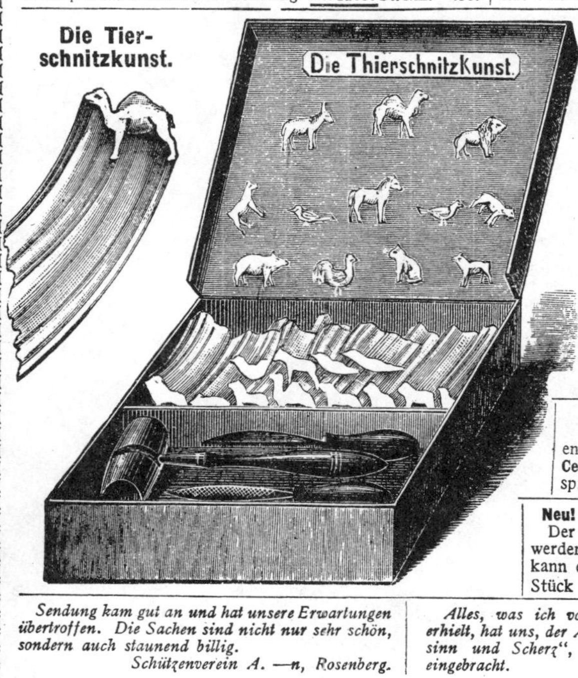

Eine große Menagerie von zirka **100 aufstellbaren Holztieren** läßt sich aus den 12 gedrehten Holzleisten herstellen. Ein **polierter Hammer, Schnitzer und Feile** liegen bei und so gehört nur noch ein wenig Lust und Geschick dazu und ein Tier nach dem andern verläßt die kleinen schaffenden Hände des Schnitzkünstlers; und wenn er dann einen Teil dieser großen Anzahl seinem kleinen Bruder, seinem Schwesterchen und seinem Freunde schenkt mit den Worten: **„selbstgearbeitet, selbstgeschnitzt“**, dann macht er nicht nur den andern, sondern sich selbst große Freude; denn nur solche Geschenke, die selbst gefertigt sind, haben den richtigen Wert. Dieser höchst originelle Kasten ist also sehr zu empfehlen. Größe des Kastens 6×20×25 cm. Nr. 934. St. Mk. 2.—.

Boy, der Nimmersatt.

Zu diesem Spiel liefere ich eine Buntdrucktafel mit Bildern, 2 Würfel, 1 Säckchen mit Spielmarken und die Anweisung, alles in einem netten Kasten mit feinem Buntdruckbild verpackt. Größe ca. 2×23×27 cm. Nr. 1053. Stück Mk. —.45.

Billard-Tennis.

Das **Tisch-Billard** in dem feinen Buntdruckkasten mit entsprechendem Bild ist ca. 23×28 cm groß, worauf mit **Celluloid-Halbkugeln** nach der beiliegenden Anweisung gespielt wird (für 2—4 Personen.) Nr. 1069. Stück Mk. —.75.

Neu! Das lustige Kino-Theater. Lebende Bilder. Der Kasten ist ca. 5×8×17 cm groß und in diesen hinein werden die Bilder an die Leier gehängt und beschwert; dann kann die Vorstellung beginnen. Nr. 1115. Mit 2 Bilderserien Stück Mk. 1.—. Weitere 10 sort. Bilderserien Mk. 2.—.

Sendung kam gut an und hat unsere Erwartungen übertroffen. Die Sachen sind nicht nur sehr schön, sondern auch staunend billig.
Schützenverein A. —n, Rosenberg.

Alles, was ich von Ihrer Firma erhielt, hat uns, der Abteilung „Frohsinn und Scherz“, viele Ehrungen eingebracht. *A. —r, Kiel.*

Ihre Sendung hat wie alle Sendungen, die ich seither von Ihnen bezog, meinen vollen Beifall gefunden.
F. —t, Mainz.

Folgende Druckerei-Kasten

sind die beliebtesten Beschäftigungsspiele für die Jugend.

Das sind Geschenke, die wirklich große Freude hervorrufen!

Jeder sein eigener Drucker.

I. Typen-(Buchstaben)**Druckereien.**

Typen-Druckerei klein mit 128 Typen, 1 Farbekissen, 1 Pinzette und 1 zweireihigen Typenhalter. **Nr. 1070.** Kartongröße 12×8½×2 cm. Der komplette Karton kostet nur Mk. —.60.

Typen-Druckerei groß mit 205 Typen, 1 großem Farbekissen, 1 Pinzette, 1 dreireihigen Typenhalter und 2 Ornamenten. **Nr. 1071.** Kartongröße 13½×18×2 cm. Stück Mk. 1.—.

Parquetterie (System Froebel).

Interessant, beliebt und geschmackbildend.

Bei diesem Spiel wird der Farben- und Formensinn der Kinder geschärft. Das Zusammensetzen der bunten Stücke zu den mannigfachsten Figuren, wozu die beigelegten Vorlagen Anleitung geben, bietet den Kindern eine fesselnde und interessante Beschäftigung. Kartongröße ca. 2½×18×35 cm. **Nr. 1022.** Stück Mk. 1.30.

Neu! Flug im Aeroplan.

Bis zu 6 Personen (natürlich auch weniger) können die hochinteressante Reise durch die Lüfte mitmachen.

Der Spielplan, aus starker Pappe in feiner Farbendruckausführung, ist ca. 29×59 cm groß und zeigt die Fährnisse, welchen solch ein Aeroplan in der Luft ausgesetzt ist. Außerdem gehören zu dem Spiele 6 kleine Aeroplane zum aufstellen, 1 Würfelbecher, 2 Würfel, die Nummern 1—6 und die Spielanleitung. Der Kasten mit malerischem Deckelbild ist ca. 3½×26×37 cm groß. **Nr. 1128.** Stück Mk. 1.—.

Meine beliebten

Scherzartikel - Sortimente

bitte nach Seite **195** auszuwählen.

Circus-Tivoli.

Dies Spiel ist amüsant für Jung und Alt. Die 3 Clowns werfen sich die Kugeln zu, welche in einer Papprinne weiter rollen und dann in einem Zahlenfelde liegen bleiben. Für eine beliebige Anzahl Spieler. Kartongröße ca. 27×19×3½ cm. **Nr. 1077.** Stück Mk. —.50.

Serpentin-Tivoli.

Die in dem feinen, ca. 4×24×32 cm großen Kasten **befestigte** und zusammengelegte **Spirale** läßt sich leicht **in die** Höhe ziehen und durch den Stab befestigen. Es werden **6 Kugeln** und **1 Anweisung** beigegeben.

Nr. 1066. Stück Mk. 1.—.

Die Kunst des Bouquetbindens.

Der Kasten (6×43×50 cm groß) enthält 1 Glasvase, 1 farbiges Bouquet, Gräser und Blumen für 8—10 Bouquets reichend, Bindegarn, Draht, Bouquethalter etc., ferner 1 Gebrauchsanweisung mit Illustrationen, wonach man imstande ist, spielend das Bouquetbinden zu erlernen und sich Zimmerzierden zu verschaffen.

Stück Mk. 3.—.

Neu! Der Kinderball. Neu!

Der sehr nett mit Buntdruckbild ausgestattete Kasten ist ca. 3×19×28 cm groß und enthält 27 niedliche Farbendruckkarten, Jungen und Mädchen darstellend. Eine Anweisung ist beigegeben; die Ausführung ähnelt der des „Schwarzen Peter".

Nr. 1123. Stück Mk. —.50.

Neu! Spear's Royal-Circus. Neu!

Die kühnsten Reiter — die gelehrigsten Tiere — die drolligsten Clowns. — Stallmeister, Clowns, Jockeys, Kunstreiterinnen, Balleteusen, Pferde, Esel, Elephant, Bär, Affe, sogar Murro, das Wunderschwein, alles ist in diesem Circus vertreten; außerdem Barrièren aus weißlackiertem Holz, Schienenständer, Untersetzer usw. Die Figuren sind aus starkem Karton in Buntdruck ausgeführt und können Arme, Beine und Kopf bewegen; es lassen sich infolgedessen die verschiedensten natürlichen und urkomischsten Stellungen arrangieren.

Nr. 1129. Stück Mk. 3.—.

Mit erhaltenen Gesellschafts- und Kinderspielen bin ich sehr zufrieden.
J. —r, Schüttenhofen.

Ich war immer mit Ihrer Bedienung sehr zufrieden.
H. —r, Pfarrer, Pietonfeld.

Hoffe, daß diese Bestellung ebenso gut und zu meiner Zufriedenheit eintrifft, wie letzte Sendung.
Fr. —h, Tanzlehrer, Scheveningen.

Die letzte Sendung ist zu besonderer Zufriedenheit ausgefallen.
—r, Landgerichts-Präsident, N—d.

Neu! Puppenlauben

mit Bank ringsherum, aus goldbronziertem Draht mit künstlichen **Heckenrosenranken** reizend umkleidet.

Höhe ca. 38 cm. Stück Mk. **3.75.**

Der Tisch und die Puppen werden **nicht** mitgeliefert.

Die kleine Obsthändlerin.

Dieser kleine Verkaufsstand ist so reizend hergestellt, daß er Alt und Jung einen Ausruf des Entzücktseins entlockt. Die **Miniatur-Birnen, -Äpfel, -Kirschen, -Erdbeeren usw.** (lose zum herausnehmen) sind ganz natürlich nachgebildet und die **Bauersfrau** hinter dem Tische mit ihrem roten Rock und schwarzen Mieder macht einen bildsauberen Eindruck; **Tisch, Schemel** und **Schirmständer** sind aus lackiertem Holze, **Waage** und **Gemäße** aus Blech.

Bodengröße ca. 21×24 cm. Schirmhöhe ca. 26 cm.

Das Ganze wird in einem netten Karton (ca. 10×21½×24½ cm groß) in sauberer Form verpackt.

Der komplette Kasten mit Puppe kostet Mk. 3.75.

Aus Großmütterchens Zeit.

Gesetzl. geschützt.

Ein neues, feines Ankleidespiel enthält: 1 Kinderfigur aus Karton in feinem Farbendruck mit 6 verschiedenen Kostümen, 6 verschiedenen Hüten und anderen Gegenständen, alles in elegantester Ausführung. Figurengröße ca. 26 cm. Kastengröße 2×20×28 cm. **Nr. 1106.** Stück Mk. **1.50.**

Der Hühnerhof. Gesetzlich geschützt.

Ein feines Ankleidespiel nebst verschiedenen Gegenständen nach Originalen von Gertrud Caspari. Inhalt: 1 Stallgebäude mit Hintergrund, 3 Kinder mit 10 Kostümen, 2 Puppen und andere Spielsachen usw., 1 Hahn, 7 Hühner, 7 Küken usw., alles aus Karton in feinem Farbendruck zum Aufstellen eingerichtet Kastengröße 2×24×37 cm. **Nr. 1107.** Stück Mk. **1.50.**

Künstliche Blumenarbeiten.

Moderne, sehr beliebte und geschmackbildende Beschäftigung.

Ein vornehm ausgeführter Kasten mit Aufschrift in feiner Silberpressung enthält das Material für **3 Rosensträuße, 3 Chrysanthemumsträuße, 3 Apfelblütenästchen, 3 Kirschblütenästchen,** als: Blütenschläge, Kelche, Spinnen, Staubfäden, Laub, Drahtstiele, Ästchen, Schlauch, Umwickelpapier, Guttapercha, Dornen usw. usw., Modelle und die Werkzeuge: Höhler, Pinzette, Gummiplatte, Preßkissen, flüssiger Leim usw.

Ferner eine Broschüre: **„Wie die 10 beliebtesten künstlichen Papierblumen hergestellt werden".**

Kastengröße 44×30×7½ cm. Stück Mk. 6.—

Wenn das Material aufgebraucht ist und nur die Werkzeuge noch vorhanden sind, liefere ich

Ergänzungs-Kasten

(also ohne Werkzeuge) Stück Mk. 1.40

und zwar:

Nr. I enthaltend: Material für Schneeball und Goldregen.

„ II enthaltend: Material für Kornblumen und Mohn.

„ III enthaltend: Material für Margeriten und Brunnerröschen.

„ IV enthaltend: Material für Rosen und Kirschblüten.

„ V enthaltend: Material für Chrysanthemen und Apfelblüten.

Sehr viele Freude hat der Blumenkasten gemacht.

Mayen, 28. 11. 10. *gez. Johann —l, Tanzlehrer.*

Neu!

Lustige Gruppen beweglicher Puppen.

4 patente Gelenk-Ankleide-Figuren mit auswechselbarer Kleidung. Die Figuren sind aus starkem Karton im Buntdruck hergestellt und können die Gelenke bewegen. Die Kleidungsstücke bestehen teils aus Buntdruckkarton und teils aus Kreppapier. Die Puppen sind ca. 30 cm groß, der Kasten 4×23×33 cm.

Nr. 1130. Stück Mk **1.75.**

Deutsche Kinderpost.

Ein hocherfreuendes, interessantes Geschenk.

Der Kasten ist ca. 1½×21×24 cm groß und sein reicher Inhalt besteht aus einer Menge Typen (Buchstaben, Zahlen und einer Linie), 1 Posthornstempel und 1 Stempel zum Ungiltigmachen der Freimarken, 1 Pinzette, 1 Typenhalter, 1 Farbekissen, feinen Miniatur-Markenbogen perforiert, 3, 5, 10, 20 und 50 Pf., weiße und gelbe Postpaketadressen, Postaufträge, Postanweisungen, Postkarten, Rechnungsformulare und Kuverts.

Nr. 1088. Stück Mk. 1.—.

Alles ist vorzüglich, was aus Ihrer Fabrik stammt.

Baronin v. —g, Rom.

Die Sendung ist übrigens entzückend und zu meiner großen Zufriedenheit ausgefallen. *Frau von —h, Görlitz.*

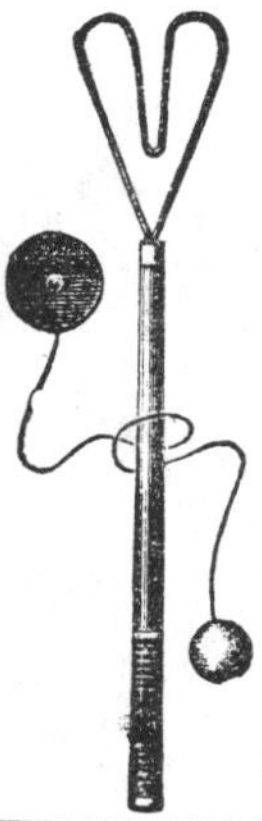

Das Alla-Spiel

besteht aus einer Fanggabel aus starkem Draht, die in einem polierten Holzstiel steckt; beides zusammen ist ca. 47 cm lang; außerdem gehört noch dazu 1 Ball aus feinem Gummi mit Schnur und Scheibe und eine Spielanweisung.

Nr. 1119.

Stück Mk. —.60.

Neu! Kugelspiel.

Das Brett ist ca. 2½ cm stark und an den Seiten weit abgeschrägt; es ist ca. 25 cm groß im □ und lackiert. Das Brett enthält 9 numerierte Höhlungen, in welche die Kugeln (6 Stück sind beigegeben) hineinzurollen sind. Anweisung liegt bei.

Nr. 1132.

Stück Mk. **2.25.**

Ringello-Spiel.

Für Kinder und Erwachsene gleich interessant. Das Spiel besteht aus 5 (nicht 7 wie auf der Abbildung) buntlackierten Rohrreifen (8 bis 13 cm Durchm.), die durch Schnur zusammenhängen und an einem Stabe befestigt sind. Die zu erlernende Kunst besteht nun darin, die Reifen so in die Höhe zu werfen und zurückzuziehen, daß sie mit einem Ruck sämtlich auf dem Stab hängen; das ist gar nicht so leicht, wie es aussieht.

Nr. 1120. Stück Mk. **1.—.**

Das Klimpino D. R. G. M.

ist ein neues Musikinstrument, auf welchem auch der Unmusikalische sofort Lieder, Walzer, Märsche spielen kann. Das Instrument besteht aus dem bekannten Metallophon feinster Ausführung, in Verbindung mit einer drehbaren Notenrolle, die in einfachster Weise anzeigt, welche Tasten anzuschlagen sind.

Nr. 1108. Mit 15 Tönen und 8 Notenblättern Mk. **1.50.**
Weitere Notenblätter 10 Stück Mk. —.50.

Mit dem von Ihnen gesandten Klimpino sind wir sehr zufrieden.
Jac. —m, Carlsberg.

Schwup-Diwup oder: Der kleine Ausschneider

Der Kasten ist ca. 2½ × 14 × 21 cm groß und enthält 15 Tiere in Farbdruck; die Tiere sind **doppelt** gedruckt u. häng. an 2 oder 3 Stellen zusammen, so daß man sie nach dem Ausschneiden sofort aufstellen kann. Eine Anweisung liegt bei.

Nr. 1102. Stück Mk. —.50.

Mechanische Figuren mit Uhrwerk.

Neu! D.R.Patent.

Epl. I.

Ein kleines Luftschiff, ca. 19 cm lang, aus farb. Blech m. Propeller aus Marienglas. Das Luftschiff wird am Kronleuchter od. dgl. mit d. Faden angeknüpft; dann wird das Uhrwerk aufgezogen u. das Schiff losgelassen; es wird dann lange Zeit immerfort im Kreise herumfliegen mit schnurrendem Propeller. **Nr. 4070.** Stück Mk. —.60.

Autobus aus fein bemaltem Blech mit Dachsitzen mit Treppenaufgang. Der Autoführer wird mitgeliefert. Länge des Autobus ca. 20 cm. **Nr. 4017.** Stück Mk. **1.10.**

Automobil „Oho" m. Figur aus farb. Blech, fährt vorzüglich. Autolänge ca 10½ cm. **Nr. 2588.** Stück Mk. -.40.

Transport-Auto „Aha" aus farbigem Blech mit **Steuervorrichtung;** das Auto hat 2 Türen zum Oeffnen und **kann beladen werden.** Länge ca. 13½ cm. **Nr. 2589.** Stück Mk. —.60.

Zick-Zack.

Ein eigenartiges Gefährt, wie die Abbildung zeigt, ganz aus farbigem Blech mit Uhrwerk; der Wagen läuft **nicht** gerade aus, sondern hin und her im Zick-Zack, auch dreht er sich öfters ganz um seine Achse, und schaukelt wie ein Kahn auf den Wellen auf und nieder. **Ein urgelungener Anblick!** Räderhöhe ca. 12 cm. **Nr. 4069.** Stück Mk. **1.20.**

Ferner: Mechanische Figuren mit Uhrwerk etc.

Der kleine Cohn als Militär-soldat.

Die Figur ist ca. 17 cm groß mit Stoffuniform bekleidet und innen mit Uhrwerk versehen, wodurch sie, wenn die Feder aufgezogen ist, lange auf die urkomischste Weise hin- und herläuft.

Zum Totlachen!

Über diesen kleinen Cohn lacht selbst der größte Hypochonder unbedingt.

Nr. 2345. Stück Mk. 1.20.

Der Karrenschieber Tap-Tap

setzt ein Bein vor das andere, **macht regelrechte Schritte,** und läuft eilig durch das Zimmer. Die Figur ist ca. 14 cm groß und aus farbigem Blech, ebenso der Karren, in welchem sich das Uhrwerk befindet.

Nr. 2470. Stück Mk. —.60.

Kreis-Radler mit Glocke.

Das Rad ist ca. 14 cm lang und der Radler sitzt ca. 14 cm hoch; wenn das Uhrwerk aufgezogen ist, radelt die Figur immer im Kreis herum, was durch die angebrachte Drahtstange mit Bleirad bewirkt wird. Während der schnellen Fahrt ertönt die am Vorderrad befindliche Glocke.

Nr. 2450. Stück Mk. 1.30.

Kind im Laufstuhl.

Die plastische Figur aus farbigem Blech läuft tadellos und rollt den Laufstuhl mit sich. Figurenhöhe ca. 18 cm.

Nr. 2538. Stück Mk. 1.20.

Spring-Pudel.

Ein weißes Wollzwerghundchen mit Uhrwerk, Lederhalsband und Lederriemen hüpft, wenn es aufgezogen ist, lustig umher. Größe ca. 16 cm (mit Schwanz gemessen).

Nr. 2535.

Stück Mk. 1.—.

Klapperschlange.

Aus Holz, grün mit Gold beflimmert, bewegt den Körper in schlangenartigen Windungen; ca. 31 cm lang.

Nr. 2600. Stück Mk. 1.25.

Verschiedenes, Sylvester-Bleigiessen.

Der Ideal-Kreisel

(einen Globus darstellend)

tanzt ohne Peitsche und ohne Bindfadenhilfe; man streicht ihn nur über eine beliebige Fläche, stellt ihn hin und er tanzt.

Nr. 1900.

2 Stück Mk. —.15,

Dtzd. „ —.80.

„Gnom".

Der beste Tanzkreisel, den man kennt; wird spielend leicht aufgezogen, tanzt auf beiden Seiten und pfeift bei genügendem Schwung.

Nr. 2334.

2 Stück M. —.20,

Dutzend Mk. 1.10.

Das Bleigießen in der Sylvester-, Weihnachts- oder Andreasnacht.

Ein Blick in die Zukunft.

Der Karton enthält einen **Löffel und 12 verschiedene Figuren,** gefüllt mit Verschen und verschiedenen Gegenständen. Dieselben werden ausgelost und dann nacheinander in dem Löffel geschmolzen. Ist das Blei flüssig, wird es in lauwarmes Wasser gegossen und es bilden sich dann allerlei originelle Figuren, welche der Phantasie den weitesten Spielraum zur Deutung lassen. Eine Anweisung ist jedem Karton beigegeben. Nr. 2257. 1 Karton mit 12 Bleifiguren mit **Einlagen** und 1 Löffel Mk. 1.30.

Sylvester-Vierblätter,

ca. 3½ cm groß, zum Bleigießen. Nr. 2219.

Dutzend Mk. —.50.

Sylvester-Glückstaler,

ca. 3½ cm groß, zum Bleigießen.

Nr. 2218.

Dutzend Mk. —.50.

Nr. 2137.

Sofort erblüht!

In einer kleinen Westentaschenschachtel befinden sich 12 Scheiben u. Stengel aus Japan; legt man diese in warmes Wasser, so entfalten sie sich im Moment zu wunderbaren Blütenstengeln und Blumen in den originellsten Formen und Farben.

3 Schachteln Mk. —.30,

Dutzend „ 1.10.

Ihre gesandten Figuren zum Bleigießen fanden allgemeinen Beifall. M. —z., Großrodensleben.

Vexierscherze und Geduldspiele.

Wodan-Schlüssel Vexierspiel (Anweisung liegt bei) **Nr. 2489.**
Stück Mk. —.20, Dtzd. Mk. 2.30.

Die Bandfabrik.

Ein Experiment von großer Wirkung. Ein nicht endenwollendes Band aus dem Munde zu ziehen. Erklärung liegt bei.
Nr. 1683.
6 Rollen Mk. —.50,
1 Dutzend Rollen Mk. —.90.

Der Zauberkrug.

Es ist unmöglich, aus demselben ohne Anweisung zu trinken; jeder Versuch wird den Inhalt verschütten, da der Krug am Rand durchlöchert ist. — Die sehr einfache Auflösung wird jedem Stück beigegeben. — Der Krug ist fein aus Porzellan hergestellt und ca. 10 cm hoch.
Nr. 1659. Stück Mk. 1.—.

Der Wunderhut.

Aus demselben ringelt sich eine unendlich lange Riesenpapierschlange heraus, von Zeit zu Zeit ihre Farbe wechselnd.
Hocheffektvoll!
Nr. 2404. Stück Mk. —.50.

Hexenringe.

Eine Geduldsprobe (Anweisung liegt bei).
Nr. 2488.
2 Stück Mk. —.20,
Dutzend „ 1.10.

Lustige Sechs.

Amüsantes Scheibchenspiel.
Das Kunststück besteht darin, die drei blauen Scheibchen auf die Seite der drei roten und umgekehrt zu rücken. Kastengröße 2×7×15 cm.
Nr. 2601. Stück Mk. —.25,
Dutzend „ 2.85.

Der Fesselkünstler „Hundinimy".

Wie wird er befreit?
(Anweisung liegt bei.)
Nr. 4018.
2 Stück Mk. —.25, Dutzd. Mk. 1.35.

Die fliegenden Schmetterlinge.

Ein famoses Kunststück. Jedermann staunt über die **Kunstfertigkeit** des betreffenden Herrn, der nur durch leichtes Bewegen des Fächers das lustige Auf- und Niederschweben der Falter bewirkt, und doch ist es so leicht, wenn man das Geheimnis kennt. Ich liefere hierzu: **1 Japanfächer, 2 Schmetterlinge, 1 Japanmütze** und die Beschreibung, wie es gemacht wird. **Nr. 2111.** Stück Mk. —.75.

Streichholzspiele.

Denksport und Kurzweil. Ich liefere hierzu eine Menge Streichhölzer ohne Zündstoff und 10 Aufgaben mit Auflösungen.
Nr. 2387. 3 Stück Mk. —.35, Dutzend Mk. 1.35.

Neu! Quadrat- und Würfelspiel

aus Holz geschnitten. Anweisung und Auflösung liegen dem Spiele bei. Es sind 5 Quadrate etc. und Würfel zu legen.
13×13×1 cm groß.
Nr. 4063. Stück Mk. 1.10.

Fax, der Wunder-Clown,

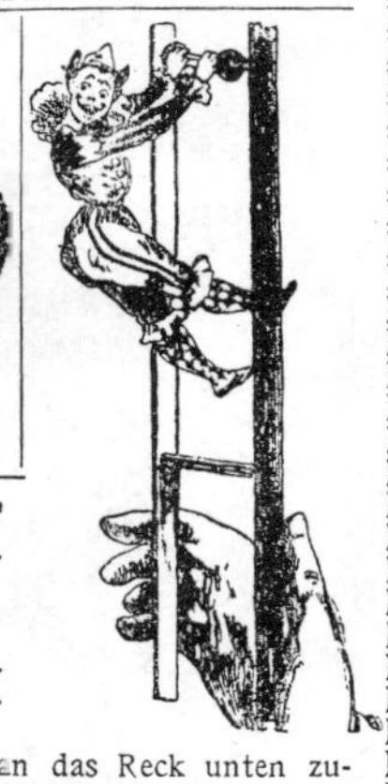

macht die tollsten Evolutionen, wenn man das Reck unten zusammendrückt. Das letztere ist ca. 24 cm groß.
Nr. 1974 Stück Mk. —.25.

Fritz und Paul

aus Blech, in Farbendruck, ca. 8 cm groß. Wer ist größer?
Ein verblüffender Scherz!!!
Nr. 2626.
2 Paar Mk. —.25,
1 Dutzend Paar Mk. 1.35.

Bib und Bob oder der Clownritt, wie reiten Sie Galopp?

Ein nettes Geduldspiel. Das Spiel besteht aus 3 Blechscheiben, wie abgebildet; die **galoppierenden** Ziegenböcke sind ca. 8 cm lang.
Nr. 4031.
2 St. Mk. —.25, Dutzd. Mk. 1.35.

Auf jedem Feste wird mir allerseits für die Freude, welche Ihre Cotillonartikel hervorrufen, Dank gesagt, doch sage ich jedem unserer Gäste, daß nicht mir, sondern dem Erfurter Vergnügungs-Schmidt dieser Dank gehört. Antwerpen, 14./7. 11. gez. Alfred —f.

Geduldspiele.

Die Fangköpfe.

3 Köpfe aus starker Pappe mit feinem Buntdruck mit Handgriff: Hund mit Wurst, Clown mit Ring, Negerweib mit Pfeife und Ring. Der Hund muß die Wurst in der Schnauze fangen usw. Länge ca. 20 cm.

Nr. 2697. 3 Stück sortiert Mk. —.30.

Das verflixte „T“.

Ein Geduldspiel, bei welchem aus 4 Holzplättchen der Buchstabe **T** gebildet werden soll.

Nr. 2358.

2 Stück Mk. —.25, Dutzend Mk. **1.20.**

Liebes-Orakel,

tanzender Würfel mit dem Text: „Er liebt mich von Herzen, mit Schmerzen usw.

Nr. 1559. 2 Stück Mk. —.30, Dutzend Mk. **1.65.**

Die geheimnisvolle

Man schreibe die Zahl 10000 mit einem Kranz umgeben, wie abgebildet, **in einem Zuge,** ohne mit dem Stifte abzusetzen. Anweisung liegt bei.

Nr. 2604. 2 Stück Mk. —.25, Dutzend Mk. **1.35.**

Spiel 1 bis 15. **Interessant!**

Die Nummern sind durch Schieben der Klötzchen in die Reihenfolge von 1—15 zu ordnen.

Kartongröße ca. 1×6×6 cm.

Nr. 2606. 2 Stück Mk. —.25, Dutzend Mk. **1.35.**

Das Quadrat.

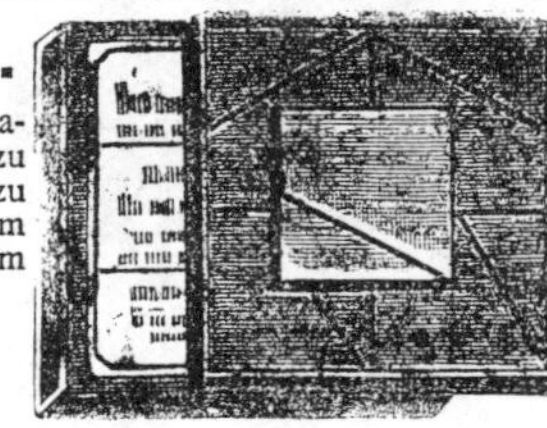

Aus 5 kleinen Quadraten ist ein großes zu bilden; ich liefere hierzu 10 Holzscheiben in einem kleinen Karton 1×7×7 cm mit Anweisung.

Nr. 2603.

2 Stück Mk. —.30,
Dutzend „ **1.50.**

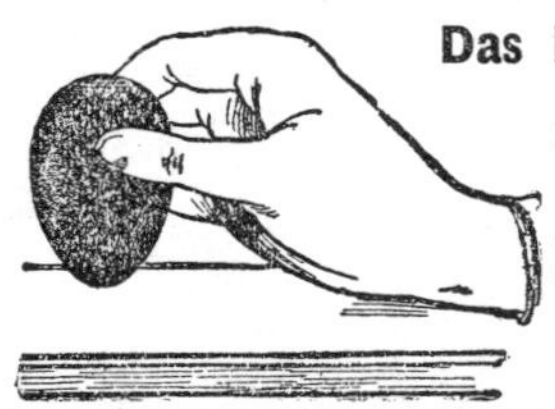

Das Ei des Columbus.

Nur der Eingeweihte kann das Ei auf die Spitze stellen. **Ein höchst frappantes Experiment;** das lackierte Holzei ist ca. 5 cm groß. **Nr. 2291.**

Stück Mk. —.20,
Dutzd. „ **2.10.**

Die böse Sieben.

Aus beigegebenen 6 Holzplättchen soll die Zahl **7** gebildet werden. (Auflösung liegt bei.)

Nr. 4019. 2 Stück Mk. —.25, Dutzend Mk. **1.20.**

Neu! Magnet-Geduldspiel

in 3 verschiedenen Dessins.

In dem ca 5 cm großen Blechkästchen befinden sich die kleinen Teile, die mit dem beigegebenen Magnet durch das Glas hindurch auf die richtigen, auf den Boden gezeichneten Stellen zu bringen sind.

Nr. 4064. Stück Mk. —.30, Dutzend Mk. 3.—.

Neu!

Phantasie-Jardinière A

mit künstlichen Blumen, ca. 27 cm hoch.

Stück Mk. 3.25.

Mein Album für Zimmerschmuck-Gegenstände

enthält in **gediegener Zusammenstellung mit tadellosen Illustrationen** eine Menge

Neuheiten

in Hängesachen, Idylls, Nippes, Wandschmuck, Bouquets, Vasen, Schalen, Aufsätzen, Palmen und Pflanzen etc.

Entzückende Hochzeits- und Gelegenheits-Geschenke etc.

und steht auf Wunsch jederzeit sofort **frei** zu Diensten.

Umsonst und postfrei

werden auf Wunsch noch folgende reich illustrierte Werke versandt:

- **Schmidts Prachtkatalog über Bindereien aus lebenden Blumen.**
- **Schmidts Rosen- und Baumschulkatalog.**
- **Schmidts Samen- und Pflanzenkatalog.**
- **Schmidts Blumenzwiebelkatalog.**

Dezente Jux- u. Scherzartikel.

Originelle und interessante Neuheiten.

Das Neueste ist eingereiht.

Kaufe Schmidts Scherzartikel-Sortimente; für dieselben interessieren sich alle fidelen und nicht fidelen Menschen.

Schmidts Scherzartikel-Sortimente

enthalten **die amüsantesten Nummern dieser und der folgenden Seiten:**

Sortiment Nr. 100 Z	101 Z	102 Z	103 Z
enthaltend 12	12	24	24 Stück
1 Sortiment Mk. 2.—	3.—	4.50	8.—

Jedes Sortiment besteht aus anderen Scherzartikeln: kauft man also die 4 Sortimente, so erhält man 72 verschiedene dezente Sachen.

Kaufe Schmidts Scherzartikel-Sortimente wenn Du in Gesellschaft gehst, wenn Du an den Stammtisch gehst, wenn Du auf Reisen gehst, und **Du machst Dich beliebt!**

Neu! Der Hund in der Rocktasche.

Ein Hundekopf (Zwerg-Bulldogge) mit **beweglicher Schnauze** und **mit Stimme** wird in der Rocktasche festgehakt. Hocheffektvoll und amüsant ist es nun, wenn der Hund plötzlich aus dem Rock herausfährt und heftig zu bellen anfängt, während das Vis-à-vis harmlos in einer Unterhaltung begriffen ist. Der Kopf ist ca. 7½ cm groß.
Nr. 4093. Stück Mk. —.45, Dutzend Mk. 5.—.

Der verhexte Bleistift.

Über der Bleistiftspitze sitzt eine Metallhülse und jedermann meint, dieselbe sei, wie stets, abzuziehen; sie muß aber **abgeschraubt** werden. Die Bemühungen, die Hülse loszubekommen, wirken hochkomisch.
Nr. 4095. 2 Stück Mk. —.25, Dutzend „ 1.30.

Neu! Der schwimmende Zucker.

Legt man das Stückchen Würfel-Zucker, das aussieht wie jedes andere, in heißen Thee oder Kaffee etc., so sinkt es unter, um gleich darauf wieder **an der Oberfläche zu erscheinen.** Der Gefoppte wird staunend vor diesem Rätsel stehen.
☞ Die Präparation ist selbstverständlich vollkommen ungefährlich.
Nr. 4094. St. Mk. —.15, Dtzd. Mk. 1.60.

Neu! Spritz-Klingel.

Der elektrische Klingelknopf umschließt einen Ball, der mit Wasser oder Parfüm gefüllt wird; außerdem befinden sich an dem Knopfe 2 Stifte, durch welche er überall schnell befestigt werden kann. **„Bitte, drücken Sie doch mal an den Knopf“**, sagt man zu den zu Foppenden und den großartigen Erfolg zeigt das obige Bild.
Nr. 4100. Stück Mk. —.80.

Neu! Dackel-Postkarte

(in Pergamenttüte versandfertig)
mit **vibrierendem** Schwanze aus feiner Drahtspirale. **Nr. 4096.** Stück Mk. —.25, Dtzd. „ 2.65.

Neu! Die verzauberte Taschen- und Cigarren-Schere

kann nicht geöffnet werden; die vergeblichen Bemühungen sind zum todlachen **Nr. 4098.** Stück Mk. —.45, Dtzd. „ 4.80.

Neu! Kater-Postkarte

(in Pergamenttüte) versandfertig) mit vibrierenden Schwanze aus feiner Drahtspirale als **Barometer.** Wenn der Schwanz trocken ist: Schön. Wenn der Schwanz naß wird: Regen. usw.
Nr. 4097.
Stück Mk. —.25, Dutzend „ 2.65.

Neu! Die Brummstimme.

Ein kleines Instrument in Kastenform, das auf dem Rücken unter dem Rock festgesteckt wird.
Durch Beugen nach vorne **ertönt die eigenartige Brummstimme immer und immer wieder.** Niemand ahnt, wo die rätselhaften Töne herkommen.
Dieser Scherzartikel gehört mit zu den besten, die erschienen sind. ::
Nr. 4102. St. Mk. —.50, Dtzd. Mk. 5.50.

Neu! Ulk-Feuerzeug.

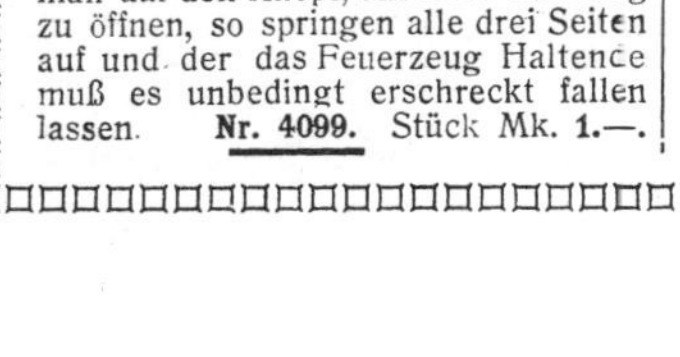

Aus Metall, fein vernickelt. Drückt man auf den Knopf, um das Feuerzeug zu öffnen, so springen alle drei Seiten auf und der das Feuerzeug Haltende muß es unbedingt erschreckt fallen lassen. **Nr. 4099.** Stück Mk. 1.—.

Neu! Die geheimnisvolle alte Schachtel.

Sobald jemand ahnungslos den Deckel abhebt, springt **seitlich** eine große Wurst heraus.
Nr. 4101. Stück Mk. —.55, Dutzend „ 6.—

Scherzartikel.

Neu!

Der ominöse Tinten-Klecks.

O, Himmel, die Tinte!
Tintenflecken auf meinen Decken! Es ist zum weinen! Wer hat das gemacht!
So lauten die entsetzt. Ausrufe!

Ich liefere zu diesem hochfrappanten, harmlosen Scherz eine vollgewesene kleine Tintenflasche mit **großem Tinten-klecks,** täuschend imitiert aus Blech. Jeder fällt darauf rein und steht entsetzt vor dem vorgetäuschten Pech. Der Scherz wirkt noch eminenter, wenn man Flasche und Klecks schnell wieder verschwinden läßt, wenn die Gefoppte hinauseilt, um die nötigen Utensilien zum entfernen des Kleckses zu holen; sie wird dann an Hexerei glauben müssen. **Nr. 4103.** Stück Mk. —.15, Dtz. Mk. 1.50.

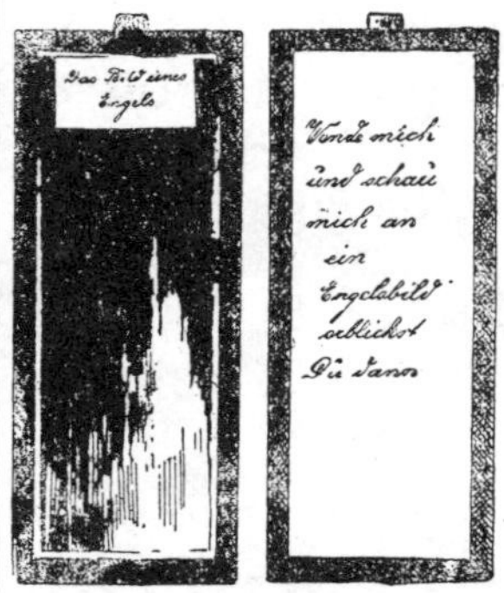

Neu! Das Bild eines Engels.

Ich liefere hierzu einen ca. 9½×3½ cm großen geschliffenen Spiegel mit Text auf der Rückseite, wie oben angegeben. **Nr. 4104.**
Stück Mk. —.20, Dtz. Mk. 2.—.

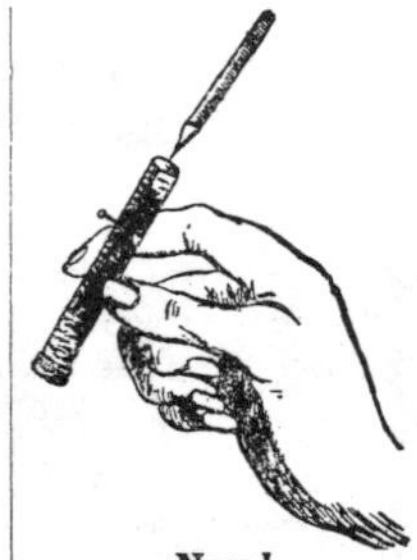

Neu!
Der fliegende Bleistift.

Sowie man den Stift zum Schreiben aufsetzt, fliegt derselbe hinten aus der Blechhülse heraus.
Nr. 4108.
2 Stück Mk. —.25, Dutzend Mk. 1.20.

Neu! Der aufgeblasene Frosch.
Kopf, Arme und Beine sind aus Papiermaché und der Rumpf aus Kautschuk; zum aufblasen und aufstellen; unaufgeblasen ca. 13 cm groß. **Nr. 4106.**
Stück Mk. —.55, Dutzend Mk. 6.—.

Neu! Neu!
Der kugelrunde Fußballer.
Wie nebenstehender Frosch, aber ca. 14½ cm groß.
Nr. 4107.
Stück Mk. —.55, Dutzend Mk. 6.25.

Neu! Neu!
Die Schreckseife.
Öffnet man harmlos die feine Seifenhülle, so fährt eine Schlange heraus. **Nr. 4111.**
Stück Mk. —.35, Dutzend Mk. 3.75.

Neu! Schreibmaschine „Ideal". Neu!
Die kleine Schreibmaschinen-Attrappe, ca. 8½ cm groß, verbirgt innen eine Schlange, welche durch Druck auf den Hebel herausspringt. **Nr. 4109.**
Stück Mk. 1.40.

Neu!
Aufforderung zum Erbschaftsantritt
mit Dienstsiegel, alles täuschend nachgeahmt. Jeder fällt auf den harmlosen, dezenten Scherz rein.
Nr. 4110.
Stück Mk. —.15,
Dutzend Mk. 1.65

Neu! Die summende Wespe

aus Pappe mit Farbendruck, ca. 15 cm groß. Durch Schwingen werden die summenden Töne hervorgebracht.
Nr. 4105.
2 Stück Mk. —.25,
Dutzend Mk. 1.20.

Neu! Die Zappelbärte. Neu!
Plastisch geformte Karikaturenköpfe (6 verschiedene), ca. 4 cm groß, mit Wackelbärten aus Drahtspiralen zum anstecken.
Nr. 4112.
2 Stück Mk. —.20, Dutzend Mk. 1.10.

Scherzartikel.

Neu!

Der kugelrunde Mohr.

Eine neue Figur mit Kautschukrumpf zum Aufblasen und Aufstellen. Kopf, Arme und Beine sind aus Papiermaché, ca. 14 cm groß.

Nr. 4066.

Stück Mk. —.50, Dutzend Mk. 5.75.

Neu!

Der kugelrunde Automobilist.

Wie nebenstehend.

Nr. 4065.

Stück Mk. —.50, Dutzend Mk. 5.75.

Neu!

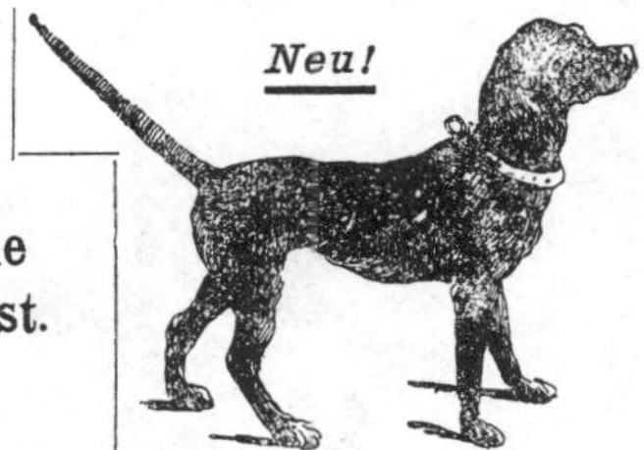

Der Japanhund

(japanisches Fabrikat)

aus Metall mit **Spiralschwanz, immerfort wackelnd und vibrierend.** Der Hund ist, ohne Schwanz gemessen, ca. 7½ cm lang.

Nr. 4067. Stück Mk. —.80, Dutzend „ 9.—.

Monsieur le Clown.

Kopf, Füße und Hände aus Pappe in Farbendruck, das andere aus buntem Wabenseidenpapier. Der ausgedehnte Clown ist ca. 60 cm lang, der ganz flach zusammengelegte ca. 23 cm.

Nr. 2638.

2 Stück Mk. —.20, Dutzend Mk. 1.—.

Das gefüllte Japan-Ei

mit Stimme.

Aus diesen Eiern entwickeln sich durch Hineinblasen **Hühner, Hähne etc.** Neben dem Blasröhrchen ist die Stimme angebracht. **Sehr überraschend.**

Nr. 1792.

2 St. Mk. —.35, Dtzd., 1.80.

Die Vögel etc. können immer wieder zusammengelegt und von neuem aufgeblas. werden.

Vexierschraube.

Der Schraubenknopf ist mit einer Spitze versehen, wie Abbild. zeigt. Man drückt nun die Schraube unbemerkt in irgendein Möbelstück oder sonstigen Gegenstand und macht gelegentlich auf das Ungehörige aufmerksam. Die Entrüstung wird der Heiterkeit Platz machen, wenn man die Schraube mit Leichtigkeit entfernt, ohne daß sie Spuren hinterläßt.

Nr. 2640. 2 Stück Mk. —.15, Dutzend „ —.80.

Vexier-Nagel.

Wie Nr. 2640.

Nr. 2641.

2 Stück Mk. —.15, Dutzend „ —.80.

Radau-Tüte

zum Knallen; die Tüte ist sehr haltbar hergestellt und kann ungezählte Male benutzt werden; sie ist mit komischen Bildern in Buntdruck verziert.

Nr. 2063.

3 Stück Mk. —.15, Dutzend Mk. —.50.

Vexierkamm

für Haarlose.

Dieser Kamm ist aus Celluloid (Schildpatt imitiert) u. **ohne** Zähne zur Schonung der Haut.

Nr. 2631. 2 Stück Mk. —.25, Dutzend Mk. 1.35.

Knarrende Stiefel.

Ein kleiner Apparat aus Metall wird am Stiefel befestigt und erzeugt, wenn man darauf tritt, knarrende Stiefeltöne.

Nr. 2617.

3 Stück Mk. —.40, Dtzd. Mk. 1.50.

Hansabund-Cigaretten:

„Wir halten fest und treu zusammen".

In einem kleinen Kästchen, das obige Auf- und Inschrift trägt, befinden sich 5 zusammengeleimte imitierte Cigaretten. Der Gefoppte wird sich vergeblich bemühen, eine Cigarette herauszunehmen.

Nr. 4051. 1 Kästchen Mk. —.20, 12 „ „ 2.30.

Flitz-Cigarren-Etui.

Ein höchst gelungener Scherz!

Das Cigarrenetui aus Chagrinkarton wird geöffnet und der Inhalt — 5 Cigarren — dem betreffenden Herrn dargeboten; will derselbe zulangen, so drückt man an den kleinen Stern am Etui und eine Cigarre flitzt an dem Herrn vorbei hoch in die Luft.

Nr. 2515.

Stück Mk. —.60, Dutzend Mk. 6.75.

Noris-Cigaretten, sehr schwer, aus **Blei.**

Ein sehr effektvoller harmloser Scherz!

Das Kästchen enthält 5 Cigaretten und kostet **Nr. 2545.** Mk. —.50, Dutzend Mk. 5.75.

Vogel-Horn.

Mit diesem kann man die Vogelstimmen famos nachahmen.

Nr. 2480.

Stück Mk. —.20, Dutzend Mk. 2.—.

Bleistiftstock.

Ein Bleistift, ca. 19 cm lang, in Form eines **Spazierstockes** mit Griff und Zwinge; letzterer bildet gleichzeitig den Schoner der Bleistiftspitze. Länge ca. 19 cm.

Nr. 2269. 3 Stück Mk. —.35, Dutzend „ 1.30.

Die Geleimten.

Dasselbe Etui mit **4 festgeleimten Cigarren**; der Betreffende wird sich vergeblich anstrengen, eine Cigarre aus dem Etui herauszubekommen.

Nr. 4072. Stück Mk. —.30. Dutzend „ 3.—.

Scherzartikel.

Klettenschlangen.

Die bunten Seidenpapierschlangen sind ca. 1 m lang und tragen am Kopfe eine Naturklette; sie legen sich ganz flach zusammen und sind in einer ca. 4 cm großen Hülse befestigt. Diese Hülse nimmt man in die Hand und läßt im geeigneten Moment die Schlange herausfahren, die sich dann an den Kleiderstoff festklettet und lang ausdehnt.

Nr. 4076. 2 Stück Mk. —.25, Dutzend Mk. 1.35.

Der Schreckkodak

birgt eine zusammengedrückte ca. 80 cm lange **Riesenschlange**, die beim Öffnen herausspringt.

Nr. 4081. Stück Mk. 1.—.

Das Opernglasetui

birgt auch wie der Schreckkodak eine ca. 80 cm lange Riesenschlange.

Nr. 4082. Stück Mk. 1.40.

Der Schreckautomat.

Man fordert jemand auf, ein Zehnpfennigstück in das ca. 12 cm große Kästchen zu stekken; kaum berührt der Betreffende mit dem Geldstück die Feder hinter der Einwurföffnung, so öffnet sich der Automatendeckel und eine Schlange fährt heraus.

Nr. 4080. Stück Mk. —.65.

Der Trommelbrief ist von ganz außergewöhnlichem Effekt, weil eben jeder, auch der vorsichtigste darauf reinfällt. Das kleine Drahtgestell (wie abgebildet) wird durch Gummi angespannt, der Brief geschlossen und ins Kuvert gesteckt; der Empfänger wird nun entsetzt zusammenfahren, wenn es in dem Briefe, den er eben öffnen will, auf einmal mächtig trommelt.

Nr. 4073. 2 Stck. Mk. —.25, Dtzd. „ 1.35.

Die Glühwürmchen.

Die Cigaretten tragen imitierte Asche u. glühen scheinbar; jede Hausfrau wird erschrocken zugreifen und die Cigarette entfernen wollen, wenn sie ein Spaßvogel mitten auf die feine Salontischdecke gelegt hat.

Nr. 4075 a.

2 Stück Mk. —.20,

Dutzend Mk. 1.10.

Die kürzlich gelieferten Scherzartikel und Knallbonbons waren sehr schön und fanden großen Beifall.
Marktredwitz, 22./2. 11. gez. Fritz —e.

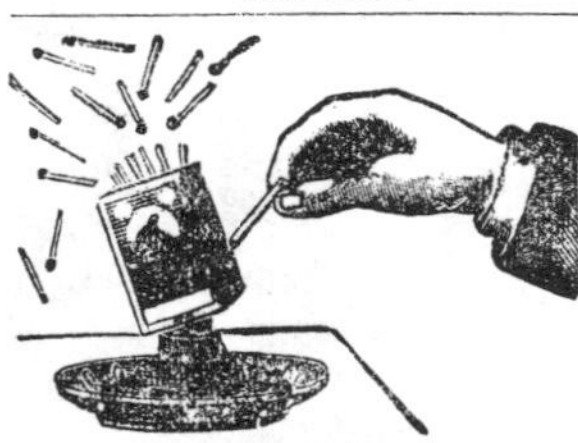

Der Schreck-Streichholzständer

enthält innen eine Feder, die niedergedrückt wird, bis sie einschnappt; dann legt man eine Anzahl Streichhölzer in das Feuerzeug und sobald nun jemand ein Zündholz herausnimmt und an der Reibfläche anstreicht, fliegen sämtliche Hölzer in die Luft.

Nr. 4074. Stück Mk. 1.35.

Imperator-Feuerzeug.

Drückt man an dem Deckel, so springt statt Feuer der ganze Deckel in die Luft.

Nr. 4078. Stück Mk. 1.—.

Neu!

Schnupfdose,

Birke imitiert, enthält **keinen** Schnupftabak, sondern Filz.

Nr. 4077. Stück Mk. —.20, Dutzend „ 2.20.

Lätzchen

aus Papier für Herren, mit Inschriften, z. B.: **Mamas Liebling, Nesthäkchen, Mein Engel, Mäuschen** etc. Es werden 6 Dessins geliefert.

Nr. 2628.

2 Stück Mk. —.35,

Dutzend Mk. 1.90.

Das kleinste und das grösste Schaf der Welt.

Eine kleine (ca. 1½×2½ cm) niedliche Dose ist oben und unten zu öffnen und trägt obige Inschriften. Deckel 1 verbirgt ein kleines, feines Schäfchen zum Aufstellen; Deckel 2 geöffnet zeigt das Bild des Beschauers in einem kleinen Spiegel.

Nr. 2624. Stück Mk. —.35. Dtzd. „ 4.—.

Der kleinste und der grösste Esel der Welt.

Wie Nr. 2624, aber statt Schaf—Esel.

Nr. 2625. Stück Mk. —.35, Dutzend „ 4.—.

Der Cigaretten-Automat,

nett ausgeführt. Blechkästch. (ca. 1½×5×7½ cm groß) mit Damenbild u. mit Aufschrift: Cigaretten für junge Mädchen. Drückt man auf den beschriebenen Knopf, so fährt einem ein Wasserstrahl ins Gesicht. **Nr. 4079.** Stück Mk. —.70.

Scherzartikel.

Aus Kautschuk zum Aufblasen!

Das Ulk-Schwein

entlockt selbst dem Hypochonder ein herzhaftes Lachen. Es sieht aber auch zum Piepen aus, wenn das aufgeblasene Tier immer kleiner wird, ruckweise die Beine zusammenzieht, sich dann auf die Seite legt und unter Schwanenpiepen seinen Geist verhaucht.
Nr. 2033 mit plastischen Beinen aus fester Masse, Stück Mk. —.25, Dtzd. Mk. 2.50.
Nr. 2033a mit Pappbeinen . . . . 2 „ „ —.30, „ „ 1.60.

Neu!

Das Taubenhaus

ist ca. 6×6½×10 cm groß; öffnet man dasselbe arglos, so kommt plötzlich eine Taube herausgefahren, den Betreffenden arg erschreckend. **Nr. 4071.** Stück Mk. —.65.

Vexir-Cigarren-Abschneider.

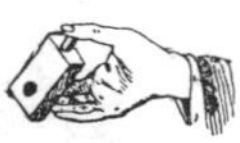

Ein kleiner Nickelbehälter (ca. 2×4 cm) mit Messer, das aber durch den Federdruck **nicht** herabgleitet; man bittet um die Spitze, drückt das Messer scheinbar herab, und der Gefoppte sieht erstaunt, daß die Spitze an der Cigarre noch vorhanden ist. **Nr. 4022.** Stück Mk. —.50.

Der Schreckballon „Zeppelin“.

Sehr effektvoll!

Aus dem Buntdruckkasten mit dem Bilde des Grafen Zeppelin steigt zuerst, wenn man den Deckel geöffnet hat, langsam ein zweiter Kasten mit dem Luftschiffbild heraus, um dann plötzlich auch seinen Deckel mech. zu öffnen und ein Luftschiff mit Spiralfed. hoch in die Lüfte schnellen zu lassen. **Nr. 4024.**
Stück Mk. —.75.

Du ahnst es nicht, warum alles wackelt!

Teller, Schüsseln, Gläser, alles wackelt! Das pneumatische, ganz flache Instrument wird heimlich unter das Tischtuch gelegt; sobald man nun auf die herunterhängende Gummibirne drückt, fängt der auf dem Instrument stehende Gegenstand zu wackeln und zu tanzen an. **Allergrößte Überraschung! Nr. 1904.**
Stück Mk. —.70, Dutzend Mk. 7.75.

Die zitternde Libelle.

(Japan-Fabrikat.)

Die 4 Einzelflügel, die Beine und der Körper, alles besteht aus ganz feinen schwarzen Drahtspiralen, die immer vibrieren. **Höchst effektvoll!** Körperlänge ca. 7 cm. **Nr. 4025.**
Stück Mk. —.20, Dtzd. Mk. 2.30.

Der schreckliche Bleistift.
Der in einer feinen Metallhülse befindliche Bleistift schnappt bei der leisesten Berührung mit dem Papier oder dergl. plötzlich zurück.
Der Schreibenwollende fährt mächtig zusammen.
Der Bleistift kann immer wieder aufgestellt werden. **Nr. 4026.**
Stück Mk. —.20, Dutzend „ 2.—.

Die gefesselten Cigarren. In dem Cigarrenetui, das noch Raum bietet für richtige Cigarren, befinden sich 2 imitierte, die mit Gummischnur am Boden des Etuis festgeklemmt sind; sie lassen sich also nur ein Stück herausz. u. schnellen dann zurück.

Nr. 4023. Stück Mk. —.50.

Der Schreckstempel

ist aus Gummi hergestellt und befindet sich mit dem Stempelkissen in einer kleinen Blechdose, wie abgebildet; Durchmesser ca. 5 cm.
Nr. 4021.
Stück Mk. —.50.

Nach wie vor mit Ihren vorzüglichen Cotillon- und Scherzartikeln außerordentlich zufrieden usw.

Major —ch, Neuwied a. Rh.

Der Schrecksitz ist ein kleines Instrument (ca. 8 cm Durchmesser); setzt man sich darauf, so gibt es einen lauten Ton von sich. Heimlich auf den Stuhl zu legen. **Nr. 4020.** Stück —.25, Dutzend Mk. 2.75.

Scherzartikel.

Die Streichelklappern

sind aus Karton in hochfeinem Buntdruck hergestellt und schlagen gleichzeitig 2 Schläger auf die Mittelscheibe. Länge ca. 22 cm. 3 Dessins. **Nr 4027.**

3 St. sortiert Mk. —.25, Dtzd. Mk. —.90.

Der Foppkamm aus Celluloid.

ca. 6 cm lang, im Etui; wenn man sich damit kämmen will, legt er sich um. **Nr. 4032.**

Stück Mk. —.30, Dtzd. Mk. 3.50.

Schweres Geld.

500 Mark-Rollen aus Metall.

Mit diesen Scherz-Geldrollen kann man viel Spaß machen. Legt man z. B. eine solche Geldrolle auf die Straße oder in einem Restaurant auf die Erde, oder in einer Gesellschaft auf einen Stuhl usw., so wird diejenige Person, welche die Geldrolle zuerst bemerkt, schleunigst danach greifen, und auf den Scherz prachtvoll hineinfallen. Oder man macht jemand eine Scherz-Geldrolle zum Geschenk, oder man renommiert damit, wenn man sie schwer aus der Tasche auf die Erde fallen läßt und sie gewichtig auf den Tisch hinlegt usw. **Nr. 4038.**

Stück Mk. —.25, Dutzend Mk. 2.75.

Der Freundschaftsstempel.

Bei der Begrüßung drückt man, wie die Abbildung zeigt, den kleinen Gummistempel auf die Hand; es sind 4 Worte vorrätig: Esel, Knallprotz, Aufschneider und Heiratslustig. **Nr. 4037.**

Stück Mk. —.25, Dutzend Mk. 2.75.

Babypfeife.

Der ca. $4^1/_2$ cm große Kopf ist aus Papiermaché geformt; durch Hineinblasen und durch Öffnen des Mundes ertönt lautes Mamaschreien.

Nr. 2661. 2 Stück Mk. —.20, Dutzend „ 1.10.

Vernagelt oder der festgenagelte Hut.

An der Nagelspitze befindet sich ein Blech, das hinter das Hutband geschoben wird, also den Hut in keiner Weise beschädigt. **Nr. 4036.**

Stück Mk. —.20, Dutzend Mk. 2.30.

Herr Purzel, standhaft, aufgeblasen und urkomisch!!

Die Figur besteht aus einem Guttapercha-Oberkörper, Papparmen und festen starken Beinen. Hat man die Figur bis zu ca. 20 cm Größe aufgeblasen, so stellt man sie auf den Tisch; sie sinkt dann langsam in sich zusammen, neigt den Oberkörper vornüber, fuchtelt mit den Armen in der Luft herum u. fällt zwischen die Beine, die fest stehen bleiben. **Nr. 4039.**

Stück Mk. —.35, Dutzend Mk. 3.90.

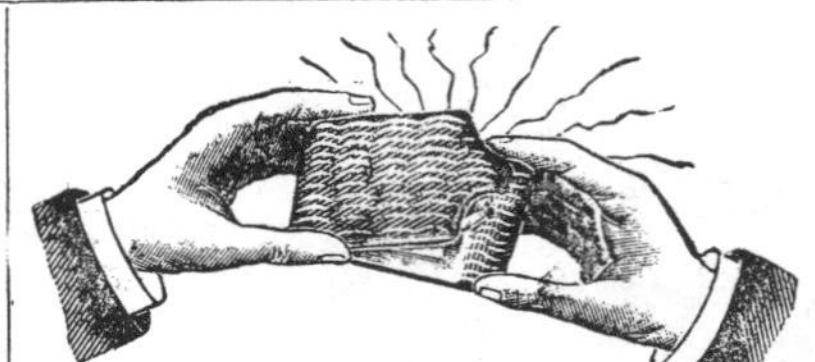

Jupiter-Feuerzeug

in Metall sauber ausgeführt, mit Knallvorrichtung. **Nr. 4034.** Stück Mk. —.40, Dtzd. Mk. 4.50.

Der blaue Anton mit dem unheimlichen Zungenschlag; das ca. $4^1/_4$ cm große, aus Pappe geprägte farbige Gesicht wird am Rock befestigt, wie auf der Zeichnung ersichtlich und die purpurrote, ca. 3 cm lange Zunge wird durch einen Faden in Bewegung gesetzt. **Höchst komisch!**

Nr. 4033. Stück Mk. —.10, Dutzend Mk. 1.—.

Singender Vogel als Krawatten- oder Anstecknadel. Durch Druck auf den Gummiball, der mit dem Gummischlauch verborgen getragen wird, bewegt der Vogel seinen Schnabel und zwitschert. Ein famoser Scherz!

Nr. 4035. Stück Mk. 1.20.

Tantalus-Cigaretten.

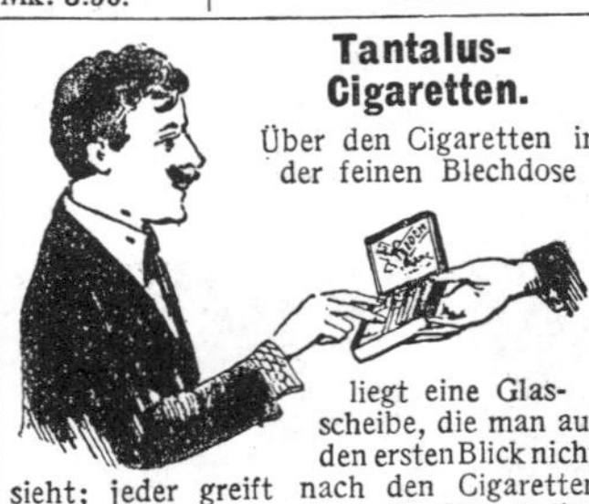

Über den Cigaretten in der feinen Blechdose liegt eine Glasscheibe, die man auf den ersten Blick nicht sieht; jeder greift nach den Cigaretten und berührt erschrocken die Glasscheibe.

Nr. 4028. St. Mk. 40, Dtzd. Mk. 4.50.

Tantalus-Streichhölzer wie oben; über den Hölzern liegt eine Glasscheibe und verhindert das Nehmen. **Nr. 4058.**

2 Stück Mk. —.25, Dutzend Mk. 1.25.

Der Kri-Kri-Stock.

Ein kleines Metallinstrument (den vor Jahren riesig beliebten Kri-Kris ähnlich) wird mit der Feder an einen Spazierstock geklemmt wie die Abbildung zeigt; bei jedem Federdruck ertönt der bekannte Kri-Kri-Ruf.

Nr. 4029.

2 St. Mk. —.35, Dtzd. Mk. 2.—.

Scherzartikel.

Eheringaufsätze.

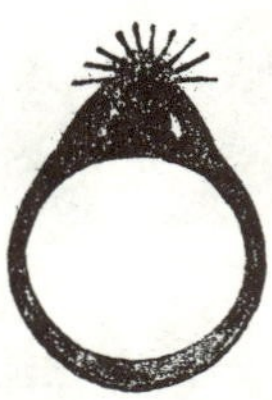

Auf der Stelle wieder einmal **Junggeselle.** Der funkelnde Brillant läßt sich im Augenblick auf jeden Trau-Ring aufsetzen und wieder abnehmen.

Nr. 2494.

Stück Mk. —.50.
Dutzend Mk. 5.75.

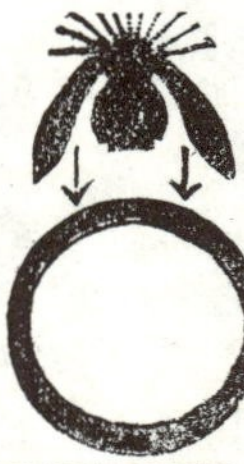

Neu! Der Spritzring

wird in Odeur oder Wasser getaucht, nachdem der daran befindliche Gummiball eingedrückt ist; hat sich letzterer vollgesaugt, so wird der Ring angesteckt und der kleine Ball mit der Hand verdeckt. Nun ist das Instrument schußfertig und man braucht nur den passenden Moment abzuwarten, um loszuspritzen.
Stück Mk. —.70, Dtzd. Mk. 8.—.

Nr. 4059.

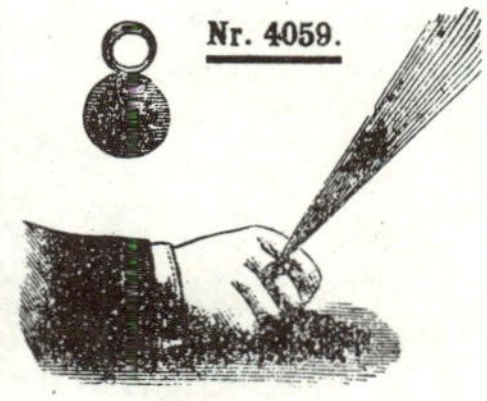

Luftschiffer am Fallschirm.

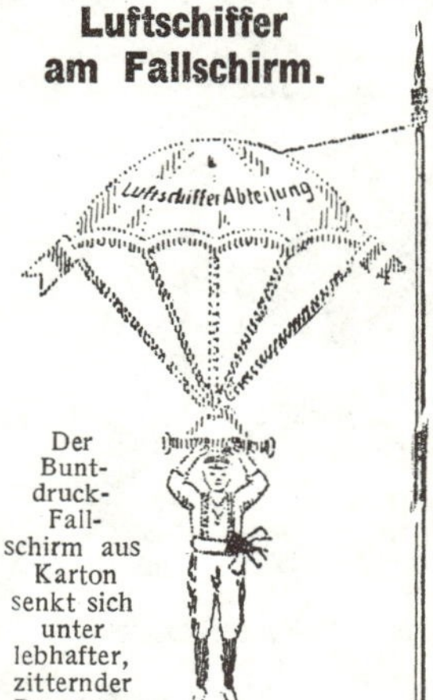

Der Buntdruck-Fallschirm aus Karton senkt sich unter lebhafter, zitternder Bewegung an dem Draht ganz langsam nieder.

Sehr eigenartig.

Der Schirm mit Figur ist ca. 21 cm groß.

Nr. 2609. 2 St. Mk. —.20,
Dutzend Mk. 1.—.

Das moderne Liebes-Orakel „Küsse mich!"

zeigt **Damen und Herren untrüglich** an, ob sie **viel oder wenig** geliebt werden. Jedes Stück befindet sich in einer Pergamyntasche mit interessanter Erklärung.

Nr. 2614. 2 Stück Mk. —.20,
Dutzend Mk. 1.10.

Die gackernde Henne.

Wenn man nach der beiliegenden Anweisung den Faden durch die Finger zieht, kann man bei einiger Übung das Gackern der Henne **ganz täuschend** nachahmen. Der Apparat ist ca. $5^1/_2$ cm groß.
Nr. 2610. 2 Stück Mk. —.15, Dutzend Mk. —.85.

Die Froschknarre

ist ca. 18 cm lang und besteht aus einem hölzernen Knarr-Rädchen (Schnarre oder Ratsche) mit einem Froschkopf aus grünbemalter Pappe.
Nr. 4040. 2 Stück Mk. —.20, Dtzd. Mk. 1.10.

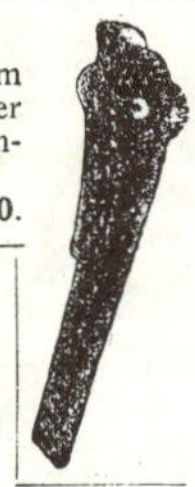

aus Kautschuk mit massiven Beinen; sehr ulkig!

Nr. 2613.

2 Stück Mk. —.30,
Dutzend „ 1.75.

Der Ulk-Clown.

Kopf und Oberkörper bestehen aus Kautschuk und werden aufgeblasen. Hände mit Flasche und Beine sind aus Pappe, die Krause aus Stoff. Der aufgeblasene Clown sitzt auf den Beinen und drückt die Flasche an den Bauch; das Zusammensinken in dieser Stellung wirkt hochkomisch.
Nr. 2608. Stück Mk. —20, Dutzend Mk. 2.20.

Mit der prompten Zustellung der äußerst hübschen Scherzartikel sehr zufrieden usw. Frau A. —s, Schwelm.

Der aufgeblasene Vogel

Taschenlampe „Radium".

Jeder fällt darauf rein und spritzt sich einen dünnen Wasserstrahl ins Gesicht. Die Lampe ist aus Blech hergestellt und ca. $1^1/_2 \times 8$ cm groß.
Nr. 2611. Stück Mk. —.70.

Der Faxenmacher.

Man streife das Kleid über die Hand; Daumen und Mittelfinger bilden die Arme, auf den Zeigefinger stecke man den Kopf, wie nebenstehende Abbildung zeigt. Durch die Bewegungen der Finger kann man die possierlichsten Stellungen hervorbringen. Die Figur wäscht sich, reibt sich die Augen, kratzt sich den Kopf oder guckt zwischen den Fingern hindurch usw.

Nr. 2612.
Stück Mk. —.40, Dutzend Mk. 4.50.

Ohe-Cigarren-Etui.

Öffnet man dasselbe arglos, so springt eine imitierte Cigarre heraus.

Nr. 2475.
Stück Mk. —.60, Dutzend Mk. 6.75.

Scherzartikel.

Die spielende Schlange

aus grünschillerndem Draht, ca. 23 cm lang; nach der beiliegenden Anweisung auf die Hand gelegt, macht die Schlange die effektvollsten und natürlichsten Bewegungen.

Nr. 2062. Stück Mk. —.35, Dtzd. Mk. 4.—.

Die Eselflöte

ahmt das IA-Geschrei täuschend nach.

Nr. 2473.

3 Stück Mk. —.25.
Dutzend M. —.90.

Das Scherz-Musikinstrument Mi-Mi

hat einen Tonumfang von über zwei Oktaven; es lassen sich mit demselben eine Menge Tierstimmen, Mama, Papa, Dudelsack etc. mit Leichtigkeit nachahmen.

Nr. 2295. 3 Stück Mk. —.30, Dutzend Mk. 1.10.

Scherz-Lebkuchen.

Diese **Scherz-Lebkuchen** sind aus Pappe geprägt und sehen **echten** Lebkuchen **täuschend ähnlich.** Im Inneren enthalten sie niedliche Ueberraschungen, wie: **Glückspilze, Glückshufeisen, Glücksschweine, Glücksklee, Glückskarpfen, Glücksherzen, Orden, Liebeskreisel, Uhren, Eheringe, Hausschlüssel** und **Pfeifchen.** Die Scherz-Lebkuchen sind zu je 6 Stück in **Original-Lebkuchen-Kartons** verpackt. **Für Vereins- und Familienfestlichkeiten ein köstlicher Spaß.**

Nr. 2525.

1 Stück Mk. —.35. 1 Originalkarton mit 6 Stück Mk. 1.85.

Fopp-Schweden-schachtel.

Wird das Kästchen geöffnet, ob nach links oder rechts, stets erscheint eine Figur, die den Gefoppten eine lange Nase zieht.

Nr. 2544. Stück Mk. —.25, Dutzend Mk. 2.60.

Harmonika-Sträusschen.

Ein aus Seidenpapier nachgebildet. **Veilchensträußchen,** das sich ca. 60 cm in die Länge ziehen läßt.

Sehr effektvoll!

Nr. 2394.

3 St. Mk. —.25,
Dtzd. „ —.90.

Das Entzücken der Hausfrauen.

Die kleinen braunen Tierchen (gewöhnlich nennt man sie Wanzen) sind aus Celluloid täuschend imitiert und ganz ungefährlich; auf der Rückseite etwas angefeuchtet, sitzen sie auf Kragen, Manschetten, Vorhemdchen, Bettwäsche fest und verbreiten einen Riesenschrecken.

Nr. 2297. 1 Schachtel (12 Stück in Watte) Mk. —.35,
Dutzend Schachteln „ 3.75.

Die springende Schlange.

Man nimmt das Kästchen in die Hand und während man sich gemütlich unterhält, öffnet man plötzlich den Kastendeckel und läßt die Schlange dem erschrockenen Vis-à-vis an den Kopf springen.

Nr. 2392. Stück Mk. —.50, Dutzend Mk. 5.50.

Neu! Sicherheits-Streichhölzer

ohne Schwefel, **ohne** Phosphor
Die Streichhölzer haben überhaupt keine Zündkuppe.

Nr. 4060. 2 Stück Kästchen Mk. —.20,
Dutzend Mk. 1.—.

Der Zappelmann,

aus bunt bedrucktem Blech, ca. $8^1/_2$ cm groß, wird im Knopfloch befestigt und erregt durch seine Zappelei große Heiterkeit.

Nr. 2395.

2 Stück Mk. -.20,
Dutzend Mk. 1.—.

Mephisto-Feuerzeug.

So bald jemand die Schachtel öffnen will, springt der ganze Innenteil heraus.

Nr. 2421. 2 Stück Mk. —.35, Dtzd. Mk. 1.90.

Schwedisches Streichholzkästchen.

Öffnet man dasselbe, so springt ein Teufel heraus.

Nr. 1557.

2 Stück Mk. —.35,
Dutzend „ 1.90.

Vexier-Streichhölzer.

In einer Original-Streichholzschachtel sind eine Lage Streichhölzer in halber Länge auf eine Spiralfeder geklebt; öffnet man nun ahnungslos, so schnellt die am Boden befestigte Feder weit heraus, sie kann immer wieder aufgespannt werd.

Nr. 2360. 2 Stück Mk. — 30, Dutzend Mk. 1.70,

Neu! Siegel-Schweden.

Das Kästchen besteht aus 2 Teilen; sobald nun an der einen Seite geschob. wird, fällt die andere mit d. Streichhölzern heraus.

Nr. 4061. 2 St. Mk. —.20,
Dutzend Mk. 1.10.

Scherzartikel.

Schnarch-Cigarre.

Auf einer imitierten Cigarre kann man das Schnarchen täuschend nachahmen.

Nr. 2477.

Stück Mk. —.35, Dutzend Mk. 3.75.

Der kleinste Clown der Welt

in einem Ei, beides aus Celluloid reizend nachgebildet; obenstehende Abbildung zeigt die Originalgröße.

Nr. 2478. Stück Mk. —.45, Dutzend „ 5.—.

Mit den übersandten Scherzartikeln war ich sehr zufrieden.

W. —g. Duisburg

Durch die Luft

(ca 3 Meter hoch) fliegen die kleinen 19 cm langen **Kreppapier-Damen**, wenn sie aus dem Rohr mit Federkraft herausgeschleudert werden.

Nr. 2234.

2 Stück Mk. —.20, Dutzend „ 1.—.

Die kleinste Puppe der Welt.

Eine reizende **Gliederpuppe, nur $1\frac{1}{2}$ cm groß**, in einem ca. 3 cm großem polierten Holzei. **Sehr nett.**

Nr. 2148. Stück Mk. —.40, Dutzend „ 4.50.

Renommier-Brieftasche

aus Karton in feiner Buntdruck-Ausführung mit falschen Geldscheinen gespickt.

Kann auch als Kartenbrief verschickt werden.

Nr. 2347.

Stück Mk. —.40, Dtzd. „ 4.50.

Rieseneffekt-Handschuhe.

ca. 150 cm lang, weiß gewirkt.

Jeder Vortragende gewinnt die Lacher schon, bevor er seine Rede beginnt, wenn er mit den erforderlichen komischen Bewegungen diese riesenlangen Handschuhe auszieht.

Nr. 1957.

1 Paar Mk. 1.85.

Glückskäfer-Nadeln.

Der Marienkäfer ist aus Metall in natürlicher Größe hergestellt und sehr niedlich ausgeführt.

Nr. 2279.

3 Stück Mk. —.35, Dutzend Mk. 1.20.

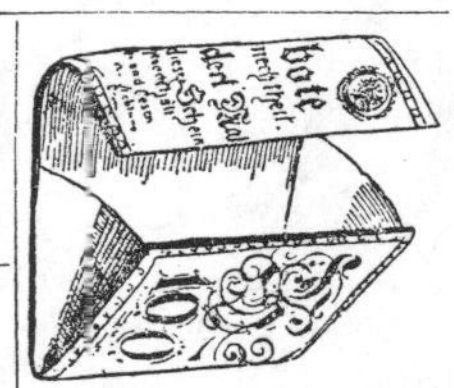

Protz-Portemonnaie

aus einem Paket Scherz-Banknoten hergestellt.

Nr. 2476. Stück Mk. —60, Dutzend Mk. 6.75.

Die Klettentiere.

Täuschend imitierte Käfer, Eidechsen, Heuschrecken, Schmetterlinge, Schweinchen, Täubchen, auch Herzen mit Klette, werden heimlich angesetzt zum Schrecken der betreffenden Personen.

Nr. 2414.

Dutzend sortiert in 12 verschiedenen Dessins Mk. 1.—.

Renommier-Portemonnaie,

harmonikaähnlich auseinander zu ziehen.

Nr. 2278.

aus haltbarem Lederleinen.

mit 12 Fächern. Stück Mk. 1.—, Dutzend Mk. 11.—.

Imitierte Beulen,

sehr komisch wirkend, zum Aufkleben.

Nr. 2004. 2 St. Mk. —.25, Dutzend Mk. 1.40.

Studenten-Schmisse

zum Aufkleben.

Nr. 2326.

2 Stück Mk. —.30, Dutzend „ 1.70.

Bier-Springteller.

Ein gewöhnlicher Bieruntersetzer aus Holzpappe mit Biersprüchen; derselbe springt, wenn der Uneingeweihte das Seidel hebt, hoch in die Luft.

Sehr effektvoll!

Nr. 2245. 3 Stück Mk. —.30, Dutzend Mk. 1.—

Warzen,

zum Aufkleben sehr komischer Effekt.

Nr. 2332.

Schachtel à 3 Stück Mk. —.30, Dutzend Schachteln „ 3.50.

Für die im vorigen Monat gelieferten Cotillon-Artikel spreche ich meine vollste Zufriedenheit aus.

K. —d. Frankfurt a. M.

Scherzartikel.

Der Foppstift I.

Der Bleistift mit Nickelhülse hat 2 Spitzen, die richtige Bleispitze wird durch die Hülse verdeckt. Will nun jemand einen Bleistift auf einen Augenblick geborgt haben, so reicht man ihm die **Gummispitze** hin und der **großartigste** Effekt ist erreicht, wenn die Spitze sich umbiegt. Der Stift kann immer wieder benutzt werden.

Nr. 2237.

2 Stück Mk. —.20, Dutzend Mk. 1.—.

Der Foppstift I A.

Wie I, aber nur ca. $9^1/_2$ cm lang mit Hülse gemessen.
Nr. 2259. 2 St. Mk. —.15, Dtzd. Mk. —.80.

Wer bezahlt?

Eine Blechhand (in bunt ausgeführt) die sich auf einem Teller und dergleichen schnell dreht. Bezahlen muß die Person, auf welche der Finger zeigt. Die Hand ist ca. 7 cm groß.
Nr. 2178. 3 St. Mk. —.30, Dtzd. Mk. 1.10.

Das singende Schwein.

In dem nett mit einem Buntdruckbild ausgestatteten Kästchen ist ein Schwein mit Feder und Stimme auf Rädern eingezwängt; öffnet man den Deckel, so **rollt das Schwein singend heraus.**

Nr. 2481.

Stück Mk. —.60, Dutzend Mk. 6.75.

Meteor-Ballons.

Sensationeller pyrotechnisch. Effekt aus einer Papiertüte. Die Tüte wird angebrannt (nach Anweisung). die Asche steigt in die Höhe und entsendet hoch aus der Luft die **Meteorstrahlen** und **Leuchtkugeln.**

Ganz ungefährlich!

Nr. 1880.

2 Kuverts à 10 St. Mk. —.25,
Dutzend Kuverts Mk. 1.35.

Knopflochkrüge.

Kleine Porzellankrüge (ca. 3 cm groß) mit Knopf zum Einhängen und einer Menge origineller Inschriften, z. B.: „Ich fürchte meine Frau, sonst nichts auf der Welt" oder „Obacht Gurgel, es kommt ein Platzregen"; „Sitzt Du beim Zechen, bleib ruhig dabei, die Frau zankt um 10 so gut, wie um 2" usw. Will man die Cigarre aus der Hand tun, so kann man sie zur momentanen, sicheren Aufbewahrung in den Krug stecken.

Nr. 2131. Stück Mk. —.20, Dutzd. Mk. 2.25.

Würfelbehälter

in Form eines **Sektkorkes.**
Nr. 2073. Stück Mk. —.30, Dutzend Mk. 3.50.

Der verflixte Bleistift

ist in der Hülse festgeleimt; jeder probiert seine Kraft und bekommt den Stift trotz aller Anstrengung nicht heraus.

Nr. 2467. 2 Stück Mk. —.15, Dtzd. Mk. —.80.

Scherz-Federhalter.

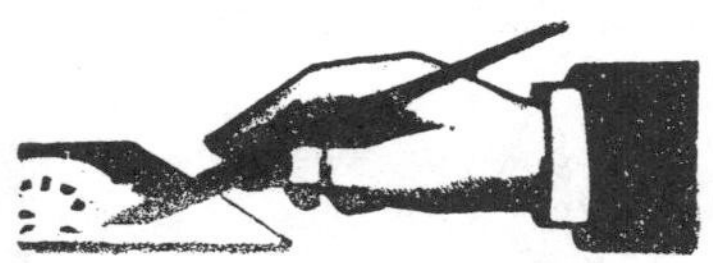

Niemand kann damit schreiben, da der Federhalter beim Anlegen zum Schreiben sich sofort umbiegt infolge der Gummieinlage.
Nr. 2415. Stück Mk. —.25, Dutzend Mk. 2.50.

Ulkkistel.

Ein ca. 6×7×$11^1/_2$ cm großes Cigarrenkistel mit Aufschrift „Habana"-„Made in Germany" etc. läßt beim Öffnen eine ca. 28 cm lange **Riesen-Cigarre** durch eine Spiralfeder emporschnellen. Der Scherz kann immer wiederholt werden.

Nr. 2531.

St. Mk. —.55, Dtzd. Mk. 6.—.

Saugstöpsel.

An einer **farbigen Schnur** mit **Quaste** hängt ein **Saugstöpsel** aus schwarz poliertem Holze mit Trompetentönen. Es macht natürlich einen **Hauptspaß,** wenn in einer Gesellschaft Herren u. Damen mit diesen Stöpseln im Munde Musik machen.

Nr. 2546.

2 St. Mk. —.25, Dtzd. Mk. 1.35.

Ich kann Ihnen zu meiner Freude mitteilen, daß die Scherzartikel großen Anklang fanden und in kurzer Zeit ausverkauft waren. R. —z, Tannenberg.

Die gesandten Scherzartikel waren sehr schön und fanden allgemeinen Beifall. P. —r, Buchholz i. Sa.

Die Herzens-Uhr.

Eine Doppelkarte (auch als Briefkarte zu versenden) mit einer Uhr, die als Zeiger vier verschiedene Herren aus Gelatine trägt (schüchterner Jüngling, alter Geck mit Geldbeutel etc.); haucht man darauf, so erheben und neigen sich die Figuren, je nachdem die betreffende Dame verehrt wird.
Nr. 2349. Stück Mk. —.20, Dtzd. Mk. 2.20.

Spritzender Frosch mit Nadel zum anstecken.

Sehr schön aus Celluloid in lebhaften Farben gemalt und mit Ia. Gummischlauch versehen. Es lassen sich die **vielseitigsten Scherze** ausführen.
Nr. 2340. Stück Mk. —.60, Dutzend Mk 6.75.

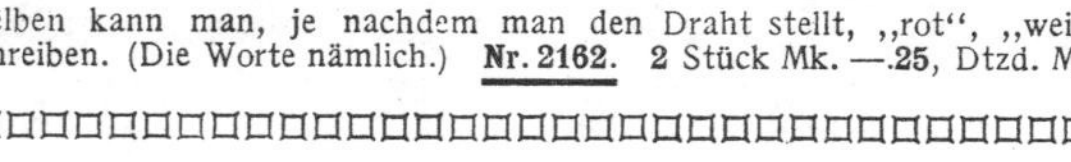

Die Füllrute

ist ca. 57 cm lang aus Naturreisig und mit einer Hülse versehen zum Füllen. **Nr. 2225.** Stück Mk. —.35.

Der elektrische Stift.

Mit demselben kann man, je nachdem man den Draht stellt, „rot", „weiß" oder „blau" schreiben. (Die Worte nämlich.) **Nr. 2162.** 2 Stück Mk. —.25, Dtzd. Mk. 1.20.

Scherzartikel.

Witz-Zettel.

Zum heimlichen Anhängen (die Zettel sind mit Haken versehen) auf den Rücken von Personen, die man gut kennt und die einen Spaß verstehen. Ich liefere 2 Serien à 12 verschiedene Aufschriften, z. B.: „Niedlicher Käfer", „Ich platze vor Wut", Kleingehauener Holzhändler", „Süßholzraspler".
Nr. 1710. 1 Serie à 12 Zettel Mk. —.45.

Endlos.

Sie haben hier einen Faden hängen! ach bitte, nehmen Sie ihn weg — und ist man so gefällig, **so ist man eben reingefallen** auf den Witz, **denn der Faden ist endlos**; er ist der Anfang von einem Zwirnröllchen, das sich im Rock befindet. **Nr. 2331.**
Stück Mk. —.35, Dutzend Mk. 3.75.

Strumpf-Portemonnaie.

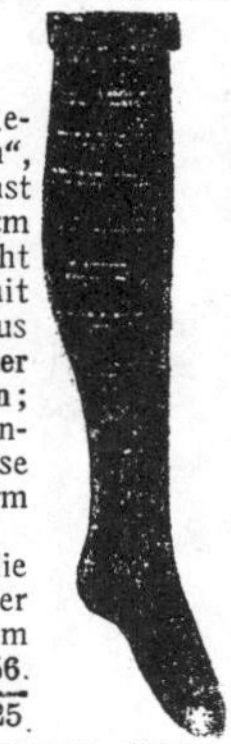

Wenn ein Herr z. B. im Restaur. ruft „Kellner zahlen", u. langt dann dazu ganz ernst und harmlos einen ca. 80 cm langen, buntgestreiften nicht endenwollenden Strumpf mit elegantem Nickelbügel aus der Tasche, **so wird jeder, der das sieht, laut lachen müssen;** u. wenn der Herr nun hineinfährt in diese Riesenbörse und dazu den ganzen Arm braucht, ehe er in der äußersten Strumpfspitze die paar Nickel erwischt, die er sucht, so wird das auch zum Lachen zwingen. **Nr. 1856.**
1 St. Mk. —.65, Dtzd. Mk. 7.25.

Spritz-Grammophon.

An Stelle d. erwart. Melodien, empfängt der Gefoppte ein. zart. Wasserstrahl. **Nr. 2483.** St. Mk. —.55, Dtzd. Mk. 6.—.

Bock- u. Teufels-Hörner

werden hinter das Hutband gesteckt; sie bestehen aus komischen Relief-Gesichtern, Bock oder Teufel, mit Naturluffahörnern mit Klingeln.
Nr. 2484.
St. Mk. —.30, Dtzd. Mk. 3.20.

Schlangen-Bierteller.

Der Bierteller ist oben gummiert und besteht aus einer Papierschlange, die sich durch Aufheben des Bierseidels in die Länge zieht z. Erschrecken des Gefoppten und zum Gaudium der Gäste. **Nr. 2510.**
2 Stück Mk. —.15, Dtzd. Mk. —.85.

Der Scherztrommelballon besteht aus Kautschuk, wird mit leichter Mühe aufgeblasen und an das elast. Rohrstöckchen gesteckt; die Verwendung zeigt obenstehendes Bild.
Nr. 4030. 2 Stück Mk. —.20, Dutzend Mk. 1.10.

Riesenohren.

1 Paar Ohren aus Karton (ca. 11½ cm groß) in Farbendruck tadellos nachgebild., werden mit Gummischnur an den Ohren befestigt und bereiten einen groß. Effekt.
Nr. 2526. 2 Paar Mk. —.35,
Dtzd. Paar Mk. 1.90.

Die Teufelskerle

aus Kautschuk mit lang. Nase werden aufgeblasen u. verändern Gesicht u. Kopf je nach dem Druck der Hand. Sie schrumpfen langsam in sich zusammen u. sterb. mit ein. Schwanengesang. Die tollsten Kapriolen führ. die Teufelskerle aus, wenn sie aufgeblas. in ein Glas Wasser gesteckt werden. **Das ist zum Totlachen!**
Nr. 1754.
3 Stück Mk. —.45,
Dutzend Mk. 1.60.

Die Kunst, einen schönen Schnurrbart zu erlangen.

Die Schachtel enthält einen imitierten Schnurrbart.
Nr. 1593a. Stück Mk. —.25,
Dutzend Mk. 2.75.

Ich kneipe diese Nacht!

Schild mit Haken zum Anhängen mit folgendem Aufdruck:

Ich kneipe diese Nacht!
Sollte ich meinen Weg nicht mehr finden, so bitte ich jeden edeldenkenden Menschenfreund mich nach Hause zu bringen.
Ich heiße.............und wohne...........
Mein Hausschlüssel steckt in der rechten Hosentasche.
(Name und Wohnung sind auszufüllen.)
Nr. 1725. Dutzend Mk. —.40.

Ihre Ulksachen sind äußerst gut ausgefallen und werden vielseitigen Beifall finden.
O. K., Drogenhandlung i. Barleben.

Die Scherzartikel sind alle zu meiner Befriedigung ausgefallen.
Frau Bau...r, Landau (Pf.)

Schmidts Scherzartikel-Sortimente bitte nach Seite 195 zu bestellen.

Scherzartikel.

Nies-Pulver

in Blechhülsen.

Eine Kleinigkeit von diesem Pulver auf die Hand gestreut und in die Luft geblasen, bringt die ganze Umgebung zum Niesen.

Nr. 1861. Stück Mk. **—.50,**
Nr. 1861 a, kleiner, St. Mk. **—.30,** Dtzd. Mk. **3 30.**

Der Nies-Ball.

In dem nur ca. 3 cm großen Gummiball mit Aufschrift: „Drückst Du mich, erfreu ich Dich" befindet sich Niespulver. Ein Druck und die anwesenden Personen müssen niesen. **Nr. 1899.** St. Mk. **—.60.**

Nies-Rosen.

Künstliche Rosen mit Niespulver bestreut, wer daran riecht, muß unfehlbar niesen. **Nr. 1862.**
3 Stück Mk. **—.25,** Dutzend Mk. **—.90.**

Nürnberger Trichter.

Ein ca. 9×14 cm großes Buntdruckbild, die eine Seite zeigt den Lehrer im Laboratorium, wo der Verstand auf Flaschen gefüllt ist und die andere Seite ist nebenstehend abgebildet; die Verstandkörnchen werden in den Kopf des Schülers eingetrichtert. Die Verstandmasse befindet sich zwischen 2 Gelatineblättchen in dem durchsichtigen Topf und füllt sich von selbst ein und aus.
Nr. 2402. St. Mk. **—.20,** Dtzd. Mk. **2.25.**

Frisch vom Faß.

Ebenso in der Herstellung wie untenstehender Nürnberger Trichter, hier nur 2 Silhouettenbilder wie abgebildet. (Größe ca. 9×14 cm).

Nr. 2486.

Stück Mk. **—.20,**
Dtzd. „ **2.20.**

Schreck-Mäuschen.

Kleine graue und weiße Mäuschen mit Haken werden an die **Kleidungsstücke angehängt.**

Nr. 1577.

4 Stück Mk. **—.25,**
Dutzend „ **—.70.**

Maikäfer,

täuschend imitiert, für den gleichen Zweck wie Nr. 1577 Schreck-Mäuschen. (Abbildung nebenstehend.) **Nr. 1578.**
2 Stück Mk. **—.15,** Dutzend Mk. **—.80.**

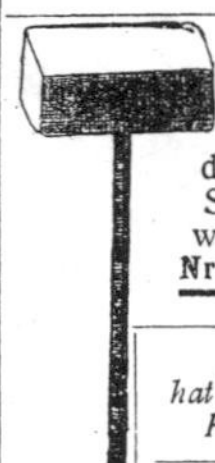

Papierhammer

zum Aufblasen. Ein Schlag mit diesem harmlosen Schreckinstrument wird kaum gespürt.
Nr. 2534 2St.Mk.**— 30,** Dtzd.Mk.**1.70.**

Die schwere Cigarre.

Eine nachgebildete Cigarre **aus Blei.** Ein famoser Scherz!
Nr. 2485. Stück Mk. **— 20,** Dtzd. Mk. **2.30.**

Die Sendung Scherzartikel hat mir gefallen.
Frau Dr.—l, Geestemünde.

Die Riesen-Glaçéhandschuhe

sind aus Papiermaché gepreßt und ganz leicht über jede Hand zu streifen. Bei Vorträgen u. in Gesellschaften höchst effektvoll ca. 34 cm lang.

Nr. 1962.

Paar Mk. **1.60.**

Die Klatschbasen

sind ca. 11 cm groß, aus festem Papier gefertigt und werden aufgeblasen auf die Hand oder den Tisch gelegt; schlägt man nun darauf, so zerplatzen sie unter lautem Knall. **Nr. 1975.**

	20	100	200	500 Stück
Mk.	**—.25**	**1.15**	**2.20**	**5.25**

Der schreckliche Spiegel

(8×11½ cm groß) zieht das Gesicht des Hineinschauenden in die Länge und in die Breite auf ganz schreckliche Weise.
Nr. 1714 im Etui. Stück Mk. **—.50.**
Der schreckliche Spiegel, klein, 5×7 cm groß, **Nr. 1714a.**
2 St. Mk. **—.30,**
Dutzd. „ **1.60.**

Die Nürnberger Schreck-Truhe.

Ein nett ausgeführtes Holzkästchen, ca. 5×5×8½ cm groß, zerfällt, wenn man den Deckel abnimmt, in 6 Teile und eine Wurst springt heraus. Die Ueberraschung des Gefoppten ist eine ganz **großartige;** die Truhe läßt sich selbstverständlich leicht wieder zusammensetzen und der Scherz, welcher stets gelingt, so oft man will, wiederholen.

Nr. 2168.

St. Mk. **—.45,** Dtzd. Mk. **4.50.**

Frau und Schwiegermutter.

Eine Buntdruck-Postkarte mit Mechanik; zieht man unten, so verschwindet die nette Frau und es erscheint die liebliche Schwiegermutter, die dann durch Hinaufschieben des Kartons wieder verschwindet. Das Experiment kann immer wiederholt werden.
Nr. 2336. Stück Mk. **—.25,** Dutzend Mk. **2.75.**

Scherzartikel.

Elefant mit Riesen-Schlangenrüssel,

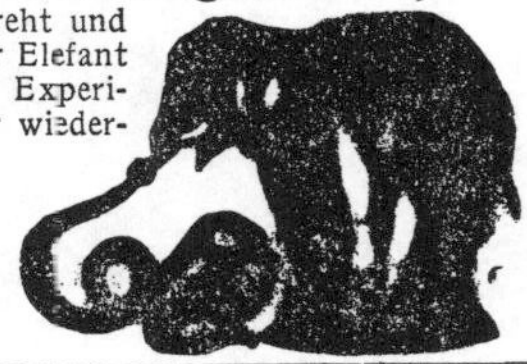

der angezündet sich ringelt und dreht und immer länger und länger wird. Der Elefant ist aus Blech ca. 5 cm groß; das Experiment mit dem Rüssel kann immer wiederholt werden.

Nr. 2003.

1 Elefant mit 10 Patronen Mk. —.25,

Extra 1 Schachtel mit 100 Patronen Mk. —.90.

Der Ton-Cigarrenstummel

sieht genau so aus wie ein richtiger, und läßt sich infolgedessen zu vielen Scherzen verwenden; sitzt man z. B. mit Freunden zusammen, die rauchen, so paßt man auf, wenn einer seine Cigarre aus der Hand legt und vertauscht dieselbe heimlich mit dem Ton-Cigarrenstummel; will nun der Freund weiter rauchen und ergreift den kalten, schweren Cigarrenstummel, so wird sein erschrecktes Gesicht die größte Heiterkeit erregen.

Nr. 1912. 3 Stück Mk. —.30, Dutzend Mk. 1.—.

Vexier-Bleistift. Wenn der Stift zum Schreiben angelegt wird, verschwindet das Blei, um gleich wieder zu erscheinen. Niemand vermag mit dem Stift zu schreiben.

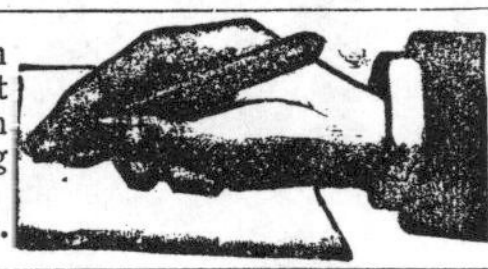

Nr. 2416. 2 St. Mk. —.20, Dtzd. Mk. 1.—.

Schweinestimme. Mit diesem kleinen Instrument, das man in die Tasche stecken kann, werden durch Zusammendrücken Töne erzeugt, ähnlich dem Grunzen der jungen Schweine. **Nr. 1836.** Stück Mk. 1.25.

Künstliches Gebiss

aus Porzellan fein ausgeführt, es lassen sich damit 6 riesig effektvolle Scherze (Anweisung dazu liegt bei) ausführen.

Nr. 2305.

Stück Mk. —.60, Dutzend Mk. 6.60.

Imitiert. Backen-Zahn

zu allen möglich. Scherzen zu gebrauch. Größe $3\frac{1}{2}$ cm.

Nr. 2341.

Stück Mk. -.40, Dutzend Mk. 4.50.

Der Knicker-Bleistift.

Will man mit dem Bleistift schreiben, so knickt derselbe an der Metallhülse um.

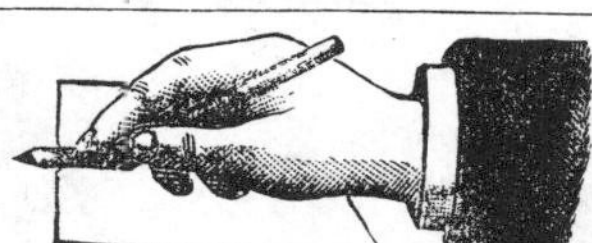

Nr. 2639. 3 Stück Mk. —.35. Dutzend „ 1.25.

„Papa-Mama" ruft das kleine Instrument durch leisen Druck ganz laut und deutlich **nacheinander.** **Nr. 1835 a.** Stück Mk. —.60.

Habanna-Stroh-Cigarre.

Ein harmloser, effektvoller Scherz! Die Cigarre ist tadellos gewickelt und enthält im Innern ein wenig reines Stroh.

Nr. 2319.

2 St. Mk. —.20, Dtzd. Mk. 1.—.

Die Katzenstimme

wird durch Druck auf den Hebel eines kleinen Kästchens **laut und täuschend nachgeahmt.**

Nr. 1662 a.

Stück Mk. —.60.

Das moderne Fisch-Orakel offenbart den Charakter eines jeden Menschen; ein kleiner präparierter Fisch aus Gelatine, auf welche die Wärme des Blutes große Einwirkung hat. Das Fisch-Orakel erheitert jede Gesellschaft.

Nr. 1697. 2 Stück Mk. —.20, Dutzend Mk. 1.10.

Das Vexier-Parfüm-fläschchen

ist einer der **besten Belustigungs-Artikel.** Jeder fällt darauf rein und jeder amüsiert sich kolossal über den reizenden harmlosen Scherz. Öffnet man den Stöpsel des Fläschchens, so läuft die Flüssigkeit durch den Boden heraus, dem oder der Betreffenden in den Ärmel. Das Fläschchen trägt die Etikette: Neuestes Parfüm „Waldhauch". Das Fläschchen kann immer wieder gefüllt werden mit Wasser, Parfüm oder dergleichen. **Nr. 1745.** 2 Stück Mk. —.30, Dtzd. Mk. 1.50.

Das Katerfrühstück

in einem **Muster ohne** Wert-Karton m. Inschrift: „**Guten Appetit**".

Der Hering ist täuschend nachgebildet.

Nr. 2235.

Stück Mk. —.50, Dutzend Mk. 5.50.

Der aufgeblasene Schnurrbart

rollt sich ganz nach Willen auf und zu.

Nr. 1806.

3 Stück Mk. —.20, Dutzend Mk. —.65.

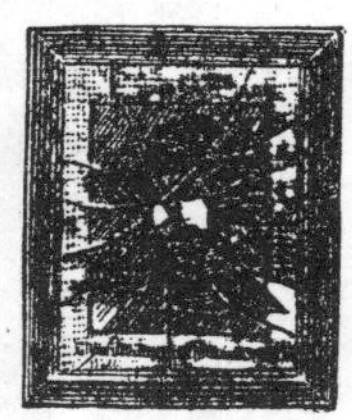

Klirrende Fensterscheiben.

Läßt man die 6 kleinen, ca. 6×8 cm, aber starken Metallplättchen nach der Anweisung auf die Erde fallen, so klingt das genau, als ob Fensterscheiben, Teller oder Gläser zerbrechen.

Nr. 2615.

1 Satz = **6** St. Mk. —.50.

Gigerl-Riesenbrillanten

von wunderbarem Glanze.

Durchm. der Steine ca. 35 mm.

Nr. 1866. Ring St. Mk. —.60.

Nr. 1867. Nadel „ „ —.60.

Laß dich umarmen!

Durch Hineinblasen in das Mundstück breitet die Figur ihre Arme aus und läßt ihre Stimme ertönen. Das Mundstück ist aus Blech, Kopf und Arme aus Papier und Karton, ganze Länge der ausgebreiteten Arme ca. 32 cm.

Nr. 1947. 3 Stück Mk. —.25, Dutzend Mk. —.90.

Scherzartikel.

Chinese

mit wachsendem Zopf.
Großartig! Originell!

Nr. 2146. Stück mit 10 Patronen Mk. —.35, Dutzend Mk. 3.75.
Extra 1 Schachtel mit 100 Patronen Mk. —.90.

Der Räucher-Neger

ist aus Ton hergestellt und ca. 8 cm groß, er raucht und räuchert zugleich.

Nr. 2143. 2 Stück Mk. —.20, Dutzend Mk. **1.10.**

Geldscheine, wie auf beistehender Abbildung übereinander gelegt, in täuschender Nachbildung; zu vielen Scherzen verwendbar.

Nr. 1997. 2 Stück Mk. —.25, Dutzend Mk. **1.40.**

Die Scherzartikel haben bei unserer Prießnitzfeier sehr angesprochen. G. —r., Leutzsch bei Bölitz-Ehrenberg.

Die Rüssel-Zungen mit **Blechstimme** sind ca. **60 cm lang,** lassen sich ganz leicht aufblasen und rollen durch eine darin angebrachte dünne Feder im Moment wieder ganz eng zusammen.

Nr. 1788. 4 Stück Mk. —.15, Dutzend Mk. —**.40.**

Geld - Postkarten,

5, 20, 50, 100 und 1000 Markscheine **täuschend** nachgebildet, in prachtvollem Farbendruck mit Glücksschweinen.

Nr. 2468. **Dutzend** sortiert Mk. **1.20.**

Glückwunschrose.

Eine feine Stoffrose mit Laub enthält eine Gratulation auf Atlasband, das man mittelst einer Leier heraus- und hineindrehen kann. Folgende Texte sind vorrätig: Herzlichen Glückwunsch, Ich gratuliere, Viel Glück! Frohes Fest, Ich grüße Dich, Ich liebe!

Nr. 2419. Stück Mk. —**.40,** Dutzend Mk. **4.50.**

Vexiermünzen.

Diese Münzen haben auf der Rückseite einen Stift, mit welchem man sie überall feststecken kann. Auf den Fußboden gesteckt, wird jeder Vorübergehende sich bücken, um das Geldstück aufzuheben und er ist gefoppt. Als Zahlung im Laden, im Restaurant etc, überall werden die Vexiermünzen Heiterkeit hervorrufen.

Nr. 2293. 2 Stück Mk. —**.25,** Dutzend Mk. **1.40.**

Das Quiekschwein

ist aus Papiermaché plastisch geformt und ca. 20 cm lang; drückt man auf den Bauch, so quiekt es.

Nr. 2239. Stück Mk. —**.50,** Dutzend Mk. **5.75.**

Photographischer Spritz-Apparat.

Das beigegebene Bild macht die Täuschung vollkommen. Jeder will sich photographieren lassen und jeder fällt hinein. Der Apparat wird mit Wasser oder Odeur gefüllt.

Nr. 1782. Stück Mk. —**.40,** Dutzend Mk. **4.50.**

Glatzen

aus starkem fleischfarbigem Karton geprägt.

Nr. 1945. 3 Stück Mk. —.20, Dutzend Mk. —.70.

In dem kleinen

Original-Cigarillos-Kistchen

ist in der Mitte zwischen den beiden Behältern für Cigarillos ein **Clown** mit Schelle angebracht, der beim Öffnen plötzlich emporschnellt. Sehr effektvoll, wenn sich Jemand nichts ahnend, eine kleine Cigarre herausnehmen will. Immer wieder aufstellbar.

Nr 2400. Stück Mk. —**.60,** Dutzend Mk. **7.—.**

Scherzartikel.

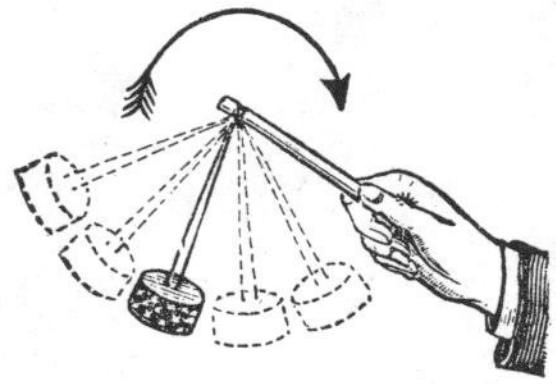

Lärmteufel.

Mit diesem kleinen, haltbaren Instrument kann man einen **Höllenlärm** vollführen und ferner das **Knattern des Gewehrfeuers, Grunzen. Schnarchen** etc. nachahmen; eine Anweisung liegt bei.
Nr. 2521. 2 Stück Mk. —.45, Dutzend Mk. 2.40.

Loses Konfetti bitte Seite 79.

Die aus Pappe geprägten Buntdruck-Bälle (Durchmesser ca. 6 cm) stellen **Jockeyköpfe** dar; durch den einen bläst man eine Ringelschlange auf, die sich zitternd hin und her windet und immer wieder von selbst zusammenrollt; der andere Kopf wird mit Konfetti gefüllt (die Mütze ist abnehmbar) und bläst dasselbe in die Luft.
Nr. 4042 mit Schlange, 2 Stück Mk. —.30, Dutzend Mk. 1.50.
Nr. 4043 für Konfetti, 2 „ „ —.35, „ „ 1.75.

Gitterbrille

mit Backen, Augenbrauen und Schnurrbart aus Karton, in Farben gedruckt; vor den Augengläsern befindet sich ein Netz aus Seidenpapier. **Nr. 2564.**
3 Stück Mk. —.30,
Dutzend „ 1.—.

Schreckspinne,

mit den Beinen gemessen ca. 9 cm.
(Japanisches Fabrikat.)

Die Spiralbeine vibrieren und wackeln immer. Wenn man die Spinne an dem Faden über die betreffende Person vor dem Gesicht herunterläßt, so wird der Schrecken groß sein.
Nr. 2512 a. 2 Stück Mk. —.25,
Dutzend „ 1.25.

Schwimmende Fahnen.

In einem kleinen Buntdruckkuvert befinden sich 12 kleine Päckchen, legt man diese in warmes Wasser, so entfalten sich im Moment die Fahnen verschiedener Nationen.
Nr. 2520. 1 Kuvert Mk. —.20,
12 „ „ 2.—.

Das Kneiferchen

ist nur ca. 5 cm groß, gewährt auf einer großen Nase einen hochoriginellen Anblick.
Nr. 2643.
3 Stück Mk. —.20,
Dutzend „ —.60.

Lederbrille

mit hervorstehenden gemalten Blechaugen, mit Gummischnur.
Nr. 2549.
2 Stück Mk. —.25,
Dutzend „ 1.35.

Scherz-Automobil-Brille

aus schwarzem Wachstuch mit Gläsern in Metallfassung.
Nr. 2548.
Stück Mk. —.20,
Dutzend „ 2.—.

Das schneidige Monocle

besteht aus bunter Gelatine mit hornimitiertem Rande an langem Seidenband.
Nr. **1958.** 2 St. Mk. —.25, Dtzd. Mk. 1.20.

Monocle, aus Karton geprägt, mit farbiger Gelatine mit Goldfaden.
Nr. **2284.** 2 St. Mk. —.20, Dtzd. Mk. 1.10.

Das Glasmonocle, mit schwarzem Rand.
Nr. **2302.** 3 St. Mk. —.35, Dtzd. Mk. 1.20.

Nr. 2357. Ohne Rand mit Schnur.
2 St. Mk. —.25, Dtzd. Mk. 1.35.

Der Augenroller.

In dem Klemmer rollen bei jeder Bewegung die Pupillen hin und her.

Riesig effektvoll!

Nr. 2273.

2 Stück Mk. —.30,
Dutzend „ 1.50.

Klemmer

mit hervorstehenden gemalten Blechaugen mit Schnur.
Nr. 2645.
2 Stück Mk. —.30,
Dutzend „ 1.75.

Lorgnette

aus Schildpatt imitiertem Karton geprägt.
Nr. 2647.
Stück Mk. —.30,
Dutzend „ 3.50.

Monocle

mit hervorstehendem gemalten Blechauge mit Schnur.
Nr. 2646.
2 Stück Mk. —.25,
Dutzend Mk. 1.35.

Ferner:

Scherzartikel usw.

Celluloid-Zwicker
in verschiedenen Farben sortiert mit Schnur.
Nr. 2057. St. Mk. —.25, Dtzd. Mk. 2.40.

Celluloid-Monocle
in verschiedenen Farben sortiert mit Schnur.
Nr. 2058. 2 St. Mk. —.25, Dtzd. Mk. 1.35.

Glasklemmer
mit goldenem Gestell
Nr. 2356. 2 St. Mk. —.25, Dtzd. Mk. 1.35.

Schiel-Klemmer.

Imitierte Hornklemmer mit schielenden Augen, sehr täuschend in Buntdruck ausgeführt mit Seidenband.
Nr. 1650 a. 3 Stück Mk. —.50, Dutzend Mk. 1.75.

Schiel-Monocles.
Horn imitiert mit Auge, fein in Buntdruck ausgeführt, mit Seidenband.
Nr. 1650 b. 3 Stück Mk. —.30, Dutzend Mk. 1.10.

Auch ein Held!
(Wenn auch nur ein Pantoffelheld.)
Ein kleiner, niedlicher Porzellan-Pantoffel mit Vorrichtung z. Befestigen im Knopfloch trägt obige Inschrift.
Nr. 2627.
2 Stück Mk. —.20,
Dutzend Mk. 1.10.

Imitierte Milchflaschen
mit Papa- und Mama-Stimme.
Höchst effektvoll!
Nr. 2316.
2 Stück Mk. —.25,
Dutzend Mk. 1.20.

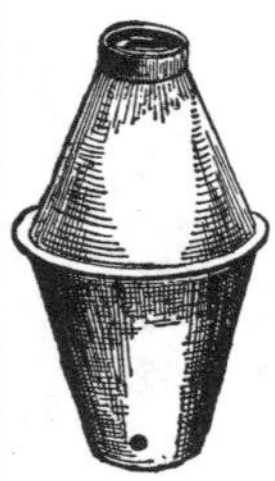

Neu!
Autohupe „To-To"
aus Blech, ca. 7 cm groß.
Nr. 4092
2 Stück Mk. —.25,
Dutzend Mk. 1.20.

Tüdelüt.
Schwingt man die kleine, ca. 5 cm lange Blechhülse in der Luft, so ertönt **Vogelgesang. Hochoriginell! Alles staunt!**
Nr. 4041.
3 St. Mk. —.20,
Dtzd. Mk. —.75.

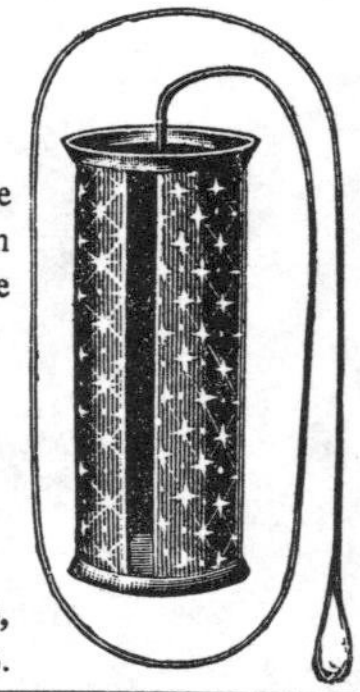

Scherzhafte Cigarren- und Cigaretten-Spitzen.

Saugfläschchen, ca. $9^1/_2$ cm groß. **Dr. Rauchs Saugflasche** aus Weichselrohr, **für Cigarren-Säuglinge.**
Nr. 1941.
Stück Mk. —.50.

Münchner Kindlspitze aus Holz geschnitzt; Röhrchen **mit** Hornmundstück.
Nr. 2384. Stück Mk. —.70.

Milchflasche als Cigarrenspitze

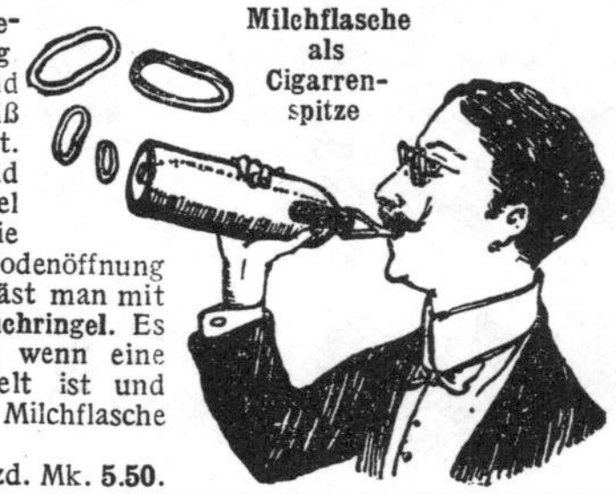

ist ein Scherzartikel von **unbedingt ganz großartiger Wirkung** Milchflasche und Stöpsel sind aus Holz gedreht, erstere weiß und letzterer dunkel poliert. Die Einsätze für **Cigarre** und **Cigarette** werden in dem Stöpsel befestigt. Die Cigarre erhält die notwendige Luft durch die Bodenöffnung der Flasche; durch letztere bläst man mit Leichtigkeit die **schönsten Rauchringel.** Es macht ganz enormen Effekt, wenn eine fidele Gesellschaft versammelt ist und plötzlich ein Herr mit dieser Milchflasche rauchend hereintritt.
Nr. 1744. St. Mk. —.50, Dtzd. Mk. 5.50.

Frosch-Cigarrenspitze, fein aus Holz geschnitzt, in Farben ausgeführt, das Röhrchen mit Hornmundstück. Froschgröße ca. 7 cm. **Nr. 2453.** St. Mk. —.90.

Bliemchen-Cigarrenspitze, fein aus Holz geschnitzt, in Farben ausgeführt, das Röhrchen mit Hornmundstück. **Nr. 2454.** Stück Mk. —.70.

Dackel-Cigarrenspitze, fein aus Holz geschnitzt, in Farben ausgeführt, mit **Wackelschwänzchen** an einer Spirale vibrierend — **urgelungen** —, das Röhrchen mit Hornmundstück. (Dackellänge mit Schwanz gemessen ca. $9^1/_2$ cm.) **Nr. 2452.** Stück Mk. 1.—.

Kater-, Hund- und Affen-Cigarrenspitze (3 Dessins), fein aus Holz geschnitzt, in grauer Farbe. Die Weichselspitze hat ein Hornmundstück. **Nr. 2455.** Stück Mk. —.70.

Nasen-Cigarrenspitze, aus Weichselholz geschnitzt, mit roter Lippe. **Nr. 2456.** Stück Mk. —.25.

Glücksschwein-Cigarrenspitze, fein aus Holz geschnitzt, mit farbiger Krawatte, mit Hornmundstück. Größe des Schweinchen ca. 7 cm. **Nr. 4046.** Stück Mk. —.70.

Tiroler-Cigarrenspitze. Personifizierte Tiere als Tiroler mit Rucksack, fein geschnitzt etc., in Farben ausgeführt; es werden 6 Dessins sortiert geliefert: Fuchs, Hase, Mops, Schwein, Bock, Frosch, mit Hornmundstück; der Fuchs ist ca. $6^1/_2$ cm groß. **Nr. 4047.** Stück Mk. —.90.

Krug-Cigarrenspitze, aus Weichselholz gedreht und lackiert, mit Metalldeckel und Henkel, mit Hornmundstück. Kruggröße ca. 4 cm. **Nr. 4048.** Stück Mk. —.50.

Fisch-Cigarrenspitze, fein geschnitzt und gemalt, mit Hornmundstück. Fischlänge ca. 7 cm. **Nr. 4049.** Stück Mk. —.70.

Ferner: **Scherz-Cigarrenspitzen etc.**

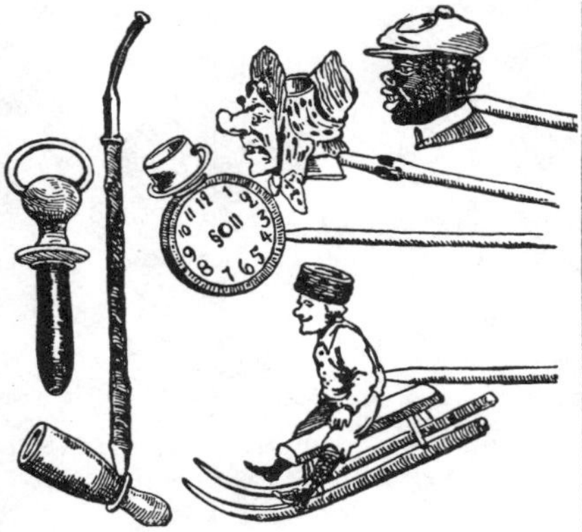

Kegelspitze mit Hornmundstück.
Nr. 2649. Stück Mk. — 40.

Negerkopf, farbig, mit Hornmundstück.
Nr. 2651. Stück Mk. —.50.

Drachenspitze, farbig, mit Hornmundstück.
Nr. 2652. Stück Mk. —.70.

Bieruhrspitze mit Hornmundstück.
Nr. 2655. Stück Mk. —.60.

Rodlerspitze mit Hornmundstück; die Figur ist zum Abnehmen eingerichtet. Nr. 2656. St. Mk. 1.10.

Saugstöpsel aus Holz, poliert. Der Ring ist aus weißem Horn und wird zur Seite gedreht, wenn die Cigarre eingesteckt werden soll.
Nr. 2657. Stück Mk. —.70.

Pantoffelspitze

aus Holz geschnitzt, mit seidener Schnur u. Quaste.
Nr 2381.
Stück Mk. —.40.

Hasenspitze
aus Holz geschnitzt; Röhrchen mit Hornmundstück.
Nr. 2382.
Stück M. —.70.

Glücksferkelspitze

aus Holz geschnitzt; Röhrchen mit Hornmundstück.
Nr. 2383. Stück Mk. —.70.

Für Cigarren-Säuglinge.

Sehr originell und spaßhaft.

Dr. Rauchs Saugflasche
aus Weichsel mit Hornmundstück, ca. 25 cm groß.
Nr. 2211.
Stück Mk. —.65.

Kegelspitze,
aus Holz gedreht, zum abschrauben, mit Bernsteinspitze, mit geschnitzten Inschriften: „Gut Holz“ und „Alle Neune“. Größe ca. 10 cm.
Nr. 2034. Stück Mk. —.60.

Praktische Gegenstände.

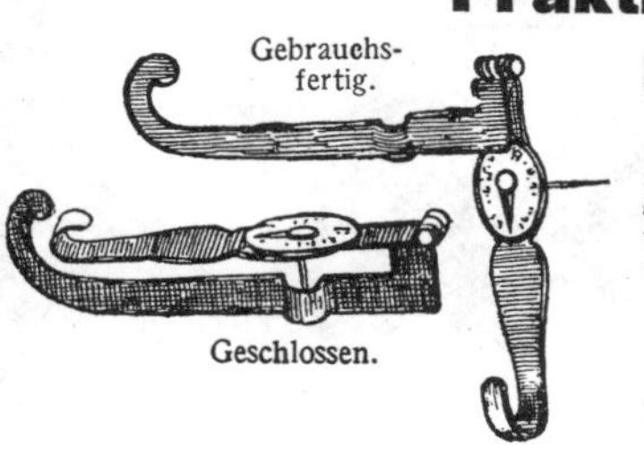

Der Garderobehalter

in der Westentasche.

Aus Metall, nur ca. $5^1/_2$ cm lang; mit Leichtigkeit an jeder Holzwand, jedem Baum etc. zu befestigen.
Nr. 4044.
2 Stück Mk. —.25,
Dutzend „ 1.35.

Heimleuchter.

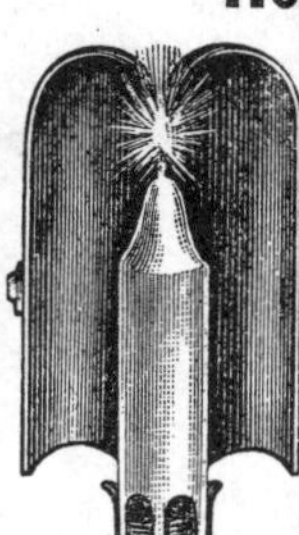

Eine fein vernickelte Kerzenhülse mit Türen, die gleichzeitig Blender bilden; unentbehrlich für jeden, der einmal etwas später nach Hause kommt. Größe des geschlossenen Leuchters 2×6 cm, also bequem in der Westentasche zu tragen. — Ein Karton mit 1 Heimleuchter und 7 Stück $1^1/_2$ cm starken Kerzen.
Nr. 2021.
Stück Mk. —.50,
Dutzend Mk. 5.75.

Spar-Kerzenhalter.

Derselbe paßt in jeden Leuchter für jede Kerzenstärke und macht die feuergefährliche Papierumwickelung unnötig; er stellt jede Kerze frei, fest und gerade und **läßt sie bis auf den letzten Rest verbrennen.**
Nr. 2263.
Stück Mk. —.25, Dtz. Mk. 2.75.

Die Bieruhr „Knipps“,
ca. 4 cm groß, aus glänzendem Metall
Nr. 4045.
2 Stück Mk. —.25, Dtzd. Mk. 1.35.

Flüssige Gold-Tinktur
haftet sofort an allen nur denkbaren Gegenständen, trocknet im Moment und erzeugt **herrlichen Glanz. In keinem Haushalt darf solch ein Fläschchen fehlen. Das Alte wird wieder neu und leuchtet in gediegenem Golde. Ein jeder hat seine Freude daran.** 1 Flasche mit Pinsel im Karton Stück Mk. —.75.

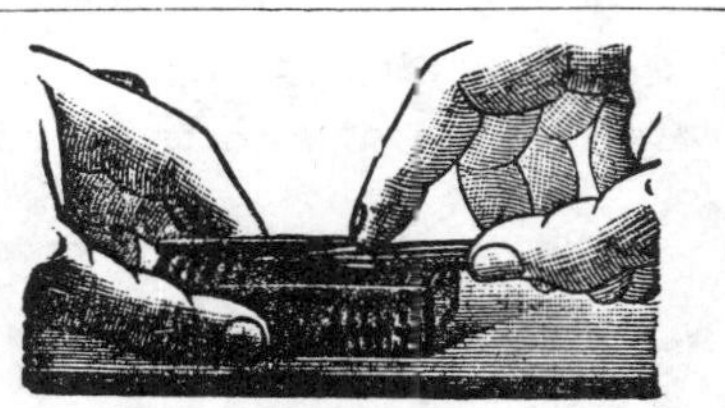

Bleistifthobel.

Der kleine Hobel ist ca. 6 cm lang, hat 19 Messer, sprossenähnlich nebeneinander, und spitzt jeden Bleistift und jeden farbigen Stift schnell und tadellos. Man beschmutzt sich die Finger nicht und das Blei etc. **bricht nicht ab.**

Nr. 2458. Stück Mk. —.40, Dutzend Mk. 4.50.

Ich bin mit den Papiermützen sehr zufrieden.
Ratibor, 28. 1. 11. gez. J. —h.

Kopfbedeckungen aus Papier etc. für Herren und Damen.

Nr. 2943. Nr. 2942.

Für fidele Bierfeste.

Einfache Kopfbedeckungen aus Papier und Karton für Herren und Damen.

Nr.	**Sehr nett in der Ausführung und riesig billig!**	Dtzd. Mk.	Gros Mk.
2942	**Studentenmützen,** wie abgebildet . . . (Farben nach Vorschrift kosten Mk. 1.— per Gros mehr. Lieferzeit hierfür 4—6 Tage).	—.45	5.—
2943	**Sportmützen,** wie abgebildet	—.60	6.75
2948	**Halbmondmützen,** originell, m. Inschrift	—.60	7.—
2949	**Hohe Mützen** in verschied. Form. mit originellen Bildern bedruckt .	—.40	4.60
2950	**Gestreifte Michelmützen** mit § 11 bedr.	—.40	4.20
2952	**Hohe Zipfelmützen** mit Versen, 2 seitig	—.35	4.—
21/0	**Ganz einfache Mützen in verschiedenen Formen sortiert**	—.40	4.—
22/0	**Reizende Rokokomützen,** (federleicht) in sehr beliebten Formen	1.—	11.—
20/0	**Narrenmützen**	—.60	6.50

Ferner die auf Seite 221 abgebildeten u. beschriebenen Dessins.

Nasenhut aus schwarzem Glanzpapier u. Glanzkart. m. Seidenpapierhaar mit Ulknase. Der Hut wird mit 12 verschied. Inschriften sortiert geliefert: z. B. „Immer an der Wand lang,“ „Gesetzlich geschützt,“ „Dollarprinz“ usw. **Nr. 3150.**

Stück Mk. —.**30**, Dtzd. Mk. **3.25**.

Zeppelin-Kappe mit Fähnchen aus gelbem Papier mit braunen Streifen beklebt. **Nr. 3161.**

Stück Mk.—.**30**, Dtzd. Mk. **3.25**.

Die Schlangenmütze.

Bläst man in den Pergamentpapierschlauch hinein, so ringelt sich mit pfeifenden Tönen aus dem Mützendeckel eine **zitternde Schlange** heraus, sich immer wied. zusammenrollend. **Nr. 2905.** Stück Mk. —.**35**, Dtzd. „ **4.—**.

Mond- u. Sterne-Hut

mit Backen- und Schnurrbart; ganz flach zusammenlegbar. **Nr. 3222.**

2 Stück Mk. —.**25**, Dtzd. Mk. **1.25**.

Schäfer-, Schnitter-, Gärtner- und Winzer-Hut aus gelbem Karton mit farbig. Band. **Nr. 3115 I für Damen,** „ **3115 II „ Herren,** Stück Mk. —.**25**, Dtzd. Mk. **2.50**.

Japanisch. Haarschmuck bestehend aus Laternchen, Schirmchen, Fächerchen, Schmetterling. etc., wie Abbild. zeigt. **Bei den Damen sehr beliebt. Nr. 2282.**

1 Sortiment = 10 Stück verschiedene Mk. —.65.

Der elastische Cylinderhut läßt sich mit Leichtigkeit **unbeschadet eintreiben,** denn er schnellt im Nu durch seine **Federkraft** wieder in seine normale Gestalt zurück. **Nr. 2718.**

Stück Mk. —.75.

Kükenmütze, fein in Farbendruck ausgeführt. **Nr. 3116.**

Stück Mk. —.**30**, Dutzend Mk. **3.20**.

Miniatur-Seidenpapier-Cylinder zum Zusammenfalten. **Nr. 3027.**

Dutzend Mk. **1.50**, Gros Mk. **17.—**.

Gnomkappe aus braunem Papier. **Nr. 3223.** St. Mk.—.**20**, Dtz. Mk. **2.—**.

Sehr beliebt! **Gemischte Kopfbedeckungen** **Sehr zu empfehlen!**

aus den verschiedensten Dessins der Seiten 212—224 auf das Sorgfältigste zusammengestellt.

Für Herren:

Sort. Nr.	0	1	2	3	4
Dtzd. Mk.	1.—	1.50	2.—	3.—	4.—
Gros „	11.—	16.—	22.—	33.—	44.—

Für Damen:

Sortiment Nr.	8	9	10
Dutzend Mk.	2.—	3.—	4.50
Gros „	22.—	33.—	50.—

Ferner:

3054. Biedermeierhut aus Carton mit Kreppapier. Stück M —.45, Dtzd. M 4.75.

№ 3168. Armidahut aus Karton mit Kreppapier. Stück M —.55, Dtzd. M 6.—.

№ 3229. Biedermeierkäppi. Stück M —.45. Dtzd. M 5.—.

№ 2674. Elsasshaube. Stück M. —.20, Dtzd. M. 2 —

№ 3238. Korbhut. Stück M —.45, Dtzd. M 5.—.

№ 3241. Stipadiadem. Stück M. —.25, Dtzd. M. 2.50.

№ 2887. Glanzdiadem. Stück M. —.20, Dtzd. M. 2.25.

№ 2996. Schleifenkäppchen. Stück M. —.20, Dtzd. M. 2.25.

№ 3120. Mignon, Kreppapier Stück M —.65, Dtzd. M 7.—.

№ 2781. Tulpenhut. Stück M. —.20, Dtzd. M. 1.80.

№ 3122. Prinzess, mit Goldblättchen. Stück M —.30 Dtzd. M 3.—.

№ 3047. Lustige Witwe. Stück M —.30, Dtzd. M 3.—.

№ 3127. Rosita, mit Seidenpapierblüten dicht besetzt. Stück M —.50, Dtzd. M 5.75.

№ 3167. Pelzhut aus Seidenpapier. Stück M —.70, Dtzd. M 8.—.

№ 2821. Prachtvoller Galahut. Stück M. —.40, Dtzd. M 4.50.

Sehr beliebt und effektvoll!

№ 3124. Schmetterling, Kreppapier mit Folienpunkten. Stück M —.45, Dtzd. M 5.25.

№ 2660. Gigerlkönigin aus schwarzem Glanz-Karton. Stück M. —.20, Dtzd. M. 2.—.

ferner:

№ 2824. Kirschengehänge. St. ℳ —.60. Dtzd. ℳ 6.50.

№ 3058. Bordürenbarett aus Kreppapier. Stück ℳ —.30. Dtzd. ℳ 3.25.

№ 3231. Suleika. Stück ℳ —.60, Dtzd. ℳ 6.75.

№ 3185. Sonntagskind. 2 Stück ℳ —.25, Dtzd. ℳ 1.20.

№ 2720. Pierrettehut. Stück ℳ —.35. Dtzd. ℳ 4.—.

№ 3187. 4 Jahreszeiten-Hauben. 4 Stück ℳ —.25, Dtzd ℳ —.60.

№ 3123. Ilka, Kreppapier mit Seidenpapierblüten. Stück ℳ —.55, Dtzd ℳ 6.25.

№ 2790. Geisha-Kopfrei Stück ℳ —.35, Dtzd. ℳ 4.

№ 2931 Zopfreif. Stück ℳ —.15, Dtzd. ℳ 1.50.

№ 3053. Babyhut aus Krepp- und Seidenpapier. Stück ℳ —.35, Dtzd. ℳ 4.—.

№ 3131. Erika, gemustertes Kreppapier. 2 Stück ℳ —.25, Dtzd. ℳ 1.20.

№ 2783. Rotkäppchen. Stück ℳ —.25, Dtzd. ℳ 2.50.

№ 3189. Bajazzo aus Karton und Kreppapier. Stück ℳ —.30, Dtzd. ℳ 3.—

№ 3001. Schleifenspitz. Stück ℳ —.30, Dtzd. ℳ 3.—.

№ 2883. Flattermohn. Stück ℳ —.30, Dtzd. ℳ 3.

№ 3188. Lorbeerreif mit künstlichem Laub und Beeren. Stück ℳ —.70, Dtzd. ℳ 8.—

№ 3165. Liane aus Kreppapier. Stück ℳ 1.—, Dtzd. ℳ 11.—.

№ 2650. Elsasaschleife aus Kreppapier. 2 Stück ℳ —.25, Dtzd. ℳ 1.25.

№ 2829. Riesen-Sonnenrose. Stück ℳ —.35, Dtzd. ℳ 4.—.

№ 2827. Riesen-Mohnblüte. Stück ℳ —.35, Dtzd. ℳ 4.—.

Kopfschmuck aus Papier für Damen.

№ 3180. Irma aus Krepp- und Seidenpapier. Stück ℳ —.30, Dtzd. ℳ 3.—

№ 3239. Esmeralda. 2 Stück ℳ —.35, Dtzd. ℳ 1.75.

№ 3182. Polin. 2 Stück ℳ —.25, Dtzd. ℳ 1.30.

№ 3074. Hermelinkäppi. Stück ℳ —.20. Dtzd. ℳ 2.25.

№ 3065. Kätchenhaube, ausgeschlagenes Seidenpapier, federleicht. Stück ℳ —.35. Dtzd. ℳ 3.75.

№ 2986. Chrysanthemum in 4 Farben. Stück ℳ —.45, Dtzd. ℳ 4.75.

№ 3078. Blütenbarett aus Kreppapier. Stück ℳ —.25 Dtzd. ℳ 2.75.

№ 2985. Blüten-Kopfschmuck: Wasserrose, Gänseblümchen, Rose und Sonnenblume. Stück ℳ —.35, Dtzd. ℳ 3.75.

№ 3232. Ulrike. Stück ℳ —.90, Dtzd. ℳ 10.—

№ 3237. Babyhelm. 2 Stück ℳ —.25. Dtzd. ℳ 1.30.

№ 3176. Federkäppi aus Karton und Seidenpapier. Stück ℳ —.20, Dtzd. ℳ 2.25

№ 3128. Bianca, Kreppapier mit Seidenpapierrosetten und Flimmerknopf. Stück ℳ —.70, Dtzd. ℳ 8.—

№ 3178. Carla aus Kreppapier Stück ℳ —.20 Dtzd. ℳ 2.25.

№ 3173 Schnurenkäppi aus Kreppapier Stück ℳ —.30. Dtzd. ℳ 3.25.

№ 2932. Schleifenhut. Stück ℳ —.30. Dtzd. ℳ 3.50.

№ 3236. Flügelmütze. Stück ℳ —.40. Dtzd. ℳ 4.50.

№ [illegible]. Sonntagshut. Stück ℳ —.40. Dtzd. ℳ 4.25.

№ 3225. Alexandra. Stück ℳ —.40. Dtzd. ℳ 4.25.

№ 3235. Sulima. Stück ℳ —.20, Dtzd. ℳ 2.25.

№ 3022. Edithhut aus Kreppapier, mit Blütenbordüren. Stück ℳ —.35. Dtzd. ℳ 3.75.

№ 3224. Zweispitz. Stück ℳ —.80. Dtzd. ℳ 9.-

Kopfschmuck aus Papier für Damen.

№ 3130. Loretta, Kreppapier mit duftigen Seidenpapierblüten. Stück ℳ —.50, Dtzd. ℳ 5.75

№ 3126. Dollarprinzessin, Strohimitation, mit duftigen Seidenpapierblüten. Stück ℳ —.65, Dtzd. ℳ 7.—.

№ 3024. Norahut aus Karton und Kreppapier. Stück ℳ —.80. Dtzd. ℳ 9.—. nur in weiß.

№ 3227. Ada. Stück ℳ —.90, Dtzd. ℳ 10.—.

№ 3119. Rosendiadem, in 4 Farben. Stück ℳ —.30. Dtzd. ℳ 3.—

№ 2987. Nelke und Rose. Stück ℳ —.35, Dtzd. ℳ 3.75.

№ 3062. Schnallenbarett. Stück ℳ —.25. Dtzd. ℳ 2.75.

№ 3226. Kokarden-Zweimaster. Stück ℳ —.70, Dtzd. ℳ 7.50.

№ 2989. Francekäppi. Stück ℳ —.15, Dtzd. ℳ 1.50.

№ 3121. Carmen, Kreppapier mit Seidenpapierpompons. Stück ℳ —.25, Dtzd. ℳ 2.75.

№ 3240. Stipakopfreif. Stück ℳ —.35. Dtzd. ℳ 3.50.

№ 3233. Fatme. Stück ℳ —.35, Dtzd. ℳ 3.75.

№ 3179. Kometenkäppi. Stück ℳ —.20, Dtzd. ℳ 2.25.

№ 3172. Fasanenhenne aus Kreppapier. Stück ℳ —.35, Dtzd. ℳ 4.—.

№ 3070. Autohut (Strohimitation). Stück ℳ —.40. Dtzd. ℳ 4.25.

№ 2815. Sternenreif. Stück ℳ —.30, Dtzd. ℳ 3.25.

№ 3170. Chanteclerhut aus Karton mit Kreppapier. Stück ℳ —.90, Dtzd. ℳ 10.—.

№ 3064. Laurahaube, sehr leicht. Stück ℳ —.25. Dtzd. ℳ 2.75

№ 3162. Beatrice aus Karton mit Kreppapier.
Stück ℳ —.65, Dtzd. ℳ 7.—.

№ 3171. Isabella aus Karton mit Kreppapier.
Stück ℳ —.90, Dtzd. ℳ 10.—.

№ 3181. Faltenkäppi aus Kreppapier.
Stück ℳ —.20, Dtzd. ℳ 2.25.

№ 2994. Holländer Haube.
Stück ℳ —.20, Dtzd. ℳ 2.—

№ 3075. Polenbarett.
Stück ℳ —.35.
Dtzd ℳ 4.—.

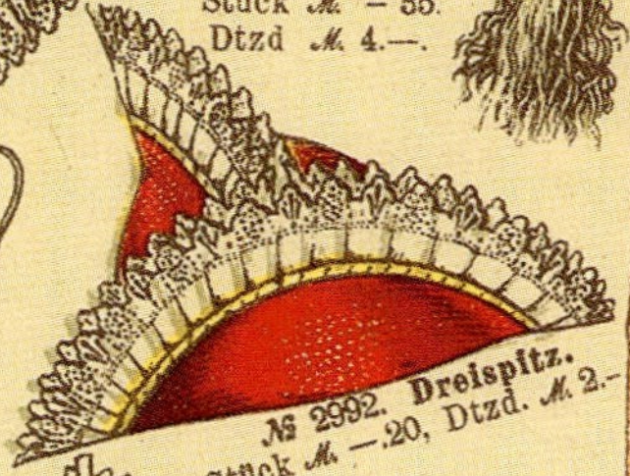

№ 2992. Dreispitz.
Stück ℳ —.20, Dtzd. ℳ 2.-

№ 2995. Doppelreif.
Stück ℳ —.30, Dtzd. ℳ 3.-

№ 3175.
Lona aus Kreppapier
Stück ℳ —.25,
Dtzd. ℳ 2.50.

№ 3106.
Pilzdiadem mit Wattepilzen.
Stück ℳ —.25. Dtzd. ℳ 2.50.

№ 3228. Lore. Stück ℳ —.85,
Dtzd. ℳ 9.25.

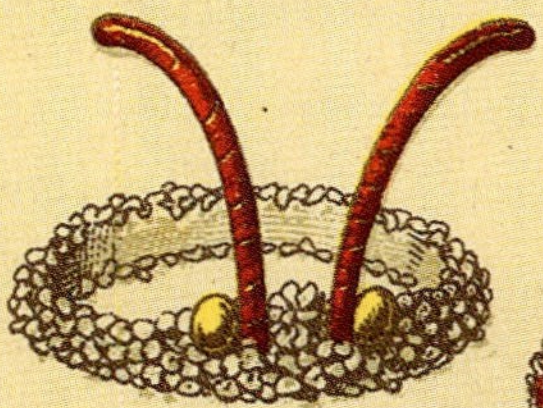

№ 3008. Schmetterlingsfühler.
Stück ℳ —30, Dtzd. ℳ 3.—.

№ 3234. Uarda.
Stück ℳ —.30,
Dtzd. ℳ 3.—.

№ 3164. Valeria.
Stück ℳ —.85, Dtzd. ℳ 9.50.

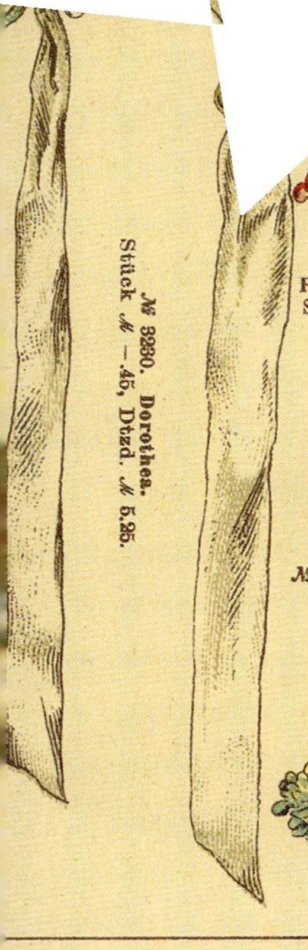

№ 3230. Dorothea.
Stück ℳ —.45, Dtzd. ℳ 5.25.

Kopfbedeckungen aus Papier und Stoff für Damen und Herren.

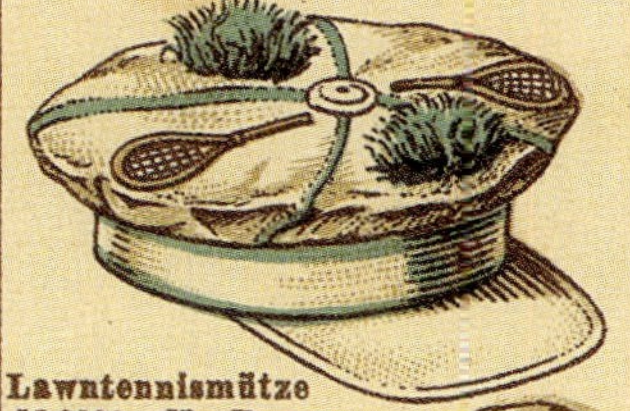

Lawntennismütze
№ 2990. für Damen.
Stück ℳ —.20,
Dtzd. ℳ 2.—.
№ 2991. für Herren.
Stück ℳ —.25,
Dtzd. ℳ 2.50.

Zeppelinmütze.
№ 3155 f. Damen
№ 3156 f. Herren
Stück ℳ —.30, Dtzd. ℳ 3.25.

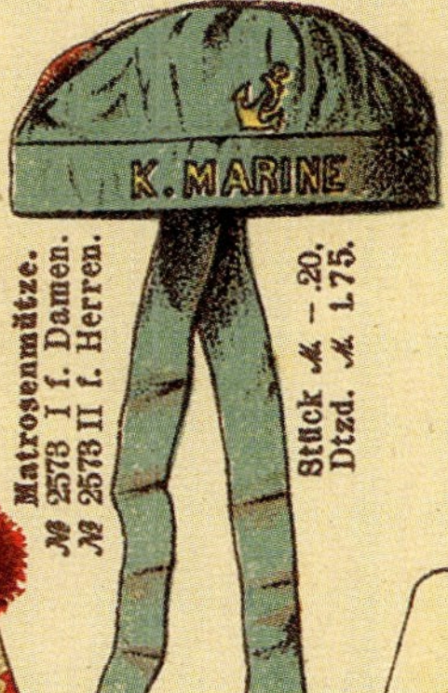

Matrosenmütze.
№ 2573 I f. Damen.
№ 2573 II f. Herren.
Stück ℳ —.20.
Dtzd. ℳ 1.75.

Quastenkäppi.
№ 2930 f. Damen. } Stück ℳ —.20,
№ 2818 f. Herren. } Dtzd. ℳ 1.75.

Tiroler Berghut.
№ 2928 f. Damen } Stück ℳ —.35,
№ 2911 f. Herren } Dtzd. ℳ 3.50.

Krone.
№ 2653 für Damen.
Stück ℳ —.45, Dtzd. ℳ 4.80
№ 2681 für Herren.
Stück ℳ —.60, Dtzd. ℳ 6.60

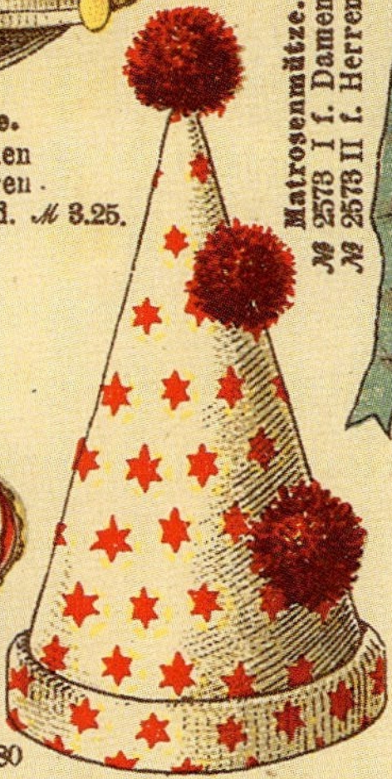

№ 3242. Sternpierrot f. Damen
№ 3243. „ f. Herren
Stück ℳ —.30, Dtzd. ℳ 3.—.

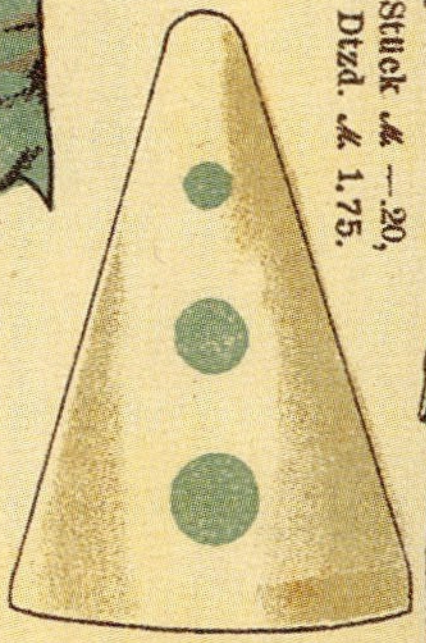

№ 65/0 I f. Damen
№ 65/0 II f. Herren
Pierrot u. Pierrette.
3 Stück ℳ —.20,
Dtzd. ℳ —.75.

Türkenfez.

№ 24/0 aus gewelltem Papier.
Dtzd. ℳ —.65, Gros ℳ 7.—.
№ 2742 aus gewelltem Papier mit 40 cm langer blauer Seidenpapierquaste.
Dtzd. ℳ —.95, Gros ℳ 10.50.
№ 2743 aus Barchent mit Gaze gefüttert, blaue Wollquaste.
Stück ℳ —.30, Dtzd. ℳ 3.—.
№ 3107 aus Barchent, 2 farbig, rot und weiss.
Stück ℳ —.30, Dtzd. ℳ 3.20.
№ 2744 aus Filz mit blauer Seidenquaste.
Stück ℳ —.75, Dtzd. ℳ 6.75.
№ 3108 aus Atlas, rot mit blauer Quaste.
Stück ℳ —.60, Dtzd. ℳ 6.75.

№ 3190. Ulanenhelm für Damen
№ 3191. Ulanenhelm für Herren
aus Kreppapier.
Stück ℳ —.35,
Dtzd. ℳ 4.—.

№ 3244. Römerhelm f. Damen
№ 3245. „ f. Herren
Stück ℳ —.30, Dtzd. ℳ 3.25.

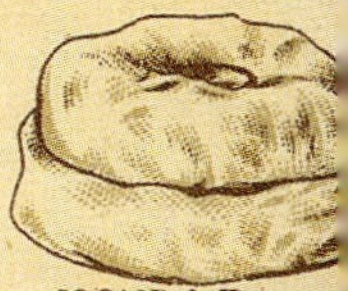

№ 3105 f. Damen
№ 3085 f. Herren
Rodelmütze mit Watte überzogen
Stück ℳ —.30.
Dtzd. ℳ 3.—.

№ 2621. Echte Japan-Mützen in verschied. Formen f. Herren und Damen.
Dtzd. ℳ 1.25, Gros ℳ 14.—.

№ 3112.
Zwickelmütze, 4farbig aus Stoff,
Stück ℳ —.45, Dtzd. ℳ 4.80.

Narrenkappen.

№ 2729 aus Glanzkattun, f. Herren.
Stück ℳ —.60. Dtzd. ℳ 6.75.
№ 2728 aus bedrucktem Papier mit Goldrand und Schelle,
f. Herren St. ℳ —.20, Dtzd. ℳ 1.80.
№ 2654 f. Damen } aus Glanzpapier, in Carnevalfarben, geklebt, mit Schelle.
№ 2683 f. Herren }
Stück ℳ —.25, Dtzd. ℳ 2.50.
№ 2730 für Herren, aus Satin mit Gaze gefüttert und Silberborte besetzt mit Quasten und Schellen.
Stück ℳ 1.10, Dtzd. ℳ 12.—.
№ 3111 für Herren, aus Stoff mit Quasten und Schellen.
Stück ℳ —.75, Dtzd. ℳ 8.75.

Krepp-Grenadier.
№ 2929 f. Damen
Stück ℳ —.20,
Dtzd. ℳ 2.25.
№ 2912 f. Herren
Stück ℳ —.35,
Dtzd. ℳ 3.50.

Rätselmützen.

12 verschiedene Dessins
№ 2695 für Damen und Herr
Dutzend ℳ —.90. Gros ℳ 10.-
Vorderseite: Rätsel.
Rückseite: Auflösung.

№ 3192. Tscherkessenhelm f. Damen
№ 3193. Tscherkessenhelm f. Herren
aus Kreppapier.
Stück ℳ —.30,
Dtzd. ℳ 3.25.

№ 2726
ohne Schil
f. Dame
2 St. ℳ -.20, Dtzd. ℳ 1
№ 2732 mit Schild f. Herre
2 St. ℳ -.25, Dtzd. ℳ 1.2

Schottenmütze.
№ 64/0 I f. Damen.
№ 64/0 II f. Herren.
3 Stück ℳ —.25,
Dtzd. ℳ —.80.

№ 3071. f. Damen.
Dreimaster aus Kreppapier.
Stück ℳ —.40. Dtzd. ℳ 4.25.
№ 3095. f. Herren.
Stück ℳ —.45. Dtzd. ℳ 4.50.

№ 3151 f. Damen
№ 3152 f. Herren
Husaren-Tschako.
Stück ℳ —.30,
Dtzd. ℳ 3.—.

Kartenmütze.
№ 2862 ohne Schild f. Damen.
№ 2863 mit Schild f. Herren.
Stück ℳ —.20,
Dtzd. ℳ 1.75.

Jockey. № 92/0 I f. Damen. } 2 Stück ℳ —.25,
№ 92/0 II f. Herren. } Dtzd. ℳ 1.25.
№ 3110 für Herren, aus Glanzkattun,
4 farbig. Stück ℳ —.25, Dtzd. ℳ 2.40.

Automütze
№ 3153 f. Damen
№ 3154 f. Herren
2 Stück ℳ —.35, Dtzd. ℳ 1.75.

Kopfbedeckungen aus Papier für Herren.

3101. Modelhut aus
sserfestem Kreppapier.
tück ℳ —.20. Dtzd. ℳ 2.25.

№ 3083. Hasenmütze.
Stück ℳ —.30. Dtzd. ℳ 3.—.

№ 3080.
Bräsigmütze.
Stück ℳ —.30. Dtzd. ℳ 3.25.

№ 3096.
Hofnarr aus Seidenpapier.
Stück ℳ —.40. Dtzd. ℳ 4.50.

№ 79/0. Papageimütze.
Stück ℳ —.25. Dtzd. ℳ 2.75

№ 3104. Taschen-Empirehut,
zusammenlegbar.
2 Stück ℳ —.20.
Dtzd. ℳ 1.—.

№ 3090.
Clownhut aus
Kreppapier.
Stück ℳ —.35.
Dtzd. ℳ 4.—.

Siegerkränze
aus künstlichem Lorbeer.
№ 2811 a grün.
Stück ℳ —.50, Dtzd. ℳ 5.75.
№ 2811 b silber.
Stück ℳ —.50, Dtzd. ℳ 5.75.
№ 2811 c gold.
Stück ℳ —.50, Dtzd. ℳ 5.75.

№ 2962. Salontyroler.
Stück ℳ —.20, Dtzd. ℳ 1.75

№ 89/0.
Chinesenmütze.
Stück ℳ —.15,
Dtzd. ℳ 1.50.

3089. Phantasiehelm.
Stück ℳ —.30.
Dtzd. ℳ 3.25.

№ 2703. Chinamütze.
Stück ℳ —.20, Dtzd. ℳ 2.—

№ 2878. Eule.
Stück ℳ —.25,
Dtzd. ℳ 2.50.

…06. Pierrothut.
…ück ℳ —.25, Dtzd. ℳ 2.50
№ 3109 aus Stoff,
4 farbig, ohne Pompons.
Stück ℳ —.55, Dtzd. ℳ 6.—

№ 3246.
Goldfez. Stück ℳ —.15,
Dtzd. ℳ 1.50.

№ 85/0. Hornkappe
(die Hörner sind aus
Seidenpapier zum Aufblasen).
Stück ℳ —.20,
Dtzd. ℳ 2.—

Kopfbedeckungen aus Papier für Herren.

№ 2637. Heroldbarett
Stück ℳ —.20,
Dtzd. ℳ 2.—.

№ 2598. Cylinder (eingetrieben).
Stück ℳ —.20, Dtzd. ℳ 1.75

№ 2841. Dienstmannmütze.
Stück ℳ —.25,
Dtzd. ℳ 2.50.

№ 3100. Katercylinder
Stück ℳ —.35,
Dtzd. ℳ 3.50.

№ 3138. Kochmütze.
2 Stück ℳ —.25, Dtzd. ℳ 1.20.

№ 2847. Notenhut
Stück ℳ —.30
Dtzd. ℳ 3.25.

№ 3205. Narrenmütze aus bedrucktem Papier.
Dtzd. ℳ —.60, Gros ℳ 6.50.

№ 3259. Mütze: „Glückauf".
Stück ℳ —.30,
Dtzd. ℳ 3.—.

№ 3029. Biedermeiercylinder.
Stück ℳ —.30, Dtzd. ℳ 3.25.

№ 3041. Olimshut.
Stück ℳ —25, Dtzd. ℳ 2.75.

№ 78/0. Storchmütze.
Stück ℳ —.25, Dtzd. ℳ 2.75.

№ 3159.
Sparteriehut (Spangeflecht, gesteppt)
vermittelst Klammer beliebig zu formen.
Auch für Ausflüge geeignet, sehr leicht.
Stück ℳ —.65, Dtzd. ℳ 7.50.

№ 3160.
Façonhut, aus gleichem Material
Rand rundum hochgeschlagen,
Kopf lang eingedrückt.
Stück ℳ —.90, Dtzd. ℳ 10.—

№ 2693. Cylinder, grau.
№ 2694. Cylinder, schwarz.
Stück ℳ —.30,
Dtzd. ℳ 3.—.

№ 3094. Carloshut.
Stück ℳ —.35. Dtzd. ℳ 3.50.

№ 2784. Hahnmütze.
Stück ℳ —.20.
Dtzd. ℳ 1.75.

№ 3093. Biedermeieresse.
Stück ℳ —.35.
Dtzd. ℳ 4.—.

№ 3012. Gentleman-Cylinder.
Stück ℳ —.25, Dtzd. ℳ 2.75.

№ 2711. Kegelmütze.
Dtzd. ℳ —.80, Gros ℳ 9.—.

№ 2692. Infanterie-Helm. Stück ℳ —.35.
Dtzd. ℳ 3.75.

№ 3040.
Kriegsmütze aus Carton.
Stück ℳ —.40.
Dtzd. ℳ 4.25.

№ 3028. Riesenfez, ca. 20 cm hoch
Stück ℳ —.20, Dtzd. ℳ 1.75.

№ 3282. Mephistokappe.
Stück ℳ —.15.
Dtzd. ℳ 1.50.

№ 3216. Schmuckhelm.
2 Stück ℳ —.25, Dtzd. ℳ 1.20.

№ 3194. Sektmütze. Stück ℳ —.35, Dtzd. ℳ 3.75.

№ 2894. Fez mit diversen Inschriften. Dtzd. ℳ —.25. Gros ℳ 2.80.

№ 3209. Sumpfhut. Stück ℳ —.25, Dtzd. ℳ 2.75.

№ 2708. Kegelfez. Dtzd. ℳ —.65, Gros ℳ 7.20.

№ 2688. Rekrutenmütze. Stück ℳ —.15. Dtzd. ℳ 1.50.

№ 2597. Krone. Stück ℳ —.40, Dtzd. ℳ 4.20.

№ 3055. Katzenmütze. Stück ℳ —.20, Dtzd. ℳ 1.75

№ 2892. Fez mit Quaste Dtzd. ℳ —.30, Gros ℳ 3.50.
№ 2893. do. ohne Quaste. Dtzd. ℳ —.25. Gros ℳ 2.90.

№ 2702. Turnerfez. Dtzd. ℳ —.55, Gros ℳ 6.—.

№ 3011. Robinsonhut. Stück ℳ —.30, Dtzd. ℳ 3.—.

№ 2687. Türkenmütze. St. ℳ —.25, Dtzd. ℳ 2.50.
№ 3266. do. nicht steif, mit schwarzer Quaste. 2 Stück ℳ —.25, Dtzd. ℳ 1.25.

№ 3257. Zauberkappe Stück ℳ —.30, Dtzd. ℳ 3.25.

№ 3247. Wabenstirnreif. Stück ℳ —.15, Dtzd. ℳ 1.50.

№ 3015. Türkenmütze. Stück ℳ —.20. Dtzd. ℳ 2.—.

№ 3263. Tierkopfmütze, verschied. Dessins, 2 Stück ℳ —.25, Dtzd. ℳ 1.20.

№ 3249. Seppelmütze aus Wasserkrepp. Dtzd. ℳ —.70, Gros ℳ 7.75.

№ 88/0. Merkurhut. 2 Stück ℳ —.25, Dtzd. ℳ 1.40.

№ 3265. Wurzelsepp. Stück ℳ —.35, Dtzd. ℳ 4.—.

№ 3035. Russenbarett. Stück ℳ —.25, Dtzd. ℳ 2.75.

№ 2854. Postmütze. Stück ℳ —.30, Dtzd. ℳ 3.—.

№ 2859. Bergmannkappe. Stück ℳ —.20, Dtzd. ℳ 2.—.

№ 3135. Empirecylinder aus wasserfestem Kreppapier. Stück ℳ —.35, Dtzd. ℳ 4.—.

№ 3133. Almhut aus wasserfestem Papier. Stück ℳ —.20, Dtzd. ℳ 2.25.

№ 3147. Italienische Militärmütze aus Kreppapier. Stück ℳ —.35, Dtzd. ℳ 4.—.

№ 2747. Regenbogenfez mit Aufschriften. 2 Stück ℳ —.25 Dtzd. ℳ 1.25.

№ 3038. Prinzenbarett. Stück ℳ —.20. Dtzd. ℳ 2.—

№ 38/0. Biermützen mit 12 verschiedenen komischen Bildern und Versen. Dtzd. ℳ —.40, Gros ℳ 4.50.

№ 2788. Studentenmütze. 2 Stück ℳ —.25, Dtzd. ℳ 1.25.

Kopfbedeckungen aus Papier für Herren.

№ 3199. Himmelmütze. Stück ℳ —.25, Dtzd. ℳ 2.75.

№ 2914. Taschenhut (zusammenlegbar, bequem in die Tasche zu stecken). 2 Stück ℳ —.25, Dtzd. ℳ 1.25.

№ 3200. Bogenlampe aus Kreppapier. Stück ℳ —.30, Dtzd. ℳ 3.-

№ 2595. Pagenbarett. Stück ℳ —.20, Dtzd. ℳ 2.25.

№ 3213. Graf Zeppelin aus Kreppapier. Stück ℳ —.20, Dtzd. ℳ 2.25.

№ 3260. Narrenturban. 2 Stück ℳ —.20. Dtzd. ℳ 1.10, Gros ℳ 12.—.

№ 2849. Banditenhut. Stück ℳ —.25, Dtzd. ℳ 2.75.

№ 2760. Helm. Stück ℳ —.55, Dtzd. ℳ 6.—.

№ 3252. Rendezvousmütze. Stück ℳ —.35, Dtzd. ℳ 3.75.

№ 3254. Rosenkavalier. Stück ℳ —.30, Dtzd. ℳ 3.—.

№ 3140. Katermütze. Stück ℳ —.30, Dtzd. ℳ 3.—.

№ 3256. Geweihkappe. Stück ℳ —.30, Dtzd. ℳ 3.—.

№ 2682. Teufelshut. Stück ℳ —.25, Dtzd. ℳ 2.75.

№ 3008. Lord-Cylinder. Stück ℳ —.30, Dtzd. ℳ 3.—.

№ 3102. Loramütze, zusammenlegbar. 2 Stück ℳ —.20. Dtzd. ℳ 1.—.

№ 3255. Turban. Stück ℳ —.40, Dtzd. ℳ 4.50.

№ 2689. Marschallhut. Stück ℳ —.25, Dtzd. ℳ 2.50.

№ 3258. Satinpapiercylinder. 2 Stück ℳ —.35, Dtzd. ℳ 1.75.

№ 2680. Schützenhut. Stück ℳ —.35, Dtzd. ℳ 3.50.

№ 3036. Karnevalmütze. Stück ℳ —.30, Dtzd. ℳ 3.—.

Kopfbedeckungen aus Papier für Herren.

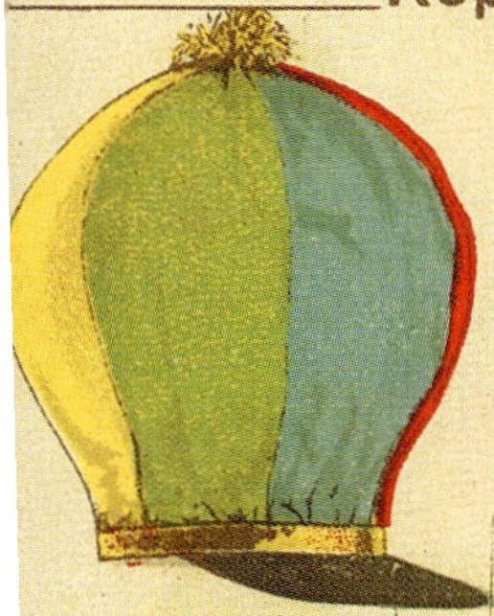

№ 2691. Luftballonmütze. St. M. —.15, Dtzd. M. 1.50.

№ 3207. Allerweltshut aus Karton mit wasserfestem Kreppapierrand. 2 Stück M. —.25, Dtzd. M. 1.20.

№ 3203. Kalafbarett. Dtzd. M. —.70, Gros M. 8.—.

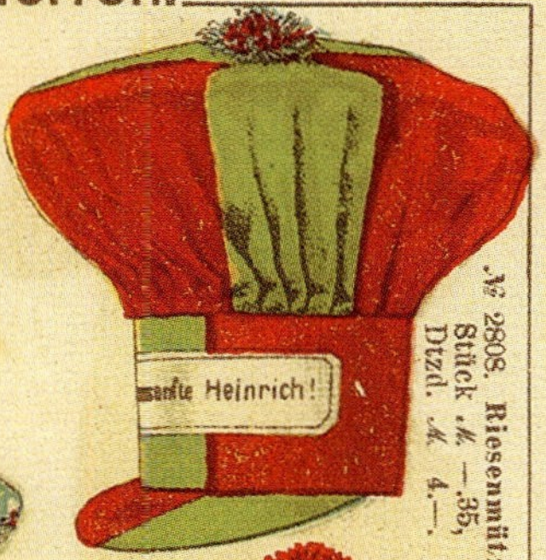

№ 2808. Riesenmütze. Stück M. —.35, Dtzd. M. 4.—.

№ 3143. Schildmütze aus gemustertem Kreppapier, 3 Dessins. 2 Stück M. —.25, Dtzd. M. 1.40.

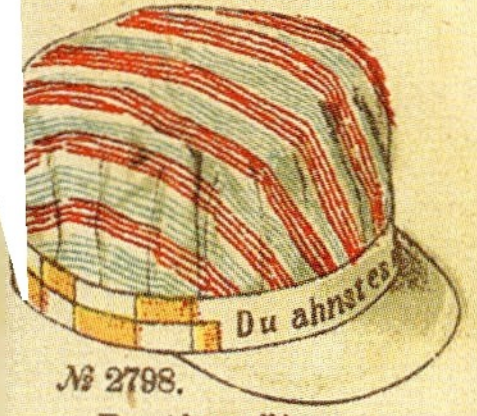

№ 2798. Bentiermütze mit komischen Inschriften. 2 Stück M. —.25, Dtzd. M. 1.25.

№ 2917. Gut-Holz-Stürmer. Stück M. —.25, Dtzd. M. 2.50.

№ 3253. Falterjockey. Stück M. —.20, Dtzd. M. 2.25.

№ 3261. Kreppierrot. Stück M. —.20, Dtzd. M. 2.—.

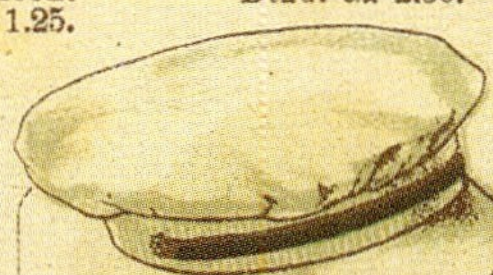

№ 2634. Strandmütze. 2 Stück M. —.25, Dtzd. M. 1.20

№ 3195. Textcylinder mit verschiedenen Inschriften. Stück M. —.20, Dtzd. M. 2.—.

№ 2697. Nachtratmütze. St. M. —.25, Dtzd. M. 2.50.

№ 3006. Laubfroschmütze. 2 Stück M. —.25, Dtzd. M. 1.25.

№ 3208. Rattenfängerhut aus wasserfestem Kreppapier. Stück M. —.30, Dtzd. M. 3.—.

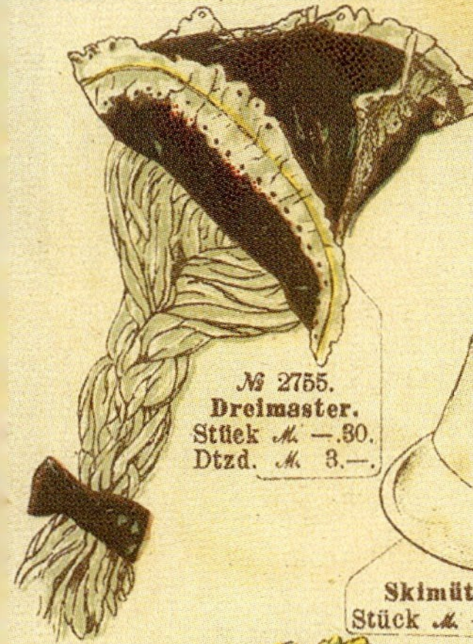

№ 2755. Dreimaster. Stück M. —.30, Dtzd. M. 3.—.

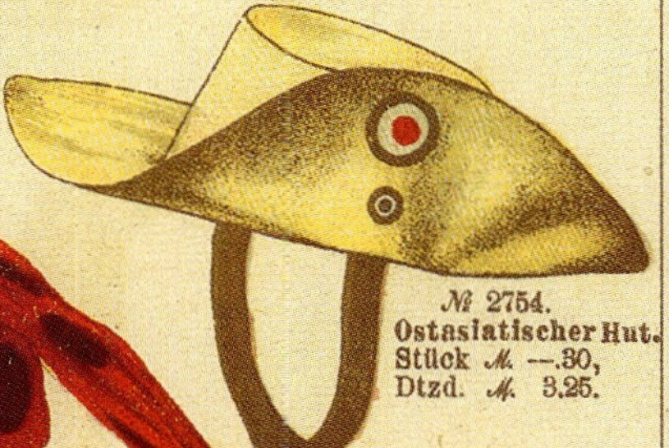

№ 2754. Ostasiatischer Hut. Stück M. —.30, Dtzd. M. 3.25.

№ 3097. Skimütze aus Kreppapier. Stück M. —.30, Dtzd. M. 3.—.

№ 3142. Michelmütze, Kreppapier. Stück M. —.30, Dtzd. M. 3.25.

№ 2736. Bacchuskranz aus künstlichen Trauben u. Blättern. Stück M. —.75, Dtzd. M. 8.50.

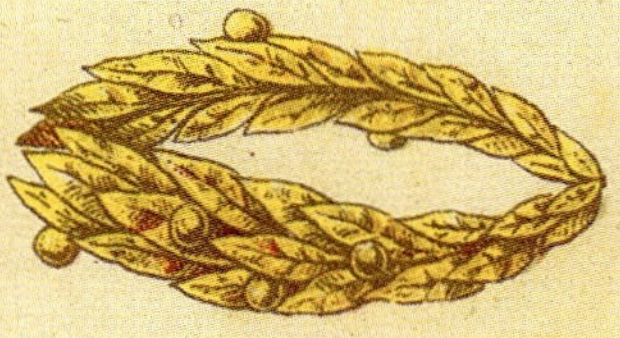

№ 2635. Goldener Lorbeerkranz. Stück M. —.60, Dtzd. M. 6.60.

№ 2737. Römerkranz aus künstlichen Rosen u. Blättern. Stück M. —.70. Dtzd. M. 8.—.

Kopfbedeckungen aus Papier für Herren.

№ 3197. Chantecler.
Stück ℳ —.30, Dtzd. ℳ 3.—.

№ 3212. Kapitänmütze aus Kreppapier.
Stück ℳ —.25, Dtzd. ℳ 2.50.

№ 3198. Kometenfez aus wasserfestem Kreppapier mit Seidenpapierschweif.
Stück ℳ —.20, Dtzd. ℳ 2.25.

№ 3214. Sonntagskind.
2 Stück ℳ —.25, Dtzd. ℳ 1.20.

№ 3196. Germanenhelm.
Stück ℳ —.30, Dtzd. ℳ 3.—.

№ 3204. Geldmütze.
2 Stück ℳ —.35, Dtzd. ℳ 1.75.

№ 3218. Liftmütze mit Nase.
Stück ℳ —.30, Dtzd. ℳ 3.—.

№ 3099. Glücksmütze.
Stück ℳ —.30.
Dtzd. ℳ 3.—.

№ 3251. Dummkopfhütchen, kaschiert. Stück ℳ —.20,
Dtzd. ℳ 2.—.

№ 3215. Sternmütze.
Dtzd. ℳ —.50, Gros ℳ 5.75.

№ 3250. Tirolerhut aus Wasserkrepp. Stück ℳ —.20,
Dtzd. ℳ 2.—.

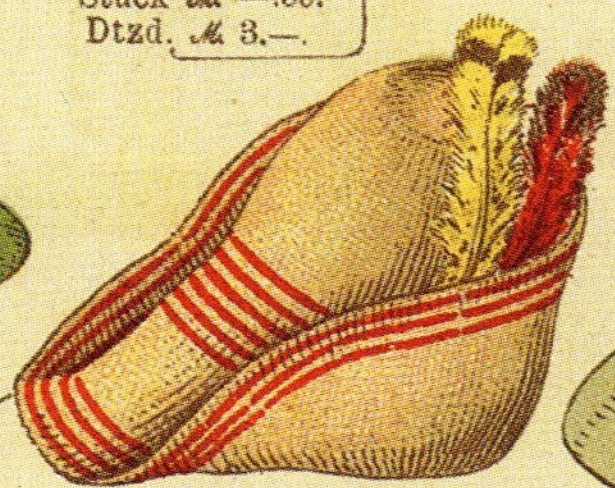

№ 3248. Changehut.
2 Stück ℳ —.25, Dtzd. ℳ 1.20.

№ 3014. Seppelhut.
Stück ℳ —.25, Dtzd. ℳ 2.75.

№ 5087.
Reitsport.
3 Stück ℳ —.20.
Dtzd. ℳ —.70.
Gros ℳ 8.—.

№ 3086. Glücksjockey.
Stück ℳ —.20. Dtzd. ℳ 2.—.

№ 3206. Cookmütze.
Dtzd. ℳ —.35, Gros ℳ 4.—.

№ 3264. Vogelmütze, verschied. Dessins,
Stück ℳ —.20, Dtzd. ℳ 2.—.

№ 3134. Cereviskappe.
Dtzd. ℳ —.80,
Gros ℳ 9.—.

№ 3210. Buffalo aus wasserfestem Kreppapier.
Stück ℳ —.30, Dtzd. ℳ 3.—.

№ 3219. Schlagermütze mit verschiedenen Inschriften.
Dtzd. ℳ —.75, Gros ℳ 8.50.

№ 3221. Pearymütze.
2 Stück ℳ —.35,
Dtzd. ℳ 1.75.

№ 3201. Imperialmütze, Kreppapier mit Pelzimitation.
Stück ℳ —.35 Dtzd. ℳ 4.—